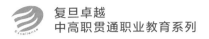

受上海高校内涵建设项目"经管专业人才培养创新"
（项目编号2016-SHNGE-08NH）项目资助

International Business Negotiation

国际商务谈判

胡守忠　田丙强　主编

前　言

随着我国国际交往和国际贸易不断增多,国际商务谈判和沟通行为大量增加,国际商务谈判与沟通已经成为现代国际商务人员必须具备的基本技能。全国高职院校商科类专业也普遍开设了相关课程。

国际商务谈判是商务知识、谈判知识以及复杂语言文化背景的交叉学科,是一门科学性与艺术性有机结合的实用性很强的学科。本书将国际商务谈判与沟通实践中的工作和应具备的职业能力作为圈定教材范围的标准,设计了国际商务谈判基础、谈判的程序与结构、谈判的原则与法则、谈判的心理与策略、谈判的准备、谈判的过程、谈判合同的签订、合同要件条款的谈判、一般条款的谈判以及条款融通与协调等章节。

本书在编写体例上采用任务驱动模式,力求使学生通过综合学习和训练,掌握谈判基础知识,并具备一定的谈判能力,为毕业后从事商务工作奠定基础。本书突出了以下特色。

1. 能力培养体系。结合高等职业教育的特点和培养学生的模式,通过丰富的教学内容,形成了以培养学生能力为主的综合性内容结构体系。

(1) 能力目标——包括学习目标和技能目标,使学习和训练的重点更具有针对性。

(2) 案例导入——通过对案例的思考,激发学生们探索知识的欲望。

(3) 相关知识——根据能力要求介绍谈判知识。其中穿插了案例链接、实践活动和资料,引导学生进行思考,提高其分析问题的能力和动手能力,并拓展视野。

(4) 重点内容提要——通过简短的语言叙述,帮助学生提高语言概括能力。

(5) 案例分析——根据每一任务要求而设计的综合案例,在强化知识的同时,训练学生分析问题和解决问题的能力。

(6) 综合实训——通过这些实训,使学生在掌握本任务的同时,提高其谈判能力。

2. 内容通俗实用。考虑到学生阅读特点,编者从学生的实际需求出发,在文字表述上做到语言深入浅出,在编写过程中运用了大量的实例和表格说明问题。

本书在编写过程中,得到了许多专家、老师的指导,得到了上海工程技术大学、上海震旦职业学院的大力支持,在此表示衷心感谢。此外,教材编写过程中,除参考、选取了列举于书后的"参考文献"外,还参考或引用了其他的著述、书报刊物和来自网上的文章、案例等,由于篇幅所限,未能一一注明,在此向已注明和未注明的作者一并表示诚挚的感谢。

由于我们编写水平有限,书中缺点、疏漏甚至错误在所难免,恳请同行专家及读者批评指正,以便我们在今后的教学过程中不断改进。

编 者
2018年2月

目 录

第一部分　国际商务谈判基础与技巧

第1章　国际商务谈判的动机与相关因素 ... 3
 1.1　谈判的动机 ... 3
 1.2　谈判力及相关因素 ... 11

第2章　国际商务谈判程序与结构 ... 21
 2.1　谈判程序 ... 22
 2.2　谈判的一般结构 ... 24
 2.3　贸易谈判结构 ... 26

第3章　国际商务谈判原则与法则 ... 34
 3.1　双赢原则 ... 34
 3.2　合作原则 ... 39
 3.3　利益分配法则 ... 50
 3.4　信任法则 ... 60

第4章　国际商务谈判心理与技巧 ... 71
 4.1　谈判者性格类型与谈判模式 ... 71
 4.2　商务谈判艺术与技巧 ... 79

第二部分　国际商务谈判过程与阶段

第5章　国际商务谈判准备 ... 115
 5.1　国际商务谈判的背景调查 ... 115
 5.2　国际商务谈判的组织准备 ... 127
 5.3　国际商务谈判的时空准备 ... 134
 5.4　国际商务谈判方案的制定 ... 141

5.5 模拟谈判 ··· 148

第6章 国际商务谈判过程 ··· 153
6.1 开局阶段 ··· 153
6.2 报价阶段 ··· 162
6.3 磋商阶段 ··· 169
6.4 终结阶段 ··· 179

第7章 国际商务合同签订 ··· 186
7.1 商务合同基本条款的认知 ··· 186
7.2 商务合同签约的技巧 ··· 196
7.3 商务合同陷阱的识别与规避 ··· 202

第三部分 国际商务谈判条款与实务

第8章 商务合同要件条款的谈判 ··· 213
8.1 品质条款的谈判 ··· 213
8.2 数量条款的谈判 ··· 223
8.3 价格条款的谈判 ··· 231
8.4 包装条款的谈判 ··· 239
8.5 运输条款的谈判 ··· 249
8.6 支付条款的谈判 ··· 256

第9章 贸易合同一般条款的谈判 ··· 265
9.1 保险条款的谈判 ··· 265
9.2 商品检验条款的谈判 ··· 276
9.3 异议、索赔条款的谈判 ··· 284

第10章 合同各条款间融通与协调 ·· 290
10.1 品质条款与其他条款的融通与协调 ·· 291
10.2 价格条款与其他条款的融通与协调 ·· 293
10.3 数量条款与其他条款的融通与协调 ·· 296
10.4 包装条款与其他条款的融通与协调 ·· 297
10.5 支付条款与运输条款的融通与协调 ·· 299
10.6 运输、保险条款与检验、索赔条款的融通与协调 ······························ 300

第一部分

国际商务谈判基础与技巧

第1章
国际商务谈判的动机与相关因素

1.1 谈判的动机

人们为什么谈判？导致冲突的根本原因；解决冲突的基本途径；谈判、冲突和利益得失等的定义。

深入了解谈判的概念和主要特征；明确谈判、冲突和利益的构成要素；了解商务谈判在社会中的作用和意义；培养和提高学生对商务谈判特征的理解能力。

在现代社会，人们之间要相互交往、改善关系、协商问题，就要进行谈判。

谈判是社会生活中广泛存在的现象：国家之间、国际组织的成员之间通过谈判来达成双边或多边协定、制定国际规则；企业作为社会的一个经济组织，在开展对内与对外的经济交往中，在从事商务活动的过程中，也必须要运用谈判这一手段来调和双方在利益上的冲突，形成共识，从而达成交易。

本章主要介绍了商务谈判的基本概念、特点，主要从谈判、冲突和利益三方面的动机，来认识商务谈判，以便我们更好地认识、掌握商务谈判，灵活地开展各项经济活动。

情境导入：幼儿园阿姨把一个橙子给了两个孩子，这两个孩子便讨论如何分这个橙子。两个人吵来吵去，怎么办？

两个孩子进行了协商,最终达成了一致意见,由一个孩子负责切橙子,而另一个孩子选橙子。结果,这两个孩子按照商定的办法各自取得了一半橙子,高高兴兴地拿回家去了。

第一个孩子把半个橙子拿到家,把皮剥掉扔进了垃圾桶,把果肉放到果汁机里榨果汁喝;另一个孩子回到家把果肉挖掉扔进了垃圾桶,把橙子皮留下来磨碎了,混在面粉里烤蛋糕。

这个说明了什么问题?他们未充分交流各自利益所在,未能物尽其用,双方各自利益未能在谈判中达到最大化。

如果双方充分交流,可能就有其他结果。

第一种结果就是遵循上述情形,两个孩子想办法将果皮和果肉分开,一个拿着果肉榨汁喝,另一个拿果皮去烤蛋糕。

还有一种结果是恰好有一个孩子想要整个橙子。怎么办?他可以将其他的问题拿出来一块谈。他可以说:"如果把这个橙子全给我,你上次欠我的棒棒糖就不用还了。"其实,他的牙齿被蛀得一塌糊涂,父母上星期就不让他吃糖了。

另一个孩子想了一想,很快就答应了。因为他刚从父母那里要了五块钱零花钱,准备买糖还债,这次他可以拿零花钱去打游戏了。

后一种结果之下,两个孩子的谈判过程实际上就是不断沟通、创造价值的过程,双方都在寻求有利于自己的利益最大化的方案,同时也在满足对方的最大利益需要。

人猿相揖别,从古至今,凡是有人群活动的地方,就有矛盾冲突,利益协调,就有谈判的存在;生活中充满了谈判,商业经营活动中,更是离不开谈判。

提示:成功的商务谈判需要双方进行充分的沟通、交流,从双方的最大利益出发,创造各种解决方案,用相对较小的让步来换取最大的利益,而对方也是遵循相向的原则来取得交换条件,最终达到"双赢"的效果。

人类生活在一个资源有限的世界里,但是人类的欲望却是无限的。人类不断增长的、从本质上讲无限的物质需求导致人类与有限的、稀缺的自然资源之间冲突不断。为了解决这一无限和有限之间的矛盾,以达到利用有限的资源更好地为人类服务的目的,人类发展了经济学以解决"生产什么、怎样生产和为谁生产"这些基本的问题。

人类就是生活在这样一个充满矛盾、冲突和对抗的世界里。

既然矛盾与冲突不可避免,那么如何解决矛盾与冲突便成为一个永久的话题,成为国家、组织和个人普遍关心的问题,越来越多的问题需要通过谈判的方式来解决。

正是由于谈判已经成为一种普遍的社会活动,同时由于它在各国经济活动中所起的不可替代的重要作用,因此有必要很好地研究谈判为什么发生,怎样进行谈判,以及谈判的内在规律是什么。为了更好地理解谈判及相关的内容,在此先对谈判及其他关键概念加以解释。

一、谈判

谈判是双方为解决冲突而进行沟通的过程,目的是使双方达成一项协议、解决一个问题或作出某种安排;谈判是从对方获取自身利益的基本方式;谈判是在双方拥有共同利益和冲突利益的情况下,为达成一项协议进行的相互间的交谈。

谈判应当符合以下三点要求。

(1) 谈判应当是在双方共同让步的基础上达成协议,谈判中的给予与获取是共同的,单方面的让步和妥协不是真正意义上的谈判。

(2) 双方利益的冲突导致谈判的发生,然而如果没有谈判双方的合作,谈判就不可能顺利地进行并取得满意的结果。

(3) 由于政治、经济、体制、自然条件、社会条件、管理经验、财务状况、人才条件、生产能力等方方面面的因素,参与谈判的各方的实力有着或大或小的差异,这就是客观事实。

尽管实力不同,双方的谈判地位和权利是相等的;这种公平性的一个体现是实力较弱的一方有权否决它认为不公平的决议;如果没有这种权利,实力较强的一方就有可能利用有利的形势将自己的意志强加于实力较弱的一方,取得对自己有利的谈判结果。当然,对谈判结果的不同意见应当在签署协议前以公开明确的方式表达。

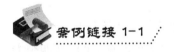
案例链接 1-1

基辛格说媒

基辛格堪称当代最著名的谈判大师。一次,基辛格主动为一位贫穷老农的儿子说媒,想试试自己的折中之技。他对老农说:"我已经为你物色了一位最好的儿媳。"老农回答说:"我从来不干涉我儿子的事。"

基辛格说:"可这姑娘是罗斯切尔德伯爵的女儿(罗斯切尔德是欧洲最有名望的银行家)。"老农说:"嗯,如果是这样的话……"

基辛格找到罗斯切尔德伯爵说:"我为你女儿找到了一个万里挑一的好丈夫。"罗斯切尔德婉拒道:"可我女儿太年轻。"

基辛格说:"可这位年轻小伙子是世界银行的副行长。""嗯……如果是这样……"

基辛格又找到世界银行行长,道:"我给你找了位副行长。""可我们现在不需要增加一位副行长。"基辛格说:"你知道吗,这位年轻人是罗斯切尔德伯爵的女婿。"

于是世界银行行长欣然同意。基辛格功德无量,促成了这桩美满的婚姻,让贫穷老农的儿子摇身一变,成了金融寡头的乘龙快婿。

思考: 基辛格的谈判策略是什么?

所谓的"基辛格谈判策略"是:告诉甲一个"秘密";又告诉乙一个"秘密";再告诉丙一个"秘密"。因为他深知甲、乙、丙之间将互相封锁消息,要在许多年以后才会相互公开各自掌握的所谓的"秘密",而在此之前,他早已达到了自己的目的。

基辛格运用自己高超的谈判技巧把看似不可能的事变成了可能,说明了谈判技巧的魅力和谈判力量的巨大。

二、冲突

人们进行谈判是由于存在着冲突,冲突导致谈判。因此讨论冲突的含义和冲突的本质以及冲突所带来的正反两方的结果,是更好地理解谈判的关键。

冲突又被称作对抗、争执或不同意见。冲突发生在两个或更多的既有不同利益又有共同利益的相互依赖的当事人之间。冲突可以削弱双方获取利益的能力。

对以上定义进一步解释为以下三点。

(1) 冲突的当事方是相互依赖的,也就是说,冲突的双方之间由于利益的原因存在着某种关系,这种关系将双方连接成利益相关的集体。显然,双方如果互不相关,也就不会有冲突的发生。

(2) 冲突的当事人之间既存在着不同利益,又存在着共同利益。这听起来似乎矛盾,然而如果冲突双方只有不同利益而不具有共同利益,则谈判就失去了根基而无法进行。事实上,任何冲突同时也酝酿着共同的利益,这才使谈判成为解决冲突的一个自然程序。

(3) 冲突各方自然要为实现自己的利益而努力,同时阻止对方实现其利益,结果将降低双方获利的能力,减少双方实际获得的利益。

在讨论冲突对人类发展的影响时,人们对待冲突的态度大相径庭,褒贬参半,冲突既有正面影响又有负面影响;以两分法的方式来考虑冲突对谈判所带来的影响,可以从四个方面来讨论冲突与谈判之间正、反两方面的特性(见表 1-1)。

表 1-1 冲突与谈判之间正、反两方面的特性

	正面特性	反面特性
1. 沟通		
利益	揭开	掩盖
事件	澄清	混淆
2. 创造性		
学习	促进	阻碍
创新	激励	抑制
3. 关系		
紧张	乐观	升级
满意	提高	下降
4. 结局		
获利	高	低
局面	控制	激化

从表 1-1 的分析中可以看出冲突既可以带来有利于谈判的正效应,同时也可以带来不利于谈判的负效应。

如何控制和管理冲突既是一个理论问题,也是一个实践问题,通过学习可以掌握如何成功地处理不同意见,战胜各种困难,发展面对不同类型挑战的谈判策略,获得应对紧张局面和压力的方法。

案例链接 1-2

案例 1 欧洲 A 公司代理 B 工程公司到中国与中国 C 公司谈判出口工程设备的交易。中方根据其报价提出了批评,建议对方考虑中国市场的竞争性和该公司第一次进入市场,认真考虑改善价格。该代理商做了一番解释后仍不降价并说其委托人的价格是如何合理。中方对其条件又做了分析,代理人又做解释,一上午下来,毫无结果。中方认为其过于傲慢固执,代理人认为中方毫无购买诚意且没有理解力,双方相互埋怨之后,谈判不欢而散。

思考:谈判有可能不散,至少可以避免"不欢而散"。欧洲代理人进行的是代理地位的谈判,A 公司应该从代理地位提出谈判的要求,做到:姿态超脱、态度积极,应做"好人"。

案例 2 幽默对紧张谈判气氛的缓和

美国前总统里根到加拿大访问时,双方的会谈市场受到屋外反美抗议示威的干扰。加拿大总理特鲁多感到十分尴尬和不安。此时,里根却幽默地说:"这种情况在美国时有发生,我想这些人一定是特意从美国来到贵国的,他们想使我有一种宾至如归的感觉。"几句话使得在场的人都轻松下来。幽默对缓和谈判双方的僵局是十分有效的。

在卡普尔任美国电话电报公司负责人的初期,在一次董事会议上,众人对他的领导方式提出许多批评和责问,会议充满了紧张的气氛,人们似乎都无法控制自己的激动情绪。这位女董事质问:"在过去的一年中,公司用于福利方面的钱有多少?"她认为应该多花些。当她听说只有几百万美元时,说:"我真要晕倒了。"卡普尔诙谐地回答道:"我看那样倒好。"会场上爆发出一阵难得的笑声,气氛也随之缓和了下来。

思考:该案例凸显了幽默在紧张交往、谈判氛围中缓和气氛的重要作用,因此在实际的销售谈判中销售人员应培养善于运用幽默的话语来缓解紧张谈判氛围的技巧。

对于谈判障碍分析的根本目的就在于有效地应对和处理谈判中的障碍。要想加强自身对于谈判障碍处理的能力,能够正确地分析谈判中的障碍是首要的前提条件。明确谈判中一般会出现哪些障碍,明确障碍出现的原因和条件,再通过自身对案例的分析和理解来积累经验,才能在实际的谈判中面对障碍时有心理准备,做到不慌不乱,灵活应对,最大化地维护己方的利益。

三、利益得失

利益得失指的是(通过谈判)可以获取的利益或者失去的利益,可以引发或者避免的成本。利益得失的确定取决于谈判者所处的现状、选择的方案以及是否还有其他选择;利益得失简单地说就是利益,它既指眼前利益也指长远利益,或者是谈判者所表达的潜在利益和具体事件。

就此定义做以下四点解释。

(1) 谈判各方通过谈判要么得到期望利益,要么失去期望利益,因此谈判对于双方是具有利益关系的事件,也只有关系双方切身利益的谈判才会使人们积极地投入其中。

(2) 世上没有免费的午餐,谈判桌上也是如此。谈判双方若想通过谈判获取各自的利益,就必须有所付出。付出成本的大小取决于谈判双方如何应对谈判,如何处理各自的利益得失。

(3) 谈判开始时事态的发展状况是双方衡量利益得失的一个标准。如就某一种产品的价格进行谈判时,当时市场的供需情况是第一个参照指标。在此基础上,双方提出各自的方案并通过谈判确定是保持现状还是改变现状,是选择方案 A,还是选择方案 B,或者另有选择。

(4) 谈判者的利益既包括眼前利益也包括长远利益和潜在愿望。谈判者有时必须在眼前利益和长远利益之间作出抉择,以确定是牺牲眼前利益以满足长远利益,还是以眼前利益为重而不顾长远利益。

对利益得失的讨论是谈判中的一个关键点,在随后的章节中将反复提到这一概念。在开篇章节中所讨论的几个关键概念是理解谈判的出发点,它们将有助于更好地理解谈判的理论与实践。

案例链接 1-3

有一段时间,戴尔·卡耐基每个季度都会租用纽约一家饭店的舞厅举办十天的系列讲座。某个季度刚开始时,饭店突然给卡耐基来信,要求将原有的租金提高两倍。卡耐基不愿意支付两倍的租金,然而,举办系列讲座的票已经发出去了。无奈之下,卡耐基只好去和饭店经理谈判。

当卡耐基见到饭店经理时,他并没有怒气冲冲地指责饭店经理不讲信用,而是站在饭店经理的角度陈述了饭店提高租金这一行为的利弊。他先是对饭店经理说:"我对你们的做法没有丝毫埋怨。作为饭店的经理,你的责任是为饭店谋取更大的利益。如果不这样的话,你可能会被解雇。因此,如果我处在你的位置的话,我可能也会提高租金。"接着,卡耐基请求饭店经理听听他关于提高租金利弊的说法,得到饭店经理的许可之后,卡耐基在一张纸的中间画了一条线,然后在左边写了"利",右边写了"弊",并在"利"的一边写下了"舞厅、供租用"。然后,卡耐基对饭店经理说:"如果把饭店空置的舞厅出租给舞会或会议使用,随之而来的利润远比租给我举办系列讲座高得多。如果我一个季度中连续有 20 个晚上租你的舞厅,那么你就会失去一些极其有利可图的生意。"紧接着,卡耐基又向饭店经理说:"现在,让我们来看看你提高租金的弊。首先,因为我付不起你要求的租金,我只好改在其他地方举办讲座,这样一来,你不但没有得到两倍的租金,还失去了原有的租金。其次,我的讲座能够吸引很多有知识和有文化的人,这对你来说是个很好的广告。反之,你就是花

5 000美元在报上登广告也不一定能吸引比我的讲座更多的人来饭店。"卡耐基把他所说的两项"弊"写在"弊"的一边,并把写有利弊的纸张交给饭店经理。然后,卡耐基建议饭店经理好好权衡一下利弊,再作出决定。

就在卡耐基和饭店经理谈判的第二天,卡耐基就收到饭店的信,通知他租金提高到原来的1.5倍,而不是两倍。就这样卡耐基在与饭店经理的谈判中,一句也没有提到自己的要求和利益,而是立足于双方的利益共赢,最终成功达到了自己的谈判目的。

思考:谈判双方必然有不一致的利益,有时谈判双方的利益甚至是尖锐对立的。

如果谈判双方都只关注自身的利益,互不相让,谈判往往会陷入僵局;反之,谈判双方如果能本着双赢的立场,不仅可以打破谈判中的僵局,还有可能达成对双方都有利的协议,缔造双赢的谈判结果。

双赢是谈判最好的结局。

重点内容概要

谈判是利益关系的各方就共同关心的问题相互磋商,交换意见,寻求解决途径和达成协议的过程;商务谈判就是指当事人各方为了自身的经济利益,就交易活动的各种条件相互磋商,交换意见,寻求解决的途径和达成协议的过程。

谈判的特点包括:谈判总是以某种利益的满足为目标;谈判是两方以上的交际活动;谈判同时含有合作与冲突;谈判是一个协调行为的过程;谈判是互惠的,但并非是均等的。

教学一体化训练

习题

1. 利益冲突与谈判之间的关系是什么?
2. 谈判是一个协调行为的过程,你可以列举解决冲突的一些途径吗?
3. 坏事可以变成好事,这样的例子屡见不鲜。你能举几个例子吗?
4. 下面的表1-2列举了中美入世谈判中的要点,内容涉及七个行业。仔细阅读双方的要价和还价,分析双方的利益得失和潜在的冲突。

表1-2 中美入世谈判焦点

行业名称	美方要价	中方还价
电信业	在加入世界贸易组织六年内取消对传呼机、移动电话的进口限制,开放国内固定电话的服务领域。在四年内,允许外资在所有电信领域持有电信公司最高49%的股权,增值服务及传呼服务可持有51%的股权	中方坚持在电信主营业务上,外资参股上限为5%,而增值业务中上限为30%。同时禁止外商拥有中国互联网公司
银行业	外资银行在中国加入世界贸易组织两年内获准经营人民币业务,在五年内获准经营金融零售业务	外资银行的人民币业务已在上海、深圳开展,今后可逐步扩大,开放金融零售业务仍不具备条件

续表

行业名称	美方要价	中方还价
证券业	外资进入中国证券及债券市场	从未承诺对外资开放中国证券及债券市场
保险业	保险公司中外商的股权比例达到51%,并可在两年内成立全资分支机构	合资保险公司已允许外商持股五成,其他分歧正在缩小
高科技行业	中国把目前(指谈判时,下同)平均13.3%的科技产品关税逐步降为零。在2005年以前,取消电脑、电信等产品的关税	
汽车业	在2005年之前进口关税由目前的80%以上降至25%。汽车零件进口关税平均降至10%。自2005年起取消汽车进口配额	中方承诺降低关税
纺织业	到2005年,美国仍保留对中国纺织品出口配额限制	中国入世后美国立即取消该项歧视性条款

注:(1) 根据中美之间达成的最终协议,外资银行在中国入世五年后可享受国民待遇;两年后外资银行可对中国企业开展人民币业务;五年后可对居民开展人民币业务。对外资银行的区域限制将在五年内取消。
(2) 中国承诺加入世界贸易组织六年后将汽车及其零部件的关税降低到25%。

案例分析

克莱斯勒公司错失进入中国汽车市场良机

20世纪80年代中期,美国克莱斯勒公司本来可以成为率先敲开中国这个世界上人口最多而人均轿车占有率最低的国家的市场大门的公司,只是由于在激烈的国际竞争中的一念之差,其与这一机遇失之交臂,反而成全了德国大众公司。80年代中期当中国轿车工业刚刚起步时,国际汽车业的"巨头"们并不把中国放在眼里,它们感兴趣的是在中国卖车,而不是与中国合作生产汽车。

中国汽车业的决策层当时准备从克莱斯勒购买一条它即将淘汰的道奇轿车生产线。由于购买一条道奇600生产线的信息走漏了出去,克莱斯勒认定中国的合作对象非它莫属了。因此,当中国第一汽车集团公司的代表赴美谈判时,克莱斯勒突然把这条旧生产线的价格提高到1 800万美元。而中国代表还价的报价只有100万美元,连美方要价的零头都不到。中方代表直言不讳地指出,"这是一条要拆掉的旧生产线,如果我们不买,它的价值等于零;我方买了对我们有利对你们更有利,但我们决不会出很高的价格来买这条旧生产线。"中方代表还暗示中方已经派代表团去德国大众汽车公司,进行货比三家。然而,克莱斯勒也许大意了,把中国人传递的信息当成了耳旁风。当克莱斯勒终于得知中国汽车界领导人选择了德国大众作为合作伙伴后,它破天荒地提出要把道奇生产线的报价降到1美元,但为时已晚。中国一汽和大众合作生产奥迪轿车的意向书在几天后签字。德国大众与中国的合作获得了丰厚的回报,中德合资的轿车企业占有了中国市场的半壁江山。

【分析】

案例研究"克莱斯勒公司错失进入中国汽车市场良机"并讨论下面的问题。

(1) 克莱斯勒公司错失进入中国汽车市场良机的原因是什么？

(2) 它的机会成本是什么？

1.2 谈判力及相关因素

谈判力；谈判力来源；影响谈判者谈判力的因素；怎样利用有影响的因素来增加谈判者的谈判力。

深入理解谈判力的概念及形成特征；明确影响谈判者谈判力的因素及相互关系；培养学生对谈判力形成特征的理解；掌握合理利用影响谈判力因素来增加自己的谈判能力。

对于谈判者来说，通过谈判解决冲突并从谈判中获取最大的利益，是促使他们坐在谈判桌旁的主要动力；然而谈判代表采取什么方式，能够获取多大的利益，则在很大程度上取决于谈判双方相应的谈判力。

本章节将重点探讨什么是谈判力？谈判力在谈判中是如何发挥作用的？影响谈判力此消彼长的因素是什么？

考取某大学的新生鲁珊，第一个办好了报到手续，她决定利用空闲的两天时间上庐山游玩。在仙人洞景点，她被小贩叫卖的庐山特产云雾茶吸引，想到应该买一些孝敬一下父母。卖家看出她是外地游客，所以就不降价，她没有那么多时间讨价还价，没办法，就只买了一盒，价格是28元。回到学校后，她经过品尝，感觉茶叶不错，后悔当初买少了。但本地的同学告诉她，一半的价格就可以买到。国庆节到了，同寝室的同学相约爬好汉坡上庐山，她欣然应允一同行动。有了上次的经历和本地同学的介绍，她决定以更便宜的价格买3盒。在上次的景点，她们与小贩相遇了，几个人七嘴八舌地讨价还价，其中一个同学用的是本地方言。有些同学说这个价格太贵,五老峰和含鄱口可以买到更便宜的,有些同学则说10元的价格就可以考虑,有些同学则坐到一旁提议别买了,咱们一边斗地主一边休息休息。小贩一再降价,同学们竟然打起了扑克,不怎么搭理小贩了。结果小贩缠着他们,不断降价,近乎央求她们购买了。这时同学们表现得很友善,说:"哎呀,你也不容易啊,我们其实也并不是太想要这茶叶,你这么热情和诚恳,天气又这么热,我们就意思一下吧,买3盒,35元怎么样?"小贩虽然不是很情愿,但还是同意了。最后鲁珊用35元购买了3盒与第一次相同的庐山云雾茶,远远低于第一次的价格。

提示:讨价还价的实力。从谈判的原理上(谈判实力、影响谈判实力的因素)分析鲁珊的谈判经历;寻找一个与鲁珊类似的亲身经历,联系谈判的实力原理加以分析。

一、谈判力及谈判力的来源

(一) 谈判力

谈判力是指谈判中一方拥有的那种可以影响及控制另一方的决策、解决双方的争端、实现谈判预定目标的能力。

(二) 谈判力的来源

在谈判中,影响谈判力的因素很多,其中有些因素是处于谈判者的控范围的,另一些因素可能是谈判者没有被很好地理解和认识,还有一些因素是处于谈判者不可控范围的。

1. 市场

谈判中影响一方讨价还价能力的一个基本因素就是市场情况。

在交易的初始阶段,谈判者对买方市场或卖方市场的判断会影响他在谈判中的立场。例如,当价格上涨时,可能是卖方市场;当价格下跌时,可能是买方市场。但价格只是判断市场情况的一个初级指标,市场中价格的涨落可能也不能反映真实的情况,因为有人会为了他们自己的利益来操纵这类信息。

市场份额也是会影响谈判中买方或卖方获利的一个因素,而究竟何方会获利则取决于各方占有的市场份额和具体的市场情况。当然,市场情况包含了许多其他会影响谈判力的因素。

2. 信息

信息和谈判力是相辅相成的关系。如果获得的信息不准确或者理解错误,据此作出的判断便会影响谈判力,谈判力与信息息息相关。

完善的信息基础应该包含许多因素,但谈判对手的财务结构及生产能力是特别重要的两种因素。对方的财务管理能力、现金流、成本结构等都属于基本信息,特别是在做一笔产业大交易时,这些信息尤为重要,因为这类信息可以显示一家公司的财力;同样,谈判对手的经营规模和性质、厂房和设备的利用率、质量控制的效果,还有供应合同执行的情况,所有这些信息都很有价值。这些信息不仅揭示了谈判对方经营的灵活度和依存度,而且显示了它应付突发事件的能力。如果搜集到这些信息,便可获得进行谈判的战略和战术手段。这些信息还会揭示那些薄弱环节和与另一方建立贸易关系存在的风险。

3. 时间

时间是另一个重要的市场指标，特别是对于那些持续生产的制造商来说，对方交货的速度是反映其库存情况的指标。如果市场需求下降，制造商只有三种选择：放缓生产速度（这样，生产规模不会缩小太多）；储存生产出来的成品；关闭工厂。后两种选择需付出高昂的代价，制造商会尽可能地加以避免。

所以，如果买方发现其现在的供应商能够迅速交付大批量货物，那么很有可能是由于供应商的库存很多。遗憾的是，大多数买方都错误理解了市场发出的信息。买方倾向于享受这样迅速的交货速度，而不是利用卖方减少库存的需要去赢得更优惠的贸易条件。

4. 公司的规模和结构

无论是从卖方还是买方的角度来看，一个组织的规模在谈判中是一个需要考虑的重要因素。规模暗示着力量，一个拥有很大市场份额的大公司会使一家规模较小的公司很难进入市场。

大公司一般能下大订单，从理论上说这为它们增加了讨价还价的筹码。一般来说，大订单能有助于买方获取规模效应和更优惠的贸易条件；对于卖方，道理是一样的。如果与卖方交易的是很多小客户，每个客户保持较小的购入量，这样失去一个买主对于卖方来说影响不大，卖方仍可保持自己的谈判力，无疑也是一个讨价还价的筹码。

5. 声誉

声誉同公司形象和公司在市场中的声望等因素联系密切。尽管声誉本身不是一个可谈判的因素，但是良好的声誉会从两个方面影响谈判：

第一，公司良好的市场形象使其更容易获得潜在的贸易伙伴，因为一家受尊敬的企业更能使其他公司愿意与其谈判。

第二，商人总是尽量避免风险。如果一项交易具有风险，那么尽管会增加成本，商人也倾向于选择可信赖和可靠的伙伴。因此，谈判力与企业声誉息息相关。

6. 产品的生命周期

市场营销理论的"产品生命周期"理论，认为产品的生命周期包含四个阶段，分别为成长期、成熟期、饱和期和衰退期。

一般来说，谈判力与产品生命周期有很高的关联度。在产品的成长期，卖方更有谈判力；在衰退期，买方却占有优势；如果存在不确定性因素，谈判力的大小则取决于市场是否看好该产品的前景。

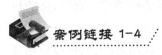

案例1 中国浙江义乌一家私营纽扣厂的经理，在法国巴黎时装节上与世界某著名品牌时装公司的代表相遇，前者很想与后者建立业务关系，以便将自己的纽扣及饰品出口给这家大名鼎鼎的法国时装公司。法国公司看了义乌经理带去的纽扣样品后，邀请他一周后到公司总部面谈。在时尚气派的大会客厅里，义乌经理面对如此华丽的环境，有一种自惭

形秽的感觉。

其实,这正是法国公司的谈判策略之一:一方面,通过世界著名大公司与中国乡镇小企业的对比,通过本方华丽时尚的展厅和高雅会客厅与对方普通小作坊的对比,对来者营造心理上的压力;另一方面,法国公司摸准了义乌经理担心在法国逗留太久费用太高、希望尽快达成交易的急切心理,迫使对方降低期望值,进而在纽扣和饰品的报价上作出较大的让步。

思考:商务谈判中谈判场地的安排会起到什么心理作用?

案例2 邢熙的家乡在福建,有很多亲戚朋友家都开设了制鞋工厂,他是一个比较内向、不善表达的男孩,上街购物往往被宰。室友崔柳能言善辩,某一日以25元买回一双运动鞋,大家非常佩服和羡慕,因为那款鞋开价100元。

次日好友郑成约邢熙一同上街购物,看上同样的运动鞋,经过艰难的讨价还价,卖家死守40元,郑成急需此鞋,不得已正准备掏钱,此时,木讷的邢熙上前低沉缓慢地说道:"老板,你这鞋是从××省××县××厂进的货吧,你的进价只有10元5角钱,40元赚得也太多了吧。"老板闻言立即转向邢熙,不悦地说道:"小伙子别乱说,我的进价要38元。"邢熙并不着急,甚至有点儿口吃地说道:"我家就在该厂隔壁,我还在那里的销售科实习过,张科长是我师傅。"老板立即轻声说:"那好,我12元卖你,你别声张,下次帮我多带点客人。"回到学校后,有些人对此事感到很意外,有些人不相信,有些人认为仅是特例,不具有普遍性,说明不了什么问题。

思考:该故事向我们传递什么谈判的原理和知识?

二、影响谈判力变化的因素

影响谈判力变化的因素由于情况的不同而不断变化,但有三个因素无论在何种情况下都起着决定性的作用,这三个基本因素就是动机、依赖和替代。

为了更好地理解影响谈判力变化的因素,通过分析三个变量的含义、它们相互之间的关系,以及它们对谈判各方谈判力的提高和降低的影响,来提高自己的谈判力。

(一)动机

动机可以解释为获取利益的愿望和激励因素。它与谈判力的提高和降低的关系是:A方谈判力的上升伴随着A方愿望的下降;反之,A方的愿望越强烈,其谈判力就越弱。例如,在自由市场上,当你购买某件商品的愿望十分强烈并且让对方了解到这一点时,你的讨价还价能力自然就削弱了。

在谈判中为了增强自己一方的谈判力,或者为了削弱对方的谈判力,人们可以使用各种方法来激发对方的愿望,其中最常用的方法有以下四种。

1. 诱导对方或对方的支持者

诱导对方或对方的支持者的目的是通过给对方一些诱人的条件或利益来引起对方的注意和激发对方的兴趣,并借此来说服对方与你就其感兴趣的内容举行谈判。例如在商品促销活动中,商家常用的诱导消费者的方式有降价、打折、买一送一等。精明的促销者总能想出各种各样的办法来吸引潜在消费者的注意并激发他们的兴趣。

2. 向对方展示所提供方案的诱人之处

通过向对方展示你的方案的诱人之处或"卖点",使对方知道并使他们相信你所提供的方案的确具有吸引力。这一步是第一步的继续,你可以借此说服对方接受你的方案并最终达到你的目的。

3. 获取第三方对所提供的诱人方案的支持

当有第三方表示支持你的方案时,第三方的支持会提高你的信用度,并且通过他的榜样可带动其他人效仿。人们一般更信任他们所熟悉的人,如他们的朋友、同事,即便是陌生人,如果他们属于同一群体,也会产生信任感。广告中经常使用的说服术即是通过消费者现身说法,从消费者的角度说明某种产品的好处。

4. 限定获得所提供好处的时间

让对方知道所提供的好处不是永远存在的,是有时间限制的,必须在规定的时间内与提供利益的一方谈判,否则过期作废。时间限定或最后期限好似一个助推器,可以起到督促人们立刻采取行动的作用。例如,精明的商家往往在促销价格的后面加上日期限定,因为相对较短的时间限定比较长的时间限定会产生更佳的效果。

(二) 依赖

依赖是指人们为了生存或者使自己所从事的工作有效进行而对其他人或事物持续不断的和规律性的需求;而在谈判中,依赖指的是谈判一方为实现其利益和目的对另一方的需求,一方的谈判力随着他对另一方依赖程度的增大而降低。

如果谈判一方能成功地提高对方对自己的依赖程度,同时降低自己对对方的依赖程度,那么他的谈判力就会大大增强。在这一方面人们能采用的比较有效的方法有以下三种。

1. 削弱、延迟或抑制对方希望获得的服务或资源

如果你的谈判对手能够获得他所需要的资源和后备力量,他对你的依赖程度就会大大降低,同时他的谈判力也会相应提高。但是如果你能切断对方赖以维持的资源供给,迫使对方转而从你那里获得帮助,则你的谈判力就可以大大地提高。

2. 削弱对方独立工作的能力

当谈判一方能够做到独立自主而不依赖对方的时候,他可以不在乎对方的压力和威胁。因此,为了提高己方的谈判力就需要削弱对方的独立性。例如,在国际贸易中,进口国依赖出口国的供应来满足本国的需求,但同时出口国也必须依赖进口国以维持本国的持续生产、就业和发展;在经济上更多地依赖对方的国家,在与对方打交道时自然就处于劣势。

3. 孤立、迫使对方放弃继续坚持的希望

谈判一方在对方有许多支持者的情况下是很难增大对方对自己的依赖程度的,除非他能成功地使对方的支持者放弃对对方的支持,并且阻止对方的行动;使对方孤军作战,别无选择,唯一能够依赖的只有他的谈判对手;一旦对方放弃了继续坚持下去的希望,谈判的结局也就十分明朗了。

（三）替代

替代：是指谈判一方所能寻求的其他选择方案，以及他为了降低对对方的依赖程度而采取的行动。显而易见，如果谈判一方有许多其他办法、出路和支持者，他的独立性就会大大增强，因而他的谈判力也会大大增强。

谈判一方的谈判力在以下情况下会大大增加。

（1）具有不需要依赖对方而独自维持下去的替代选择。

（2）有能力吸收不断升级的冲突成本。

（3）在对方向自己的支持者施加不利影响时仍然能够独自坚持下去。

（4）有能力利用专家意见，其他人的说服作用和关系，以及法律的、历史的或者道德的先例获得其他出路。

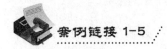

大概在30年前，苏联人想要在长岛北岸购买一大块土地，建造一座宏大的娱乐中心供自己国家的使馆工作人员休闲娱乐。当时，苏联人想要购买的那块地皮的售价在36～47万美元，资产评估师的评估价为46万美元。

苏联人心中明白这块土地的确值那么多钱，但他们还是想要将价格压到最低。于是他们运用在国际商务谈判中惯用的手法——付出少量的贴水，以不公开为条件，获得了一年的独家选择权，也就是所谓的秘密谈判。这种谈判无论进展如何，都将不用担心有竞争者。

苏联人最初的报价是12.5万美元，这几乎让卖主大跌眼镜，这样的价格实在是太荒唐了。但由于事先存在的保密条件，卖主根本看不到有其他的出价者，只能想办法提价，于是便耐着性子继续谈判。

在接下来的时间里，苏联人与卖主不断地围绕价格方面进行了多次谈判。苏联人自知那块土地的价格，也不想因为自己开始离谱的出价而结束这场谈判。所以在谈判过程中苏联人渐渐地将价格上调，让卖主仿佛还能看到希望。

最终，在数次谈判之后，苏联人使卖主从42万美元降到了36万美元，他们成功地按照计划以36万美元买下了这块地皮。

苏联人在这场谈判中取得成功的关键原因在于他们先假出价，然后用计谋取得能够单独和对方贸易的有利地位。在交易过程中，对方无法和别的买家进行交易，处于一个被动的困境中。苏联人这个唯一的买家刚开始假出价就是想要卖家断了自己能够夺得利润的念头，所以才能最终以低价成交。

思考：假出价，迷惑对手。在现代的商业战争中，用假出价来迷惑对手的策略越来越多。无论是运用哪种方法，能够让自己获得一定的利润是最重要的。

三、谈判力策略的应用

谈判力的分析对于制定谈判策略具有关键意义，而且对于谈判者在谈判中采取强硬立场或者合作态度的程度都有重要的意义。谈判力较强的一方在谈判中为了达到向对方施加压力、迫使对方让步的目的常常使用谈判力策略。人们经常使用的谈判力策略包括以下五种。

（1）设定最后期限。为接受谈判条件设定最后期限，并威胁如果到期不接受谈判条件将对其采取制裁措施，如经济制裁、军事打击等。

（2）显示强硬态度。在谈判中一直保持强硬立场以迫使对方让步。

（3）嘲笑对方立场。轻视或者对对方的立场表示不屑一顾，从而迫使对方放弃自己的主张。

（4）突出己方方案。强调自己一方建议的重要性，并通过这种方法强迫对方让步。

（5）威胁双方关系。警告对方如果不接受所提条件就断绝双方关系，以此对对自己依赖较大的一方施加压力。

苏联在1959年时就曾经希望通过采用高压实力策略迫使中国让步。它突然撤走了上百个正在建设中的项目的专家、技术援助和资金，并且要求中国偿还债务。但苏联的高压实力政策非但没有使中国政府和人民屈服，反而激发了中国人民的斗志，他们坚持依靠自己的力量，克服了种种困难，最终取得了原子弹爆炸和卫星上天等重大科研项目的成功。

谈判力策略应用的效果取决于是使用高压实力策略还是使用适度实力策略；如果使用高压实力策略，则常常会激怒对方，导致对方的反抗。

美国在谈判中习惯采用高压实力策略，例如在美日汽车谈判中，日本面对美国高举的制裁大棒也一改以往逆来顺受的态度，对美国谈判代表说出了"不"字，并且打算将美国告到当时新成立的世界贸易组织那里去。事实说明，在各国的贸易往来中，使用高压实力策略是行不通的，它只会导致对方的反抗，使冲突更加尖锐，造成两败俱伤的结果。

思考：使用适度实力策略则可以使谈判双方达成必要的妥协，使谈判走向合作的道路并最终取得谈判的成功。这样看来，掌握好应用实力策略的"度"是十分重要的。

四、测量谈判力

在开始谈判之前测量一下自己和对方的谈判力是十分必要的。表1-3列出了与谈判力相关的因素和分值。

（1）没有谈判力（低于30分）。

（2）谈判力有限（30～40分）。

（3）有一些谈判力（40～50分）。

（4）有很强的谈判力（50分以上）。

表 1-3　谈判力测量

谈判力来源	己方	对方
谈判愿望强(10 分)		
有支持者(10 分)		
占据有利的市场地位(10 分)		
有良好的商誉(10 分)		
是一家大公司(10 分)		
对对方的依赖程度较低(10 分)		
有能力控制对方的资源(10 分)		
有专门技术(10 分)		
有其他选择方案(10 分)		
了解对方(10 分)		
总分(100 分)		

测量自己一方的谈判力相对简单,而测量对方的谈判力则要困难得多,主要原因是信息不对称。然而即使你掌握的关于对方的信息并不充分,也应当尽可能地预测一下对方的谈判力。

如果你的得分是 50 分或更多,你就具有很强的谈判力。如果你的得分在 40~50 分,你有一些谈判力,处在相对较强的地位,同时有一些弱点。如果你的得分在 30~40 分,你的谈判力就十分有限了。如果你的得分低于 30 分,除非对方比你还弱,否则你会感到自己处于弱势地位。

如果你发现对方拥有所有的谈判力,而自己却一无所有,那就应当十分严肃地考虑是否进入谈判。此时最好的选择是推迟谈判,直到你的谈判力足以与对方抗衡,或者重新寻找可能实现自己目标的对手。出于这样的原因,从自己的利益考虑,应当与一家以上有意与自己做生意的贸易伙伴接洽。

通过比较你和对方的谈判力得分,你可以更好地了解自己的谈判力以及需要改进的方面。如果你的总分数低于对方,检查一下是哪些项目的分数较低,并寻找改进的方法。

重点内容概要

谈判力是指谈判中一方拥有的那种可以影响及控制另一方的决策、解决双方的争端、实现谈判预定目标的能力。

在谈判中,影响谈判力的因素很多,其中有些因素是谈判者可控、没有被理解认识或不可控的;主要涉及市场、信息、时间、公司规模和结构、声誉和产品生命周期等。

影响谈判力变化的因素及应用：有三个因素无论在何种情况下都起着决定性的作用，即动机、依赖和替代；通过分析三个变量的含义、相互之间关系，理解影响谈判力变化的因素，合理设计对策来提高己方谈判力、降低对手方判断力。

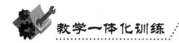

习题

1. 你能提出其他一些谈判力来源吗？
2. 在下面的例子中，你认为如何做才能够激发潜在消费者的购买欲望？
(1) 你正在拟定某汽车品牌的促销计划。
(2) 你和你的同学经营一家小书店，但是销售状况并不景气。
3. 讨论在下面的情况中应如何降低自己对对方的依赖程度。
(1) 中国对进口石油的依赖程度逐年增长，同时石油价格也在节节攀升。
(2) 1997年的亚洲金融危机对中国的出口增长造成了重大冲击，使出口增长率从1997年的20%大幅度地下降至1998年的0.5%；造成中国出口下降的原因之一是中国出口企业对传统市场的依赖程度很高，包括对亚洲市场的依赖程度很高。

案例1　善解人意的应聘者

某公司招聘营销人才，众多本科生趋之若鹜，但公司都觉得不满意，迟迟没有决定录取名单。某日，大专生龚毅很早就来到该办公司门前，他想直接和总经理面谈，以增加被聘用的机会。

见到总经理后，龚毅简短地说明来意后恭敬地递上自己的简历。总经理接过简历冷冷地说："简历就留在这里，我现在没时间看，你回去等我们的通知吧。"说完就转过身，进了办公室。龚毅知道"等候通知"就是委婉地拒绝，通知会杳无音信的。面对如此局面，他并没有泄气，显得很从容，因为他知道这个公司还空缺若干个营销业务员的岗位，另外他对自己的能力和素质充满自信。此时，总经理手中拿着纸篓从办公室走出来，准备出去倒垃圾。龚毅微笑着走上前去说："总经理，您时间宝贵，这个垃圾我去倒，您省下的三分钟时间帮我看看简历，这样省得我还得在家苦苦等候通知。这样我们各取所需了。不录用没关系，认识您并接受您的考验，我很高兴。您看如何？"总经理觉得小伙子很乐观、阳光，有亲和力，而且说得很有道理，于是欣然同意。龚毅倒完垃圾回来。总经理问道："你认为一个搞业务的人员需要具备哪些重要的能力和素质？"龚毅略作思考，很流畅地回答道："就是善解人意、善于表达、善于与人合作。"总经理听后，满意地点头并说："说得很好，目前我们公司的团队正需要补充像你这样的人，我决定录用你了。今天你去人事部门办手续，如果你没有什么困难的话明天就来公司上班吧，在我们公司你一定会有很好的发展的。"

【分析】
(1) 龚毅的应聘经历是一个谈判过程吗？你是如何理解的？
(2) 联系自己的实际生活，寻找一个亲身的谈判经历并进行分析。
（分析提示：谈判的概念、属性、要素、原则）

案例2　谈恋爱 VS 谈判

"我既不会做饭，又不会洗衣服，你会替我做吗？""我不会离开这个城市，你会过来吗？""咱俩都是学会计的，将来谁管钱？""如果前女友来找你，你会怎么办？"以上问题基本上是相亲节目的"必答题"。一个男生如果事先没有想好这些问题的答案，就不要上相亲节目丢人现眼了。当然，绝对帅哥、绝对成功的人士可能是例外。

"你是否介意和公婆同住？""你对奢侈品和珠宝怎么看？"同样，一个女生如果事先没有准备好如何回答这些问题，那么即使留灯到最后，也可能被灭。同样，绝对美丽、绝对可爱的女生可能也会例外。

谈恋爱越来越像谈判，相亲节目中的男女双方，手中握有的筹码决定了自己的谈判地位。很多传统思想的人，看相亲节目很不舒服，他们会说："这是找对象吗？这是谈恋爱吗？"

其实，相亲节目之所以有那么高的收视率，大约和它的形式有关——它使我们有机会亲眼围观一场又一场的恋爱谈判，使我们可以清楚地看到整个谈判过程，包括权利逆转。它为"恋爱"设立了准入机制，看不顺眼直接灭灯，就是看顺眼了，还要经过一轮轮提问，也就是谈判。在谈判过程中，甚至连家务事都先放到谈判桌上谈清楚。

如果谈恋爱就该是一场谈判，那么婚姻是否就该是一项交易？好的婚姻是否就是一项好的交易？事实上，在包办婚姻的时代，父母之命，媒妁之言，那时候令父母双方满意的婚姻，一般多是"公平交易"——媒人在其中起着不可忽视的作用，相当于谈判专家，男方给女方多少聘礼，女方给男方多少陪嫁，都谈妥了，才能交易。

现代人的婚姻和封建婚姻的区别是什么？首先，我们有"退货"服务，甚至是无条件"退货"；其次，我们在正式交易前，原本由父母和媒人充当的谈判专家，现在由我们亲自担任。这样即使我们将来婚姻不幸，都不能再怨别人，只能怨自己看走了眼。也许正因为如此，我们才更加慎重地对待我们的终身大事。

【分析】
(1) 把恋爱看成一种谈判，你同意吗？为什么？
(2) 生活中可以看成谈判的还有哪些？请举例说明。

第 2 章
国际商务谈判程序与结构

谈判的主要步骤;谈判过程中谈判者应考虑的要点;商务谈判的基本程序。

了解谈判程序的重要组成部分与内容;深入理解谈判的一般结构和谈判实质,尤其是拟定谈判方案的重要性;掌握谈判途径和设计谈判的计划。

谈判的程序包括:介绍谈判组成员、制定谈判日程、实质性谈判、谈判总结;贸易谈判结构涉及:确定利益与议题、设计和提出方案、引入评价方案的标准、估计各自的保留点和底线、寻求达成协议的替代方案、达成最终协议;贸易谈判过程主要为:询盘、发盘、还盘和接受四个阶段。

本章节将重点探讨谈判程序;谈判的一般结构;贸易谈判结构。

埃及法老阿赫那吞是埃及第十八王朝的第三位国王(公元前 1372—前 1354 年在位)。他的金棺棺盒有一人高,重 1 500 千克,外层大部分由黄金制成,工艺十分精致,让众多的参观者流连忘返,赞不绝口。在 20 世纪上半叶,由于疏于管理,金棺棺盒不翼而飞,流落他乡。

埃及方面直到 1985 年才得知金棺棺盒在德国慕尼黑埃及艺术博物馆进行修缮。埃及当即要求德方在金棺棺盒整修完毕后将其归还埃及,而德方则提出以埃及博物馆的其他文物作为交换,并且要求埃及补偿德方修缮金棺棺盒的费用。

对德方提出的条件,埃方认为有悖于埃及的法律,因此予以断然拒绝。德方则认为金棺棺盒目前在德国,德国有实际所有权,并且德方修复金棺棺盒也付出了很高的代价,因此要求补偿是合理的。由于双方的立场相去甚远,谈判无果而终。从此谈判停顿了近十年。

1994年,德方再次提出以埃及长期向慕尼黑埃及艺术博物馆出租文物为交换条件归还金棺棺盒,埃及仍不能接受,因为这样做既不符合埃及的法律,也不符合国际上归还失窃文物的惯例。谈判再度陷入僵局。

2000年,在埃及总统穆巴拉克的直接干预下,谈判再次恢复了。埃及方面提出迟迟不归还金棺棺盒将对埃德两国间历史悠久的关系产生负面影响。在这样的压力下,德方最终同意无条件归还法老金棺棺盒。

2002年1月25日,这具三千多年前的古代埃及法老金棺棺盒终返故里。

提示: 埃及与德国就返还埃及法老金棺棺盒的谈判,说明谈判时机和途径设计的重要性。

2.1 谈判程序

事实上,无论谈判的内容如何、形式如何,谈判都遵循一个较为固定的程序与框架。从谈判程序即外部结构来看谈判包括:①介绍谈判组成员;②制定谈判日程;③实质性谈判;④谈判总结。

一、介绍谈判组成员

正式的谈判一般都从介绍谈判组成员开始。但是在正式介绍开始前,主队与客队都应找到自己合适的位子坐好。中国的习惯是将面朝门的位置视为贵宾席,因此客队习惯上坐在贵宾席上,而主谈判者坐在中间位置。如果是涉外谈判,翻译一般坐在主谈判者的右边。

成员介绍(包括姓名、职务和职称、专业领域、主要职责等)从主队的主谈判者开始,主队成员介绍完毕后,介绍客队成员。在谈判过程中除了主谈判会场外,双方谈判组常常会根据谈判的专业性质分成若干个小组,以便于双方负责某项议题的专家直接对话,这样做可以大大提高谈判的效率。因此通过介绍,双方谈判组的专家可以掌握对方成员的情况,以便随时商谈和咨询。

二、制定谈判日程

谈判双方需要讨论的第一个议题常常是日程的安排,对于复杂和重要的谈判,日程的安排显得格外重要。日程的安排体现了双方的谈判策略和行为习惯的不同。既然存在着不同,就需要通过谈判来解决。

很显然,在谈判者的思维中,并非所有的谈判议题都同等重要,每场谈判都有其关键议题和难啃的"硬骨头"。

有些人倾向于谈判开始后即进入关键议题,先难后易,苦尽甘来,让最糟糕的事情先过去,这样做所得到的精神回报是渡过难关后尽享收获的喜悦;另一种做法是从相反的方向开始,即从不重要的、容易达成协议的议题谈起,然后是较难的和关键的议题。这样双方在开始时建立的友好关系和信任感将有助于后边困难问题的解决。

正是鉴于人们不同的行为习惯和出于不同立场的考虑,如何安排谈判日程就成为第一个需要通过谈判解决的问题。在这一问题上达成协议有利于双方的利益。

三、实质性谈判

当谈判日程确定后,谈判即进入实质性阶段。按照双方达成的谈判日程安排,双方就各项议题进行商谈。实质性谈判阶段是谈判最关键的部分,后面的章节将主要针对这一部分展开。

四、谈判总结

总结是谈判全过程的最后一个阶段。通过回顾总结对各项议题所达成的一致意见确认不存在疑义;或一些看似取得了一致意见的议题到最后阶段往往又会出现新的问题,因此需要进一步讨论和澄清;或谈判中可能会有一些被遗漏的问题或被忽略的事件,对此也许可在总结阶段加以解决;此外,对一些谈判未能解决的问题也要有一个交代,以确定何时解决和怎样解决;总结还应包括今后如何实施协议,对相应的措施作出必要的部署。

总之,分出一些时间和精力来耐心地进行谈判总结是十分必要的,它将有助于取得谈判的最终胜利。

谈判程序的四个步骤根据谈判类型的不同可以有所变动。例如,简单谈判和非正式谈判可省去一些步骤,直接进入实质性谈判阶段。一般例行公事的商业往来,或是已建立固定关系的商业伙伴之间的谈判都是开门见山,直接进入关键议题。

案例链接 2-1

大连某五金紧固件贸易公司收到一份来自迪拜贸易公司的电子邮件,大连公司与该迪拜公司的代表仅在广州某次交易会上交换过名片,并未做过交易。该迪拜公司在邮件中称,他们拟购买32种规格的铝合金紧固件共25 000套,希望能尽快提供样本。大连五金紧固件贸易公司通过其鞍山、沈阳、石家庄和天津的四家工厂,按迪拜客户提供的图纸分别加工出32种铝合金紧固件样品,并立即通过UPS(联邦包裹服务)快递给迪拜方面。迪拜公司收到样本后又发邮件告知,将派代表来大连,并要考察大连五金紧固件公司在中国的几家加工厂。

大连公司获悉这一情况后,立即通过其在迪拜的关系,了解那家迪拜公司的性质、规模、主营、财务状况等信息;同时对这些特殊规格的铝合金紧固件在国际市场上的价格进行了调查,摸清了迪拜公司拟在华采购这些铝合金紧固件的用途,初步确定了报价方案。

大连公司在向迪拜公司发出邀请函的同时,立即安排有关人员组成谈判小组,负责与迪拜公司代表的谈判,并拟定了谈判方案和接待的日程。

思考:国际商务谈判能否取得圆满结果,既取决于正式谈判过程中相关策略和技巧的运用,也与谈判前是否做好充分和细致的准备密切相关。通常而言,谈判前准备得越充分,谈判氛围和效果也会越好。

谈判的准备工作包括:相关信息的收集、谈判人员的确定、谈判方案的制定和相关的物质安排。

2.2 谈判的一般结构

谈判的一般结构是指无论何种谈判——复杂的、简单的、正式的、非正式的、国际的和国内的,都要经过这样的过程,了解了谈判的一般结构即认识了谈判的实质。

如前所述,无论何种谈判都存在利益冲突,冲突导致了谈判的发生。因此,谈判的过程也就是解决冲突使双方利益实现的过程,这是谈判具有的共性。因此所有谈判都在一个基本相同的框架内进行。即谈判的一般结构包括以下六个方面。

1. 确定利益与议题

谈判各方的利益是多层次和多目的的。有些利益是可公开表述的,而有些利益是潜在的和不公开的。人们出于不同的考虑,有时不愿意将自己的真正意图袒露出来。但是,对于谈判双方来说,只有明确各自的利益所在,谈判才有明确的目标,才能做到有的放矢。

因此,在谈判开始后尽快确定双方的利益,特别是潜在的和隐藏的利益,是取得谈判成功的第一步。确定双方的利益有时需要一个过程,特别是对方潜在的和隐藏的利益只有在与对方逐渐交谈中才能确定。在谈判实践中,不少谈判者既不十分明确自己的利益所在,更不清楚对方的利益所在,从而导致谈判失败。

谈判双方还应确定谈判的议题,因为利益是抽象的,而议题是具体的,是利益的载体。

例如,在一项简单的交易中,买方的利益是以最低的价格获取最好的产品,而卖方的利益则是以尽可能高的价格出售自己的产品。这样,价格就成为谈判的议题,双方的利益通过价格得到体现。

2. 设计和提出方案

在确定谈判议题后,双方即提出各自解决问题的方案。这里的方案指建议、条件、要价等各自为实现自身利益提出的想法。在双方交换意见之前,方案主要表达的是谈判一方对谈判议题的想法与理解。

3. 引入评价方案的标准

谈判中当一方提出的方案要接受另一方的评价,对对方的方案如何评价取决于各自的标准。例如,买卖双方对商品的价值都有自己的估计,因此以什么价格成交,双方都有各自的标准。

由于任何一方都希望使自己的利益最大化,因此评价的标准有时可能相去甚远,双方的不同利益在此时互相碰撞,产生冲突,引发激烈的争论和矛盾。

4. 估计各自的保留点和底线

谈判的过程就是解决冲突、缩小差距、达成解决问题的一致意见或作出某种安排的过程；所以，但是当谈判双方的方案差距过大，无法达成一致意见时，就需要考虑什么时候离开谈判桌。何时离开谈判桌是谈判双方根据各自的保留点，也就是最低要求决定的。

保留点是谈判者为保护自己最基本的利益而设定的一个底线。底线仅仅是为自己设定的基本利益，而谈判者应当为争取利益最大化而努力。

5. 寻求达成协议的替代方案

当双方的条件分歧很大而无法弥合时，似乎只有宣布谈判失败。但是在很多情况下，谈判双方并不希望看到谈判以失败告终，因为失败意味着任何一方的利益都无法得到满足。

此时，有能力和有作为的谈判者应善于提出新的建设性方案，而新方案应表现出创造性和灵活性，并尽可能地朝着彼此能接受的方向靠拢，以争取得到认可。一个新方案的提出并非意味着双方就一定会接受此方案，它还要经过双方的再评价。有时要提出多个方案后才有可能找到最切实可行的方案。

罗杰·费希尔和威廉·尤利在其著作《通向成功》中提出了"谈判协议的最优替代方案"的观念。

谈判协议的最优替代方案指的是在对方的谈判条件和其他更好的机会之中作出的最后选择，寻找最优替代方案并非容易的事情；需要做大量的调查和思考，还要衡量比较自己的选择和其他方面的选择。

调查显示，大多数谈判者都不重视提出最优替代方案，原因是他们都太过于乐观和自信。事实上绝大多数谈判都不可能靠一个方案达成协议，缺少替代方案的谈判常常以失败告终。

6. 达成最终协议

如果新的方案成功地弥补了双方的差距，则可达成最终的协议并宣布谈判成功。当然，有时候所有方案都不成功，谈判失败是在所难免的。谈判者可以寻找其他机会，或在条件成熟时再恢复谈判。

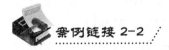

案例1 一家大型的、享有国际声誉的快餐业零售商同一家薯条供应商联系，邀请其就供应薯条作出发盘，供应商考虑到良好的盈利前景，对这笔生意很有兴趣。但就在正式进行谈判之前，买方提出了前提条件，那就是要求卖方提供一份经过审计的公司产品成本结构清单。

卖方陷入了进退两难的境地：一方面，卖方确实很不愿意向买方披露这样敏感的公司内部信息；但另一方面，卖方又很想做成这笔生意。谈判刚开始时，卖方坚持这样的信息属于公司机密，不能向买方提供，但买方也坚持认为此信息的提供是前提条件，如果卖方不满足此条件，生意便做不成。谈判进行到这里，卖方提出先暂停谈判。之后卖方认真分析了当前的形势，认为如果己方一味坚持自己的立场，认为成本信息属于公司秘密，就很可能导致谈判破裂。因而卖方决定再次谈判时提出以提供成本信息为条件要求买方同自己达成独家供应协议。但当双方重新开始谈判时,买方仍坚持卖方先满足提供成本信息的前提条件,谈判再次陷入僵局。

卖方再次仔细分析了当前形势,决定运用"对等性让步原则",并最终向买方提出:"如果你方愿意提供贵公司的成本信息,我们也愿意提供相应信息。"出乎卖方的意料,买方同意了这个要求,谈判气氛很快得到了缓和,双方开始就具体贸易细节问题进行谈判。

最终,只剩下买方分给卖方多少利润的问题,双方讨论了多种方案,最终决定采用双方平分销售价格高出成本的那部分利润的方案。

思考:国际商务谈判中如何应用对等性让步原则?

案例 2 约翰为建造房屋而与承包商签订了一份承包建造合同,价格确定,而且明确要求必须以钢筋水泥做基础,但是合同却没有明确规定地基以多深为标准,承包商认为 2 尺就足够了,而约翰则认为此类房屋一般需要 5 尺左右。

可承包商有他的理由:"当初是你自己同意采用较浅的地基的,而且我还记得,你还同意在屋顶采用钢梁。"在此情况下,约翰明智地考虑到不要和对方发生正面冲突,他想了想,说:"可能当时我错了,2 尺也许够,但我所要的是稳固的地基,它足以承受整个房子的重量。政府在这方面定有标准规范吗?在这个地区的其他房子是采用多深的地基?这里的地震风险如何?你认为我们应该到何处去寻找解决问题的标准?"

就这样,约翰将谈判双方主观立场上的讨价还价,演变成寻求客观标准的努力,最终也取得了积极的结果。

思考:这次谈判双方能否达成共识?双方采取了什么谈判模式,优势在哪里?

2.3 贸易谈判结构

贸易谈判结构与前面所述的一般谈判结构是一致的;但贸易谈判的每一个阶段都有自己特殊的表达方式;贸易谈判的过程可以表达为询盘、发盘、还盘和接受四个阶段。

通过询盘和发盘,谈判双方的利益和要求得到明确表达,同时也提出了谈判的方案和评价标准。通过还盘和接受,谈判双方寻求弥合分歧的方法并最终达成协议;尽管贸易谈判结构和一般谈判结构本质上是一致的,但是贸易谈判的每个阶段都有其严格的法律解释。

一、询盘

询盘(又称为询价)是买卖双方中的一方欲出售或购买某种商品而邀请对方提出交易条件的行为。询盘的形式不拘一格,可以是口头的或书面的,可以由买方提出或由卖方提出;询盘的内容包括商品的价格、品质、成交量、包装、运输、支付条件等所有交易条件;询盘的目的是了解行情、寻找商机,因而不具有任何法律效力,对询盘方也就没有任何约束力。

二、发盘

发盘(又称报价)是指买方或卖方向对方提出各项交易条件,是谈判的中心环节。通过提出成交的条件,买方或卖方明确表达了他希望以所提出的条件成交的意愿。

发盘可以以口头或书面的形式提出,也可以以双方都明白的其他方式提出。发盘的内容必须清楚、准确,必须由发盘人或他的法定代理人通过适当的途径传达到受盘人。受盘人必须与发盘人直接联系,否则将得不到发盘。

一旦对方同意接受所提出的成交条件,则该条件就成为合同中的一部分,因而具有了法律效力。一项报价在规定的有效期内或未被对方否定之前都被认为是有效的。发盘通常都规定了该盘的有效期,即受盘人决定接受条件的期限,超过了规定的期限,发盘人即不受该盘的约束。

三、还盘

还盘是指受盘人不同意发盘的交易条件而提出修改或增加新条件的行为。受盘人对原发盘的条件进行的修改和提出的新条件即构成还盘。有时还盘可反复多次,这个阶段即称为"讨价还价"阶段,也是贸易谈判中最困难的阶段。

对于还盘方来说,他的还盘又构成了新的报价,而该报价对发盘人具有法律约束力。

四、接受

接受是指买方或卖方无条件同意对方在发盘中提出的交易条件,并愿意按照该条件与对方达成交易、订立合同的一种肯定表示。接受必须是明白无误的表达,不得含混不清;接受必须包括发盘中的全部条件。

受盘方一旦明确告知发盘方愿意接受对方的条件,交易即告达成,合同即告订立,双方就要受合同的约束;接受可以是签字的形式,或是以书面送达的通知,或是以其他方式传达到发盘人的承诺。

询盘、发盘、还盘与接受从本质上讲与前面所述的一般谈判结构相一致,所不同的是这里使用的语言是高度精练的专业术语。其他类型的谈判,如合资谈判、技术转让谈判、国际工程承包谈判、对外加工装配业务谈判等从本质上讲也都可以用一般谈判结构来分析,但是与贸易谈判一样,这些谈判都有各自的专业术语,因此在谈判前应根据不同谈判内容进行必要的准备。

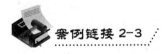
案例链接 2-3

我国某冶金公司要向美国购买一套先进的组合炉,派一高级工程师与美商谈判,为了不辱使命,这位高工做了充分地准备工作,他查找了大量有关冶炼组合炉的资料,花了很大的精力对国际市场上组合炉的行情及美国这家公司的历史和现状、经营情况等了解得一清二楚。谈判开始,美商一开口要价150万美元。中方工程师列举各国成交价格,使美商目瞪口呆,终于以80万美元的价格达成协议。当谈判购买冶炼自动设备时,美商报价230万美元,经过讨价还价压到130万美元,中方仍然不同意,坚持出价100万美元。美商表示不愿继续谈下去了,把合同往中方工程师面前一扔,说:"我们已经做了这么大的让步,贵公司仍不能合作,看来你们没有诚意,这笔生意就算了,明天我们回国了。"中方工程师闻言轻轻一笑,把手一伸,做了一个优雅的请的动作。美商真的走了,冶金公司的其他人有些着急,甚至埋怨工程师不该抠得这么紧。工程师说:"放心吧,他们会回来的。同样的设备,去年他们卖给法国只有95万美元,国际市场上这种设备的价格100万美元是正常的。"果然不出所料,一个星期后美方又回来继续谈判了。工程师向美商点明了他们与法国的成交价格,美商又愣住了,没有想到眼前这位中国商人如此精明,于是不敢再报虚价,只得说:"现在物价上涨得厉害,比不了去年。"工程师说:"每年物价上涨指数没有超过6%。一年时间,你们算算,该涨多少?"美商被问得哑口无言,在事实面前,不得不让步,最终以101万美元达成了这笔交易。

从这个案例明显地可以看出,中方工程师对于谈判技巧的运用更为恰当准确,赢得有利于己方利益的谈判结果也是一种必然,下面分别从中美各方谈判人员的表现来进行分析。

首先,从美方来看。可以说存在以下这么三个问题,或者是其谈判败笔所在。

(1) 收集、整理对方信息上没有做到准确、详尽、全面。从文中来看,重要的原因可能是:没有认清谈判对象的位置。美商凭借其技术的优势性以及多次进行相类似交易的大量经验,轻视对手,谈判前就没有做好信息收集工作,于是在谈判中步步在对方大量信息的面前陷于被动,一开始就丧失了整个谈判的主动权。

(2) 谈判方案的设计上,没有做到多样与多种。在对方的多次反击中,仓促应对。针对其谈判方式设计的单一化,有着以下两个原因:①过早地判定问题,从文中可推测出,美方一开始就认为此行不会很难,谈判结果应该是对己方利益更有利;②只关心自己的利益,美方以其组合炉技术的先进为最大优势,铁定会卖个高价,但并未考虑到中方对此的急迫需求与相应的谈判准备,在对方信息攻击下,频频让步。

(3) 在谈判过程中,希望用佯装退出谈判的方式以迫使对方作出让步,无奈在对方以资料为基础辨别出其佯装的情况下,该策略失败。

其次,从中方来看,胜利的最关键一点在于对对方信息充分的收集整理,用大量客观的数据给对方施加压力,从收集的内容可看出,中方不仅查出了美方与他国的谈判价格(援引先例),也设想到了对方可能会反驳的内容,并运用相关数据加以反击(援引惯例,如6%),对客观标准做了恰到好处的运用。真可谓做到了中国古语所说,"知己知彼,百战不殆"。当然,除这个原因外,中方的胜利还在于多种谈判技巧的运用。

(1) 谈判前,评估双方的依赖关系,对对方的接收区域和初始立场(包括期望值和底线)做了较为准确的预测,由此才能在随后的谈判中未让步于对方的佯装退出。

(2) 谈判中,依靠数据掌握谈判主动权,改变了对方不合理的初始立场。

(3) 在还盘上,从结果价大概处于比对方开价一半略低的情况可推测,中方的还盘策略也运用得较好。

思考：商务谈判中的各种技巧，对于在各种商战中为自己赢得有利位置、实现自己利益的最大化有着极其重要的作用，但我们也要注意的是，技巧与诡计、花招并不相同，前者要求的是恰如其分，既要赢，也要赢得让对方心服口服，赢得有理有据。

只有这样，对于谈判技巧的运用，才是真正的游刃有余。

重点内容概要

谈判程序与结构是谈判重要组成部分；谈判的程序一般会涉及：谈判准备、谈正式谈判及谈判后续阶段；理解谈判的准备，重视拟定谈判方案的重要性；掌握谈判途径，学会设计谈判的计划。

商务谈判程序包括：询盘、发盘、还盘、接受四个重要阶段。谈判后续阶段，除了订立协议，履行合同以外，还要及时地对谈判工作进行有效总结。

教学一体化训练

习题

1. 你在谈判中试图寻找对方的利益所在吗？
2. 如果你的第一方案失败，你一般准备替代方案吗？
3. 你在谈判中设有自己的标准吗？你的标准是有目的地确定的还是随意确定的？
4. 按要求做模拟谈判"一次经济衰退"。
5. 签订商务协议是商务谈判的最终目的吗？为什么？

（提示：结合教学内容及亲身经历，发表自己的见解，也可以和你的同伴简单沟通后回答。）

案例分析

案例1　25分钟的谈判换来25万美元保险金

背景与情境：10点45分，贝德佳按照预约，准时到达客户布斯先生的办公室。

两人相互打过招呼后，布斯摆出一副等贝德佳说话的样子，后见他没有说话，便说："贝德佳先生，麻烦你特意到这儿来，真不好意思，恐怕你会浪费时间而毫无收获。"布斯指着保险企划书说："你看，纽约主要的保险公司都把我这儿当成战场了。我已打算在纽约三大保险公司中选一家投保。当然，贝德佳先生，如果你仍想介绍贵公司的服务，请留下你的保险企划书，也许两三个星期后，我才会决定投保哪一家公司。不过，坦白地说，我认为我们这样见面是彼此浪费时间而已……"

"布斯先生，如果您是我的兄弟，我实在等不及想告诉您一些坦白的话。"贝德佳表情坦诚地说。

"哦——是什么话?"布斯疑惑地问道。

"据我所知,贵公司正打算贷款25万美元开拓业务,但贷方希望您投保同额的保险,是吗?"

"没错。"

"换句话说,只要您健在,债权人便对您的公司信心十足,但万一您发生了意外,他们就无法信任您的公司可以继续维持下去,是这样吗?"

"嗯,可以这么说。"

"所以,您要立刻投保,把债权人所担心的风险转给保险公司承担。这是眼前刻不容缓的事情。如果您的生命未附上保险,而人有旦夕祸福,我想债权人很可能会因此而减少贷款金额,或者干脆拒绝贷款,您说呢?"

"我不知道,但很有可能。"

"所以您要尽快取得保证自己健康的契约,这个契约对您而言就相当于25万美元的资金。"

"那你有何建议?"

"布斯先生,现在我为了您,正要安排一项别人做不到的事。"

"哦?"

"今早,我已替您约好11点30分去看卡拉伊尔医生。他是纽约声誉极高的医疗检验师,他的检验报告获得全国保险公司的信任。所以,如果您只做一次健康检查,就能签订25万美元的保险契约,他是最佳的人选。"

"其他的保险经纪人难道不能替我安排这件事吗?"

"当然,谁都可以办到,但他们没有办法安排您今早立刻做检查。这些经纪人肯定是先打电话跟一向合作的医疗检验师联络,这些人可能只是一般的检验师。因为事关25万美元的风险,保险公司必定会要求您再到其他有完善设备的诊所做更精确的检查。如此一来,25万美元贷款便要拖延数日,您愿意浪费这些时间吗?"

"我一向身体硬朗。"

"可是我们难保自己不会在某天早晨醒来时,忽然喉咙疼或者患上流行性感冒等疾病。即使您在保险公司所能接受的时间内很快恢复了,也难保他们不会说:'布斯先生,您似乎已健康,但您已留下头疼的记录,在未确定您的病因是暂时性的还是长期性的之前,我们想请您暂停投保3~4个月。'这样,您就可能失去这笔贷款。"

"是有可能。"布斯不得不承认。

贝德佳故意看了看手表,说:"现在已经11点10分了,如果我们立即出发,就可以依约定的时间抵达卡拉伊尔医生的诊所。如果您的检查结果正常,您就可以在48小时内签订保险合同。布斯先生,您今天早上看起来精神非常好。"

"是呀,我感觉非常好。"

"既然如此,您是否现在就去做检查呢?"

布斯陷入沉思,但没过几秒钟,他便取下衣架上的帽子,说:"好,我们走吧!"

【分析】
(1) 这次谈判属于什么类型？
(2) 贝德佳为什么能成功？
(3) 贝德佳在拜访布斯之前做了哪些工作？
(4) 在谈判过程中，贝德佳采取了何种策略？

案例2 科恩是美国一位著名的谈判师，他的谈判生涯富有传奇色彩，为世人提供了无数成功与失败的经验和教训。

有一次，他同妻子去墨西哥市。一天，他们正在马路上观光，妻子突然碰了一下科恩的胳膊说："科恩，我看到那边有什么东西在闪光。"科恩说："唉，不，我们不去那儿。那是一个坑骗旅游者的商业区。我们来这里是为了领略一种不同的文化风俗，参观一些未见过的东西，接触一些尚未被污染的人性。如果你想去那个商业区的话，你去吧，我在旅馆里等你。"

科恩的妻子一贯是不听劝说、独立自主的人，于是挥手再见，一个人去了。科恩穿过人潮起伏的马路，在相距很远的地方看见一个真正的当地土著人。当科恩走近以后，看到他在炎热的天气里仍披着一件披肩。实际上他披了好几件，并呼叫道："1 200比索。""他在向谁讲话呢？"科恩问自己，"绝对不是向我讲。首先，他怎能知道我是个旅游者呢？其次，他不会知道我在暗中注意他，甚至在潜意识里想要一件披肩。"科恩加快脚步，尽量装出没有看见他的样子，甚至用他的语言说："朋友，我确实敬佩你的主动、勤奋和坚持不懈的精神，但是我不想买披肩，请你到别处卖吧，你听得懂我的话吗？""是。"他答道。这说明他完全听懂了。科恩继续往前走，但听到背后有他的脚步声。他一直跟着科恩，好像他们系在一条链子上，他一次又一次说道："800比索！"科恩有点生气开始小跑，但他紧跟着一步不落，这时他已降到600比索。到了十字路口，因车辆隔断了马路，科恩不得不停住了脚，他仍唱他的独角戏。"600比索……500比索……好吧，400比索，怎么样？"当车辆走过之后，科恩迅速穿过马路，希望把他甩在路那边。但是科恩还没来得及转过身，就听到他笨重的脚步声和说话声了："先生，400比索！"这时候，科恩又热又累，身上一直冒汗，他这样紧紧跟随使科恩很生气。科恩气呼呼地对着他，从牙缝里挤出一句话："我告诉你我不买，别跟着我了！"

他从科恩的态度和声调上懂了科恩的话，"好吧，你胜利了，"他答道，"只对你，200比索。""你说什么？"科恩叫道。科恩对他自己的话吃了一惊。"200比索"他重复道。"给我一件，让我看看。"

科恩为什么要买披肩呢？科恩需要吗？科恩想要吗？或者科恩喜欢吗？不，科恩认为都不是。但是，也许是科恩改变了主意。别忘记，这个卖披肩的土著人最初可是要1 200比索，而现在他只要200比索了。当科恩开始举行正式谈判时，科恩从这位小贩处得知，在墨西哥市的历史上以最低价格买到一件披肩的人是一位来自加拿大温尼伯的人，他花了175比索，但他的父母出生在墨西哥的瓜达拉哈拉，而科恩买的这件花了170比索，使科恩在墨西哥历史上创造了买披肩的新纪录。科恩将带回家去参加美国独立200周年纪念。

那天天气很热，科恩一直在冒汗。尽管如此，科恩还是把披肩披到了身上，感到很洋气。把它摆弄得当后就突出了科恩的身体轮廓,甚为优雅。在溜达着回旅馆的路上,科恩一直欣赏着从商店橱窗里映出来的身影。当科恩回到旅馆房间,妻子正躺在床上看杂志。科恩抱歉地说道:"嗨!看我弄到什么了?"

"你弄到什么了?一件漂亮的披肩?你花了多少钱?"妻子顺口问。

"是这么回事,"科恩充满信心地说:"一个土著谈判家要1 200比索,而一个国际谈判家170比索就买到了。"

妻子讥笑道:"太有趣了。我买了同样一件,花了150比索,在壁橱里。"科恩沉下脸来,细细查看了壁橱,然后脱下身上的披肩,坐下来细想着刚才发生的事情。

【分析】

(1) 土著人为什么能发现科恩,并认定他是自己的买主?

(2) 为什么科恩被勾起了购买欲望?什么手段使科恩没有与土著人之间断了联系?或者说究竟有哪些明着和暗着的理由,使科恩买下了披肩?

(3) 请对土著人、科恩及其妻子的谈判技术进行比较分析。

案例3　是什么让德方谈判代表印象深刻

位于深圳特区的一家中国纯电动汽车电池生产商,邀请梅赛德斯-奔驰汽车集团代表来华洽谈合作事宜。奔驰方面派了1位集团总经理助理、1位发动机部经理和1位研发部经理,前来就纯电动汽车最关键的电池项目合作进行谈判。经过十几个小时的长途飞行后,奔驰集团的谈判代表抵达了北京,然后又转乘国内航班抵达中国这家汽车集团所在的深圳。因航班晚点,奔驰集团谈判代表出机场时已是午夜0:30分。中方公司的总经理、副总经理等高层管理人员及多个相关部门的经理均到机场迎接,这使得德国客人十分感动。中方派出5位高管、3名经理和1名翻译共9人,在深圳最高的旋转餐厅云景轩为又饥又累的客人接风。德方代表非常感动,不顾旅途劳顿和时差困扰,与中方高管们频频祝酒。由于长途飞行的劳累,加上不胜中国茅台的酒力,3位欧洲客人都喝得酩酊大醉,以致当天白天的谈判不得不延至下一日举行。在此后的几周时间内,中方高管几乎每顿午餐和晚餐都要轮流设宴款待德方代表。不过,这3位欧方代表吸取了第一晚的教训,控制住酒量,没有再出洋相。

中方公司的谈判班子称得上豪华整齐:1位总经理、2位副总经理、3位部门经理、1位总工程师、1位技术总监、1位财务总监、1位律师、1位翻译、1位记录员,共12人。中方对于谈判对手的公司背景及个人情况事先做了详细了解,谈判方案也做得很周密,物质方面的准备更是面面俱到,五星级酒店的食宿费全由中方埋单。

在中方公司总部精心布置的谈判大厅内,摆放了该厂历年生产的各种型号的汽车用蓄电池和供纯电动汽车使用的铁离子电池组样品,几十种产品可谓琳琅满目,令对方谈判代表印象深刻。此外,中方公司为了证明其电池的良好性能,将一组强大的铁离子蓄电池作为谈判间照明和空调的供电来源,温度故意调至18℃,但却使有过敏性鼻炎的德方首席谈判代表喷嚏连连。幸好中方代表立刻意识到这个问题,将空调调整到合适的温度。

谈判间隙,中方特意安排德方谈判代表游览了当地的几处名胜景观,德方代表对这个从小渔村变成特大城市的中国奇迹和迷人的南方城市景观赞叹不已。德方代表注意到,中方的接待安排出手大方,表现出希望合作成功的强烈心理。良好的投资环境和秀美的自然文化景观,使德方代表心情极佳。尤其是中方公司规模化的纯电动汽车电池生产线,让德方代表有了合作信心。受到中方诚意的感染,再加上考察了铁离子电池组生产线的技术水平,以及纯电动汽车在中国市场的广阔前景,德方最终在合作条件方面做了适当调整,最终,双方签署了合作框架协议。

【分析】

中方在谈判准备方面有哪些值得称道之处?又有哪些不足之处?

第3章
国际商务谈判原则与法则

3.1 双赢原则

双赢理念是谈判界的一场革命;传统谈判是怎样一个过程;传统理念对谈判的影响;谈判双方怎样取得双赢的结果。

了解谈判传统的赢—输理念的模式与结构;理解、遵循谈判界的一场革命——赢—赢(双赢)理念;有的放矢地掌握应用谈判"双赢"原则的有效途径。

国际商务谈判作为一项重要的商务活动,必须要遵循一些重要的基本原则;国际商务谈判不像竞赛,最终要分出输赢;国际商务谈判最理想的结果是"双赢",谈判人员要了解谈判对象在国际商务谈判中的利益需求,在一定条件下,有的放矢地满足其需求,会引起对方的积极响应,是谈判能迅速达成协议的有效途径。

本章节将重点探讨:谈判传统理念;双赢理念的引入——谈判界的一场革命。

图书馆里有两个人,一个人想开窗户,而另一个想关上窗户。他们不断地争论究竟窗户应该开多大——开一条缝,开三分之一,还是开一半。没有一个让双方都满意的答案。

这时一个图书管理员走了进来。她问其中一个人为什么想要开窗户,那人回答:"我想呼吸新鲜空气。"她又问另一个人为什么要关上窗户,那人回答:"避免有穿堂风。"

图书管理员考虑了一会儿后打开了邻屋的一扇窗户,这样既可以有新鲜空气又避免了穿堂风。

该故事中通过两个人在图书馆吵架的故事,区分了利益和立场的差别。谈判中双方的问题看起来是立场的冲突,而双方谈判的目的也是对一个立场达成一致,他们自然要考虑而且要讨论立场问题,因而在谈判过程中常常使谈判陷入僵局。

提示: 成功的谈判是利益的给予和付出的结果,而不是源于各自坚持自己的立场。如果图书管理员只关注两个人阐明的立场,即一个想关窗户,一个想开窗户,那么她便不可能找到上述解决问题的方法。相反,她注意到了两人潜在的利益所在,即新鲜空气和避免穿堂风。

现代谈判理论最先产生于西方国家。从 20 世纪 60 年代到 80 年代初,随着一些有影响的著作和文章的发表,双赢理念逐渐形成并最终导致了谈判界的一场革命。谈判理论的焦点从如何分配利益向如何整合资源和扩大利益方面转移。

一、传统理念

在人类活动的早期阶段,尽管谈判是解决冲突的一种和平的方式,但是谈判对于谈判者来说仍然是极其危险的任务。谈判对于谈判双方来说不外乎两种结果:一种结果是谈判以双方达成协议告终,这样就避免了冲突的进一步发展;另一种结果则是谈判以失败告终。因此,为了取得谈判的成功,谈判双方都会尽一切努力,来确保自己一方的利益得到最大的满足。受传统的赢—输理念的影响,谈判的模式和结构如下。

(1) 确定自己一方的利益和立场。
(2) 捍卫己方的利益和立场。
(3) 双方讨论作出让步的可能性。
(4) 达成妥协方案,或宣布谈判失败。

谈判双方由于受赢—输理念的影响,在谈判中自然习惯性地为尽力维护自己的利益而保持坚定的立场,因此妥协就成为获取更大利益的砝码,不到万不得已,双方是不会轻易让步的。妥协是双方达成协议的关键点,如果难以取得双方的妥协或一方的妥协则谈判就不可避免地会以失败告终。这种非赢即输的理念是导致众多谈判以失败告终的原因。

事实上,当一场谈判以某一方的胜利和另一方的失败结束时,失败者一般很难接受作为失败者的事实,他会千方百计地寻找机会改变谈判的结果,这又为今后埋下了冲突的种子。这样的谈判所取得的结果常常难以为继,人们需要新的理念和原则来指导冲突的解决。

二、双赢理念的引入——谈判界的一场革命

20 世纪下半叶,随着经济全球化和一体化的不断发展和深化,世界各国各地区之间的经济交往和经济协调不断密切,在经济上的相互联系和依存、相互渗透和扩张、相互竞争和制约不断向更高的程度发展,形成了世界经济从资源配置、生产到流通和消费的多层次、多形式的交织和融合,使全球经济成为一个不可分割的有机整体。使得人们认识到在经济相

互依赖的世界里,不能简单地以输赢论英雄,而必须寻求通过合作来取得双赢的结果。

一些学者和社会工作者开始宣传和倡导解决冲突的全新理念,即赢—赢理念,也即双赢理念。其中比较著名的有美国学者罗杰·费希尔和威廉·尤利、英国谈判家比尔·斯科特等。他们思想的核心是强调共同的胜利和利益的一致性。

所谓共同的胜利是指在尽可能取得己方利益的前提下,或者至少在不危害己方利益的前提下,双方应通过这样或那样的方法使对方的利益得到一定的满足。寻求双方利益的一致性是指在谈判中应努力挖掘双方利益相同的部分,再通过共同的努力将利益的蛋糕做大,如此双方都可获得更多的利益。

以双赢理念为指导,一个全新的谈判模式——赢—赢模式形成了,大量的谈判实践证实这一新的谈判模式在解决冲突的谈判中十分有效,成果卓著。双赢理念极大地促进了合作,减少了对抗,提高了整个社会的共同福利。因此双赢理念的谈判指导思想已被全世界广泛接受。

赢—赢模式的结构如下。

(1) 确定己方的利益和需求。

(2) 寻找对方的利益和需求。

(3) 提出建设性的提议和解决方法。

(4) 宣布谈判成功,或宣布谈判失败,或谈判陷入僵局。

比较赢—赢模式和赢—输模式可以看出,两种模式最大的区别是在第二步和第三步。赢—输模式中的"捍卫己方的利益和立场"被"寻求对方的利益和需求"所取代。这是一种思想观念的重大变化,是通过谈判取得双赢结果的第一步。

在发现对方的利益和需求的过程中,谈判者可以更好地理解自己的谈判对手,并能够从对方的角度考虑问题,促使双方朝着理解与和解的方向发展。双方建立了相互理解的关系后便可在此基础上提出双方都可能接受的建设性的解决方案。由于这样的方案不再仅是一方利益和意志的反映,而是综合了双方的观点,特别是强调双方的共同利益,因而谈判以双方满意的结果告终的机会大大增加。

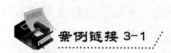
案例链接 3-1

埃及和以色列为解决西奈半岛领土争端而进行的谈判

1967年的中东战争结束之后,以色列占领了埃及西奈半岛6万平方千米的土地。战争虽然已结束。但是两国之间的领土争端不断,成为这一地区一个重要的不安定因素。为协助双方解决争端,实现和平,一些国家特别是美国多次以调解人的身份督促双方通过谈判解决争端。然而各种努力均告失败,因为双方都坚持自己的利益和谈判立场,没有丝毫的妥协迹象。对于埃及来说,被占领的西奈半岛是埃及领土不可分割的一部分。鉴于国际上承认的领土完整和国家主权原则,埃及有权利要求以色列无条件地归还被占领土。对于以色列来说,占领西奈半岛是出于对以色列的安全考虑,因为几次针对以色列的武装进攻都是从这一区域开始的,所以以色列应当控制这一区域。由于双方不让分毫,谈判虽不断举行但又一次次陷入僵局,持续了11年也未取得任何实质性进展。

1978年埃以之间再次恢复谈判,地点是美国的戴维营。此次和谈不同于以往的所有谈判的一点是,双方摒弃了传统的思维模式而采用全新的双赢理念来指导谈判。双方在双赢理念的影响下重新审视各自的利益和要求,同时从对方的角度了解对方的利益和要求,双方有了新的认识和发现。埃及的主要利益在于恢复领土主权,保持领土完整而不在于威胁以色列的安全;而以色列对领土扩张并不感兴趣,它的主要利益在于保证国家的安全。基于这样的观念,双方达成了共识,提出了一个双方都能接受的解决方案:以色列归还被占领的埃及领土;作为回报,埃及将西奈半岛的大部分领土划为非军事区域。这样,一场持续了11年的谈判终于画上了圆满的句号,而这次谈判只用了短短12天。

埃以之间的和平谈判结束了双方长时间的对抗,使两国实现了最终和平。埃以之间以双赢理念为指导,通过谈判解决冲突的成功经验为中东地区的和平谈判树立了一个可以遵循的榜样。以色列和巴勒斯坦之间的和平谈判受埃以谈判成功的鼓舞,相应提出了"以土地换和平"的方案。这一谈判原则在巴以谈判中一直发挥着重要的作用,是谈判的基石。当然,中东地区的和平谈判由于长期遗留下来的积怨,也由于外部势力的干扰,不可避免地出现了各种挫折,但是相信在双赢思想的引导下,通过世界热爱和平的人民的努力,中东地区永久的和平最终必定会实现。

思考:双赢理念在解决许多难题中被证明是有效和成功的,这其中的主要原因是该理念强调从彼此的角度考虑问题,这大大地促进了双方的相互理解,因而能产生事半功倍的效果。同时也必须意识到,双赢理念尽管有效,但是并非所有人在所有场合都能自觉地运用这一理念,这是由于传统的非赢即输观念还根深蒂固,再加上双方利益本质上的冲突性,因此,要使新理念成为人们的自觉行为还需要长期的努力。

重点内容概要

谈判双方不应有不一致的利益;传统谈判理念"赢—输",谈判双方只关心自身利益,互不相让,使谈判陷入僵局;谈判界一场革命引入新理念"双赢",谈判双方若本着双赢立场,不仅可以打破谈判的僵局,并能达成双赢的结果。

谈判双赢特点:确定己方的利益和需求;寻找对方的利益和需求;提出建设性的提议和解决方法。

教学一体化训练

习题

1. 你是否认为建立双赢理念是件很困难的事情?
2. 在谈判中,你是否考虑过另一方的利益?

3. 当在与别人的争论中处于下风时,你有什么感受?你是否有一种想报复的冲动?
4. 分析1~2个你参加过的商务谈判,并且说明谈判成功或失败的原因。
5. 按照要求做模拟谈判"融资租赁谈判"。

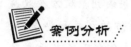

发展中国家与发达国家的争论

从二十世纪六七十年代开始,国际社会就开始努力缩小工业化国家和贫穷国家的发展差距。实现这一目标的主要途径是向发展中国家进行技术转移和输入大量资金。然而几十年过去了,人们所期待的结果并未出现。在此期间只有几个发展中国家和地区逐渐脱颖而出,发展成为新兴工业化国家,而更多的国家面临着严峻的发展前景。人均GDP每天在1美元以下的贫穷国家的数量非但没有减少反而增加了。工业化国家和发展中国家之间的对抗在世界经济全球化的背景下日益尖锐。下面的两篇报道反映了发达国家和发展中国家在经济发展中的矛盾和冲突。

(一) 谁是最大的赢家

乌拉圭回合多边贸易谈判就十分广泛的问题进行了谈判并达成了协议,如自由贸易、服务贸易、与贸易有关的知识产权问题、与贸易有关的投资问题等。谈判结束后,发展中国家不断抱怨世界上的贫穷国家被不断边缘化,并且被迫接受富裕国家在乌拉圭回合多边谈判中丢掉的残羹冷炙。发达国家则反驳说发展中国家事实上从谈判中获取了巨大的利益。

1993年12月27日,《华尔街日报》刊登了蒂姆·凯灵顿的一篇文章,名为《关税及贸易总协定协议的最大赢家最终将是发展中国家》,文章主要从发达国家的角度提出了如下观点:发展中国家从关税及贸易总协定的谈判中获取的最大利益来自一系列工业制成品关税的削减,如钢材、纸张和家具等。这方面的利益极少为公众所知,许多发展中国家,特别是东亚国家已经建立起大型制造业部门,它们在世界贸易中的利益已经远远超过了发展中国家的传统产品如铝土矿和橡胶等。

根据经济学家德安·居利斯和理查德·布朗的一项研究,工业化国家将在未来30年中看到本国制造业的就业人数下降到总劳动人口的10%以下。与此同时,发展中国家将依靠它们具有优势的劳动密集型产业不断提高自己的生活水平。该研究进一步指出,制造业产品的贸易具有"初级产品"的特征,也就是生产成本成为获取市场份额的决定因素。专家的研究结果表明,发展中国家已成为在日内瓦举行的工业制成品关税减让谈判的主要赢家和受益者。

发展中国家在两个传统的出口领域——纺织业和农业上的状况将得到改善。出口补贴的最终减少意味着欧洲农民在国际市场上投放的产品也将逐渐减少,这种趋势将有助于非洲、拉丁美洲和亚洲的农产品扩大其市场占有份额。美国的公司曾经敦促克林顿政府在多边谈判中争取在15年内逐步取消目前的纺织品和服装配额制度,然而发展中国家却成功地将配额取消的过渡期缩短为10年。

经济学家认为,对于已经建立起各种不同的制造业基础并且较少依赖自然资源的发展中国家来说，它们是关税及贸易总协定所达成协议的最大获利者，然而贸易协定所带来的一个争议点是各国在采取反倾销措施上有了更大的自由空间。发展中国家担心美国以及欧洲国家将使用反倾销措施来抵制低成本竞争者的入侵。正是把这一点考虑进去后，巴格瓦蒂总结说:"关税及贸易总协定的协议还不错，但不能说很好。"

(二) 在全球环保高官会议上的南北对峙

1992年6月1日，在《华盛顿邮报》刊登的另一篇题为《在全球环保高官会议上，发展中国家意在让发达国家支付账单》的文章中，尤金·罗宾逊报道了发达国家和发展中国家在环境保护问题上就发展问题产生的冲突。

乌干达的代表杰西卡·欧卡亚拉克迪的观点代表了发展中国家的观点:"我们还没有建立大工业，我们远远地落在后面，所以我们还谈不上工业污染问题。"

马尼拉的代表马克西姆·卡楼补充说:"我们所要传达的信息就是，如果发达国家不帮助解决我们的债务，那就干脆忘记我们的森林环境保护，因为这对于我们来说是过于沉重的负担。"

"许多发展中国家将发达国家为保护环境而采取的债务与环境的交换行动看作对其国家主权的一个潜在威胁。一种担心是债务与环境的交换是企图使这些保护区域脱离主权国家所辖的范围。"

"与发展中国家的态度形成对照的是，发达国家认为发展中国家应当协助担负起人类共同的职责。例如，只生长在马达加斯加的一种名为玉黍螺的粉色灌木丛可以被用来治疗儿童白血病和恶性淋巴肉芽瘤病，并且已经被证明疗效显著。在非洲发现的植物遗传基因可以被用来增加小麦、玉米、稻子和西红柿的品种。由此可见，尽可能地保持生物的多样性是十分重要的，而这一目标的实现需要加强对自然资源的保护。一些公司已经采取了救助行动，例如，美洲银行减免了拉丁美洲国家600万美元的债务以换取负债国家承诺保护具有重要生态意义的热带雨林。"

【分析】

阅读案例研究并讨论下列问题。

(1) 这个案例中你不同意的观点是什么？请解释原因。

(2) 发展中国家和发达国家该如何合作解决环境问题？以双赢理念为指导提出你的建议。

3.2 合作原则

合作原则谈判法所包括的内容；合作原则谈判法所提倡的理念；合作原则谈判理论为成功谈判提供了一个指导性原则。

能力目标

了解合作原则所涉及的内容、理念和指导性原则；掌握求同存异、大局出发协调冲突、换取整体、长远利益的途径；提升优势互补、劣势互抵的方案创新构建共同利益的能力。

内容提要

商务谈判就是求同存异，协调各方利益分歧，保留意见分歧，努力寻求共同利益；贯彻双赢理念，传播促进了新的谈判理论——合作原则谈判法。

本章节将重点探讨合作原则谈判法及其组成内容；对事不对人、着眼于利益而非立场、创造双赢方案、引入客观评判标准。

导入案例

波斯是美国纽约印刷工会领导，他以"经济谈判毫不让步"而在全国闻名。一次，波斯与报业主进行谈判，为了赢得谈判，他一味地采取强硬的态度，不顾客观情况，号召报业工人进行了两次罢工。最终，在波斯的强硬立场下，纽约的报业主不得不同意他所提出的全部要求。报社不仅同意大幅度地为印刷工人涨工资，还承诺不再采用自动化排版等先进技术，以此杜绝工人失业的情况。至此，以波斯为领导的纽约印刷工会可以说是获得了全面的胜利。

然而，随着波斯为首的工会的胜利，报业主一方却陷入了难以摆脱的困境。纽约的两家大报纸不得不合并，最终走向了倒闭。最后，纽约全市只剩下了一家晚报和两家晨报。如此一来，报业工人的失业情况更为严峻，数以千计的报业工人都失业了。因为以波斯为首的工会一方贪求谈判的彻底胜利，没有遵循合作互利的谈判原则，导致了工人和报业主双方实际利益的完全损失。

提示：合作互利是谈判中必须遵循的重要原则，也是谈判的基本出发点。哈佛大学的老师建议谈判双方在谈判过程中遵循合作互利的原则，综合权衡和考虑双方的利益，找出最好的谈判方案。谈判过程中，难免会出现不同的意见和不同的观点，哈佛大学的老师提醒谈判者要本着合作互利的谈判原则，通过协商妥善解决分歧和冲突，而不是通过强硬和威胁的手段强迫对方接受己方的意见。如果谈判者采用强硬和威胁的手段，就违反了合作互利的谈判原则，这样的谈判是不会成功的。

双赢理念的广泛传播促进了新的谈判理论的诞生。其中最有影响的就是合作原则谈判法，也就是著名的哈佛原则谈判法，它的主要代表是罗杰·费希尔和威廉·尤利。费希尔和尤利的代表作是《通向成功》，在此书和其他著作中，他们发展了合作原则谈判法并使之得到广泛推广。

从哈佛谈判项目发展起来的合作原则谈判法的核心和精神实质是通过强调双方的共同利益,而非讨价还价本身,以及通过寻求双方各有所获的方案来取得谈判的成功。

合作原则谈判法鼓励人们尽可能寻求使双方都获益的途径,在双方的利益发生冲突时,应坚持以客观标准,也就是以独立于双方意志的标准为基础解决冲突。

合作原则谈判法坚持对事不对人,在原则问题上毫不让步,但在对待谈判伙伴上应与人为善。

合作原则谈判法强调谈判中不用诡计,不故作姿态。它既使你得到理所应得的,又使你不失风度;它既使你能保持公正,又不致使对方利用你的公正。

合作原则谈判法具有广泛的适用性,学习应用合作原则谈判法对于双方取得双赢的结果具有十分积极的意义。它是对双赢理念的发展和理论化。

合作原则谈判法由以下四部分组成。

(1) 对待谈判对手:对事不对人。
(2) 对待双方利益:着眼于利益而非立场。
(3) 对待利益获取:创造双赢方案。
(4) 对待评判标准:引入客观评判标准。

合作原则谈判法的四个部分互为依存,环环相扣,在谈判中贯穿始终,共同影响谈判的进程。下面就这四个组成部分加以简要解释:

一、对事不对人

谈判气氛是决定谈判双方关系的一个重要因素。众所周知,在诚挚友好的气氛中谈判,双方的心态比较平和,因而谈判中的难题也比较容易解决。但遗憾的是,友好的谈判气氛可能时常由于双方互有偏见,或者在谈判过程中对对方形成的不良印象,或者是对对方意图的否定看法等而被破坏。当有此种情况发生时,谈判就无法围绕谈判议题展开,而演变成个人之间的攻击和对抗,从而相互之间的信任和感情被破坏,导致谈判无法正常进行。

在国际贸易中经常被企业遗忘的一个基本谈判事实是,同你谈判的不是抽象的另一方代表,而是活生生的人。他们有自己的情绪、已形成的价值观、自己独特的背景和观点等,他们是不可预测的。你自己也是一样。

谈判中人性的这一方面既有助于谈判的成功,也可能给谈判带来灾难性的后果。达成协议的过程要求双方心理上希望有一个双赢的结果。如果双方之间能建立一种充满信任、理解、尊重和友谊的工作关系,则每轮新谈判都会变得更顺利、更有成果。人们渴望得到别人的肯定,很在意别人对自己的看法,这种心理会使他对另一方的利益更敏感。

要解决谈判中有关人的这个棘手的问题,可以从以下三个方面考虑。

(一) 理解

不论是谈生意还是解决争端,双方的不同点在于思想的不同;冲突不是由客观事物引起的,而是由人们的想法引起的。

从对方的角度考虑问题。怎样看待这个世界取决于你身处的位置;人们看到的事物往往是他们想看到的;在大量具体信息中,人们倾向于挑选出那些能够支持他们预先看法的信息,而忽略或者曲解那些会给他们的想法带来质疑的信息。

谈判中各方可能都认为自己一方是正确的,而错误都在对方;所以,从对方的角度分析情况的能力是谈判者应该拥有的最重要的技巧之一;理解他们的观点并不等于赞同他们的观点,但理解对方的想法可能使你修正你对情况好坏的评估,理解对方的观点不是你方付出的代价,而是一种收获;这种理解使你能够缩小冲突发生的范围,同时也有助于你获得新的利益。

不要因为自身的问题而责怪对方。人们习惯让对方为自己的问题承担责任,尤其当你觉得对方确实应该对此负责时更是如此;但即使你确实有理由责怪对方,这样做也是没有任何作用的;对方在受到攻击时会变得戒备心十足,产生抵触心理;他们不再听你的陈述,甚至还会向你发起攻击。处理双方意见分歧的一个比较有效的方法是你要采取一种坦然、诚恳的方式,不要按照自己的想法责备对方,那样会使他们认为应该认真考虑你提出的问题;反之亦然。

使对方参与谈判过程,并使其利益与谈判结果相关联。原因是,如果对方没有参与到产生结果的谈判过程中就不会同意谈判的结果;如果你想让对方接受一个不称他们心意的结论,最关键的就是让他们参与到得出结论的过程中来;除了实在的好处以外,决定谈判者是否同意一项提议的唯一最重要的因素就是参与其中的感觉;在某种意义上,过程本身就是结果。

(二) 情绪

在谈判中,尤其是在激烈的争论中,感觉也许比言语更重要。人们来到谈判桌旁,往往觉得双方都要争取很大的利益而感到受到了来自对方的威胁;一方的情绪会影响另一方的情绪,不好的情绪很快会使谈判暂停或终止。

允许对方发泄情绪。应付人们愤怒和受挫等不良情绪的一种有效方法就是帮助他们释放这些情绪,发泄情绪也许有利于接下来的理性的谈判;可以采取的最好的战略就是静静聆听,而不要对对方的攻击作出反应,同时偶尔可以要求对方继续他的发言直至他倾诉完毕。

不对情绪爆发作针锋相对的反应。如果情绪释放会导致另一方作出相应的反应,那么这种情绪释放是有风险的。如果不得到控制,这种情绪释放最终会导致激烈的争吵。

(三) 交流

交流绝非易事。即使是在价值观、经历等背景都很相似的人们之间,交流也不是一件简单的事情。交流中存在着三大问题。

第一,谈判者可能不是在互相交谈,或者至少不是在以对方能够理解的方式交谈;即使你说得很直接,很清楚,他们也未必在倾听。

第二,在互相交谈,你应当注意到对方常常没有集中精力倾听你的讲话,或许你也许忙于思考下一步你要说什么,如何回应刚才对方提到的观点,或者是怎样组织下一个论点;在这个时候,相互间忘记了倾听对方在说什么。

第三,在互相交谈中的误解。

怎样应对上述三个问题呢？

首先，积极倾听，了解对方正在说什么。倾听，使你能够理解对方的观点，感受到对方的情绪，并弄清楚他们试图表达的内容；倾听，会使得相互间有被倾听和被理解的满足感；倾听，让对方知道你在倾听是你可以作出的最小代价的让步。

其次，交谈中谈关于你自己的事，而不是对方的事。在许多谈判中，各方花很长时间来解释、谴责对方的动机和意图；然而更有说服力的做法是阐述该问题对你方的影响，而不要评价对方的做法；如果对方认为你对他们的某项评价不属实，他们便会不理睬你或者是发火，并且不再关注你考虑的事情；但如果是对你自己的感觉，对方却不易反驳。

最后，避免给对方打分，或视对手为辩论对象。一些谈判者常常将谈判当成辩论赛，或者把它当作一次庭审；谈判双方是平等的，你没有理由去为某个问题责备对方，辱骂对方，或是提高你的声调。

在谈判过程中将实际问题与人际关系分离，同时避免将个人利益掺杂到对实际问题的讨论中，甚至关重要。即理解对方，控制自己的情绪和加强交流；如果对方的看法是不正确的，我们应该在事后寻找机会指正他们；在对方感到烦躁时，我们应该允许他们表达不满情绪；在误会产生时，我们应该多寻找机会交换双方的意见；我们这样做就是把对方当作同舟共济的合作者，而谈判就是共同迈向成功的过程。

案例链接 3-2

在一家由美国人投资经营的日本工厂中，因为劳资纠纷的问题，工人开始举行罢工。工人在开始罢工的六个星期之前就向资方提出了罢工的警告。最终，经过罢工，资方和工人之间达成了一致的谈判协议。当天的罢工结束后，工人主动打扫了罢工现场，清理了满地的烟头、纸屑等垃圾，使得罢工现场恢复了以往的整洁面貌。罢工结束后的第二天，工人还主动加班，自发完成了因之前罢工而拖延的工作进度。美国资方的一位经理没有办法理解工人的做法，就问其中的一位罢工工人。这位罢工工人的回答是这样的："我们对资方有些意见，要想让资方认识到我们是严肃对待这些意见的，唯一的办法就是举行罢工。但是我们知道公司也是我们的，我们不愿意让资方认为我们对公司没有忠诚性。"

思考：这位工人的回答体现了谈判中的一项重要的基本原则——客观公正，对事不对人。谈判中有一种司空见惯的现象，一方的谈判者认为另一方关注的问题"不重要"，难以对达成谈判协议构成障碍，因此忽略了对方的问题。哈佛谈判项目研究报告指出，这是一种混淆人和问题的错误做法。正确的谈判做法是把人和问题分开，在谈判桌前毫无各自的想法，与对方进行讨论。只要谈判者能够做到态度坦率、诚恳，不从自己的角度出发指责对方，谈判中就能分清人和问题，认真倾听对方的真正意图，并与对方进行明确而有说服力的交流。这样一来，当谈判者想把想法告诉对方时，对方也能抱着分清人与问题的态度，愿意听取谈判者的想法。

客观公正，对事不对人；当你谈论某个问题时，请把问题同与你交谈的人分开。

二、着眼于利益而非立场

谈判中立场和利益的区分是至关重要的。把注意力集中在双方的共同利益上会有很好的效果。其原因在于：首先，满足各方利益需求的方法往往不止一种；其次，双方总可以找到共同利益，否则他们便无法坐在一起讨论和交谈。

为使谈判各方注重利益而非立场，可尝试以下方法。

（一）确定利益

谈判中，对方的立场往往是清晰具体的，但立场背后隐藏的利益却未被准确表达，是无形的，而且可能是不确定的；理解谈判中己方的利益，并且弄清楚对方的利益的最基本方法，就是从对方的角度考虑问题；分析对方所持的每一个立场，其原因的目的并不在于要证明他们的立场是正确的，而是理解这些立场背后的需求、希望、畏惧或是愿望。

如果你试图改变他们的想法，首先要做的就是弄清楚他们的想法，弄清对方不同人的不同利益；几乎在所有的谈判中，各方的利益都不是单一的，而是多重的。在分析谈判形势时的一个常见错误就是认为对方每个人的利益都一致，但这种情况几乎是不存在的。事实上，各方中每个人均有多种利益。如果谈判者能认识到这一点，并且能分析这些不同的利益，那么他们便会发现隐藏在立场背后的最重要的利益所在。

注意隐藏在立场背后的人的需求。在寻找隐藏在立场背后的利益时，特别要找出那些激发所有人的基本需求。如果你能满足他们的这些基本需求，那么你同他们达成协议的概率便增加了。而且一旦达成协议，他们遵守协议的概率也会增加。只有当谈判一方认为自己的基本需求的满足没有受到另一方的威胁时，谈判才有可能取得进展。

（二）谈判利益问题

谈判的目的就是满足自己的利益需求。如果双方就此进行交流，那么达到这一目的的机会便会增加。如果双方都不清楚彼此的利益所在，很难摆脱僵硬的立场束缚而积极地讨论利益问题；如果你希望对方考虑你的利益，那么就要向他解释清楚自己的利益所在；如果你希望对方理解你的利益，首先你应该表示理解对方的利益；除了表明你了解他的利益所在外，你应该承认，他的利益问题是你想要解决的所有问题的一部分；当你们双方有共同的利益时，这点就更容易做到了。

对问题毫不留情，对人温和宽容。在谈判中执着于自己的立场也许是不明智的，但执着于自己的利益却是聪明举动，争取自己的利益才是谈判中你应该全力以赴要做的事情。谈判对方出于对自身利益的考虑，倾向于对可能达成协议的范围抱有高度乐观的期望。在这种情况下，最聪明的解决办法常常是通过积极地宣讲自己的利益，寻求让对方付出最小代价而我方获得最大利益的办法。

在讨论某个问题时，如果谈判对方感觉到个人受到威胁，他便会处于防御状态，并且不再倾听别人的述说。毫不留情地对待实际问题能促使有效结论的产生，给予谈判对手人性化的支持可以改善双方的关系，并且增加达成协议的可能性。对问题的强硬和对人性的关怀两者相结合才能真正有效，缺一不可；即"对事不对人"的重要原因。

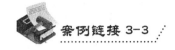
案例链接 3-3

中国南海的领海主权问题长期以来一直是中国与周边国家发生冲突的一个根源：一些国家宣称对中国南海的某块海域拥有领海主权；另外一些国家则提出专属经济区的要求。面对周边国家的领土要求，中国一方面一再重申中国南海是中国不可分割的领土，中国拥有绝对的主权的立场；另一方面，中国又在谈判中充分考虑冲突各方的利益所在，即南海蕴藏着的大量海底矿藏和丰富的鱼类资源，并以此为出发点提出了著名的"搁置争议，共同开发"的谈判原则。

这一原则充分说明了在谈判中应注重利益而非立场，向前看而不是纠缠于过去的争议。由于中国的方案考虑了各方的实际利益，因而被广泛接受，并成为缓解这一地区紧张气氛、解决地区冲突的行之有效的原则。可以想象，如果冲突各方，特别是中国坚持自己的立场，则这个地区的冲突只会愈演愈烈，逐步升级，最终各方的利益都会遭受重大损失。

思考：中国南海问题的案例就是坚持利益而非立场，最终成功解决争端的一个很好的案例。

三、创造双赢方案

合作原则谈判法在针对谈判人与问题、利益与立场之间的关系，解决、协调谈判双方正确对待彼此、彼此间的利益，找准谈判的重点和立足点的基础上，将创造双赢方案，则为双方实现自己的利益提供了一条可行的路径。

在谈判中，人们为何极易陷入对自己的立场的讨价还价？究其原因：一方面是由于谈判的内容属于非赢即输类型，或者人们遇到的问题是非此即彼的选择。这种两分法类型的谈判限制了人们的思维，制约了人们的创造性，使谈判者的目光盯在谈判的结果是输还是赢这个问题上。另一方面是人们往往把问题的解决方法限制在很窄的范围内，比较典型的做法是认为解决问题的办法只有一个，如果这个方案不能解决冲突，谈判只好陷于停顿。就其影响因素分析，有以下三个因素。

（1）认为利益分配方案是一成不变。即你的胜利就是我的失败，或者我的胜利就是你的失败；其解决方法是转变观念，将固定不变转为灵活可变，即双方在利益分配之前共同将利益的蛋糕做大，这样双方都可以获得更大的利益。

（2）谈判只寻求一种答案。谈判者往往满足于已取得的成就和进展固化模式，若谈判中途出现其他问题使现有方案无法实施，也不愿意放弃在现有方案上已取得的进展，因此导致谈判失败。其解决方法是调整思维，认识到"方法总比问题多"，因此当一种方案行不通时，应及时提出替代方案，避免使谈判陷入僵局。

（3）谈判互动中只考虑满足己方利益和需要的解决办法。谈判过程是一种给予与获取并行的互动过程，成功的谈判协议是权利与义务的结合体；其解决方法是转变角度，谈判方案应充分体现双方共同的利益和要求，只有同时在考虑己方和对方的利益，才能激发人们的创造力,提出富有建设性的提案。

创造双赢方案、途径有以下两个。

(一) 提出创造性方案

应该将提出方案同评价方案分开。一个谈判者必须要做许多创造性的工作,其中谈判中为协调问题应尽可能提出更多解决方案,即方案创新;通常方案评价会阻碍想象力的发挥,所以方案创新最关键也是最基础的一条原则就是推迟所有对这些方案的批评和评价;方案创新只需提出方案,而无须考虑这些方案是好是坏、现实与否;当障碍被清除后,一个提议会激发出另一个提议,就像互相引爆的爆竹一样。

应该将提出可能方案过程同筛选方案过程分开。先提出各种选择方案,再决定最终方案,找到提出建设性解决方案的方法;从大量不同的方案中筛选一个合适方案的明智的考虑:①先找出问题,再分析问题,接着考虑应该怎样解决问题,最终提出具体可行的行动方案;②从不同专业、不同原则的角度来考虑问题。

(二) 寻找双赢方案

妨碍方案创新的主要因素,是谈判者认为利益蛋糕大小是固定的,你少我多是关联的;但事实上使双方都获利的可能性是存在的,并体现在建立在双方互利关系上和能满足双方利益的方案创新上。

明确共同利益。从理论上说,共同利益将促进协议的达成,这是显而易见的;然而创新一种符合双方共同利益的方案的实际情况却并非如此简单。

关于共同利益应注意:①每场谈判中都存在潜在的共同利益,这些共同利益一开始可能并不为人们所认识;②共同利益是机会,而不是"恩赐",明确、具体化共同利益,使其成为未来的努力方向;③强调双方的共同利益会使谈判更顺利,气氛也更友好。

寻找对方容易作出决定的方案。由于你方在谈判中能否胜利取决于对方的决定是否是你所希望的,因此你应该尽力帮助对方轻松作出决定,作出你所希望的选择,而不是让对方感到事情很难办。在谈判中,人们往往只看到自己的长处,而极少考虑用满足对方需求的方式来推进谈判。若你提出的方案对对方没有任何吸引力,谈判就不可能达成协议。

寻求合理的选择方案评价标准。在创新提出各种选择方案后,以什么标准来评价、确定选择方案,即如何确定此方案优于彼方案,或者某一方案是几个方案中最好的方案。由于双方的评判标准往往存在着很大的分歧,因而以谁的标准来衡量各种方案就成为一个关键的问题——引入客观评判标准。

四、引入客观评判标准

谈判虽然强调考虑双方的利益,设计令双方都满意的方案,然而无论双方如何都无法抹杀双方利益冲突和对抗的一面;这种矛盾冲突集中反映对待方案的评价标准上,当双方因评判标准不同而无法确定方案的合理性和公正性时,最好的解决方法就是寻求一个客观的评判标准。

（一）发展客观评判标准

1. 寻求公平标准

在判断一个标准是否属于客观评判标准时应考虑以下三点。

（1）客观评判标准应当独立于所有各方的主观意志,因而它可以不受任何一方的感情影响。

（2）客观评判标准应当具有合法性和有效性,并且切合实际。

（3）客观评判标准应当具有科学性和权威性,具有较强的说服力。

显然,在确定客观评判标准时,对不同的事物有不同的客观评判标准,所考虑的因素也不尽相同。

2. 寻求公平程序

运用合作原则谈判法不仅涉及如何寻求客观评判标准的问题,而且涉及如何应用客观评判标准的问题;所以衡量客观评判标准是否公平,是否具有科学性和有效性,应当:①着眼于实质利益;②着眼于处理程序。

从实质利益来看,是以不损害双方各自的利益为原则;从处理程序来看,就是解决方法本身是否公平,也就是要有公平的程序。

（二）判断谈判成功与否的标准

人们可以采用不同的方法和途径来进行谈判。某种方法是成功还是失败,根据罗杰·费希尔和威廉·尤利的观点,可以从以下三个方面作出判断。

（1）一项可能达成的协议应当最大限度地满足双方的合法利益,解决他们之间的冲突,同时保护公众的利益不受损害。

（2）协议应当是高效的。

（3）协议应当改善或至少不损害双方的关系。

合作原则谈判法为商务谈判提供了一个在艰苦的谈判中达成明智的协议的方法;合作原则谈判法可服务于不同类型的谈判者,解决各种各样的谈判问题;合作原则谈判法在谈判中使用策略十分安全,因为合作原则谈判法不依靠谈判者的计谋和随机应变,而是依靠公正、客观和相互理解。

案例链接 3-4

印度和美国关于海洋开采权的谈判中就运用了客观标准。当时,印度代表"第三世界"国家提出,要向那些在深海海床采矿的公司征收开发费,具体标准是每个采矿点征收 6 000 万美元。美国对于印度的提议表示反对,认为不应该设立开发费。就这样,印度和美国各执己见,谁都不肯妥协。结果,谈判变成了双方意志的较量。

正当谈判僵持不下时,美国麻省理工学院开发的一套深海海床勘探经济模型被人们所注意,并且逐渐成为谈判双方都能接受的经济模型。他们认为该经济模型是客观的,为评估收费提案对勘探经济的影响提供了方法。当印度代表了解到,如果按照他们提出的开采协议,进行深海采矿的公司在开始盈利的前五年就要偿付如此高额的费用,公司根本没有办法进行矿产开发。于是,在接受了麻省理工学院所开发的深海海床勘探经济模型这一客观标准之后,印度的谈判代表宣布重新考虑自己的提议。另外,美国的谈判代表在接受同一客观标准的前提下,认识到征收一定的开发费有其经济合理性,于是,美国的谈判代表也考虑改变原先拒付任何开发费的立场。

最后,印度和美国经过长时间的谈判,达成了一项双方都觉得满意的临时协议。在整个谈判过程中,麻省理工学院的经济模型增加了协议达成的可能性,为双方提供了解决争端的更好方案。这一建立在客观标准基础上的方案既能吸引矿产公司来进行矿产开发,又能让世界各国获得可观的收益。更为重要的是,有了这样一个能够预测任何提案后果的客观模式,谈判双方都对协议的公平性和合理性没有怀疑。这不仅巩固了谈判者之间的关系,还使得谈判达成永久性协议变得不再困难。

思考:坚持使用客观标准进行谈判。不论谈判者多么善于调和谈判双方的利益,总要面对双方利益冲突这一残酷的现实。即便是立足于双赢的谈判战略也难以摆脱利益冲突的问题。基于意愿调和利益的代价而言,解决利益冲突的最佳方案是按照客观标准来进行谈判。这种谈判方法能够更好地解决谈判双方的利益冲突,使谈判双方愉快有效地达成明智的协议。不仅如此,谈判双方在达成协议的过程中总会作出一些反悔承诺的事,如果谈判中坚持使用客观标准,就能减少这种情况的发生。

越是用公平原则、效率原则和科学标准解决具体问题,就越有可能最终达成明智而公平的一揽子协议。

重点内容概要

合作原则谈判法的核心是通过强调双方共同利益,而非讨价还价本身,以及通过寻求双方各有所获的方案来取得谈判的成功;合作原则谈判法鼓励人们尽可能寻求使双方都获益的途径,在双方的利益发生冲突时,应坚持以客观标准,也就是以独立于双方意志的标准为基础解决冲突;合作原则谈判法坚持对事不对人,在原则问题上毫不让步,但在对待谈判伙伴上应与人为善。

合作原则谈判法主要内容:对事不对人,涉及理解、情绪和交流;着眼于利益而非立场,涉及确定利益、谈判利益问题等方法;创造双赢方案,涉及提出创造性方案、寻找双赢方案;引入客观评判标准,涉及发展客观评判标准、判断谈判成功与否的标准。

教学一体化训练

习题

1. 各国之间关于领土主权的争端是谈判中的硬骨头,但是中国就香港和澳门的回归所进行的谈判则是此类谈判中成功的范例。结合合作原则谈判法谈谈你的感受,并指出促成香港、澳门回归谈判成功的关键因素是什么?

2. 本章案例中所使用的谈判程序体现了谈判的公正性。除了本章已经提到的方法外,你还可以提出其他体现谈判程序公正性的方法吗?

3. 在谈判中做到对事不对人是件容易的事吗? 在谈判中你受到个人攻击时你的感受如何?

4. 用实例说明通过谈判双方的努力可以做大利益的蛋糕。

5. 请完成模拟谈判"旅馆销售",并考虑下面的问题。

(1) 你找出买卖双方的利益所在了吗?

(2) 当双方各持己见、谈判很难取得进展时,你的处理方法是什么?

(3) 你认为谈判结果是一个双赢结果吗?

公 司 政 策

汤姆停在路边的汽车被一辆自倾重型卡车撞得完全报废。所幸的是,他的汽车购买了保险,但他能从保险公司得到的具体赔偿数额,最终取决于他和保险公司调停员的谈判。下面以 T 表示汤姆,以 A 表示调停员。

A:我们已经调查过你的车被撞的情况,也查看了此类事故所适用的赔偿政策。也就是说,你可以获得 3 300 美元的赔偿。

T:这我已经知道了。但你们是怎么得出这个数额的?

A:我们认为您的车的市值就是这么多。

T:我懂了,但你们是依据什么标准得出这么一个数值的呢? 只用你们所补偿的金额,你们知道我在哪里可以买到一辆差别不大的车吗?

A:那您想要多少赔偿?

T:不管根据你们的政策我可以获得多少赔偿,我知道,买一辆类似的二手车需要 3 850 美元。加上营业税和特许权税,一共约 4 000 美元。

A:4 000 美元? 这也太多了吧!

T:我并不是要求 3 000 美元或 4 000 美元甚至 5 000 美元的赔偿金,只是想要一个合理的赔偿。你难道不认为,赔偿的金额只有足够我更换一辆车时才算是公平合理的吗?

A:好吧,我可以给你 3 500 美元。这是我可以给你的最高赔偿了。公司政策就是这样规定的。

T:贵公司是怎样计算出来这个数额的?

A:您请看,3 500 美元是您所能得到的所有赔偿,您可以接受或者拒绝。

T:3 500 美元或许是合理的吧,我也不太清楚。我很清楚你的立场,因为你也必须按照公司的规定办事。但是,除非你能很客观地告诉我为什么这些是我所能得到的全部赔偿,否则,我想在法庭上这个问题能更好地得到解决。我们何不重新来考虑和商讨这件事呢?

你觉得星期三的十一点如何?

星期三

A:我这里有一张今天的报纸,一则广告中谈到出售一辆菲亚特的价格为 3 160 美元。

T:哦,那么它的行车里程是多少?

A:49 000 千米。为什么问这个?

T:因为我的车的里程仅 25 000 千米。在贵公司的规定中,在这个基础上还可以增加多少的赔偿?

A:让我看看……150 美元。

T:也就是说,如果可能的赔偿金额基数是 3 400 美元,加上增加的 150 美元就是 3 550 美元。广告中谈到了收录机吗?

A:没有。

T:那么在你们公司的规定中,这个能增加多少金额?

A:125 美元。

T:汽车空调又能增加多少?

……

一小时后,汤姆带着一张 4 012 美元的支票走出了保险公司。

【分析】

阅读案例研究并讨论下列问题。

(1) 在谈判中,有一方坚持自己的立场而另一方运用合作原则谈判法。说出谁使用的是合作原则谈判法,以及他是怎样应用该方法的。

(2) 谈判最终产生了一个赢家还是一个输家?

3.3 利益分配法则

国内谈判中所涉及利益层次;不同层次的利益对谈判结果的影响;国内国际双层利益所涉及的内涵;国内利益的良好协调对国际谈判的结果的影响。

了解谈判中所涉及的各利益层次;学会深入分析不同利益层次的互相作用,直接或间接的关系;正确掌握利用不同层次的利益对谈判结果影响的策略。

 **内容提要**

在谈判过程中,利益的多样性和复杂性不仅通过所涉及的事件表现出来,而且通过所涉及的个人、利益群体以及国家部门等各个层次表现出来;这些不同个人和群体的利益相互交织,互相作用,对谈判结果发挥着各种直接或间接的作用;即便是在谈判一方内部,每个成员的利益也是不同的。

本章将重点探讨:各个不同的利益层次及其如何相互作用影响谈判结果的。

 **导入案例**

福勒出生于美国路易斯安那州的一个黑人佃农家庭,他们兄弟姐妹共有7个。5岁时,福勒就开始参加劳动了,直到9岁,福勒都是以赶骡子为生。但是,福勒不甘心像其他佃农家庭的孩子一样,一辈子都以此为生,他一心想出人头地。于是,福勒选择了经营肥皂生意。整整12年的时间里,福勒都是以上门推销肥皂为生。当他得到消息,原本供应他肥皂的公司将要拍卖出售时,就想买下肥皂公司。当时公司的售价是15万美元,可他所有的积蓄只有2.5万美元。于是,福勒和肥皂公司负责人达成协议,他先支付2.5万美元的保证金,剩下的12.5万美元在10天时间内付清。协议还规定,如果福勒不能在10天的时间内筹齐剩下的12.5万美元,那么肥皂公司也不会退还他所交的2.5万美元的保证金。

福勒找了很多人筹集款项,到了第10天的夜里,福勒筹集了11.5万美元,还差1万美元。当时,福勒已经用尽了他所知道的一切贷款来源,已经没有其他的办法了。他甚至跪下来祈求上帝给他指引一个能够借1万美元的人。最后,福勒决定不在房间里坐以待毙,他驱车前往61号大街,向该条街上商业大楼里的第一道灯光所在的主人借钱。

福勒前往61号大街时,已经是夜里11点钟了,转过几条街后,福勒看到一所承包商办事处亮着灯光。于是,福勒走了进去,他看到办事处的写字台前坐着一个因深夜工作而极度疲乏的人,福勒虽然认识这个人,但彼此之间并不熟悉。福勒觉得自己必须先说服对方借钱给自己,毕竟1万美元不是一个小数目。

"你想赚1 000美元吗?"福勒直截了当地问承包商。承包商听了福勒的话,吓了一大跳,却还是回答说当然想赚1 000美元。福勒又对承包商说:"如果你现在能给我开一张1万美元的支票,那么我归还这笔借款时,就会另外支付给你1 000美元的利息。"为了让承包商相信自己,福勒不仅向承包商解释了借款的目的,还向承包商展示了其他借款人的名单。承包商被白赚1 000美元的利益所打动,尽管福勒的借款金额有点高。他还是给福勒开了一张1万美元的支票。

福勒以肥皂公司为事业起点,慢慢地掌握了四个化妆品公司、一个袜类贸易公司、一家报馆、一个标签公司的控制权,成为一名成功的商人。

提示:谈判桌上的利益分割占据着重要的地位。如果谈判者能够在谈判桌上突出金钱等方面的利益,让对方看到有利可图,更容易达成己方的非金钱谈判目的。

突出利益,想想有什么东西是在不影响自己立场的情况下能够给对方而且还是对方所需要的。如果有,尽早说出来,这是牵制对方的有力诱饵。

一、需求理论

满足各种各样的需求几乎成为人类从事各种活动的动机,对谈判也产生着直接的影响。布兰德斯大学的亚伯拉罕·H.马斯洛在他1954年出版的名为《动机与个性》的书中,提出人类有以下七种基本需求。

1. 生理需求

生理需求人所共有,其目的就是满足生物学上的诸如饥饿、疲劳、性欲等本能的欲望和冲动。近年发展起来的体内平衡概念,是指体内平衡需求是所有需求中最重要的。在一些需求得到适当满足后,另外一些需求又成为他行动的动力。

2. 安全需求

当生理需求得到满足后,机体将安全放在首位;此时人的机体便开始寻求安全,寻求安全的个体同饥饿的人一样,他的整个生活都受到缺乏安全感的影响,没有什么比成功得到安全更具有吸引力了。

3. 爱与归属的需求

在生理需求和安全需求得到合理满足后,接下来的一个占主导地位的需求便是对爱和情感的渴望。渴望知己、爱人或亲人会占据一个孤单的人的心,渴望与人们建立一般的感情关系,渴望在他的人际圈内得到一席之地。

4. 得到尊重的需求

在基本需求的阶梯上,下一个便是尊重的需求。尊重的需求分成两类:①是渴望自由与独立,与此相伴的还有面对这个世界时的毅力、能力和自信;②是对名声的追逐,对地位、权势、他人尊重的渴望,研究及经验表明获得尊重对人有巨大的激励作用。

5. 自我实现的需求

假使上述的所有需求都得到充分满足,人们依旧不会知足,因为多数人只有真正从事适合自己的工作时才会感到幸福,这就是自我实现的需求。从广义上讲,自我实现包括人们力所能及的所有愿望和努力,这些努力形式多样,因人而异。

6. 认知需求

在正常人身上都具有认知周围环境、探索和理解相关知识的动力。人们都受到活跃的好奇心的驱使,去探索神秘的未知世界、去调查并解释未知事物,满足好奇心是人类活动的基本元素及需求延续。

7. 审美需求

最后,人类的行为又受到审美需求的驱使,产生对美的事物强烈追求、对丑陋的事物无法忍受等自然行为,马斯洛把具有此类行为的人都归入审美需求的类别。

以上七大基本需求按其重要性降序排列,适用于多数人和多数人类行为。当然,这种排列不是不变的,也并非适用于所有人(所有的归纳模式都有其自身的局限性)。总之,人活于世就是不断地奋斗以满足这些需求,人的行为是机体为降低需求压力而作出的反应,人类行为受需求目标的驱使。我们掌握马斯洛"需求理论"的目的是将关于人类需求的知识应用于成功的合作谈判中。

案例链接 3-5

互动情景

场景一:

小王:赵总,您好,我是大华公司的销售人员小王,这是我们产品的资料,您看你们是否感兴趣?

赵总:放我这吧!我感兴趣的话再给你打电话。

小王:您看看,我们的设备质量好,而且价格也便宜……

赵总:对不起,我还有个会,我会和你联系的,好吗?

小王:……

(小王刚走,赵总顺手将小王的资料扔进了垃圾桶。)

场景二:

老李:赵总,您好,我是大华公司的销售人员老李,这是我们产品的资料,您看你们是否感兴趣?

赵总:放我这吧!我感兴趣的话再给你打电话。

老李:如果用我们的设备,会比你现在用的 W 型号的设备效率提高 30%,而且节能 10%……

赵总:效率提高 30%?你具体谈谈。

老李:……

赵总:好!好!好!我会认真考虑你们的设备的。

思考:为什么赵总对小王与对老李的态度截然不同?此案例给我们什么启示?

二、需求理论在谈判中的应用

需求和需求的满足是谈判的共同特点,如果人们所有的需求都得到了满足就没有必要谈判了;谈判的前提是双方都需要获得利益,否则他们对对方的要求只会充耳不闻,也就无所谓讨价还价了;即使双方的需求只是为了维持现状,也需要谈判双方受这一需求的驱使进行谈判。谈判活动,无论是个人买卖房产、劳资双方签订新协议,还是两个公司总经理讨论并购方案,都是寻求满足一定的需求。

需求理论引导我们找出谈判桌上双方的需求是什么;引导我们关注需求,并发现各种不同的需求是如何促使反对意见产生的;指导我们采取不同的应对方案来反击或者修正对方的动机。

需求理论解释了人类的需求排序按其重要性遵循一定的规律,因此在谈判中我们可以有针对性地采用有效的谈判技巧,在了解了每种需求的相对能量和重要性后,我们就可决定对付它的最有效的办法。越是基本的需求,就越容易满足,而谈判时以满足对方的需求作为讨价还价的筹码就越有效。

需求理论在谈判中的应用,主要体现在对利益层次的分析。

三、谈判不同的利益层次及相互作用影响

(一) 一般谈判的三层利益关系

任何在国内举行的谈判都至少涉及两个层次的利益,有时甚至涉及三个层次的利益,即个人利益、组织利益和国家利益。这三层利益如何融合、协调和平衡对谈判结果常常起着决定性的作用。

在谈判中,个人利益的代表是谈判者本人;谈判者同时还代表着组织和国家,因而也是组织和国家的代表。当谈判者代表组织和国家参与谈判时,后者的利益就依赖于谈判代表来实现。组织在这里指的是各种不同所有制的企业,包括私有企业或公有和集体企业、外资企业、事业单位或其他实体;国家在这里指的是所有主权国家。

1. 谈判者的个人利益与组织利益

谈判者的个人利益(物质或精神需要)的实现都与其所工作的单位或组织以及所在的国家密切相连,特别是与其所工作单位的联系更为密切和直接;这种内在的联系会使他尽一切努力为实现组织的利益而奋斗,因为组织利益的实现同时也意味着他个人需求的满足和利益的实现。因此,谈判者在谈判中自然要把组织的利益放在首位并尽最大的努力实现组织的利益,有时即便个人利益与组织利益有一定冲突,谈判者还是愿意将组织利益放在首位。

尽管个人利益和组织利益有如此密切的联系,个人利益也并非总是与组织利益保持一致,特别是当个人利益与组织利益发生尖锐对立的时候,而且常常是发生物质利益冲突时,谈判者往往会为了满足个人利益而牺牲组织利益。当个人利益占了上风时,谈判的结果可想而知,必然是谈判者为了获取个人的小利而牺牲组织的重大利益。

2. 谈判者个人与组织和国家利益的关系

个人利益和组织利益之间由于存在内在和直接的关联,因此比较容易取得一致,个人利益在多数情况下可以做到服从组织利益,但却可能有时与国家利益不能形成一致。从个人利益的角度看,国家利益有时显得很遥远,与个人利益的关系比较间接,因此国家利益常常被视为一个指导原则。

然而当个人代表自己的国家以国家的名义与另一个国家谈判时,他会坚决捍卫国家的利益并尽一切努力实现国家的利益,因为在这种情况下,国家利益是如此重大,以至国家利益的损失不仅意味着组织利益的重大损失,同时也意味着个人利益的重大损失。

尽管如此，特别是在一些商务谈判中，仍然有少数谈判者利用他们在谈判中的权力，以国家利益为代价来获取个人利益。一些组织也就不可避免地为追求自己团体的利益而忽略甚至损害国家的利益。

然而，在涉及双边或多边国家关系时，由于涉及各方面的因素，其复杂性远远超出企业的能力和权力范围。经济纠纷可能要涉及国际政治、外交关系、国家安全等各方面的问题，对于涉及此类问题的谈判，只有政府出面才能协调各种关系，并且有权力作出有效的决定，并无一例外地会全力以赴地为国家和企业的共同利益而努力。

(二) 谈判者利益与国际利益的关系

当转入国际商务谈判中，谈判者利益的最终结果将取决于两个层次利益即国内利益（第二层利益）和国际利益（第一层利益）的相互作用：国际利益是国际上各种势力（经常以国家为代表）相互较量的结果；国内利益则取决于这个层次的各个利益集团包括政府、企业、组织等的相互作用。

根据美国学者罗伯特·D.帕特耐姆在他的文章《外交和国内政治：双层游戏规则》(1988)中的理论：第二层次也就是国内层次的利益变量的代表有政府、政府各部门、利益集团和联合体等，这一层次的相关利益集团，它们的利益一致性的地方越多，各方就越容易达成一致的决议，因而它们的谈判实力和讨价还价的综合能力就越得到加强。

随后进行的谈判的成功或失败在很大程度上取决于双方（国内利益，即第二层利益；国际利益，即第一层利益）的一揽子谈判条件中是否有利益相同的部分，也就是说双方是否分享共同的利益，因为共同的利益部分可以作为谈判的出发点或者谈判的平台。如果双方的提案中有重叠部分，也就是共同利益部分较多，或者是使双方共同利益增大的可能性较大，则谈判成功的机会就会增加；如果双方利益冲突过大，立场相去甚远，则谈判成功的机会就微乎其微。

双方共同利益的边界不是固定不变的，它的变化取决于谈判双方的共同努力，国际和国内势力由于政治、经济和外交形势的变化而导致的加强或削弱，安全问题，国际贸易市场的变化以及谈判组成员的变化等。谈判的最终结果依赖于国际和国内两个层次的利益变量的相互影响和相互制约。

案例链接 3-6

案例 1 美国某市的劳动保障部门和十几家在本市的外商投资企业开了一个会，专门解释即将实施的新劳动合同法案。在这次会上，该市的副市长言辞恳切、语重心长地对各公司的代表说道："诸位，众所周知，新的劳动合同法案就要实施了，里面的很多条文都渗透着新理念、新模式，用工方面的'规定动作'要求得更严格、更明确。这样就可以保证我们填补好一直以来劳动合同法上面的漏洞了。"

坐在下面的几个公司的代表在听到副市长说的话后就开起了"小会"。

A 说："这副市长是什么意思啊？明显是在打压我们公司的利益！"

B又接着说道:"你理解错了吧?我们这些企业可是被市长招商引资、千求万求才找来的,现在本市经济好了,不会就过河拆桥吧?"

副市长在这时察觉到了这些人的担心和疑虑,于是就赶紧解释道:"各位,从我们劳动保障部门现在掌握的数据来看,在本市的中小企业当中,能够认认真真签订劳动合同的不超过20%,在一些服务性的行业中,这个数字还会更低。劳动者的权益得到完全的保障,是我们国家每个人都十分关心的话题,同样也是媒体所关注的敏感点。"底下的代表们听了这话也是深受启发,正如副市长所说,他们的公司为了高效率、高利润,在与工人签订劳动合同时确实有着这样那样的不足。

副市长继续解释着:"一个企业的健康发展,光靠老板一个人怎么能行?在开展业务、管理团队、生产产品等方面,老板是需要有帮手、有员工的,这样大家一起努力才能拧成一股绳,劲儿往一处使,才能拉得动企业的这架车,到最后才能撑得起老板的腰包。劳动力是成本的一部分,优秀的劳动力更是创造财富的根本。你不签合同,克扣工资,缺乏保障,不关心员工的生活,那么将心比心,我相信也注定没有哪个好员工去追随如此吝啬而根本不顾员工利益的老板的,也注定不会全心全意地帮着老板干活。能力打了折扣,效率就会打折扣,质量就会打折扣,这是得不偿失的啊,诸位说是不是这个道理呢?"

副市长说到这里,有些公司代表有点难为情,他们细细地品味着副市长的话,这才明白跟员工搞好关系、做好福利保障的重要性。

在谈判的过程中,为对方的未来着想的战略在很多人看来是不可理喻的。当我们都在盯着自己眼前的利益不放的时候,大家是否明白这将大大地降低谈判的成功率,甚至变成"零和谈判"的结果呢?其实,为对方的利益进行考虑并不是一件灭自己威风长他人士气的做法。

思考: 以对方的"伟大理想"为蓝图,每位谈判者都拥有换位思考的能力。当我们认真地分析了对手的需求之后,站在对方的角度去思考问题,这样才能够切切实实地感受到,自己所提出的要求与条件对方是否能够顺利地接受。

每位谈判者都有两种利益,实质的利益和关系的利益;合作互惠,既能使谈判双方获得实质的利益,又能使双方的合作关系得到发展。

案例2 有一位老人退休后住在哈佛大学附近一栋简朴的住宅里。本来,老人住的地方十分安静,但三个年轻人不知从何时起开始在老人住宅的附近踢垃圾桶,他们所制造的噪声严重地影响了附近居民。附近的居民用尽了各种办法也无法阻止三个年轻人的恶作剧。最后,附近的居民无可奈何,只好听之任之。然而,这位老人实在没有办法忍受三个年轻人制造的噪声,因为如果他一直生活在这样的环境中,会严重危及他的健康。于是,老人就出去和三个年轻人谈判。

老人见到三个年轻人,并没有阻止他们踢垃圾桶的行为,而是对他们说:"我年轻时也和你们一样做过这样的事情,如果你们每天都来踢这些垃圾桶,我每天都给你们一元钱。"三个年轻人听了老人的话,马上就同意了,于是,他们更加起劲地踢附近所有的垃圾桶。老人也遵守承诺,每天给他们一元钱。

过了几天,老人愁容满面地对三个年轻人说:"因为通货膨胀,我的收入减少了,从现在起,我每天只能给你们五角钱了。"三个年轻人听了老人的话,虽然有些不满意但还是接受了老人的条件。然而,虽然他们仍是每天下班都来踢垃圾桶,但却没有之前那么卖力了。

几天以后,老人又对三个年轻人说:"我最近没有收到我的养老金支票,没有钱了。如果我每天只给你们两角五分钱,你们还会帮我踢垃圾桶吗?"听了老人的话,其中一个年轻人叫道:"只有两角五分!你以为我们会为了两角五分钱在这里浪费时间踢垃圾桶?我们不干了!"说完他们就走了。之后,他们再也没有来踢过垃圾桶。从此之后,附近没有了年轻人踢垃圾桶的噪声,又恢复了宁静。老人和附近的居民又过上了安静的生活。

思考:每个人都有占便宜的心理。我们许多事情的成功,都有不同的模式,就像上面的故事一样;很多事情的解决需要我们换种思维,改变下我们自己的处事模式,这样也能取得我们想要的结果。

善于沟通的管理者,也可能善于掩饰真正的问题。

重点内容概要

在谈判过程中,各方面利益的多样性和复杂性;马斯洛"需求理论"为将人类需求知识应用到谈判合作提供了理论基础;需求理论引导我们找出谈判桌上双方的需求是什么;引导我们关注需求,并发现各种不同的需求是如何促使反对意见产生的;指导我们采取不同的应对方案来反击或者修正对方的动机。

本章将重点探讨:马斯洛"需求理论";需求理论在谈判中的应用;谈判不同的利益层次及相互作用影响

教学一体化训练

习题

1."个人利益无论在什么情况下都应当让位于集体利益和国家利益",你同意这样的观点吗?

2.你认为在处理冲突的时候将谈判者个人的基本需求考虑进来是一个有效的方法吗?

3.如果谈判中组织利益和国家利益发生冲突,谁的利益更重要?

4.国内利益的统一对于国际谈判的成功具有怎样的重要性?

5.你能提出一些有效的建议来防止谈判者个人假公济私吗?

一、美日半导体谈判背景

20世纪80年代初期,美国政府开始着手处理美国市场上不断增强的来自日本产业竞争的问题,以及美国产业界要求美国政府采取行动实施对产业的保护的呼吁。到20世纪80年代中期,日本在美国半导体市场所占有的份额已经超过了美国在日本半导体市场所占有的份额,而且日本供应商在全世界的市场份额正逐渐超过美国公司所占有的市场份额(见表3-1)。

表3-1 1984—1989年美日半导体产品在彼此国家所占份额以及在世界市场上的份额(%)

	1984	1985	1986	1987	1988	1989
美国在日本的份额	11.2	8.5	8.6	9.6	10.2	11.0
日本在美国的份额	14.3	11.8	13.9	16.6	24.3	26.6
美国在世界的份额	53.6	48.9	42.4	40.9	37.4	37.3
日本在世界的份额	36.9	41.2	46.0	47.7	51.2	50.4

资料来源:美国半导体产业协会。

美国政府希望日本方面能主动限制对美国的出口,这种自愿限制出口措施曾被日本用于销往美国的钢铁和汽车等产品上;而日本人希望避免在国际上被贴上"不公平的贸易伙伴"的标签,这将是令人十分尴尬的政治上的污名。

1. 事件

美日两国在半导体上的冲突涉及两个既彼此分离又相互联系的事件。美国人指控日本芯片制造商以低于公平市场价格的价格在美国市场倾销半导体,并且指控日本不准许外国制造商进入其国内市场;对于日本人来说,谈判中的主要问题是如何阻止美国把日本说成不公平的贸易伙伴并对其实施贸易制裁和征收反倾销关税,同时保护半导体产业的竞争力,因为该产业对于日本未来经济的发展起着举足轻重的作用。

2. 美国方面

美国商务部及美国贸易代表是谈判的主角。美国贸易代表主要负责解决日本市场准入状况的争端问题,而商务部则主要负责解决日本在美国市场的倾销问题。

美国各方面的态度能够相对统一。然而,最初半导体产业和一般的微电子产业在这些问题上意见并不一致。为此,半导体产业协会及早采取行动并较好地统一了产业内部各种不同的意见。半导体产业协会动员各个产业部门为了使大家都获益的共同目标而努力,即占领更多的日本市场,这有助于使美国国内各方在谈判战略和协议的价值上达成一致意见,并形成美方的一揽子谈判条件。

由于半导体产业协会提前为内部达成有效的一致意见所做的努力,以及反倾销诉讼的作用,美国参与谈判的各主要方面所提出的与日方谈判的条件都非常接近。各方在日本的市场准入状况必须与美国的市场保护目标相联系这一点上的一致,以及由此所形成的利益的广泛结合,最终成为美国的一揽子谈判条件和谈判战略以及国际谈判动力的基石。

3. 日本方面

有权有势的通商产业省是日本官方的谈判主角。但日本的半导体产业基本上属于寡头垄断行业,即只有少数几家大公司——大约有10家芯片生产厂家,如日立、东芝、NEC

等，与更加分散的美国公司形成对照的是，这些日本大公司以相对纵向的方式组合，它们既是面向终端用户的计算机生产商，同时又是芯片生产商。

日本半导体产业内部存在一定程度的意见分歧，因为并非所有的公司都被列入反倾销调查案名单，那些没有被列入上述名单的公司不会因为没有达成协议而遭受处罚。再者，有些公司在是否达成协议上有更大的利益关系，因为它们生产的许多其他电器消费品也可能成为美国制裁的对象。

二、国际谈判过程

1. 启动谈判

在1985年年中，美国半导体产业协会根据301条款提出了反倾销调查请求，调查请求强调了日本国内的政策、贸易壁垒和日本的市场结构等妨碍了美国公司进入日本市场，起到了鼓励倾销的作用。

日本人企图阻止此项倾销指控的成立。日本提议"鼓励"其主要生产厂家更多地购买美国芯片，使美国公司的市场份额小幅度、缓慢地增加；要求停止301条款的调查，搁置或终止反倾销案件。然而美国对于这项建议是不能接受的，因此美国以各种方式加大了对日本的压力。

2. 协议

美国的高压措施取得了一定的效果。1986年7月初，美国商务部与日本公司签订了暂停调查反倾销案的协议。美国方面警告说，如果在遗留的问题上达不成协议，美国将再次提出对这些案件的调查。

通商产业省和日本政府在对美国人是否让步的问题上有分歧。日本产业界也不高兴，因为许多生产厂商认为日本已经作出太多的让步。生产厂商宁愿接受较高的反倾销税也不愿意同意美方的要求。

在正式协议中，日本政府只是保证尽最大努力使日本公司协助增加美国在日本的销售份额，然而，在此协议的秘密附件中，日本政府更加具体地承认了在协议的5年期限内，美国公司有望增加其在日本的销售量，达到20%的市场份额。

该协议签署后不到2个月，半导体产业协会便开始向美国官员抱怨可能有倾销的行为发生。

在此期间，美国官员及公司注意到日本公司在第三国主要是东亚国家市场上的倾销一直在进行，而且，自从签订协议以来，美国公司在日本的销售状况并没有得到根本改善。评价双方哪一方"赢"得更多利益，或哪一方"输"掉更多利益，是较为困难的。

美日双方于1991年对协议的内容再次进行了谈判，并达成了新的协议。这项为期3年的（可以选择在期满后再延续2年）半导体协议把20%的市场准入目标明确地加进了协议中，但是协议明确指出这只是一种希望而不是固定的目标，从而结束了对1986年协议的秘密附件的争论。美国政府针对日方在美国市场的倾销进行的生产成本资料收集及监督也依照新协议被大大地削减或精简了。此外，从1987年开始的对日本进行的报复性制裁也被取消了。

三、案例讨论

(1) 在美日半导体谈判中得出的一个重要结论是,当谈判一方(如 A 方)在国内达成的一揽子谈判方案与另一方(如 B 方)相比更具体和包括的条件更集中时,A 方在谈判中获取更大利益的机会就会大大增加。如若希望取得比较集中的一揽子谈判方案,国内的主要相关各方应当设法解决好内部的不和以及意见分歧。只有内部意见统一、消除分歧以后,才有可能在国际谈判桌上以团结的姿态出现,以一个声音说话。在美日半导体谈判中,美国国内各方团结一致,因而所达成的一揽子谈判方案内容具体、确定;而在日本国内由于一些制造商的抵制,企业和政府之间无法达成一致的意见,因此日方的一揽子谈判方案既松散又不具体,根本无法与美方的方案相提并论。

(2) 从最终的谈判结果看,由于日本通商产业省在国内的政治利益与美国的要求实际上相吻合,即加强对国内产业部门的控制,因此美国和日本通商产业省曾秘密地协商同意由日本通商产业省出面形成一个政府主导的争端解决机制。由于日方政府部门与美方所具有的共同利益,再加上美方威胁使用反倾销诉讼和动用 301 条款,日本政府被迫不顾本国半导体产业的愿望而与美方达成协议。这样做导致了日本半导体产业的背叛,因为日本通商产业省从一开始就既不能迫使厂商在日本以外的国家和地区遵守协议,也无法加速日本市场开放的速度以达到美国所期望的程度。

(3) 不要总是认为只有政府才既能在国内层次又能在国际层次发挥作用。随着经济独立性的不断提高,国内的主要经济利益集团也常常有国际经济利益,它们也可以在国际谈判桌上提出建议,采取行动。在美日半导体谈判中,日本国内公司为捍卫自己重大的国际经济利益甚至不惜破坏本国政府在双边谈判中达成的协议。

【分析】

(1) 在美日谈判中所涉及的主要事件有哪些?双方的主要利益各是什么?
(2) 在这个案例中,国内层次的利益对谈判的最终结果有什么影响?
(3) 美日双方在谈判中的主角是谁?它们都各自扮演了什么样的角色?
(4) 比较美日双方的一揽子谈判条件,说出它们的主要差别。
(5) 你对美日谈判的最终结果有何看法?你认为美日双方谁从谈判中获取的利益更多?

3.4 信任法则

信任的含义;决定了一个人信任他人或被他人所信任的因素;对人的信任行为具有决定性影响因素;信任或者不信任对谈判的结果的影响。

第3章 国际商务谈判原则与法则

能力目标

了解信任的含义及定义；理解信任因素对行为的决定性影响；正确掌握如何判别信任他人或者被他人信任及影响相互之间信任的途径及技能。

内容提要

在谈判中，谈判小组内领导和组员之间是否相互信任，谈判一方和另一方之间是否相互信任，是决定各方之间关系的一个重要因素；人与人之间如果相互信任，彼此之间的关系与合作将会得到改善和加强；但是如果互不信任，则彼此之间的关系与合作将受到损害；为了使谈判各方能够增进相互间的信任并且建立友好的合作关系，谈判者应当深刻地了解信任的意义和信任的普遍效用。

本章节将重点探讨：信任的基本定义；如何判别一个人信任他人或者被他人信任；影响相互之间信任的效应及途径。

案例导入

20世纪40年代，英国著名电影明星简·拉塞尔与美国制片商休斯签订了一个1年120万美元的雇用合同。1年后，拉塞尔找到休斯，要求领取合同上规定的报酬。休斯告诉拉塞尔，他目前手头资金紧张，拿不出那么多现金给她。应该说，女明星的要求是按合同办事，既合理又合法。休斯苦苦地向她解释他现在资金周转困难，请她稍微宽限一段时间，然而拉塞尔义正词严地指出合同在法律上具有的公正性和严肃性，因为上面清楚地写明了年底付款。

双方的争执越发激烈，甚至到了要对簿公堂的地步。这时，拉塞尔忽然改变了主意。她用非常友好的口吻对休斯说："你我的奋斗目标虽然不同，但是我们追求的利益都是正当的，现在让我们看看有没有解决这一问题的最好方法。"

最终他们创造性地达成了一个可以让双方均能接受的方案：将合同修改为每年支付5万美元，分24年付清。这样一来，一方面，休斯顺利地解决了资金周转的困难，还获得了本金利息；另一方面，拉塞尔的所得税逐年分期缴纳，其数额也比一次性支付降低不少。对于一个吃"青春饭"的女演员来说，一下子有了24年的年金收入，今后可以不必为每年的财务问题操心了。

提示：该"雇用合同"案例中，拉塞尔忽然改变了主意意味着什么？她提出的策略效果如何？

一、信任及其解释

在谈判中，谈判小组内领导和组员之间是否相互信任；谈判一方和另一方之间是否相互信任，是决定各方之间关系的一个重要因素。如果谈判各方之间信任度低下，将会导致合作受损,相互间的关系受到破坏;反之,如果各方之间存在着高度的信任,将会加强各方的合作,并使各方之间的关系得到改善。为了使谈判各方能够增进相互间的信任并且建立友好的合作关系,谈判者应当深刻地了解信任的意义和信任的普遍效用。

鲁迅说过:诚信为人之本。但信任概念由于其抽象性和结构复杂性,不同的人有不同的理解:"信任"就是"相信""信心""可靠""对一个人的深入了解",或者是"好感、情感";不同领域的定义是不同的:心理学认为信任是人格特征和人际现象,个性不同信任程度也不同;营销学对信任的研究主要聚焦在交易活动中;管理学对信任的定义也不尽相同,至今仍没有一个统一的定义。由此可见,有必要对"信任"的含义从专家的角度做一个深入的解释,因为如果不正确地理解"信任"的含义就会引起很多困难。

在社会科学中,信任被认为是一种依赖关系。值得信任的个人或团体意味着他们寻求实践政策、道德守则、法律和其先前的承诺。相互依赖表示双方之间存在着交换关系,无论交换内容为何,都表示双方至少有某种程度的利害相关,己方利益必须靠对方才能实现。

达成共识的观点是:信任是相信对方是诚实、可信赖、正直的;信任是涉及交易或交换关系的基础。

案例链接 3-7

"华人首富"李嘉诚与"上海首富"周正毅有许多相似之处:李嘉诚曾是一名小职员;周正毅出身棚户区。李嘉诚靠卖塑料花起家,凭炒卖中国香港地区房地产完成资本原始积累;周正毅以炒卖上海烂尾楼迅速发达。然而,两人有一个根本的不同:做人。

2002年,李嘉诚旗下的长虹生物科技公司欲上市融资,虽然该公司的年营业额仅几十万港元,并处于亏损状态,但股票发行时还是获得超额数倍的认购。香港人相信李嘉诚的信誉,坚信跟着李嘉诚投资绝不会吃亏。

同样是在这一年,周正毅委托香港京华山一国际投资公司协助收购一家香港上市公司,以便快速借壳在港上市。几经周转,京华山一公司为周找到了有几亿元现金净资产的"壳公司"——上海地产股份有限公司。不料,借壳上市成功之后,周正毅竟赖掉了原先承诺的数千万元佣金!投资公司的首席顾问传话给周正毅:这么不讲诚信,迟早要完蛋!时隔不到两年,此话果然应验了。

在李嘉诚不断致富的诸多强项中,做人是其中最值得称道的。李嘉诚打算在伦敦出售他本人持有的香港电灯公司10%的股份,但随后公布的该公司财务报表显示,香港电灯将有丰厚的获利。李嘉诚的助手马上建议他暂缓出售,以便卖个好价钱,但李嘉诚却坚持按已经宣布的计划出售。李嘉诚说,还是留些好处给买家好,将来我们在配股时会更顺利些。赚钱并不难,难的是保持良好的信誉。

思考:"香港首富"与"上海首富"。有人将李嘉诚与周正毅做了个形象的比喻:面对同样的利润,李嘉诚可能只要应得的90%,周正毅却要得到110%甚至150%。周正毅正是因为太贪婪而不讲信誉,结果栽了。

二、判别一个人信任他人或者被他人信任

判断一个人是否信任他人或者被信任的因素有三个：信息、影响和控制。

如果一个人向另一个人透露他没有必要透露的信息就表明他信任其人。当他向对方透露他的目标、目的、计划、其他选择方案或者他的问题时，他同时增加了自己的易受伤害之处，因为其他人可以利用这些信息来阻挠或破坏他的努力。

如果一个人允许另一个人影响自己的决策，则说明他信任该人，因为当他征求他人的意见时，他增加了自己的易受伤害之处，他人可以利用这一机会有意识地将他领入歧途。因此，一个人如果不信任他人就会抵制他人的影响，否定和拒绝他人的建议和劝告。

如果一个人对别人表示信任时会下放权力并允许他人以自己的名义行事和作出决定。他这样做也增加了自己的易受伤害之处，因为他不得不依赖他人作出判断，实施他的计划，而其他人可能会犯严重的错误，延误计划的实施，甚至破坏他的计划。因此，当不信任他人的时候，人们会加强对他人的控制，降低自己对别人的依赖程度。

上述三个要素——信息、影响和控制相互作用、互相影响，共同决定着信任的水平。

案例链接 3-8

案例1 有位很有才华的青年，对前途充满了自信和勇气，幸运地得到了上司的赏识和提拔，成为伦敦分公司的总经理。到职以后，他立刻积极地开展工作，以提高工作业绩。然而，仅仅不到半年的时间，纽约总公司的管理阶层都对他抱怨连连，大家都认为他太傲慢了，没有办法同他合作。原因就在于这位青年任意独断的工作作风招致众人的反感。

没过多久，总公司给他发了一份电报，要求他制作一份详尽的客户调查资料，但是总公司等了很久，也没有收到回信。于是，总公司又发了一份催促的电报，这次青年回了信，但内容竟是"太忙了，没有时间"。总公司负责人看到青年的回信，勃然大怒，告诉他要停止他在伦敦方面的全部业务。这位才高胆大的青年管理者终于察觉出事态的严重，立刻接二连三地主动向总公司探询，但为时已晚。为何事情会演变到如此地步呢？他最大的过失是没有获得他人的认同，从别人那里获得协助。

思考：认同自己，也要让别人认同你。要扮演好谈判者的角色，不仅要认同自己，还要让别人认同你，进而获得别人的协助。因此，真正的谈判高手不会只顾个人的眼前利益，忽略他人的利益和力量，而是用认同的力量让他人来帮助自己。让别人认同自己，就能借助别人的力量，让别人帮自己分担谈判中的风险。如果谈判者能集合大众的力量，共同承担风险，就能减少自身所承受的谈判压力。

案例2 从1974年到1981年，世界上150多个国家的谈判代表齐集在纽约和日内瓦。他们的主要任务是制定海洋管理方面的法规，这些法规包括捕鱼权以及深海海床开采锰矿等。其间，发展中国家的代表一度对技术交换有很高的热情，他们希望从那些工业化高度

发达的国家获得深海海床采矿的技术和设备。如果工业化发达国家能在技术转让问题上多花些时间进行谈判,和发展中国家做好双向沟通,那么他们向发展中国家提供的技术转让完全可以让他们获得一些谈判上的优势。然而,发达国家觉得技术转让问题并不重要,所以表现出一种无足轻重的态度,并将这个问题作为次要问题,挪到以后考虑。

结果,那些工业化高度发达的国家没有让发展中国家从谈判中获得足够的成就感,不仅错失了一次以低成本换取大回报的机会,而且错过了在其他问题上达成协议的契机。

思考:谈判是一个双向的过程。如果没有让对方参与谈判,对方当然不会接受谈判的结果。因此,要让对方接受谈判的结果,最为关键的是要让对方参与到谈判中,并积极征询对方的意见,给予适当的回应,这样一来,谈判双方就能保持一种良好的双向沟通。如果谈判时没有对方的积极参与,即使协议内容对对方有利,他们也会对协议持一种怀疑态度,甚至拒不接受协议内容;反之,如果双方都积极地参与到谈判中,时刻保持一种良好的双向沟通,谈判双方就更容易达成共识。

除了获得实际利益之外,是否参与其中也许是决定一个谈判者是否接受这项提议的唯一重要的因素。

三、相互之间信任的效应

信任是决定人们之间关系的一个重要因素。信任涉及同辈和同行、上级和下级、领导和群众、教师和学生、各个国家之间的信任,需要在各类人群中建立信任关系。研究表明,信任可以激发人类的智慧和创造力,信任还可以使人们的情绪更加稳定、更善于自我控制。信任有助于宽容和相互接纳,有助于人们尽情地公开表达,信任鼓励合作和相互理解。

在谈判中,谈判组成员之间、参与谈判各方之间建立良好的关系是谈判顺利进行的根本。如果谈判组成员之间彼此信任,他们会向其他成员发出信任的信号,而接到信号的成员会更加信任同组成员,从而使信任建立在更高的水平上。谈判各方之间也是如此,相互间信任的表示将使彼此间的信任度提高,从而有利于使谈判向着双赢的结果发展(见图3-1)。

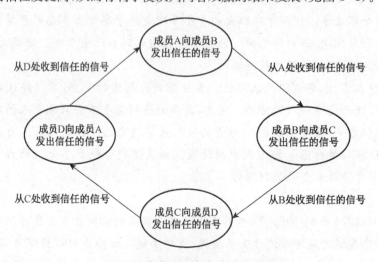

图3-1 相互信任导致更高水平的信任

反之，不信任会招致对方的拒绝和辩解，破坏谈判组成员之间和谈判各方之间的合作和友好关系。由于相互间的不信任，各方彼此之间往往封锁信息或扭曲信息，掩盖事实真相，这样做的结果是增加了人们对事物判断的不准确性和错误率，导致人们作出错误的决定。在一个彼此缺乏信任的团队工作，团队成员之间彼此发出的是不信任的信号，同时也预见到会遭到不信任，因此导致相互间更高程度的不信任（见图3-2）。

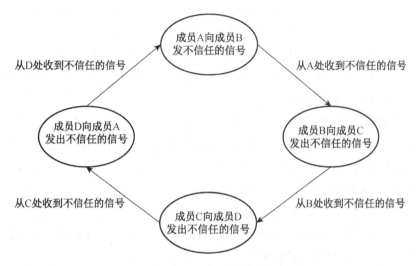

图3-2　不信任导致更高程度的不信任

在低信任水平的团队中，人们无法集中精力完成自己的工作，而是相互猜疑彼此的动机，怀疑他人的价值，因此即使有好的建议产生也会遭到被拒绝和否定的命运。由不信任产生的怀疑会破坏相互的理解和合作，使谈判最终走向失败。许多例子都清楚地表明一些重要的谈判以失败告终的原因不在于缺少建设性的方案和彼此的努力，而在于缺少相互间的信任和诚意。然而令人感到自相矛盾的是，不信任所造成的巨大的腐蚀和破坏作用往往会产生逆反和回归的效果，促使信任产生，这是由于谈判组成员和谈判双方希望建立友好关系的强烈愿望总是存在的。

两个物流公司对于谁家的集装箱卡车应该先到边境口岸的国际集装箱码头进行谈判。

因为谁的集装箱车队先到国际货运码头，谁就会有更多竞争优势——占了其他公司集装箱车的位置和装卸货时间。

在这场关于装货场地和卸货时间的谈判中，双方想出一个将国际装货码头扩大的方案，然后与码头方进行协商。

最终，三方谈判取得令人满意的结果，码头方面通过连夜施工，扩大了进出通道和装卸货场区，这样一来，两家公司的卡车就可以互不干扰。

思考：谈判提出"将国际装货码头扩大的方案"是基于什么考虑。

四、增进相互信任的途径

谈判的形式是复杂多变的。各种各样的利益组合使谈判各方或者向着利益的一致性方向发展,或者向着利益的冲突性方向发展。谈判各方之间的信任可以引导人们向着重视和强调利益的一致性方向发展。信任之所以能够起到鼓励合作的作用,是由于它强调双方的共同利益和共同获利。与此形成对照的是,不信任强调利益的不一致性和非合作性。不信任强化了双方的矛盾和不同点,导致人们只捍卫自己的利益。不信任导致意见分歧,阻止人们寻求建设性的方案,它驱使谈判者只考虑使自己利益最大化的非赢即输的两分法方案。正是由于信任和不信任在谈判者中带来的巨大反差效应,因此我们有必要也值得花大力气寻求增进相互信任的途径和方法。

(1) 通过彼此间在信任行为上的训练,逐渐地在人们的观念上建立起对信任的信心。这些行为训练包括信息提供、接受影响、自我控制、作出让步等方面。通过这种方式,谈判一方有限度地增加自己的风险,这个信号表明他在寻求对方相同的反应。最先采取行动的人应当谨慎,因为其他低信任度的谈判者一开始可能会误解这一举动的初衷,不仅不回报对方的信任尝试,反而会利用对方的弱点。小幅度增加自己风险的尝试可能要进行多次,因为只经过两三次的努力就发生从低信任向高信任的转变是不可能的。提高信任度需要一段时间的主动尝试和对真诚的检验。

(2) 在谈判中,如果有不信任情绪存在,不要回避,而应当与对方开诚布公地讨论引发不信任的原因,因为不信任往往是由相互不理解和误会造成的。加强沟通和了解是建立信任的基础。公开分析不信任的根源并非易事,这是由于讨论往往要深入当前具体事件的背后,容易使一些人产生防范心理,因为他们认为信任属于私事,不必向他人透露。正是由于这个原因,真诚对待谈判组成员和谈判另一方是最根本的,只有如此,你才可能坦诚地讨论不信任问题。一个自相矛盾之处在于人们必须在一定信任的基础上谈论不信任问题。

(3) 通过制定规章制度增强人们对相互信任的信心。一些人出于私心常常通过欺骗和谎言来达到个人的目的,这些行为极大地降低了人们对信任的信心,并且对社会风气产生了腐蚀作用。规章制度通过提高诈骗者成本的方式限制他们的行为,使他们为自己的行为付出沉重的代价。

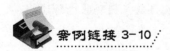
案例链接 3-10

中国自古就有"货真价实,童叟无欺"的八字箴言,英文也有一个关于谈判的八字经典:NO TRICKS,翻译成中文就是"不要花招"。不过,它除了字面上的意思外,每一个字母还有更深一层的含义,即谈判中的八种能力。

1. "N"代表需求(need)

对于买卖双方来说,谁的需求更强烈一些,谁的谈判力就弱一些。但也并非绝对。

2. "O"代表选择(options)

谈判破裂后,一方选择的余地越大,其谈判力越强。但对方也有绝地反击的可能。

3. "T"代表时间(time)

谈判一方越受到时间限制,其谈判力越弱。但也会有逆转的情况发生。

4. "R"代表关系(relationships)

与现有客户保持越强的关系,同潜在客户打交道时的谈判力就越强。但也会因事而变。

5. "P"代表投资(investment)

在谈判过程中,投入时间和精力越多的一方,往往拥有较弱的谈判力。但也并非绝对如此。

6. "C"代表可信性(credibility)

拥有为潜在顾客所信赖的产品和技术,可以增强卖方的谈判力。但对方也会货比三家。

7. "K"代表知识(knowledge)

知识就是力量。如果一方能充分了解对方的需求,并对相关产品、技术或服务拥有更多的知识和经验,其谈判力会较强或占优。

8. "S"代表技能(skills)

拥有熟练的谈判技巧,或许会更直接、更容易地增强谈判力。谈判技巧靠的是综合的学问,如广博的知识、雄辩的口才、灵敏的思维等等。这些技能是可以后天培养的。

思考: 在国际商务谈判中,应该既善于利用"NO TRICKS"中的每种能力,又要做到 no tricks,即诚信在商务谈判中非常重要。

重点内容概要

谈判一方和另一方之间是否相互信任,是决定各方之间关系的一个重要因素;由于信任概念由于其抽象性和结构复杂性,不同人的理解各不相同;但达成共识是:信任是相信对方是诚实、可信赖、正直的,信任是涉及交易或交换关系的基础。

判断一个人是否信任他人或者被信任的因素有三个:信息、影响和控制;谈判各方之间的相互间信任的表示将使彼此间的信任度提高,从而有利于使谈判向着双赢的结果发展;因此,有必要研究、寻求增进相互信任的途径和方法。

教学一体化训练

习题

1. 你对信任的解释和理解是什么?
2. 你对信任的理解与赞德教授的解释有什么不同?
3. 你认为在市场经济体制下,信任是决定人们关系的一个基本因素吗?如果你同意,你认为应当怎样做以增进人们的信任感?

4. 你能举一些例子说明你受到了信任吗?
5. 你是如何向他人表达你的信任的?
6. 艾利克·艾利克森将人的生命周期分为八个阶段,并提出人类在每一个阶段都要经历一个主要的发展困境或危机。第一个危机是信任对不信任危机,其他七个主要危机分别为:自主性对羞怯和疑虑(在一两岁期间)、主动性对内疚(在学龄前期间)、勤奋对自卑(在校初期)、自我身份的确定对自我身份的疑惑(青春期)、亲情对独处(成年早期)、繁殖对停滞(在成年期)、圆满对绝望(在老年期)。

你处于哪个阶段?你遇到了同样的困惑吗?

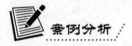

经理层的尴尬

一、背景

有一家中等规模的电子设备企业,它设计和生产接收器、话筒、扩音器以及其他电子设备,在20世纪50年代后由于技术更新,军方和政府的购买量逐渐下降,公司面临着不断增大的竞争压力。为了缓解财务压力,公司管理层决定裁减25%的员工;为了维持现金的流动性,削减75%的资本支出。经过这些大刀阔斧的举措,一年后公司的收支取得了平衡,此时董事会也对公司的管理层进行了改组。

在随后的两年,在新管理层的领导下,公司有了小幅盈利,净利润率为4%。此时公司的生产设备越发陈旧,虽然营销部门在销售上不断取得进展,但是生产部门却逐渐感到难以满足供货需求。公司的高层经理们都认为为了公司长远的成功和发展,有必要更新和扩充现有设备。

然而此时公司的董事会却在副总经理们不知情的情况下召开了一个特别会议,会议只邀请了总经理一人参加。在会上,董事会要求总经理在第二年提高利润增长幅度,如果不能实现这一目标,董事会将要求总经理辞职。

在这种要求下,总经理认为,在短期内要实现设备的更新和扩充是不现实的,因为需要一年以上的时间选择新厂址、建设厂房、搬动机器、调动人员,以及对财务作出必要的安排。更为重要的是,董事会不会通过巨额的资本投资计划,原因就在于这一系列安排会干扰生产,降低短期内的盈利率。

总经理不得不召开会议,向副总经理们宣布放弃更新和扩充设备的打算,并规划新的方案。

二、模拟方案的结果讨论

讨论的焦点是能否制定出一个既能满足短期利润增长要求,又不会损害长远发展目标的计划,尽管副总经理们对推迟更新和扩充设备感到极其失望;公司管理层面临的问题既关键又复杂。经理们在决策过程中的微小变化都会对结果产生重大影响。

企业员工模拟谈判:一组过去两年的共事中互相不信任;另一小组则被告知他们之间

是彼此信任的。

在模拟谈判中,提供给所有小组的财会和经营情况的数据都是一致的。大约有80个小组参加了模拟谈判。两类小组通过模拟谈判作出的决定完全验证了前面对信任行为模式的描述。

1. 低信任度小组模拟谈判的结果

在模拟谈判中,低信任度小组的成员拒绝深入探讨公司面对的局面,他们在会上所做的是不断指责总经理和董事会的短见。在这些小组中,最后的结果往往是总经理无法按照董事会的意图使参会人员达成一致,无奈之中他只好采用强硬手段再加上解雇的暗示来形成一个决议。副总经理们往往十分不情愿地从少数几个方案中选择一个方案,如进一步压缩生产线、重视利润率高的产品的生产,或者再一次大幅度裁员。

这样的结果在低信任水平的小组中,特别是在压力之下是常见的。组员们互相埋怨,无法从整体局势出发分析情况。他们不愿意在遇到困难时承担责任。他们的目光仅仅盯在更新和扩充设备这一目标上,而不愿意考虑事情的其他方面或提出其他选择方案。

如果两个副总经理发现有其他组员同意他们的意见,他们便会联合起来攻击总经理或其他持反对意见的人,使小组内的意见进一步分化。有时尽管有人提出可行的建议,但这些建议或者被忽视,或者以欺骗为由遭到拒绝。每位副总经理考虑的都是他自己的部门,追求的是自己的利益,而全然不顾彼此间的共同利益。会议结束后,绝大多数人都十分疲惫,并表示他们要认真考虑换一家公司工作。

2. 高信任度小组模拟谈判的结果

与低信任度小组的会议结果形成对照的是,高信任度小组成员在分析公司面对的局面时表现出充分的理解,尽管他们也对不能实现设备的更新和扩充表现出失望的情绪。他们通过讨论提出各种建议,这些建议使公司不需要在短期内投入大量的资本,但却能大幅度地提高利润率,而且有助于公司长远的发展。例如,将附近空闲的生产厂房出租,更多地使用半加工或全部完工的产品等。经理们还提出选择有市场前景的新产品,加快这些产品从开发到生产的进程。他们还同意重新修订短期和长期的计划,并打算向董事会提出他们的全新观点。

他们的举动证明了在压力下高信任度小组的有效性。在这样的小组中,经理们能创造性地面对新的困难,并且能互相帮助。他们不是将目光锁定在一个目标上,而是把注意力放在一系列目标上,既有短期目标,又有长期目标。他们虚心听取各种方案,选出有希望的方案,并制定出可行的行动计划。他们善于将各个部门融合在一起,包括市场营销部门、生产部门和财务部门等,从而制定出一个全面的计划。他们将短期利益和长期利益结合起来考虑。会议结束后绝大多数经理表示他们不会考虑跳槽到其他公司工作。

总结本案例在解决问题过程中信任所产生的效应可以发现,与低信任度小组相比,高信任度小组表现出以下特点。

(1) 更为公开地交换有关的观点和感受。

(2) 更清楚和更现实地确定目标和问题。

(3) 更广泛地寻求替代方案。
(4) 对决议有更大的影响。
(5) 对问题解决的努力更为满意。
(6) 对实施决议有更高的动力。
(7) 团队精神进一步加强。
(8) 对企业更为忠诚。

【分析】

(1) 美国这家电子设备企业所面临的问题主要有哪些？

(2) 在本案例中，企业的董事会和管理层之间的矛盾是当前利益和长远利益的分配问题，面对这样的问题双方应当如何取得一致意见？

(3) 本案例中董事会与管理层之间的矛盾具有一定的普遍性。说说它们各自所代表的利益。

(4) 两个小组为解决公司的困难而召开的会议的结果截然不同，你认为这个结果真实可信吗？

第4章
国际商务谈判心理与技巧

4.1 谈判者性格类型与谈判模式

谈判者的性格类型;谈判者的性格对谈判活动的影响;文化环境对塑造谈判者的性格起的作用;不同类型策略、技巧在商务谈判中的应用、评价。

了解和掌握谈判心理的现象;培养和提高学生对谈判的语言、形象的应用能力;深入理解不同谈判策略的作用机理;掌握不同类型谈判的谈判技巧的应用与效果评价。

商务谈判是一项艰巨、复杂的人类脑力劳动,是一场高智力的较量,在这个过程中,谈判人员的心理、思维和语言形象及谈判人员如果能恰到好处地应用一些策略和技巧,就会对整个谈判结局产生重要乃至关键性的影响。

本章节将重点探讨谈判者性格类型与谈判模式。

美国玩具行业的"孩之宝"跨国公司生产的玩具变形金刚,曾在美国市场上非常走俏。在赚了13亿美元之后,"孩之宝"跨国公司将目光瞄准了中国市场。他们认为,虽然目前中国人民收入水平比较低,但是独生子女政策的普遍实行使家庭对子女智力开发和教育非常重视,变形金刚玩具在中国的市场潜力巨大。

为了扩大变形金刚玩具在中国的销售量,他们没有采取通常的营销方法,而是首先将一套名为"变形金刚"的儿童动画片无偿赠送给广州、上海及北京等几个大城市的电视台播放。半年之后,等我国广大少年儿童对动画片中的"威震天""擎天柱"耳熟能详、津津乐道时,他们便不失时机地将变形金刚玩具大规模推向中国市场,摆放到各大商场的柜台上。眼看自己梦寐以求的大大小小的各种变形金刚呈现在眼前,孩子们兴奋异常,家长们爱子心切,纷纷慷慨解囊,一时间,变形金刚玩具风靡中国各大城市。

提示: "孩之宝"成功之道的启示。美国玩具商——"孩之宝"跨国公司深谙中国人爱子心切,对独生子女舍得投资、依顺的心理,先以一部动画片赢得儿童的心,再去赚其父母的钱。这种文化先行的心理战略不失为谋略高超之举。由此可见,在市场营销活动中,研究人们的消费心理尤为重要。

一、谈判者的性格类型

在谈判中,谈判者个人的性格类型是决定谈判进程和谈判结果的又一个十分关键的因素。谈判实力较弱的一方可能仅仅由于其谈判代表的自信和强硬的个性而从谈判中获得了更多的利益,并且赢得谈判的最终胜利;而谈判实力本来较强的一方却由于谈判代表的个性原因而使本来有利的形势丧失,使谈判变得艰难,最终不得不放弃本应获得的利益。

许多事例都说明了谈判者的性格类型在谈判中所起的决定性作用。因而对于谈判者来说,有必要了解他们的谈判对手的性格类型,以及个人的性格类型和在谈判中的习惯表现之间的可能联系。

然而,很好地了解人们的性格类型不是一件容易的事情。一些心理学家指出,在两个谈判者之间实际上会出现六种不同的性格组合,因为每个谈判者都有三层性格外衣:第一层是他的真实性格;第二层是他所设想的;第三层是他在谈判中实际表现出来的。究竟展示哪一面性格取决于谈判的场景和谈判者的目标。对于我们来说,了解人们在谈判中会扮演不同的角色是十分重要的,我们会因此付出更多的努力来了解彼此,这对谈判的成功有很大的帮助。

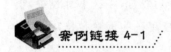

案例链接 4-1

鉴于人们性格的复杂性,专家们对此进行了各种类型的研究。K. W. 汤姆斯和 R. H. 基尔曼设计了两项个人性格类型测试,这些测试使希望知道自己性格类型的人们可以通过做测试来了解自己的情况。

汤姆斯和基尔曼的测试按照谈判者在谈判中的强硬和合作的程度将性格类型分为五种,即竞争型、合作型、折中型、回避型和迎合型。这五种类型将强硬程度和合作程度结合起来加以考虑,按上述排列顺序,强硬程度由高到低,合作程度由低到高。竞争型的强硬程度最高,合作程度最低,而迎合型的合作程度最高,强硬程度最低。反复进行的测试揭示了以下结果。

第一,一个人的类型包括全部五种类型,然而在五种类型中有一种类型是一个人最基本的类型,它最接近这个人的本性。另外一种类型可以被称为他的备用类型或支持类型,此外还有一个最不可能的性格类型。从测试中可以得出人们的性格类型具有多重性的结论。在大多数情况下,一个人的行为举止受他的基本性格类型的控制,而在另外一些情况下,他的行为举止又受他的备用性格类型的支配。例如,如果一个人的基本性格类型是折中型,他的备用性格类型常常是回避型。在有些情况下,一个人可能出人意料地从他的基本性格类型突然转向最不可能的性格类型,使他表现得像一个完全不同的人。例如,一个迎合型的人或折中型的人在一些特殊情况下,如当他被逼无奈或所受压力过大时,很可能表现得像一个竞争型的人。正如一句俗话所说:"兔子被逼急了也会反咬一口。"

第二,人们所生活的环境和所处的文化背景是一个人性格类型形成过程中最重要的因素。从国际角度来看,同一国家的人们由于受相同的文化、传统习俗、生活环境等各方面因素的影响,其性格类型也表现出了一些共性。这一点通过汤姆斯和基尔曼的个人性格类型测试一再被证明是正确的。例如,大多数美国人属于竞争型,而在中国学生中所做的测试结果表明绝大多数中国学生(大约有85%)属于折中型和回避型。

第三,在中国学生中所做的个人性格类型测试还揭示了一个令人吃惊的结果:只有极少数中国学生(大约1%)属于合作型。这一测试结果对于中国的教育工作者来说是一个警示,因为在当今合作已经成为经济发展中一个不可或缺的要素时,中国学生中的低合作倾向值得重视。为此,有必要大力提倡合作精神,并且通过各种方式鼓励学生的合作行为,因为这关系到中国未来经济的发展。

思考:根据谈判者的性格类型和意义的发现,试做个人性格类型测试。

二、个人性格类型

谈判者的性格在很大程度上决定了他们在谈判中是采取强硬态度还是合作态度;但是除了性格因素以外,谈判者的强硬程度和合作程度还分别取决于利益得失、谈判力、利益的一致性和双方的关系。

1. 强硬程度依赖于利益得失和谈判力

在谈判中,谈判者的强硬程度随着利益得失的变大和谈判力的增强而提高。

如果某项谈判对于谈判者来说具有十分关键的意义,任何挫折都可能意味着巨大的损失,参与谈判的人自然会采取强硬的态度和立场,变得具有进攻性。

同时谈判一方如果认为自己的相对谈判力较强,他也不会轻易放弃或者随便作出让步。

谈判者在谈判准备期间应当正确估计自己的利益得失和自己的谈判力,以便确定合适的谈判策略和态度,即确定是采用高强硬程度、中等强硬程度还是低强硬程度的策略。

2. 合作程度依赖于双方利益的一致性和彼此的关系

利益的一致性指的是谈判双方分享的共同利益的多少,存在三种情况:①双方的利益完全一致;②相同与不同利益共存;③双方利益完全不同。

双方的共同利益越多,合作的程度和机会也越高;反之,双方的共同利益越少,合作的程度和机会越小;谈判中的实际情况是,双方的利益不可能完全一致,否则就不会发生冲突;双方的利益也不会完全对抗,否则就无谈判可言。

由此可见,谈判双方应尽可能地寻求共同的利益,这样才能促成合作的产生并提高合作的程度。

双方的关系依赖于谈判双方彼此是否信任以及谈判的气氛。如信任促进合作的产生;相互信任还有助于诚挚的和开诚布公的谈判气氛的产生,反过来它又会进一步促进谈判双方的合作,使谈判在合作友好的气氛中取得成功。利益的一致性和双方的关系共同决定谈判双方合作的程度——或者是高度合作,或者是一般合作,或者是低水平的合作。

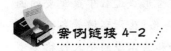

案例1 有一次,美国西方石油公司的董事长哈默同利比亚政府进行一场开采石油的谈判。哈默的谈判对手是素以强硬难缠而闻名的利比亚第二号人物贾卢德。当谈判进入实质性阶段,贾卢德带着一挺机关枪进入谈判现场。在谈判桌上贾卢德竟然以一种看似不经意的态度把机关枪的枪口指向了哈默,而且,贾卢德在谈判开始时就保持一种高高在上的态度。谈判中他一直假装无聊地轻轻叩击枪杆,而利比亚的其他谈判代表对这一切熟视无睹。对于贾卢德的无礼和傲慢,哈默丝毫没有表现出不快和介意,因为他从贾卢德及其助手们的非语言行为中看出来,对方是在利用环境造势,这种虚张声势的行为恰好表明了贾卢德内心的虚弱,同时也体现出利比亚政府对于这场交易的重视。

谈判很快达到白热化的程度,双方在原油日开采量和油价问题上各持己见,脾气暴躁的贾卢德见哈默不肯按他们的意愿达成协议,竟忍不住大骂哈默,美国西方石油公司的其他谈判代表十分生气,甚至连利比亚政府派出的代表也认为贾卢德的做法太无礼了。但哈默并不在意,他让自己的同事保持冷静,然后十分平静地站起身来,将双手放在年轻的贾卢德肩上,谈判桌上的双方代表都看出来他是在向贾卢德传递一种长辈对年轻人的谅解态度。此时,贾卢德再也不好意思刁难哈默了。在接下来的谈判中,他只得放下傲慢无礼的架子,开始心平气和地与哈默商讨双方合作的具体事宜。双方终于达成协议:哈默保住了他在利比亚的石油开采特权,而利比亚方面得以将石油开采所得税率增加8%,每桶石油可以多收30美分。

思考:冷静的哈默。在这场谈判中,哈默不仅洞察对方的非语言行为,从中判断出利比亚政府的态度,并且以自己颇具长者之风的个人魅力,化解了谈判中的紧张气氛,有效地达到了谈判目的。

案例2 美国约翰逊公司的研究开发部经理,从一家著名的公司购买了一台分析仪器。然而,使用了几个月后,一个价值不到3美元的零件坏了,约翰逊公司希望该公司能免费为他们调换一个零件。可是,该公司认为零件是因为约翰逊公司使用不当才坏掉的,因此不同意调换零件。此后,双方为这事谈判了很长时间,他们特别召集了几名高级工程师来研究寻找零件坏掉的原因。经过几位高级工程师的考察和验证,证实了零件坏掉的责任确实在于约翰逊公司。该公司取得了谈判的胜利,但之后整整 20 年的时间里,约翰逊公司再也没有从这家公司购买过一个零件。约翰逊公司甚至告诫公司的职员,不管是采购什么物品,即使要多花一些采购费用,多跑一些路,也不要同这家公司有任何业务上的往来。

思考:对立的立场背后不只冲突的利益,还有潜在的共同的利益。因此,谈判者在谈判时要着眼的是潜在的共同利益,而不是因为暂时的利益分歧失去潜在的长远利益。

谈判者通常会陷入这样一个误区,觉得既然对方的立场与己方相背离,那么他们的利益必定也与己方相冲突,如果谈判者想要保护己方的利益,就一定要想办法去攻击对方的利益。在大多数的谈判中,只要谈判者仔细地考虑立场背后的潜在利益,就能发现双方所拥有的潜在的长远利益远远大于双方相互对立的利益。换言之,谈判之所以能够达成协议,正是因为双方之间存在着潜在的长远利益。

三、性格类型与谈判模式

在谈判中,如果我们不考虑其他因素,而只从谈判者的性格类型来考察谈判的结果,可以发现一些有趣的现象。

如果一个竞争型的谈判者遭遇另一个与他有相同性格类型的人,可以想象双方的谈判很可能以激烈的争吵而告终;如果他与迎合型的人谈判,谈判形势很可能向着有利于他的方向发展;然而如果他与回避型的人谈判,他就不会感觉如此舒服了,因为以竞争型的人的行为习惯,他希望以最快捷、最直接的方式夺取自己的目标,而回避型的人则习惯于以迂回的方式或者暗示的方式来表达自己,这种方式常常使竞争型的人感觉十分疲惫,容易变得焦躁不安,并因此而失去控制。

从对谈判者性格类型的描述和它们与谈判的关系来看,似乎最适合谈判活动的性格类型是合作型,而最不适合谈判活动的类型是回避型和迎合型。

当然,每一种性格类型的人在谈判中都有它的用场,不必一概而论,关键在于真正了解彼此的性格类型,做到知己知彼;每一种性格类型在谈判中都有自己相应的行为模式,不同的行为又会对谈判的过程和结果产生不同的影响(见表 4-1)。

表 4-1　个人性格类型与谈判模式

	竞争型	合作型	折中型	回避型	迎合型
实现谈判目标的方式	以高压手段实现自己的目标	实现双方的目标	解决一些问题而回避其他问题	推迟或延误问题的讨论	征求对方的意见
对待谈判问题的态度	强调自己意见的正确性	澄清问题	只讨论有限的问题	保持沉默或退却	接受对方的目标
与谈判有关的信息	夸大自己的信息	与对方共享信息	做信息交易	提供无关信息	试探性的或十分谦逊
谈判的条件	过分要求,甚至苛求	寻找双方的共同点	寻求交换条件	不明确表示	不将自己的意见强加于人

续表

	竞争型	合作型	折中型	回避型	迎合型
谈判中出现的分歧	不考虑对方的意见	解决分歧	分割争议以便区别对待	转换话题	让步、退让
策略手段	威胁	提出新的方案	保持沉默	将责任推卸给他人	强调多联系、多接触
谈判中的困难	使用托词	寻求共同满意的方法	表现得十分圆滑	宣称权力有限	避免伤害感情
谈判双方的关系	寻找对方易受攻击之处	信任对方	适度信任	将信将疑	寻求和谐
谈判所需的时间	限定最后期限	提供所需的时间	寻求中庸	讨论无关紧要的问题	避免拒绝对方
谈判双方的要求	不考虑对方的要求	高度关注双方的要求	给点儿比没有强	被动抵抗：可以、但是	通常先满足对方
相互帮助与支援	不提供帮助	相互提供帮助	提供有限帮助	宣称需要请示	十分乐于帮助

案例链接 4-3

在一项心理测试中有这样一个问题："你认为最适合你的配偶是什么样的？"这样的问题看上去似乎有侵犯个人隐私之嫌，然而这个问题的真正目的根本不在于你选择配偶的标准，而在于你的性格类型。心理测试题目的设计目的是揭开受试者的性格秘密。

第一项心理测试是美国军队于1917年设计的，测试的目的是排除心理脆弱的士兵。心理测试的使用在西方国家和地区已有50年的历史，在我国香港地区也已有20多年的历史。与传统的评价方式（如一问一答式的考试和面试）相比，心理测试使从上千人中选拔人才的速度提高了很多，也容易了许多，因为它们使用相同的标准来衡量每一个应聘者。随着越来越多的大学毕业生竞争数量不断下降的工作岗位，企业认为花费少又可靠的心理测试可以取代费时费钱的面试。例如，2002年，有56%的香港公司使用心理测试挑选员工，而在2000年这一比例只有17%。

如今心理测试已经变得非常成熟，并且开始进入病理学领域和性格紊乱等人类心理的"阴暗面"研究领域。越来越多的测试被用来发现并防止那些最初很有希望但后来却变得疯狂或精神紊乱的年轻毕业生被企业录用。将来，运用一种基因识别程序，通过一根棉签就能了解应聘者的性格基因和生物学特征。

中国是在20世纪90年代末由外商投资公司最先引入心理测试的。性格测试在中国已经成为招聘中采用得越来越普遍的方法，甚至在部队征兵中也开始被采用，但是在招聘中使用心理测试最多的是国外公司。老贾是北京一家外商投资的物流公司人力资源部的负责人。他介绍说他们公司在招募员工的考试中同时使用智商测试和情商测试。这两种测试被用来判断受试者的语言能力、分析能力和认知能力。参加心理测试的人必须从大约300个形容词中找出认为能够最恰当地描述自己性格的词语,然后由心理学家设计的专门软件对这些回答进行分析,并对接受心理测试者作出性格鉴定。对于公司来说,了解未来员工的性格非常重要,因为性格对人们工作的态度有重要的影响。现今,许多人被解雇的原因在于他们不良的工作态度,这也是大多数跨国公司将它们的招聘工作作为公司战略的一个十分重要部分的原因。

尽管媒体和企业大力宣传心理测试的有效性,但仍有人对此测试的合理性持怀疑态度。对于初次使用的人来说,他可能作弊,对这一点,测试设计者也表示同意,但是他们尽可能防止作弊的发生。

例如,你怎样理解下面两句话:"New ideas come easily to me"和"I find generating new concepts difficult"?你需要多长时间才会意识到这两句话考察的是同一方面的个性品质?老贾也不否认参加测试的人可能会有不诚实的行为,但是他说大多数人还是诚实的,因为不诚实往往会导致严重的后果。有些人可能会侥幸通过测试,但是如果这一工作不适合他的个性,他以后会吃很多苦头。如果是这样的结果,他一开始就应当放弃这份工作。

思考:性格测试在谈判中的应用争论还在持续,但是最重要的是对心理测试采取一个从业者应持的态度,如此雇主和雇员才都不会受到伤害。一个基本的原则是,永远不要将心理测试作为唯一的选择标准,而应当将其与面谈相结合使用。

重点内容概要

谈判人员的心理活动及谈判者的性格在很大程度上决定了他们在谈判中采取的态度和谈判模型;但是除了性格因素以外,谈判者的强硬程度和合作程度还分别取决于利益得失、谈判力、利益的一致性和双方的关系;同时,谈判人员若能恰到好处地应用一些策略技巧,也会对整个谈判结局产生重要、关键性的影响。

本章重点包括:商务谈判中谈判者的性格类型、个人性格类型及性格类型与谈判模式。

教学一体化训练

习题

1. 做个人性格类型测试(见表4-1个人性格类型与谈判模式),找出你的性格类型。从第一栏到第五栏各代表一种性格类型,分别为竞争型、合作型、折中型、回避型和迎合型。你认为你的性格类型与本章中所描述的行为模式相同吗?你对这样的结果有什么样的看法?

2. 你认为谈判的成功与否与谈判者的性格有重要的关系吗?你能举例加以说明吗?

3. 你认为影响人的性格的因素有哪些?
4. 观察你周围的人,并举例说明不同性格类型的人的行为模式具有不同的特点。
5. 合格的谈判者应当将强硬性与合作性相结合,请说明这一点。

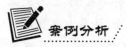

美国谈判专家赫伯·科恩一次去东京与日本人谈判。

赫伯高兴异常,他经常对自己说:"神赐福于我,我要轻松赢取日本人。"

一周后,赫伯坐在飞往东京的飞机上,准备参加一次为期十四天的会议,他带了一大堆分析日本文化背景和心理的书籍并且告诉自己:"我要好好地大干一场。"

飞机在东京着陆后,出关前,两位彬彬有礼的日本谈判人员笑容可掬地欢迎他,赫伯很满意他们的态度。

两个日本人协助他通过海关,然后引赫伯坐入一辆豪华的礼车。赫伯舒服地靠在轿车后面的丝绒椅背上,他们则僵硬地坐在两张折叠凳子上。赫伯对坐在拥挤的前座的日本人说道:"后面宽敞得很,你们为什么不一块儿坐在后面?"

他们答道:"噢,不,像您这么有地位的人,来参加这种重要的会议,显然您必须好好休息。"赫伯对他们的回答感到非常满意。

车子在行驶当中,一位接待赫伯的人说:"最近东京去美国的机票十分紧张,您回去的时间确定了吗?是否已经订好了回程的机票?"

赫伯心想:他们真是善解人意。伸手到口袋中拿出机票并让他们看清行程。但他却没有想到,日本人知道了赫伯谈判的截止时间,而赫伯却不知道他们的截止时间。

日本人没有立刻开始谈判,他们先安排赫伯参观并体验了日本礼仪及文化。一个多星期,赫伯忙碌地参观各地,由皇宫到京都的神社全都看遍了,甚至安排了一项英语讲授的课程来说明日本人的信仰。

每天晚上有四个半小时,他们让赫伯坐在硬地板的软垫子上,享受着传统的晚宴款待。每当赫伯提到何时开始谈判时,日本人总是答道:"噢,有的是时间啊!"

会议终于在第十二天开始,但是必须提前结束才不会耽误18点的高尔夫球运动。第十三天,会议也必须提前结束以便参加为赫伯举办的欢送会。最后,第十四天的早上,终于渐渐谈到重点,正当赫伯要提出意见之时,接赫伯去机场的汽车已然到达,大家挤在车内一路继续谈判。就在汽车抵达终点刹车之时,他们完成了这笔交易的谈判。

回国之后的许多年,当赫伯的老板提起这件事时总是说:"这是日本人自偷袭珍珠港事件后最大的一次收获。"

【分析】

(1) 日本人采用了何种策略?
(2) 该种策略的基本运作模式是什么?
(3) 美国人赫伯·科恩这次谈判失败的原因是什么?

4.2 商务谈判艺术与技巧

理解谈判技巧和谈判策略的含义;掌握排除障碍技巧和价格谈判技巧;掌握主要的国际商务谈判策略;掌握有声语言的运用技巧;掌握常见行为语言的运用技巧;熟悉商务谈判中让步的类型。

在商务谈判中会灵活运用主要的谈判技巧;灵活运用谈判策略进行商务谈判活动;能够根据所学到的商务谈判语言沟通技巧,合乎规范地进行谈判,掌握谈判成交技巧。

商务谈判是一场智力的较量,在这个过程中,谈判人员如果能恰到好处地运用一些策略和技巧,就会对整个谈判结局产生重要乃至关键性的影响。因此,谈判人员必须对常用的谈判策略和技巧进行了解并熟练掌握。

本章根据谈判的活动过程,主要介绍和分析排除障碍技巧、处理僵局技巧、价格谈判技巧等策略和技巧。

案例1 某跨国公司总裁访问中国一家著名制造企业。商讨合作发展事宜。中方总经理很自豪地向客人介绍说:"我公司是国内二级企业……"此时,翻译人员用"second class enterprise"表述。不料,跨国公司总裁闻听此言气色大变,态度突然冷淡下来,敷衍了几句立即起身告辞。在归途中,他抱怨道:"我怎么可以同中国的二流企业合作?"

美国商人谈及与日本人打交道的经历时说:"日本人在会谈中不停地'hi,hi',原以为日本人完全赞同我的观点,后来才知道日本人只不过表示听明白了我的意见而已。除此之外,别无他意。"

提示:国际谈判中,谈判双方的文化差异理解难。表达方式不同产生不同的效果作用。

案例2 有一家英国汽车公司,想要选用一种布料装饰汽车内部,有3家公司提供样品,供汽车公司选用。公司董事会经过研究后,请各家来公司做最后的说明,然后再决定与谁签约。

3家厂商中,一家的业务代表患有严重的喉头炎,无法流利说话,只能请汽车公司的董事长代为说明。董事长按这家公司提供的产品说明介绍了产品的优点、特点,各单位有关人员纷纷提出意见,董事长代为回答。该布料公司的业务代表则以微笑、点头或各种动作来表达谢意,结果,他博得了大家的好感。

会议结束后,这位不能说话的业务代表却获得了50万码布的订单,总金额相当于160万美元,他总结说,如果当时没有生病,嗓子还可以说话,他很可能得不到这笔大数目的订单。因为他过去都是按照自己的一套办法去做生意,并不觉得让对方表示意见比自己头头是道地说明更有效果。

提示: 倾听和谈话一样具有说服力,它常常使我们不花费任何力气取得意外的收获。

商务谈判技巧是指在商务谈判中,为了实现谈判目标,配合谈判策略的展开所使用的技术诀窍。从谈判的艺术性看,谈判的过程就是运用技巧的过程。善于运用谈判技巧有利于控制谈判局势,使谈判朝着有利于己方的方向发展,有助于促进交流与沟通,提高成功的可能性。谈判的技巧很多,选择其中重要的四类进行介绍。

一、排除障碍技巧

商务谈判既是双方关系的协商,也是双方在合作中的利益分配。因此,不论是什么类型的商务谈判,总会出现影响谈判顺利进行的各种意外和不利的情况,如果我们不能很好地掌握消除谈判障碍的各种方法和技巧,就难以达到预期的目的。

(一)商务谈判障碍的含义及类型

1. 商务谈判障碍的含义

商务谈判障碍是指在商务谈判过程中,由于一方的语言、观点和态度等超越了另一方理解和接受的限度而造成双方交流不能正常进行的阻力。它存在于谈判人员的意识之中,并通过谈判人员的语言、情绪、态度和观点表现出来。

2. 商务谈判障碍的类型

根据谈判阻力形成的原因及相应的特点,谈判障碍一般分为心理障碍、语言障碍、文化障碍和性格障碍等。

(1)心理障碍。是指一方谈判人员在与对方谈判人员接触中所产生的一种焦虑、怀疑,甚至是防范的心理。

障碍产生的原因:谈判者心理负担重,凡事过于谨慎,只注重考虑如何保全自己的利益,怕陷入对方的圈套,令双方的交流不能正常进行。

(2)语言障碍。是指在谈判过程中,由于双方使用语言及语言表达习惯的不同而影响双方交流的一种阻力。在国际商务谈判的实践中,不仅存在一方听不懂另一方的语言问题,更多的或更困难的是一方难以理解对方的谈话内容。

语言障碍除了因为学习层次的不同和依靠翻译以外,这种障碍从形式上很难排除,语言障碍不仅影响双方关系的发展,甚至还会出现一方利用语言文字欺凌对方,获得非分利益的情形。

(3) 文化障碍。在国际商务谈判中,由于谈判双方受不同文化的熏陶,在商务活动中形成了固定的行为方式,一旦这种行为方式离开了产生这种行为方式的文化环境,就会与另一种文化环境下所产生的行为方式发生冲突,在一方看来完全是合理的要求也会被对方认为不合理的,从而使双方的交流产生阻碍,这就是文化障碍。

(4) 性格障碍。不同的民族往往具有不同的性格。这种差异在国际商务谈判中不仅会引起矛盾和冲突,而且直接影响到谈判能否取得圆满结果。所以,性格障碍的排除极其困难,只能在谈判之前注意了解对方的性格,以免在谈判中弄得手足无措。

在实际谈判过程中,如果从深层考察,构成障碍的因素实际上远不止这些。例如,文化障碍中还有宗教障碍、习惯障碍和制度障碍等;除差异性障碍外,还有对等障碍,即谈判双方在某一个方面或某几个方面地位相当、客观条件基本相当等,从而使谈判过程变得复杂而又艰难。

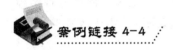
案例链接 4-4

案例1 在一家服装店,一对老年顾客挑选了一件肥大的上衣,售货员见老人挑的这件衣服显得过于肥大,就说:"这件衣服您不能穿。"老人感到奇怪,就问道:"怎么不能穿?"售货员说:"这件衣服能装您俩。"老人一听,不高兴了,怒气冲冲地质问道:"什么叫装俩?你这是卖衣服呢,还是卖棺材?"结果,老人怒气冲冲地离开了服装店,并且发誓再也不来了。

思考: 事实上,售货员是好意,觉得衣服过于肥大不适合老人穿用,但是由于说话不得体,没有充分尊重对方,不仅生意没有做成,反而招致不愉快。

案例2 一个农夫在集市上卖玉米。因为他的玉米棒子特别大,所以吸引了一大堆买主。其中一个买主在挑选的过程中发现很多玉米棒上都有虫子,于是他故意大惊小怪地说:"伙计,你的玉米棒倒是不小,只是虫子太多了,你想卖玉米虫呀?可谁爱吃虫肉呢?你还是把玉米挑回家吧,我们到别的地方去买好了。"买主一边说着,一边做着夸张而滑稽的动作,把众人都逗乐了。

农夫见状,一把从他手中夺过玉米。面带微笑却又一本正经地说:"朋友,你从来没有吃过玉米吗?我看你连玉米质量的好坏都分不清,玉米上有虫,这说明我在种植中没有施用农药,是天然植物,连虫子都爱吃我的玉米棒子,可见你这人不识货!"

接着,他又转过脸对其他的人说:"各位都是有见识的人,你们评评理,连虫子都不愿意吃的玉米棒子就好吗?比这小的棒子就好吗?价钱比这高的玉米棒子就好吗?你们再仔细瞧瞧,我这些虫子都很懂道理,只是在棒子上打了一个洞而已,棒子可还是好棒子呀!我可从来没有见过像他这么说话的人呢!"他说完了这一番话,又把嘴凑在那位故意刁难的买主耳边,故作神状,说道:"这么大、这么好吃的棒子,我还真舍不得这么便宜地就卖了呢!"

农夫的一席话,借此机会,把他的玉米棒子个大、好吃,虽然有虫但是售价低这些特点表达出来了,众人被他的话说得心服口服,纷纷掏出钱来,不一会儿工夫,农夫的玉米销售一空。

思考: 农夫的语言技巧对你有什么启发?

(二) 商务谈判障碍的载体

商务谈判中的障碍总是客观存在的。它们在谈判过程中通过情感、态度和观点表现出来,并演变为双方交流的实际障碍。因此,情感、态度和观点就成为谈判障碍的载体。

1. 情感

情感是内部感觉的外部表象。人们在谈判中任何疑虑和防范的心理,都会通过自己的生理性的"情感语言"表现出来,即通过手势、坐姿等表现出来。因此,对方的心理状态如何可以通过情感来进行判断。

2. 态度

态度是各种行为和思想的集中表现。影响态度的各种因素主要是文化障碍和性格障碍,即传统偏见、约定俗成的习惯、宗教信仰和价值观念等。所以态度是难以改变的,对于态度,只能理解而不能改变。

3. 观点

观点是逻辑推理和思想的产物,人们对自己的观点总是有比较清楚的认识。与态度相比,观点是一项比较容易把握的内容。

观点之争往往给谈判带来不利的影响,甚至会影响谈判双方的关系,因为观点与态度往往密切相连,坚持观点争论,如果尺度把握不好,就可能带有试图改变对方态度的色彩。

案例链接 4-5

巴斯特被解雇后,自己开办起公司。但公司刚刚创立,根本就没有什么客户,巴斯特感到极度灰心。就在这时,巴斯特之前的公司经理里斯向他伸出了援手。里斯主动给巴斯特打电话,请他承接一项业务。在此之前,两人并没有特别亲密的关系,仅仅在社交场合谈过话。

里斯要求巴斯特制订出具体的计划和准备各种材料,并要求巴斯特去见他时带上账单。巴斯特感到十分奇怪,因为大多数人都希望他把账单寄过去。巴斯特觉得里斯可能是想要和他一起检查账单,于是,他又仔细地审核了财务报表才去见里斯。然而,里斯见到巴斯特后,甚至没有看账单,就马上叫秘书给他开了张支票。

就实力而言,巴斯特并不是这一带竞争力最强的代理人,但里斯不仅把这项业务给了巴斯特,还预付了所有的账款,因为里斯知道巴斯特目前的状况很艰难。里斯的这种施恩行为一直持续了很长时间,一直到他认为巴斯特的生意状况好到不需要帮助。用同样的办法,里斯帮助了许多处于困境中的人。即使里斯和巴斯特以及其他他帮助过的人多年都没有业务往来,但关键的时刻,那些受过里斯帮助的人都会尽力报答他。

思考: 两个彼此喜欢和信任的谈判者之间更容易达成谈判协议。如果谈判者能够不时地给那些需要帮助的人提供帮助,在别人需要时施以恩惠,关键时刻,就能凭借这种人情的强大力量赢得更有利于自己的谈判协议。

能施恩则施恩,发挥人情的强大力量;每一种恩惠都如一枚倒钩,它将钩住吞食那份恩惠的嘴巴,施恩者想把他拖到哪里就拖到哪里。

(三) 商务谈判障碍的表现形式

谈判障碍的表现是多种多样的,一般而言,通常有以下两种表现形式。

1. 谈判气氛不和谐

谈判气氛不和谐是谈判障碍的间接表现形式。谈判中是否出现了障碍,首先可从气氛中判断出来,谈判人员的非正常表情的流露,往往反映谈判进行的状况,因为表情是人的内心感受的外部表现;其次谈判人员的态度变化,也是谈判气氛的一个指示器,因为态度是人们各种行为和思想的集中表现。

2. 各种意见的出现

谈判中各种意见的出现是谈判障碍的直接表现形式。谈判中经常出现的意见有以下八种。

(1) 潜在的反对意见。这种反对意见主要是由于谈判一方没有给予对方充分表达观点的机会,或者由于时机不成熟使一方没有能够充分表达或无法表达自己的意见。由于这种意见不仅具有客观性,而且是潜在的,往往难以应对。

(2) 借口。它是一种为了达到某种目的的推辞。借口的出现,往往隐藏着其他的动机和含义。因此它虽然可能构成谈判障碍,但不是真正的反对意见。

(3) 偏见或成见。这类意见听起来言辞较激烈,并且持偏见一方常常固执己见。但是实际上往往是一些不太合乎逻辑和带有强烈感情色彩的反对意见。

(4) 恶意反对。这是意见方由于处境不佳、心情不好,或者为了增加谈判筹码,毫无事实根据地故意给对方出难题的反对意见。

(5) 自我表现。这一类意见往往脱离主题,出于自我表现的目的,和对方在言语上、气势上相对抗,以满足谈判人员自己的虚荣心。

(6) 各种正当要求和合理意见。这是谈判一方针对交易的具体情况,对各种交易条件提出的比较客观公正的要求和意见。它形似意见,但不会真正构成谈判障碍。

(7) 成交前的意见。在谈判的最后阶段,一方在决定成交前,往往会提出一些最后需要解决的问题。大多是一些之前反复提出而尚未最后落实的意见。

(8) 最后的拒绝。这是由于谈判各方交易条件差距太大,或是交易不平等,难以取得一致意见,致使一方作出中止谈判或退出谈判的一种强烈的反对意见。

应当指出,以上各种反对意见不仅形式不同,而且在内容、产生的原因等方面都有各自的特征。尽管它们有正常与非正常、合理与不合理、可以预料与不可预料、对方责任与己方责任之分,但它们都一定程度地影响谈判的顺利进行。作为谈判人员,对此要有清醒的认识,必须正确辨析,分析它们产生的背景与特征,从而使谈判得以顺利进行。否则,就会使谈判障碍重重,甚至使谈判破裂和失败。

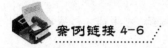

案例1 谈判大师罗杰·道森曾为50名律师举办过一场谈判培训课,这些律师主要负责医疗事故方面的诉讼。当时这50名律师并不想参加罗杰·道森的谈判培训课,但是这些律师所在的事务所明确要求他们参加罗杰·道森的培训,否则的话,他们就很难再接到案子。基于这种情况,律师们不得不妥协,去参加谈判培训课。罗杰·道森给这些参加培训的律师出了一个假设性的问题:假设一位修女因为一起医疗事故而对一名外科医生提起诉讼。然后,罗杰·道森让律师们针对这起案件进行讨论。令罗杰·道森不敢相信的是,那些参加培训的律师全都是一副咄咄逼人的样子,他们一开始就威胁对方,随着激烈的争论,他们甚至破口大骂对方。最后,罗杰·道森不得不终止了他们的谈判练习,并且提醒那些律师,如果他们想要用较低的成本结束那起医疗事故案,他们在谈判的开始阶段就不应该那样咄咄逼人。

思考: 谈判开局时的表现往往可以影响整个谈判。从你的言谈举止中,对方可以判断出你是否有促成双赢的解决方案。因此,哈佛大学教导谈判者在谈判刚开始时就要注意说话方式,即使你对对方说的话一点也不同意,也不要急着去反驳。因为反驳通常会强化对方的立场,使得接下来的谈判更加艰难。所以,谈判的开始阶段不要咄咄逼人,使谈判陷入抵抗之中。

避免对抗性谈判。千万不要在谈判刚开始时和对方争辩,这样只会导致对抗。

案例2 美国著名谈判专家尼尔伦伯格应一位合伙人的邀请,前去参加某飞机制造厂的拍卖会。拍卖会的规则是,谁出价最高,就能与拍卖者达成交易。为此,尼尔伦伯格和他的合伙人在拍卖会召开之前就估计了拍卖资产的价值,决定出价37.5万美元。拍卖会开始后,尼尔伦伯格与合伙人的叫价是10万美元,对手的叫价是12.5万美元,尼尔伦伯格一方再加到15万美元,对手就加到15.5万美元。就在这时,尼尔伦伯格被合伙人拉出了拍卖场,他不明白合伙人的做法。因为他们目前的报价距离事先定好的最高报价37.5万元还差了一大截,为什么要现在就放弃报价。合伙人解释说:"按照这次拍卖会的规则,如果拍卖人觉得大家的出价不高,就有权拒绝销售。现在,在所有的投标人中,我们的出价占第二位。拍卖人一定会和我们联系,告诉我们,他已经否定了我们的对手所出的价,并问我们是否愿意再报一个价。等到那时,我们再出一个比较高的报价,再让拍卖人让一点步,就可以成功地与之成交。"不出所料,拍卖人三天内便与他们联系。他们轻而易举地就击败了对手,顺利地拿下了该飞机制造厂,而且价格要比预期的37.5万美元低得多。

思考: 当谈判出现危难局面,双方僵持不下时,谈判者要想赢得谈判,就必须认清自身面临的形势,避开对手的锋芒。哈佛大学的老师指出,这种避开对手锋芒的策略确切地说是以柔克刚,使得对手有劲使不上。谈判者运用以柔克刚、刚柔并济的手段,以有效地应对对手"硬"的态度,进而达到谈判制胜的目的。

避开谈判对手的锋芒。如果你是对的,就要试着温和地、有技巧地让对方同意你;如果你错了,就要迅速而真诚地承认错误,这要比为自己争辩有效和有趣得多。

(四) 排除障碍的技巧

由于多种因素的影响,在商务谈判中产生障碍是难以避免的,谈判人员应当在全面认识各种谈判障碍的表现形式、特点及产生原因的基础上,正确运用各种排除障碍的技巧。

1. 平和谈判气氛

影响谈判气氛的因素是多方面的,其根本原因是双方利益不同导致观点存在差异。要想有一个比较和谐的谈判气氛要从以下四个方面着手。

(1) 保持合理的心理状态。

要努力做到:己方谈判的基本目标已实现,可以扩大成果,但不可侵犯对方的基本利益,否则过分贪婪就可能起反作用,遭到对方的猛烈回击,使谈判陷于危机之中。

谈判中得到的条件离要求差得很远时,不能急躁,因为这样会导致自己用词不当,谈判气氛紧张。

当谈判毫无进展,己方一无所获时,不要慌乱,而要根据交易的必要性、交易条件的实际差异以及对方的言谈、态度、冷静思考对策。

在对手对谈判提出进一步的要求,使谈判难以达成协议时,要尽力扼制对手的欲望,并适当反驳,要控制让步条件的时机,使对手感到等到的条件来之不易。

(2) 注意控制和调节情绪。在商务谈判中,每个谈判人员都有自己的期望,也有自己的不安和疑惑。成熟的谈判人员,能够控制和调节自己的情绪,并注意观察对方是否有情绪变化,进一步分析情绪产生的原因,然后对症下药,有效地调节情绪。

(3) 努力做到"制怒"与"谦和"。商务谈判应当讲求互利互惠,在对方发泄心中不满时,无论对事,还是对人都必须要求己方的谈判人员心平气和地倾听。要鼓励对方"不留余地地宣泄"。

(4) 自然而巧妙地改变谈判议题,求同存异。在谈判气氛紧张时,为了避免谈判陷入僵局,就要重新激发起双方的兴趣,这就需要选择恰当的时机,在不伤害双方谈判人员自尊心的情况下,将双方的注意力转移到其他的议题上。

2. 处理各种意见

对于谈判中出现的各种意见,谈判人员应当根据谈判的具体情况以及各种意见的性质、特点妥善处理。在商务谈判中处理意见主要注意以下五个问题。

(1) 认真区分意见的类型。如果对方是从偏见或成见出发提出反对意见,己方先不要急于驳斥,而是要尽量寻找偏见形成的根源,然后以此为突破口,说明对方见解不符合客观实际;如果对方只是一般性地反对自己的提议,或者在寻找借口,自己只需要恰如其分地予以解释说明。

(2) 回答意见要注意时机。时机的恰当选择不仅有利于避免矛盾冲突,还会增加说服效果。当自己观察到对方在仔细审议某项条款,并可能提出意见时,可以抢先把问题指出来,争取主动,先发制人,避免可能发生的争论,并引导对方按自己的想法、思路理解问题。有时对方提出的问题有一定的难度,或是不适合当场回答,可转移话题,等时机成熟时,再予以回答。有些意见会随着业务洽谈的进展逐渐消失,己方可以不必回答。

(3) 回答意见时态度要谨慎平和。如果带着愤怒的口吻回答对方的问题,对方会认为己方对其有看法,这样想说服对方也就更困难了,甚至还会遭到更强烈的反对。所以,态度平和、友好,措辞得当是十分必要的。

(4) 回答对方的问题,要简明扼要,不要离题太远。一般来说,只要回答对方提出的疑点就可以了,必要时再加以适当的解释和说明。

(5) 间接地反驳对方的意见。有时直截了当地反驳对方,容易伤害对方,所以间接地反驳、提示、暗示对方比较恰当。在国际商务谈判中,由于民族文化和习俗差异较大,直接地回答可能会使对方陷入窘境,所以避免正面冲突,采取迂回前进的办法是较好的方法。

案例 1 有一次日本新日铁公司根据合同给上海宝山钢铁公司(简称"宝钢")寄来了一箱技术资料。清单上注明共有六份技术资料,开箱后发现少了一份,箱里只装了五份技术资料。中方立刻与日方交涉,但日方认为:"所提供的资料,经过一定的操作程序,几经检查,不可能漏装,一定是你们遗失了。"而中方认为:"我方开箱时有许多人在场,开箱后又清点了几遍,确实是贵方漏装。"虽然事实如此,但依此断定日方漏装的理由并不充足。

宝钢人员经过充分的思考和准备,在再次与日方的谈判中提出了充足的理由。宝钢代表首先讲述开箱情况,说明缺少资料是事实。然后提出缺少资料的各种可能,按程序分析共有三种:①日方漏装;②运输途中失散;③我方开箱后丢失。

接着宝钢代表指出,如果是运输途中失散,那么木箱肯定有破损的地方,现在木箱并无破损;又假如是开箱后丢失,那么木箱上所印的净重是指六份资料的重量,一定要比现在的五份资料的重量要重,开箱前后净重没有变化。因此,缺少资料的原因不可能是运输途中失散或开箱后丢失,只能是贵方漏装。日方代表在充足的理由、严密的逻辑面前,只好同意回去查一查。经过检查果然是日方漏装了一份技术资料。

思考:中方采用从侧面入手的思路,迂回前进,一层层推理,使得论证具有充分的可溶度,使双方都能够承认。

案例 2 某公司的一位业务领导与进入公司不到三年的年轻下属一起去喝酒。喝酒期间,该公司领导发出了一些这样的感叹,他说自己平时业务繁忙,没有办法与下属进行有效的沟通。于是,他趁机又告诉下属很多推销须知和开展工作的方法。领导发表完感叹之后，心中感到十分得意。他认为这样做就能弥补平日里与下属缺少沟通的不足，免除平日里怠慢下属的愧疚。

第二天上年，那位年轻的下属却向上司提交辞呈。领导看到下属的辞呈，感到十分惊讶和愤怒："你昨晚为什么不和我说？简直搞不清楚现在的年轻人到底在想什么。"事实上，虽然这位领导在与下属沟通的过程中，自以为做了很多，却忘了掌握下属的反应。当时下属也曾吞吞吐吐地尝试向他表明辞职的意愿"是这样的……""我……""那么，我……"但因为领导忽略了下属的反应，只是自顾自地说话，下属无奈之下只好暂时打消说明的意图。

思考：谈判双方在进行沟通的过程中，常常会有一些反应。这些反应或者由言语表达出来，或者由表情和动作显现出来。提醒谈判者，在与对手沟通的过程中，一定要敏锐观察对手的反应，并将反应所得的结果用于沟通中。

学会掌握对手的反应，迅速采取行动。信息的总效果＝7%的书面语＋38%的音调＋55%的面部表情。因此，谈判者要学会从对手的言行举止中掌握对手的反应，一旦掌握了对手的反应，便可掌握对手的心理，并迅速地采取必要的行动。

二、处理僵局技巧

谈判僵局是指在谈判过程中，双方因暂时不可调和的矛盾而形成对峙的状态。出现僵局不等于谈判破裂，但它会严重影响谈判的进程。僵局形成后，必须迅速处理，否则会影响谈判顺利进行。要妥善处理僵局，必须对僵局的性质、产生的原因等进行透彻的了解和分析，才能进一步采取相应的策略和技巧，选择有效的方案，使双方重新回到谈判桌上。

（一）僵局的类型

1. 阶段性僵局

从谈判的阶段性的角度看，僵局可分为谈判初期、中期和后期的僵局。

（1）谈判初期的僵局。在谈判的初期，主要是双方彼此熟悉，建立融洽气氛的阶段，双方对谈判都充满了期待。但如果由于误解，或由于一方在谈判前准备不够充分，使另一方在感情上受到很大伤害，就会导致僵局的出现，导致谈判匆匆收场。

（2）谈判中期的僵局。谈判的中期是谈判的实质性阶段，这个时期谈判双方需要针对技术、价格、合同条件等交易内容进行详尽的讨论、协商。在合作的背后，客观地存在着各自利益上的差异，这就可能出现谈判中期的僵局。

有些中期僵局可以通过双方之间的沟通迎刃而解；有时可能因双方都不愿在关键问题上让步而使谈判拖延，问题难以解决。因此，谈判中期是僵局最为纷繁多变的阶段，也是谈判最易发生破裂的阶段。

（3）谈判后期的僵局。谈判后期是双方达成协议的阶段。在解决了技术、价格等关键性问题后期还有诸如项目验收程序、付款条件等执行细节需要进一步协商，特别是合同条款的措辞等容易引起争议。但谈判后期的僵局不像中期那样难以解决，只要某一方表现得大度一点，稍做些让步便可圆满结束谈判。

但后期阶段的僵局决不容轻视，如掉以轻心，仍会出现重大问题，甚至使谈判前功尽弃。因为到了后期，虽然合作双方的总体利益及利益划分已经基本达成一致，但只要正式的合同尚未签订，总会有未尽的权利、义务、利益和其他一些细节仍需确定，不可疏忽大意。

2. 全局中的僵局

在商务谈判的洽谈、签约及履行合同的整个过程中，双方的观点、立场的交锋是持续不断的，当利益冲突变得不可调和时，僵局便出现了。整个合作过程中随时随地都有可能出现的僵局称为全局中的僵局。因为僵局的产生伴随整个谈判过程，因此从广义角度来理解谈判僵局分为协议期僵局和执行期僵局。

（1）协议期僵局。是双方在磋商阶段因意见分歧而形成的僵持局面。

（2）执行期僵局。是执行合同过程中双方对合同条款理解不同而产生的分歧，或双方始料未及的情况导致一方把责任有意推向另一方，也有一方未能严格履行协议引起另一方的不满等而引起的责任分担不明进而产生的争议。

3. 谈判内容僵局

谈判内容不同，谈判僵局的种类也不相同，即不同的谈判主题会有不同的谈判僵局。一般来讲，不同的技术标准、合同条款、合同价格、履约地点、验收标准、违约责任等都可能引起不同内容上的谈判僵局。在所有可能导致谈判僵局的谈判主题中，价格是最敏感的一种，最容易引起谈判僵局的出现。

（二）僵局产生的原因

僵局对于谈判者来说是不可避免的，能否处理得当直接影响谈判的结果。引起僵局的原因很多，归纳一下，僵局产生的主要原因有情绪冲突、人为制造和意见分歧。

1. 情绪冲突

在谈判中，一方讲话令另一方不愉快，导致另一方以牙还牙，从而引起情绪冲突，甚至引发争吵，双方互不相让，导致僵持局面出现。

2. 人为制造

一方故意制造僵局，企图利用僵局逼迫另一方就范，这是一种策略性的僵局。

3. 意见分歧

双方在利益分配上产生意见分歧，互相都不肯让步，导致实质性僵局。

实践中很多谈判人员害怕僵局的出现，担心由于僵局而导致谈判暂停甚至最终破裂。其实不必如此多虑，谈判经验告诉我们，这种暂停甚至破裂并不绝对是坏事。因为谈判暂停，可使双方都有机会重新检查各自谈判的出发点，既能维护各自的合理利益，又会努力寻找双方的共同利益。

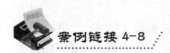
案例链接 4-8

案例 1 中国浙江省某玻璃厂就进口玻璃生产设备有关事项与美国诺达尔玻璃有限公司进行谈判。在谈判过程中，双方在全套设备同时引进还是部分引进的问题上发生分歧，谈判双方的代表各执己见、互不相让，导致谈判陷入非常尴尬的僵持局面。在这种情况下，为了使谈判达到预定的目标,中方玻璃厂的首席代表决定主动打破僵局。休会显然不合适,作出让步则要蒙受巨大的经济损失。谈判代表思索了片刻终于有了主意,于是他面带微笑,用一种轻松的语气,避开双方争执的尖锐问题,说:"你们诺达尔公司无论在技术、设备还是工程师方面,都是世界一流水平。用你们的一流技术与我们合作,我们就能够成为全国第一的玻璃生产厂家,利润是非常可观的。我们的玻璃厂发展了,不仅仅对我们有好处,你们公司同样可以获利。你们是在与中国最大的玻璃生产厂合作,难道你们不这样认为吗?"

对方谈判首席代表是该公司的一位高级工程师,听到赞扬他的话,立刻表现出很高兴的样子,谈判的气氛豁然开朗,双方轻松活跃起来。中方代表话题一转,继续对那位工程师说:"但是,我们厂目前在外汇方面确实存在不小的困难,资金有限毕竟是客观事实,因此我们暂时无法将贵公司的设备全部引进,迫不得已我们才提出部分引进设备的想法。现在你们也应该了解到,法国、德国、比利时、日本等国都在与我国北方的一些厂家谈判与合作,如果我们双方不尽快达成协议,仅仅因为是否全部引进设备这一小问题而不能达成协议,那么你们很快就会面临失去中国市场的不利局面,贵公司也会指责你们办事不力。"

对方代表听到这番话,意识到如果不能顺利达成协议,不仅将损失经济利益,还有失去中国市场的危险。在双方进一步讨论后,顺利达成部分引进设备的协议。这次谈判不仅使中方玻璃厂节省大笔外汇,而且,浙江这家玻璃厂在诺达尔公司的帮助下迅速发展,最终在市场竞争中占得先机,成为同行业中的佼佼者。

思考:该案例中,我们可以看到,谈判双方由于考虑各自国家生产者与消费者的实际利益,对于进出口产品的处理方法各有不同要求。如果双方一味坚持自己的利益,不肯作出任何让步,则谈判即陷入僵局。

案例2 经销商杰克在订货会上看中了一家公司的产品。于是,杰克在订货会上就与生产该产品的公司老板进行了合作意向的谈判,整个谈判的过程十分顺利,仅仅半个小时,双方就达成了初步的合作意向。

订货会结束后,杰克邀请该公司老板来自己公司谈有关细节的问题。公司的老板按时来到杰克的公司与杰克派出的采购总监进行谈判,但是,两个小时过去了,双方还没有达成协议,谈判也陷入了僵局。后来,公司老板找到杰克,两人按照订货会上达成的合作意向进行谈判,仅仅两分钟,就达成了谈判协议。订货会上,双方的谈判十分顺利;然而,换了个环境,到了杰克的公司之后,双方的谈判就陷入了僵局;最后,还是双方依据订货会上的谈判协议进行,才顺利地达成了谈判协议。由此可见,不同的谈判环境可以为谈判者带来不同的谈判结果。

思考:由谈判环境引起心理压力而导致谈判失败的案例并不少见。因此,谈判的战前准备课中必须考虑到谈判环境的问题。如果谈判是在谈判对手的地盘或者势力范围内进行,那么对方相对来说占有较为有利的条件。但有时,这样的谈判环境恰恰对你有利,因为对方会因为身处自己的地盘或者环境中而感到安适,这样一来,你的意见更容易被对方接受。

慎重选择谈判环境。环境决定着人们的语言、宗教、修养、习惯、意识形态和行为性质。

(三) 处理僵局的技巧

1. 避免出现谈判僵局的方法

谈判中出现僵局对谈判双方都是不利的,在谈判中可以采取行之有效的方法,避免僵局的出现。

(1) 冷静处理对方的过激态度。谈判人员在解释、回答对方不同意见时,要用平静、诚恳的语言解释,回复对方的过程中,既不多讲也不沉默。这样既可以减轻对方的负担,满足对方自尊心,也可以在倾听对方意见的基础上分析对方的真实目的,为制定对策做好准备。同时,也应该把自己的观点以及与对方的分歧反馈给对方,使双方处于平等的地位。

(2) 避免触及对方比较敏感的问题。谈判中有些敏感问题要避免触及,比如,种族、宗教、政治问题等。

(3) 不要纠缠枝节问题。谈判中有时双方因为一个与谈判毫无关系的问题而陷入争吵,甚至使谈判陷入僵局。聪明的谈判者一般不会对无关紧要的枝节问题进行纠缠,因为这样容易因小失大。

(4) 尽量不要使用情绪化的词句。谈判中使用情绪化的词句有可能增加发生语言冲突的可能性,因此在谈判中尽量不使用这些情绪化的语言。

对于那些担心面临僵局的谈判者,最好的建议是:放松。

注意避免以下十种谈判中常见的情绪化的语言。

① 你好像没有在听我讲。
② 你听懂我的意思吗?
③ 希望你讲话不要绕圈子。
④ 讨论不要离题。
⑤ 就是我说了你也不会理解的。
⑥ 这是行不通的。
⑦ 我们一直是这样的。
⑧ 如果换了我,我会……
⑨ 我已经谈过了……
⑩ 我们已经做了让步,而你们却一点也没有。

2. 打破谈判僵局的方法

如果谈判中出现了僵局,谈判毫无进展,这时就要努力缓和对立情绪,消除分歧,推进谈判进一步发展。具体做法主要有以下六种。

(1) 改变谈判方式。在谈判中可以策略性地先撇开有争执的问题,而不是盯住一个问题不放,不谈妥誓不罢休。例如,在价格问题上双方互不相让,可暂时搁置,改谈交货期、付款方式等问题,如果可以在这些议题上令对方满意,再重新谈价格问题,这样可以减小阻力增加回旋余地,有可能使谈判出现转机。

(2) 改变谈判环境。在谈判中即使做了很大努力,采取了很多办法、措施,谈判僵局还是难以打破。这时,可以考虑改变谈判环境。正式谈判场合,由于谈判气氛紧张,容易使谈判人员产生压抑、沉闷,甚至烦躁不安的情绪。东道主可组织谈判双方举办一些活动。例如,浏览观光、文娱活动等,使紧张的气氛得到缓解。这当中,谈判双方可不拘形式地就某些僵持问题继续交换意见,在融洽轻松的气氛中消除障碍,使谈判出现新的转机。

(3) 改变谈判时间。谈判中往往会出现僵持、无法继续的局面。这时双方可以协商暂时停止谈判,并商定谈判时间、地点。但在休会之前,务必向对方重申自己的意见,引起对方的注意,使对方有充裕的时间进行考虑。

(4) 利用调解人。当出现僵持局面时,彼此的感情可能都受到了伤害。因此,即使一方提出缓和建议,另一方在感情上也难以接受。在这种情况下,最好寻找一个双方都能接受的中间人作为调解人或仲裁人。调解人最好是与谈判双方都没有直接利益关系的第三方,且一般调解人威望越高,越能获得双方的信任,越能缓和双方的矛盾,达成谅解。

(5) 调整谈判人员或领导出面协调。谈判中出现僵局,经各方努力仍无效果时,可以征得对方同意,及时更换谈判人员。当然这是一种迫不得已的、被动的做法,必须慎重使用。

(6) 尊重文化差异。当我们已经习惯某一种文化模式时,常常不能正确理解不同文化环境下人们行为的差异,因此谈判中的僵局就会出现。所以,要认真了解谈判对手所处的文化背景,了解他们的风俗习惯和商务活动特点,做到知己知彼、百战不殆。

案例链接 4-9

案例1　日本松下公司的前任总裁松下幸之助是个极具智慧的商人,在他领导下,松下公司逐渐发展成为世界著名的电器生产企业。一次,松下幸之助到美国与一家公司谈判,由于对方是当地一家非常有名的企业,谈判代表有些傲慢。谈判中双方为了维护各自的利益,谁都不肯作出让步。激烈时双方大声争吵,甚至拍案跺脚,气氛异常紧张。松下幸之助提出暂时中止谈判,等吃完午饭后再进行协商。

中午,松下幸之助仔细思考了上午双方对决的情况,认为这样硬碰硬地与对方争执,可能会使谈判破裂。于是,他考虑换一种谈判方式。

谈判重新开始,松下首先发言。对方则表情严肃,一副不为所动的样子。松下并没有谈买卖上的事,而是说起了科学与人类的关系。他说:"刚才我利用中午休息时间去了一趟贵市的科技馆。在馆里,我看到了量子模型,人类的钻研精神真是值得赞叹!据说你们的阿波罗Ⅲ号火箭又要飞向月球了。人类的智慧和科学事业能够发展到这样的水平,应该归功于伟大的科学家。"对方以为松下是在闲聊天,偏离了谈判的主题,紧张的面部表情慢慢地缓和。松下继续说:"然而,人与人之间的关系并未如科学事业那样取得长足的进步。人们之间总是怀着一种不信任感,他们在相互憎恨、吵架。在世界各地,类似战争和暴乱那样的恶性事件频繁地发生。人群熙来攘往,看起来似乎是和平景象。其实,人们的内心深处却仍相互进行着丑恶的争斗。"他停顿了一下,发现对方越来越多的人被他的话吸引。接着,他说:"那么,人与人之间的关系为什么不能发展得更文明、更进步一些呢?我认为,人们之间应该具有一种信任感,不应一味地指责对方的缺点和过失,而是应持一种相互谅解的态度,要携起手来,为人类的共同事业而奋斗。科学事业的飞速发展与人类精神文明的落后,很可能导致更大的不幸事件发生。例如,人们会用自己制造的子弹相互残杀。日本在第二次世界大战期间不是已经蒙受了原子弹造成的巨大灾难吗?"

此时,人们的注意力已经完全被松下所吸引,会场一片沉默,人们都陷入深深的思索之中。随后,松下逐渐将话题转入谈判的主题上。此时,谈判气氛与上午完全不同,谈判双方成了"为人类共同事业而合作"的亲密伙伴。最终,这家公司接受了松下的条件,双方很快达成协议。

为了缓和谈判气氛,松下巧妙地使用了休会法和转移话题法,先是大谈人类的科学事业,再由此谈到人与人之间关系的冷漠,引发会场所有人的深思和共鸣,然后逐渐将话题转入正题。此时,谈判气氛不但得到缓解,而且松下关于人与人之间关系的谈话也发挥了作用,对方不再坚持那种强硬的立场,而是本着合作的态度,愉快地签订了合作协议。这就是休会和巧妙转移话题的重要性。

思考: 松下幸之助的休会策略。通常在双方争执不下时,适时地将谈判话题略微调整,有助于改善谈判气氛,缓解对立关系。摆脱僵局的策略和其他策略一样,往往不单独使用,将几种策略结合使用,效果会更好。在实践中,休会与转移话题相结合,能大大缓解谈判的紧张气氛。话题若能引起对方共鸣,还会为以后的谈判带来意想不到的效果。

案例2 某供货商和厂家进行交易谈判,虽然供货商拿出各种资料证明自己所提供的电子元器件的质量没有任何问题,但厂家的负责人始终拿不定主意。因为厂家之前并没有接触过该供货商的产品,厂家负责人甚至还想退出谈判,去购买自己熟悉的旧产品,尽管厂家负责人很清楚旧产品的质量并不过硬。

供货商听到厂家负责人的想法,灵机一动,对厂家负责人说:"你知道某国际知名产品吗?"

"当然,不瞒你说,我们家就有一款该知名产品。"厂家负责人回答说。

供货商顺势问下去:"你觉得这种产品的质量怎么样?"

"质量非常好。"厂家负责人回答。

供货商趁机说:"我非常荣幸地告诉你,该国际知名产品的生产厂家一直都是使用我们的电子元器件,就在前几天,他们的生产厂家还和我们签订了一个长期的供货协议。"

听到供货商这样介绍,厂家负责人之前的顾虑完全被打消了,马上就和供货商签订了供货协议。

思考: 借名扬名,利用对手崇拜权威的心理。就是运用大部分人崇拜权威和名牌的心理,让对方对首先对己方降低怀疑心,进而提高己方的谈判值。他们建议谈判者在介绍己方的情况下,不妨运用借名扬名的技巧,展现己方的实力。同时,哈佛大学的老师还提醒谈判者,运用借名扬名之前要先考虑到对方能否认同己方所借的"名",否则的话,就会引起对方的反感,造成适得其反的结果。

在所有组织中,90%左右的问题是共同的,不同的只有10%,只有这10%需要适应这个组织特定的使命、特定的文化和特定的语言。

三、价格谈判技巧

商务谈判过程中的价格,事关交易双方的切身利益,因此,它是商务谈判的核心。

(一)影响价格的因素

商品价格是商品价值的货币表现。影响价格的直接因素主要有:商品本身的价值、货币的价值以及市场供求状况;而每一个因素,又会受到许多子因素的影响,并处于相互联系、不断变化之中。

1. 市场行情

市场行情是指谈判标的物在市场上的一般价格及波动范围,是市场供求状况的反映,是价格磋商的主要依据。如果谈判的价格偏离市场行情太远,谈判成功的可能性就很小。

2. 利益需求

由于谈判者的利益需求不同,他们对价格的理解也就各不相同。

3. 交货期要求

商务谈判中,如果对方迫切需要某种材料、设备、技术,谈判一方可能会在价格上作出让步。

4. 产品的复杂程度

产品结构、性能越复杂,制造技术和工艺要求越高,成本、价值及其价格就会越高。

5. 产品的新旧程度

产品当然是新的比旧的好,但新的自然价格相对高。这说明产品的新旧程度对价格有很大的影响。

6. 附带条件和服务

谈判标的物如附带质量保证、安装调试、免费维修、供应配件等,能为客户带来安全感和实际利益,能降低标的物价格,缓冲价格谈判的阻力。从现代产品的观念来看,许多附带条件和服务也是产品的组成部分。

7. 产品和企业声誉

产品和企业的声誉,是企业宝贵的无形资产和信任感,对价格会产生重要影响。因此,人们即使出高价购买名品,也十分愿意与守信誉的企业打交道。

8. 交易性质

大宗交易成一揽子交易,相对于小笔生意或单一交易,谈判中价格阻力会相对较小。尤其是一揽子交易。货物质量不同,价格高低不同,交易者往往忽略价格核算的精确性。

9. 销售时机

旺季畅销,淡季滞销。畅销,供不应求,则价格上升;滞销,供过于求,为减少积压和加速资金周转,只能降价促销。

10. 支付方式

商务谈判中货款的支付方式是现金结算，还是使用支票、信用卡结算，或是以产品抵偿；是一次性付款，还是分期付款或延期付款，这些都对价格有重要影响。谈判中，如能提出易于被对方接受的支付方式，可以使己方在价格上占据优势。

案例链接 4-10

一对夫妇在翻看杂志时，看到杂志的插页广告中有一座古董挂钟被用来当作背景。夫妇两人都认为这样的布置非常漂亮，两人研究之后，决定到古董店去看看有没有这样的钟，并且决定用不超过500美元的价格购买。经过三个月的寻找，夫妇两人终于在一个古董展示会场的参展商品中找到了与杂志上一模一样的挂钟。但是，夫妇两人也看到该挂钟上的标价是750美元。妻子想要放弃，丈夫觉得两人已经花了很长时间来寻找这座钟，不想轻易放弃，决定和售货员谈判。于是，丈夫鼓起勇气对售货员说："我很清楚这些挂钟是准备在会场中卖的，也看到挂钟的标价是750美元及标签上的斑点，我想标价牌与挂钟是同一时代的古董吧？我不想讨价还价，250美元，卖不卖？"出乎意料的是，售货员立刻就同意了250美元的价格。

虽然说丈夫以250美元的价格购得了挂钟，但是夫妇两人并没有太大的惊喜，他们的第一个反应是"为什么不出150美元呢？"然后又在心里想着挂钟肯定有什么问题。当他们认定挂钟有什么问题之后，即使两人看到挂在走廊里的挂钟嘀嘀嗒嗒走得非常准确，却怎么也轻松不起来。他们每晚都要起床两三次，只因为他们觉得自己没有听到嘀嗒的钟声。这样的情形一再重复，他们的健康状况不断恶化。

丈夫在和售货员的交涉中，把价钱当作谈判的唯一重点和唯一目的。如果说这对夫妇所求的只是一个合理的价格，也没什么不妥。问题是，他们在价格之外，不知不觉中对挂钟也产生了更多的期待。因此，当他们把钱作为双方谈判的重点，并且被对方满足了自身的价格要求之后，并没有办法快乐起来。对这对夫妇而言，他们和售货员之间的谈判仅仅是钱的谈判，他们并没有在彼此的交谈中建立起信任。如果他们在谈判的过程中加入钱之外的其他因素，并且通过讨价还价建立起信任的关系，那么，夫妇两人即使以一个较高的价格购得挂钟，他们也可以觉得很快乐。

思考：谈判的过程中，钱很重要，你可以时时刻刻想着钱，但你不能把钱作为谈判的重点。因此，即便谈判中不可避免地要谈到钱的问题，但提醒谈判者永远都不要把谈判的重点放在该加多少钱或者该减多少钱上。如果谈判者不遵循这一谈判原则，不仅会形成剑拔弩张的谈判气氛，还会导致谈判的失败。因此，钱虽然重要，但"钱"永远不是谈判的重点。如果你把金钱当成上帝，它便会像魔鬼一样折磨你。

（二）报价技巧

报价标志着价格谈判的正式开始。报价是价格谈判中一个十分关键的步骤，它不仅给谈判对手信号,从而成为能否引发对方交易欲望的前奏,而且在实质上对影响交易的盈余分割和对实现谈判目标具有举足轻重的意义。

在商务谈判中报价的技巧主要体现在以下两个方面。

1. 心理报价技巧

利用心理因素,采取不同的报价技巧会有良好的效果。

(1) 尾数报价技巧。即利用人们接受价格的某种心理因素及特殊意义的尾数报价,迎合对方的心理。

(2) 整数报价技巧。即根据某些特殊商品和特殊消费的特点,利用人们求"高贵""豪华""讲排场"等心理进行整数报价的技巧,迎合有特殊需要和较高消费层次的客户的心理需要。

(3) 习惯报价技巧。即根据某些产品的通行价格和客户习惯准备支付的价格报价的技巧;因为人们往往在心理习惯上会根据价格来判断卖者的诚意,衡量所卖产品的品质。因此,不能轻易降价,也不能随意涨价。

(4) 声望报价技巧。即利用客户崇拜名牌、讲求优质、显示身价等心理,有意提高报价的技巧。因为知名的企业、名牌产品、高科技产品会让对方觉得产品质量可靠,可以增强报价者的信心。

(5) 招徕报价技巧。即以各类特殊促销方式,如用"特价""拍卖"等报价形式,或者用为客户提供诸如免费送货、周到舒适的服务,或者以有意降低主机价格,然后提高附件和零配件价格等形式,达到满足客户特殊购买心理。

2. 综合报价技巧

谈判中不存在孤立的价格问题,产品价格不仅自身具有弹性,而且与其他交易条件有着密不可分的联系,更使报价具有广泛的回旋余地。尤其是经过数轮的讨价还价,各方的意见都已表达清楚,这时的重新报价可以充分运用带有附加条件的综合报价技巧。

(1) 附带数量条件的报价技巧。即卖方为了鼓励买方大量或集中购买,而根据购买数量或金额来决定报价水平。如果购买量(或金额)小,价格可适当高一些;如果购买量(或金额)大,价格可适当降低一些,或者会以免费赠送一些零配件、易损件的方法刺激消费者购买。

(2) 附带支付条件的报价技巧。即卖方视对方的支付方式来确定报价的水平,因为不同的支付方式风险不同。例如,在国际贸易中,信用证的风险较小,而托收支付相比之下风险就大,报价时,前者肯定会低于后者。再如,即期付款、分期付款和延期付款不仅涉及风险问题,还涉及利息问题,所以在报价时,会有不同的价格。

(3) 附带供货时间的报价技巧。即买卖双方根据供货期间的产品供求状况及季节性来确定报价。显然,供不应求、处于旺季的产品,价格要高一些;而供过于求、淡季或过季产品,价格就要低一些。

(4) 附带成交时间的报价技巧。即卖方为了鼓励买方在规定的时间内按既定的报价成交,而提出一定比例的货款回扣或附赠一些现货等优惠条件。

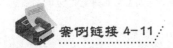
案例链接 4-11

一个名叫大卫的美国游客到意大利西西里岛旅游。在小镇石子路边一间皮具店的橱窗里,他发现了一双精美的皮靴,竟然与自己刚在酒店商场买的那双一模一样!好奇之下,大卫停下脚步想一看究竟。皮具店的老板见到橱窗外的大卫,立即迎了出来,对大卫正在端详的那双皮靴天花乱坠地评价了一番,极力劝说大卫买下。大卫因为先前已经买过一双,自然不为所动。然而调皮的大卫转念一想:反正我也不买,我倒要看看你能使出些什么花招说服我。店主见大卫不动心,于是把皮靴价格一降再降,从 200 欧元、150 欧元、100 欧元……降到 80 欧元、50 欧元,见大卫还是微笑着摇头,老板突然改变了向下降价的趋势,报了一个上升的价格"嗨,不行,还是 80 欧元"。原本漫不经心的大卫顿时瞪大眼睛说:"咦,你刚才不是说 50 欧元吗?可别耍赖哦!"老板也急了:"50 欧元是我的进价,根本不赚钱呐!"大卫说:"那不行,你既然报出 50 欧元,就得按这个价钱卖给我!"老板表面上显得很无奈,但心里乐呵呵地以 50 欧元的价格把皮靴卖给了大卫。其实,这双皮靴的进价只有 25 美元!

思考:"中途变价";明明大卫已经买过那种皮靴,可是,在出乎意料的变价法诱惑下,贪婪的欲望使他又掏了一次腰包。国际商务谈判中,谈判者为了争取"更好的"结果,总是没完没了地讨价还价。采用"中途变价法"杀他一个"回马枪",以一个看似反悔的价格,遏制住对方的无限要求,让其觉得已触及你的价格底线,促使其下决心成交。

(三)讨价还价技巧

1. 讨价

讨价是指要求报价方改善报价的行为。谈判中,一方在首先报价并进行价格解释之后,另一方如认为报价离自己的期望值太远,或不符合自己的期望目标,必然要求对方改变价格。讨价的技巧主要有以下三种。

(1)以理服人。讨价是伴随着价格评论进行的,所以应本着尊重对方的态度进行。讨价是启发,诱导对方降价,为自己还价做准备。所以,把握时机很重要。不然可能过早地陷入僵局,对自己不利。因此,特别是初期、中期的讨价,务必保持平和的气氛,以理服人,以求最大的收益。

(2)相机行事。自己作出讨价表示并得到对方回应后,必须对此进行策略性分析。若首次讨价就能得到对方改善报价的迅速反应,这可能说明报价中策略性虚报部分较大,价格中含水分较多,或者也可能表明对方急于促成交易。同时还要分析其降价是否具有实质性内容等。

(3)投石问路。价格谈判中,当遇到对方固守立场、毫不松动、己方无计可施时,为了取得讨价的主动权,了解对方的情况,不妨"投石问路",即通过假设自己采取某一行动,询问对方做何反应,来进行试探。

2. 还价，也称"还盘"

是指针对对方报价作出的反应性报价。还价以讨价为基础。如果说报价规定了价格谈判中讨价还价范围的一个边界的话，那么，另一方的还价将规定另一个边界。常用的还价技巧有以下五种。

(1) 吹毛求疵。在价格磋商中，还价者为了给自己制造理由，其通常的做法：一是百般挑剔，买方针对卖方的商品想方设法寻找缺点，并夸大其词、虚张声势，以此为自己还价提供依据；二是言不由衷，本来满意之处，却非要说成不满意，并故意提出令对方无法满足的要求，表明自己"委曲求全"，以此为自己的还价制造借口。

(2) 积少成多。为了实现自己的利益，通过逐项谈判，一步步达到目标。这种做法的可行性在于：第一，人们通常对微不足道的事情不太计较；第二，细分后的交易项目比较具体，容易寻找还价的理由，使自己的还价具有针对性和依据，从而易于被对方接受。

(3) 最大预算。通常在还价中一方面表示出对对方的商品及报价感兴趣；另一方面又以自己的"最大预算"为由来迫使对方最后让步接受自己的出价。运用这种技巧应注意：第一，掌握还价时机；第二，探测对方意愿；第三，准备变通办法。

(4) 最后通牒。原指一国对另一国提出的必须接受其要求，否则将使用武力或采取其他强制措施的外交文书，一种向对方施加强大压力的手段。在谈判中一方给对方一个出价期限，对方如不接受，另一方就毅然退出谈判。使用这种方法要注意：第一，时机适当；第二，言辞不要过硬；第三，也要留有弹性。

(5) 感情投资。事实上谈判中的人际关系非常重要。要想使自己在谈判中提出的意见能被对方充分接受，那么最有效的方法是先和自己的谈判对手建立信任、友情。

案例链接 4-12

案例1 弗雷德·罗杰斯是一位销售经理，有一次他为新泽西的一个皮革公司推销新产品，那是一种加工成带状的皮革制品。

"你认为我们的新产品如何呢？"弗雷德·罗杰斯遇到他的第一个顾客时问道。

"我已经听说了，这个皮革制品质量倒是很不错，我很喜欢它。但是，这并不代表我会买下它，因为我觉得它一定会特别贵，我才不会用荒谬的价格买下它！"

"我知道您是一个有经验、对皮革有深刻见解的人，而且您要比一般人还懂它。那您觉得它的成本是多少呢？"

"依我的经验来说，这次的皮革新产品可能是45美分一码吧？"顾客在受到弗雷德·罗杰斯的称赞后，渐渐有点得意起来。实际上，这位顾客对皮革的了解很少，但是这时候为了维护自己的面子，他不得不开心地装作自己是个专业人士。

"啊！您真是有经验！怎么猜到我们这次的商品是45美分的啊？"弗雷德·罗杰斯装作很惊讶的样子，立刻激动地握住顾客的手，"我是第一次见到您这样料事如神的人啊！看来您对皮革真是太了解了！"

这位顾客被弗雷德·罗杰斯夸赞得越来越开心,最终他们以45美分一码的价格成交。弗雷德·罗杰斯获得了大批的订货还有随后的重复订货,双方谈判得很愉快。

弗雷德·罗杰斯没有费多少力气,就获得了一大批订单。但是如果成本是45美分一码的话,皮革公司岂不是没有利润了吗?弗雷德·罗杰斯当然不会让这种状况发生,他清楚地知道这位顾客性格的软肋,于是便不断称赞他,防止更多的讨价还价。实际上,皮革公司对新产品的最初定价只有39美分一码。

思考:在谈判或者交易过程中,如果价格可能会使对方很难接受,开始要做的并不是将价格浮出水面,然后再讨价还价;而是应该将对方的注意力转移到别的地方去,做一番铺垫后,再提出这个价格。此时对方的注意力还在别处,价格的敏感度就会降低,谈判成功的可能性就大大增加。

转移对手视线,推出价格;为了避免价格对客户心理上产生强烈的冲击,在谈判报价的时候,在价格的两边加上一句产品利益、优惠,甚至无关的话来吸引客户的注意力。

案例2 在经济活动中,谈判的双方都想获得对自己最有利的结果,一个想卖得高,一个想要买得低,双方的条件不同引起了对价格更多的讨论。在接下来的谈判中,卖方的价格会被买方砍低,买方的提价也会被卖方抬高。

玛丽由于工作的原因从纽约搬到了芝加哥,她在搬家前去芝加哥找房子。她在中介那里看了很多房子,对地段、交通等因素影响下的房价有了一个大概的了解。

接着玛丽参观了一套她中意的房子,这套房子交通一般,但是距离她上班的地方非常近,可以节约一些时间。她对这套房子的估价是350万美元。

当玛丽向销售者问起价格时,销售者回答400万美元。

"我们这套房子虽然交通不是特别方便,但是离市中心也不算远,总的来说不会耽误您去市中心。而且这里环境很优美啊,您看这栋房子四周都是花草树木,而且不远处还有湖,湖上我们还仿照中国古代的建筑造了一座可以休息的亭子。这么优雅的环境,在这个地段上很难找了!"

"可是我觉得300万美元更适合。交通对于住房来说还是很重要的,而且这附近并没有什么大型超市,这意味着我每个星期都至少要花一大段时间去超市买东西。还有就是这里的物业也很贵,再加上昂贵的房价,我想我很难承受。"

玛丽和销售者就房价立刻展开了谈判。在谈判中,玛丽从销售者口中推断出这套房子的买主并不是很多,也就是说自己几乎不存在什么竞争对手;销售者也从玛丽的口中揣测到她是因为工作调度来芝加哥的,急切需要一套房子,恰巧这套房子距离上班公司比较近。

双方都认为自己占有优势,但一个想买一个想卖,所以价格在不断靠近。最终他们以360万美元的价格成交。不仅如此,玛丽还获得了免交一年物业费的优惠。

思考:该案例中,玛丽看似获得了很好的权益,销售员比起最初的400万美元报价吃了亏;而实际上,房价的最低价格规定是350万美元,销售者起先就把报价上调,这样才有议价的空间。

报价要高过预期的底牌;在这种变幻莫测的尘世上,遇事还是尽量把稳一点才好。

注意: 在价格谈判中需方常用的投石问路的语言。

(1) 如果我们订货的数量加倍,或者减半呢?
(2) 如果我们建立长期合作关系?
(3) 如果我们同时购买几种产品?
(4) 如果我们增加或减少保证金?
(5) 如果我们分期付款?
(6) 如果我们自己运输?
(7) 如果我们淡季订货?
(8) 如果我们要求改变规格式样?
(9) 如果我们提供原材料?

(四) 让步技巧

在讨价还价中,让步是一种必然的、普遍的现象。如果谈判双方都互不让步,那么,协议将很难达成,双方追求的经济利益也就无从实现。所以谈判者必须在商务谈判中凡涉及谈判双方的切身利益时,不可轻易让步。在让步过程中要注意掌握让步的基本原则和技巧。

(1) 在最需要的时候让步。让步通常意味着妥协和某种利益的牺牲,对让步一方来说,作出让步就要损失一定的经济利益,不到迫不得已,不到最后关头,不要轻易让步。

(2) 让步应有明确的利益目标。让步的根本目的是保证和维护自己的利益。通过让步从对方获得利益补偿;通过让步换取对方更大的让步;通过让步来巩固和保持自己在谈判中的有利局面和既得利益。

(3) 正确选择让步时机。让步的时机能够影响谈判的效果。如果让步过早,容易使对方认为"顺带"得到的小让步,这将使对方得寸进尺;如果让步过晚,除非让步的价值非常大,否则将失去作用。

(4) 把握"交换"让步的尺度。谈判中"交换"让步是一种习惯性的行为,但要注意:"交换"让步不能停留在愿望上,要保证"交换"的实现。一方在让步后应等待和争取对方让步,在对方让步前,绝对不要再让步。

(5) 让步要分清轻重缓急。让步是一种有分寸的行为,要分清轻重缓急。为了在谈判中争取主动地位,保留余地,一般不在原则问题、重大问题上让步,也不要在对方还未迫切要求的事项上让步。

(6) 让步要使对方感到有一定难度。不要让对方轻易得到自己的让步,哪怕是微小的让步,从心理学的角度分析,人们轻易得到的东西通常是不加珍惜的。

(7) 避免失误。在商务谈判中,一旦出现因让步造成的失误,在协议尚未签订之前,应采取巧妙的方式收回。

(8) 控制让步的次数、频率和幅度。在商务谈判中,让步的次数不宜过多,过多不仅意味着损失一定的利益,而且影响谈判者的信誉、诚意;频率也不可过高,过高容易鼓舞对方的斗志和士气;幅度更不可过大,过大可能会使对方感到自己报价的"水分"大,这样可能使对方攻击更猛烈。

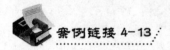
案例链接 4-13

西方谈判界对谈判中的让步有比较深入的研究,他们把常见的正确和错误的让步类型分为9种,现在假定买卖双方各准备让步100元,又都准备了4步,我们可以看到9种让步的不同情况,如表4-2所示。

表4-2　9种不同的让步情况

	让步的类型	第一步	第二步	第三步	第四步
1	鉴定冒险型	0	0	0	100
2	强硬态度型	5	5	5	…
3	刺激欲望型	25	25	25	25
4	诱发幻想型	13	22	28	37
5	希望成交型	37	28	22	13
6	妥协成交型	43	33	20	4
7	或冷或热型	80	18	0	2
8	虚伪报价型	83	17	-1	+1
9	愚蠢缴枪型	100	0	0	0

(1) 坚定冒险型(0-0-0-100):这种类型的让步特点是谈判的前期阶段丝毫不让步,给人一种没有谈价余地的感觉,只要对方不是十分强硬,有可能得到很大利益,但更大的可能是导致谈判的破裂。这种让步使用的场合比较少而特殊,由于要冒很大的风险,应该慎用。

(2) 强硬态度型(5-5-5……):这种类型的让步特点是有所让步,但让步的幅度小,因而给对方一种强硬的感觉,而第四步之所以用省略号,是因为有可能让下去,也有可能到此为止不再让步了。这种让步类型与上述让步类型的结果相类似,所以,也应慎用为好。

(3) 刺激欲望型(25-25-25-25):这种类型的让步特点是每步的定额相等,它会刺激对方给自己施加压力,使自己产生继续让步的欲望。因为在第四个25之后,对方也完全有理由等待第五个25、第六个25……而自己一旦停止让步,就很难说服对方,这样很容易导致谈判的中止或破裂,这种让步是一种极其不明智的外行做法,内行人绝不采用这种让步方法。

(4) 诱发幻想型(13-22-28-37):这种类型的让步特点是每次让步都比以前的幅度来得更大,这会使对方坚信,只要他坚持下去,你总会作出越来越大的让步。这无疑诱发了对方的幻想,给让步方带来灾难性的后果。

(5) 希望成交型(37-28-22-13):这种类型的特点是让步方已经表示出强烈的妥协意愿,不过同时也告诉对方,所能做的让步是有限的。在谈判的前期,有提高对方期望的危险,但是随着让步幅度的减少,己方的态度越来越坚定,危险也就逐渐降低了,对方很快会领悟出,取得更进一步的让步已经是不可能的。这种让步方法在合作性较强的谈判中常常使用。

(6) 妥协成交型(43-33-20-4):这种类型的让步特点是先做一次很大的让步,从而向对方表示一种强烈的妥协姿态,表明自己的成交欲望,随后,让步幅度急剧减少,也清楚地告诉对方,己方已经做了最大努力,要进一步让步根本不可能了,这种让步往往在谈判实力较弱的场合中使用。

(7) 或冷或热型(80-18-0-2):这种类型的让步特点是开始让步的幅度很大,表示出非常强烈的妥协态度,后来让步的幅度又下降很大,表示出强烈的拒绝态度。开始的妥协使对方抱有较高的期望,后来的拒绝又使对方非常失望,这种或冷或热的方式让对方很难适应,让对方摸不着头脑。所以这种类型的让步有很大的危险性,应谨慎使用。

(8) 虚伪报价型[83-17-(-1)-(+1)]:这种类型的让步特点是在前期让步幅度较大,后期又讨回一部分,在整个让步过程中有起伏。这种让步方式如果是事先安排的让步策略(或者发现计算失误),能让对方感到自己立场的坚定性,会使对方非常满意。要注意在大多数正规庄重的谈判场合,绝不能采用这种让步法,因为给人虚伪欺诈之感,有失身份和体面。

(9) 愚蠢缴枪型(100-0-0-0):这种类型的让步特点是谈判一开始就把自己所能做的让步和盘托出,从而断送了自己讨价还价的所有资本,以后因为没有退让的余地,只好完全拒绝任何进一步的退让。这种让步是愚蠢地放下自己的谈判武器,如同战场上缴械投降一般,所以不可能给自己带来任何利益,反而因为这种做法而让对方看不起,既输了谈判,又失了人格。一般来说,在任何情况下这种方法都不宜采用。

思考:综述九种让步类型,我们可以将它们分为以下三大类。

第一类:常用型。第五种"希望成交型"和第六种"妥协成交型"属于这一类。

第二类:慎用型。第一种"坚定冒险型"、第二种"强硬态度型"、第七种"或冷或热型"和第八种"虚伪报价型"属于这一类。这些类型必须视具体情况而定,应小心慎重地采用,不然很可能会导致谈判失败。

第三类:忌用型。第三种"利激欲望型"、第四种"诱发幻想型"和第九种"愚蠢缴枪型"属于这一类。

它们是外行人在谈判让步中经常容易犯的错误,一般来说,在谈判中不能采用,初学者更不必去冒这种风险。

四、谈判成交技巧

谈判双方经过实质性的磋商,消除了主要障碍,即可进入谈判的成交阶段。谈判的成交阶段虽然是整个谈判的尾声,并且达成交易的主要障碍已经消除,但仍然有很多工作要做。下面列举一些谈判技巧以促成谈判协议的达成。

(一)成交信号的识别方法

成交信号是指在商务谈判中,对方用语言或行动表现出来的愿意达成协议的一种意图。在谈判中,可以随时发现对方的成交意愿,谈判者要会识别对方的成交信号。要经常观察对方的表现和细节,对方的成交信号可以通过语言、面部表情和动作表现出来。

(1)脸部表情。在谈判中要观察对方脸部表情。

(2)动作。谈判中对方的一些动作也表明成交意愿。

(3)谈话情形。谈判中对方话题的转换也表明有成交意愿。

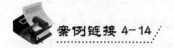

谈判成交信号,如表4-3所示。

表4-3 谈判成交信号

正信号	负信号
微笑	皱眉
漫不经心地看订单	打哈欠
下意识地点头	摇头
显得兴趣盎然	显得精力分散、不耐烦
眼睛正视对方	眼神游移不定
请求对商品进行操作规范	坐在椅子上辗转不安
手臂放松	手臂交叉
提出有关问题	陈述反面意见
提出要求	保持沉默
身体前倾	身体后仰
有意压价	离谱地杀价
提出赞成意见	捏造借口

思考:在谈判中根据谈判成交信号,谈判者可以做进一步的尝试、提问的方法来试探对方成交意愿,促使对方成交的方法。

(二)促成成交的技巧

在商务谈判的结尾阶段双方可以利用许多技巧促成交易,一般常见的成交技巧有如下五种。

1. 比较成交法

比较成交法是指使用参照对象说服对方成交的方法。

(1) 有利的比较成交法。这种成交方法是用语言将对方置于很高地位,以促成交易的一种方法。例如,典型语言:"这种型号的产品××大厂商已经订货了。""我发现最具实力的厂家刚开始时总是购买四部,我也将为你们登记四部。"

(2) 不利的比较成交法。这是根据对方的不幸遭遇而设法成交的方法。使用这种方法时,谈判者往往要列举出一些令人遗憾的事情。例如,典型语言:"你们推迟一天,就有被竞争者抢先的危险,像××公司的遭遇一样。"

谈判到了最后阶段,这样的比较是十分有分量的。

2. 优待成交法

优待成交法是指根据对方的需要,在自己力所能及的情况下给予对方相应优惠,以促成交易的一种方法。一般有以下两种具体方法。

(1) 让利促使对方成交。当对方对大部分交易条件不满意,而自己价格又比较高的情况下,自己可以考虑对方的要求,采用回扣、减价以及附赠品等方法而使谈判圆满结束的一种成交方法。例如,典型语言:"你们若能把履约的时间提前两个月,我们将提供优惠或降低价款。""你们所订的数量实在太少,这个合同都不值得一签,如果你们能再多订出一倍的量,我们还可以减价10%,这可是难得的优惠条件呀!"

(2) 试用促使对方签约。己方在谈判中可以提议对方订购一笔少量廉价的样品,或者无偿试用产品而促成交易的一种方法。这种方法是一种十分简单的成交法,当己方没有别的办法使这笔生意成交时,可以用这种方法做最后的努力,把产品留给对方,促成交易。

3. 利益成交法

利益成交法是通过强调如果双方达成交易,一定能够给对方带来利益的成交方法。它一般有以下三种具体方法。

(1) 强调产品的好处,促使对方作出决定。己方高度概括有利于成交的一切因素,在业务洽谈时,把产品所有的有利因素清晰地一一列举出来。这样在谈判过程中,双方都随时可以看见这些因素,所以会收到较好的效果。

(2) 突出利益的损失,促使对方作出决定。这种方法强调的是,如果不尽快达成交易,对方会错过目前这一时期的收益。这种方法旨在消除对方的疑虑。例如,典型语言:"你们在犹豫或等待期间,将会失掉产品所带给生产的一切保证利益。"或者说:"当你们在等待时,其他厂家将比你们提前采用这种新技术,就等于放弃了你们的现实利益和长远利益。"

(3) 满足对方的特殊要求,促使对方作出决定。有些时候,对方可能用提出希望或者提出反对意见的方式来表达他们的特殊要求。在这种情况下,自己可以改动某些条件,使之更能满足对方的特殊要求,提高成交的可能性。

4. 诱导成交法

诱导成交法是指通过语言引导对方朝自己希望的方向发展,最终促成交易的一种成交方法。它有以下两种做法。

(1) 诱导对方同意自己的看法,最后迫使对方得出结论。这种做法要求以逻辑推理的方法引导对方,使对方对所提出的问题给予肯定的回答,在问题提完之后,对方便会在部分问题上作出决定。

(2) 诱导对方提出反对意见,从而促成交易的达成。当对方对产品已产生兴趣,但对是否成交犹豫不决的时候,可能有以下几个原因:对方还有一些疑问或反对意见;感觉自己还缺少全盘考虑;本人无权作出决定;觉得产品的缺点与优点相等。因而在谈判中向对方提出一些问题才是发现这些原因的最好办法,这样能诱导对方暴露出埋藏在内心的反对意见。

5. 渐进成交法

渐进成交法是指自己分阶段或分步骤促成成交的方法。一般具体的做法如下。

(1) 分阶段决定。为了便于对方作出决定,谈判双方应把要讨论的问题分为几个部分,每一个阶段解决一部分问题,到了最后阶段,解决了最后一部分问题,谈判也就结束了。例如,典型语言:"昨天我们已经谈妥了……今天我们讨论……下一次我们将研究……"

(2) 促使双方在重大原则问题上作出决定。如果商务谈判的内容较为复杂,谈判最好分成两步走。即在高级别的会谈中,最好把重要的原则问题与细小的枝节问题区别开来。一些辅助事项,如精确的计算,应当由下级人员负责,高级人员只集中解决重要的原则问题。

(3) 力争让对方针对部分问题做决定。在促使对方作出最后决定以前,己方向对方提出一些问题,让对方就交易的各个组成部分逐个作出回答,或就一些特殊要求、特殊条件等作出决定。这种方法对于零部件多、结构复杂的工业品贸易谈判比较合适。

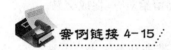

案例1 1972年2月,美国总统尼克松访华,中美双方将要展开一场具有重大历史意义的国际谈判。为了创造一种融洽和谐的谈判环境和氛围,中国方面在周恩来总理的亲自领导下,对谈判过程中的各种环境都做了精心而又周密的准备和安排,甚至对宴会上要演奏的中美两国民间乐曲都进行了精心的挑选。在欢迎尼克松一行的国宴上,当军乐队熟练地演奏起由周总理亲自选定的《美丽的亚美利加》时,尼克松总统简直听呆了,他绝没有想到能在中国的北京听到他如此熟悉的乐曲,因为,这是他平生最喜爱的并且指定在他的就职典礼上演奏的家乡乐曲。

敬酒时,他特地到乐队前表示感谢。此时,国宴达到了高潮,而一种融洽而热烈的气氛也同时感染了美国客人。一个小小的精心安排,赢得了和谐融洽的谈判气氛,这不能不说是一种高超的谈判艺术。

美国总统杰弗逊曾经针对谈判环境说过这样一句意味深长的话:"在不舒适的环境下,人们可能会违背本意,言不由衷。"

英国政界领袖欧内斯特·贝文则说,根据他平生参加的各种会谈的经验,他发现,在舒适明朗、色彩悦目的房间内举行的会谈,大多比较成功。

《美丽的亚美利加》乐曲是人们针对特定的谈判对手,为了更好地实现谈判的目标而进行的一致式谈判策略的运用。

思考：一致式开局策略的目的在于创造取得谈判成功的条件。运用一致式开局策略的方式还有很多。比如，在谈判开始时，以一种协商的口吻来征求谈判对手的意见；然后对其意见表示赞同和认可，并按照其意见开展工作。运用这种方式应该注意的是，拿来征求对手意见的问题应该是无关紧要的问题，对手对该问题的意见不会影响我方的利益。

另外在赞成对方意见时，态度不要过于献媚，要让对方感觉到自己是出于尊重，而不是奉承。

一致式开局策略还有一种重要途径，就是在谈判开始时以问询方式或者补充方式诱使对手走入你的既定安排，从而使双方达成一种一致和共识。

所谓问询式，是指将答案设计成问题来询问对方，例如，"你看我们把价格和付款方式问题放到后日讨论怎么样？"所谓补充方式，是指借以对对方意见的补充，使自己的意见变成对方的意见。

案例 2　瑞典的一位谈判人员总结出来的四步骤程序法。

第一，尽量总结和强调对方和自己看法的共同点。

第二，引导对方同意自己的观点。

第三，把所有尚待解决的问题和有争议的问题搁置一边，暂不讨论。

第四，与对方一起商定怎样讨论和怎样阐明一些重大问题。如果对方有不同的看法，可在最后讨论。

思考：四步骤程序法有利于谈判尽快成交。

6. 假定成交法

假定成交法也叫假设成交法，即在对方尚未决定成交，仍持有疑问时，假定对方已完全接受成交建议，而直接要求对方成交的一种方法。这种成交法的好处在于，如果对方拒绝，还可以使用其他的成交法，不会受到什么损失。常用的假定性成交方法有下面三种。

（1）作出直接或间接的表示。可以拿出合同或订单，一面填写一面问对方："请不要错过了这次机会，现在就订货吧！现在订货，我们就能在本月交货，你们一年需要多少……"在这段时间里，必须要当面填写合同或订单，如果对方没有制止你，那么谈判马上要结束了。

（2）呈请对方签字。这种办法是将自己拟定的合同或是双方研究过的合同要点与条款，逐一地向对方解释一遍，然后将合同交给对方签字。

（3）选择性成交。这种方法是向对方提供一个可以选择的机会，向对方提供两种可供选择的对象，使其在两者之中选择。

7. 歼灭战成交法

歼灭战成交法是指集中力量说服对方接受对他作出决定有重大影响的问题，随着一两个重要问题的解决，双方也就达成了交易。这是一种极其有效的方法，它可以大大缩短谈判的时间，简化谈判的内容。但是使用这种方法是比较困难的，这要求谈判能够了解运用这种方法的条件。

案例链接 4-16

甲：在谈判开始之前,我能否直接问一个问题?如果这台机器的生产效率比你现在使用的机器生产效率提高12%的话,你有兴趣购买吗?

乙：那你得使我心服口服。

甲：你承认生产效率是个决定性因素吗?

乙：承认。

甲：是否可以这样说,如果我有令人信服的证据,生产效率确实可以提高12%,你就肯定购买这台机器吗?

乙：可以这样认为!但是你必须拿出证据来,而且价格合理。

甲：我想你已从产品册子上看到了产品的价格。

乙：看过了,价格还算可以。

思考：从上面的谈话过程来看,使用这种方法,整个洽谈就会集中在某个具体问题上。这样谈判就没有必要对其他问题作长篇大论的介绍和解释了,而是抓住主要矛盾,打歼灭战,只要在这一决定性问题上达到了预期的目的,谈判马上就要结束了。

8. 推延决定成交法

如果对方不能马上作出决定,而且确实有原因的话,应立即建议对方推迟做决定,这样才能使双方真正建立起一种信任的关系。在运用这种方法时,首先要弄清对方难以作出决定的真正原因,如果对方犹豫不决,就不应推延时间了,而应当作出针对性的努力,坚持下去就会发现对方是有成交意图的。

9. 趁热打铁成交法

趁热打铁成交法是指在谈判的第一次高潮期来临时,抓住时机促成交易的一种方法。一般来说,在谈判第一次高潮期,对方作出决定的可能性最大。因此谈判者要趁热打铁,抓住成交的机会。

10. 书面确认成交法

书面确认是一项非常有力的工具,谈判者在会谈期间当面交意见书,或者在休会期间写确认信。这种书面的材料要以高度概括的形式重复双方在谈判中已达成的协议,并把对方所能得到的利益一一列举出来。由于书面形式具有准确性和可靠性的特点,所以能够促使双方尽早成交。

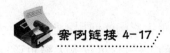

案例链接 4-17

案例1 罗孚(ROVER)是英国享誉百年的汽车品牌。因经营不善,ROVER 在 1994 年被宝马公司(BMW)以 8 亿英镑兼并。但宝马在罗孚身上花费了 38 亿英镑之后发现,罗孚的经营状况仍不见好转。宝马终因不堪重负,除了留下微型轿车MINI品牌,将剩余的罗孚资产以象征性的10英镑卖给了英国政府控制的凤凰集团,但宝马仍负责代管"名爵-罗孚"(MG ROVER)公司的营运。由于每年要为罗孚支付金额不菲的"赡养费",因此宝马一直想尽快摆脱这个华丽的烂摊子(2005年罗孚宣告破产)。就在这时,中国的两家汽车集团都看中了罗孚这个品牌,南京汽车集团(NAG)与上海汽车集团(SAG)先后就收购罗孚公司事宜与凤凰和宝马进行谈判。除了四家公司直接参与收购谈判外,这场收购战还牵扯到英国政府和英国运输联盟总工会。

最初,上汽和南汽都想独立收购罗孚。然而,罗孚的债务实在巨大,退休工人的安置问题也十分棘手,加上宝马和凤凰想以分拆的方式,将罗孚切成几块,分别卖给不同的买家,趁机卖个好价钱。这些纠缠在一起的利害关系,使得上汽与南汽在收购谈判中进退维谷。上海汽车感到,与其在整体收购的讨价还价谈判中被宝马牵着鼻子走,不如退一步,先收购罗孚名下一些相对优质的资产,如研发机构、发动机厂等,待时机成熟时再做下一步打算。于是,上汽以6 700万英镑买下罗孚最著名的75型和25型两款轿车的外观设计和全系列发动机的知识产权(早在罗孚被托管期间,日本本田已趁机买下了罗孚45型轿车的设计图纸及生产设备)。

正当上汽以为此举为下一步全面收购罗孚奠定了基础之际,岂料,宝马和凤凰却在2005年7月宣布,南京汽车集团以5 000万英镑收购了罗孚的全部生产线及MG品牌。这样一来,拥有罗孚研发机构和两款汽车外观设计的上汽,与拿着罗孚公司生产线的南汽处境相当微妙:南汽希望从宝马手中买回ROVER品牌,从而完成真正意义上的整体收购;而上汽则希望宝马能将ROVER品牌卖给自己。

经过一年多的讨价还价,南汽最终作出"让步"——放弃与上汽争夺ROVER品牌。从理论上讲(因为福特拥有对罗孚品牌的优先收购权,除非它放弃这个权利),上汽只要再花1 150万英镑,即可取得"ROVER"商标。眼看上汽胜利在望,但2个月后的9月18日,令上汽最担心的事情还是发生了:福特宣布行使对罗孚品牌的优先收购权,上汽落得个"煮熟的鸭子飞走了"的结果,而南汽则因先前的大幅度让步,不得不硬着头皮以高昂的代价拥有了"MG"(名爵)商标。

思考:上汽与南汽的"鹬蚌之争"。商务谈判的过程,实际上是各方让步的过程。要想成为一个高明的谈判者,必须懂得何时抓住必须得到的利益,何时放弃可以牺牲的利益。俗话说:有失才有得。谈判中的让步,是为了"得"而有意去"失"的举措。南汽放弃了"ROVER"(罗孚)商标,保住了"MG"(名爵)品牌,不失为明智的让步。

案例2 盖勒是美国的一位著名推销员,他因为自己推销手段的高明而享誉各大皮鞋厂,因此很多的皮革生产厂商都喜欢将开拓市场的工作交给他来做。因此,他总是受邀一些东南亚制造商,他们都希望可以借助盖勒的帮助来打开欧美皮鞋市场。

有一次,盖勒到意大利米兰去帮助一位印度尼西亚的皮鞋制造商开拓市场,在盖勒看来,这位印度尼西亚皮鞋制造商所提供的皮鞋产品质量上乘并且款式新颖,在米兰这个时尚之都一定可以大受欢迎。于是盖勒一到米兰就立即同当地的销售商托尼取得了联系,并且很快约定好了谈判的时间和地点。

托尼同样是一位老练精明的商人,在谈判的最初阶段,他不断地进行砍价,将价格极大限度地压制住了。这样在双方快要签订合约的时候,他将价格压到了最低的限度。盖勒十分清楚对手的谈判策略,于是,面对托尼咄咄逼人的谈判攻势,他原则上作出让步,满足对手的要求,并且还主动提出到了交货的日期可以进行分期付款,让对方误以为自己是谈判新手,从而放松了警惕心理。

等到货物运到之后,尝到甜头的托尼以为自己依然可以从这笔生意中获得更多的利益,于是对盖勒提出因为资金的周转问题,所以只能先付一部分的款额。这个时候盖勒却一反常态,态度十分坚决且强硬,义正词严地拒绝了托尼的要求,并且强调一定要按照原先的合同办事,不然就会要求其进行索赔。盖勒的这一反击让托尼措手不及,无从招架,于是原本气焰嚣张的托尼一下子像泄了气的皮球一样,不但按照合同办事,还要十分恭敬地听从盖勒的安排。于是,很快盖勒所推销的皮鞋就因为其物美价廉的特性在米兰打开了市场。

思考: 在一些较为特殊的情况下,示弱却可以成为一种制胜的手段,让我们"扮猪吃老虎"。在谈判的过程中假如对方觉得我们太过强硬,认为我们应当作出让步的时候,为了可以做到利益最大化,我们完全可以公开地承认自己的短处,有意识地将自己某方面的弱点暴露出来,从而迷惑对手的视听。

提醒每个谈判人员,以"分期付款"的方式进行让步,是个让对手放松警惕的好方法。实行分期付款不但能够让我们的整体利益不受到任何损失,还可以将原本让人难以接受的条件变得让人容易接受,这种让步在很大程度上能够帮助我们软化对手,避免谈判过程中矛盾的激化。

谈判是一种双方都致力于说服对方接受其要求时所运用的一种交换意见的技能,最终目的就是要达成一项对双方都有利的协议。

案例3 瓦伦蒂诺曾先后任职于几家医药公司。由于他的职业经验十分丰富,一家公司想要聘请他做公司的首席执行官。于是,瓦伦蒂诺请了一位律师,让律师代替自己与这家公司进行有关聘用合同的谈判。该名律师以能为客户争取到极具吸引力的聘用合同而出名,他的工作就是为客户争取最有利的聘用合同,包括薪金、股票期权、健康福利、优厚退职金等。这次谈判似乎对瓦伦蒂诺来说十分不利,因为他一点也不了解这家新公司以往的情况,再加上该公司谈判代表的手中掌握着其他适合首席执行官职位的人选资料、公司的财务以及债务方面的资料,瓦伦蒂诺觉得他几乎没有谈判优势。然而,他的律师却发现那家公司竟然让公司的法律顾问代表公司谈判,这无疑是一个致命的错误。谈判临近结束的时候,瓦伦蒂诺的律师已经有足够的把握能为瓦伦蒂诺争取到一份报酬很优厚的合同了。这时,他把瓦伦蒂诺拉到一边,对他说:"从我开始谈判的第一天,我就知道我能够为你争取到一切想要的条件。现在谈判马上就要结束了,你也将要成为那个谈判代表的老板。他很清楚这一点,因此,他在任何事上都不会让你太为难。"

在这一场谈判中,公司即使派出了谈判代表,但因为谈判代表的法律顾问身份,使得公司本身具备的优势发生了变化。因为谈判中有一个重要的关系,那就是谈判的两个人是以老板和下属的关系为前提进行谈判的。法律顾问十分清楚这一点,除非他不想干了,否则,他就必须让未来的老板得到足够好的合同协议。如此一来,原本居于劣势地位的瓦伦蒂诺在谈判开始后就居于优势地位,而原本居于优势地位的法律顾问碍于身份所限,已经处于较为劣势的地位。

思考:该谈判故事告诉我们,只要有心想谈,没有谈不成的谈判。即使谈判之前,谈判双方的地位有着明显的优劣差别,但随着谈判被提上日程,曾经占据优势地位的人也可能居于相对劣势的地位,使得谈判的局面发生变化。

只要谈,谈判是能完成的;谈判桌上风云变幻,上一刻的优势,也许在下一刻就会变成劣势;谈判无处不在,只要有心,你一定会成功。

 重点内容概要

商务谈判技巧是在商务谈判中为了实现谈判目标,配合谈判策略的展开所使用的技巧。

商务谈判障碍是指在商务谈判过程中,由于一方的语言、观点和态度等超越了另一方理解和接受的限度而造成双方不能正常交流的阻力。谈判障碍可以分为心理障碍、语言障碍、文化障碍和性格障碍等。排除障碍的技巧有:平和谈判气氛以及妥善处理各种意见。

谈判僵局是指在谈判过程中,双方因暂时不可调和的矛盾而形成的对峙。出现僵局不等于谈判破裂,但它严重影响谈判的进程,如处理不好,就会导致谈判破裂。僵局产生的原因有情绪冲突、人为制造和意见分歧。通常僵局对谈判是不利的,出现僵局时可以采用相应的技巧来消除障碍。

商务谈判中的价格谈判是商务谈判的核心。影响价格的具体因素有:市场行情利益需求、交货期要求、产品的复杂程度、产品的新旧程度、附带条件和服务、产品和企业声誉、交易性质、销售时机、支付方式。在商务谈判过程中要熟练掌握报价技巧、讨价技巧、还价技巧和让步技巧。

谈判的成交阶段是整个谈判的尾声,虽然达成交易的主要障碍已经消除,但仍然有许多技巧可以促成谈判的达成。成交信号是指在商务谈判中,对方用语言或行动表现出来的愿意达成协议的一种意图。成交信号一般有语言信号和行为信号。常用的识别成交信号的方法有观察法和实验法。有效的成交技巧有比较成交法、优待成交法、利益成交法、诱导成交法、渐进成交法、假定成交法、歼灭战成交法、推延决定成交法、趁热打铁成交法、书面确认成交法。

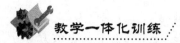

习题

1. 为什么说谈判障碍会对谈判进程产生重要影响?
2. 你是如何理解谈判僵局的?
3. 试说明在讨价还价中让步的重要性。

案例1　任务互动

夫妻间的谈判

星期天,先生问太太:"今天到哪儿去走走啊?"(协商谈判开始)

太太说:"随便。"(不出牌)

于是先生提议:"我们去听歌剧好了。"(出第一张牌)

太太反对:"少附庸风雅了,你哪里懂歌剧!"(拒绝)

先生想了想:"那我们去饭馆吃饭好了。"(出第二张牌)

太太也反对:"每次都出去吃,得花多少钱!"(二次拒绝)

先生于是再修正他的建议:"那去江边公路走走,好不好?不然去看场电影……"(每一个提议,都代表先生价值偏好的排列顺序,可能越到后面的提议是先生越不想要的。但现在急了也没办法了,他把这些提议一股脑全摆在桌上,只要能说动太太出去走走,就比在家里强了)

"百货公司打折,我想去买个皮包。"(太太终于出牌了)

"早说嘛!"在经过一段长时间地不断尝试提议之后,先生原先的"期待"也被磨低了。但他还是不放弃谈判:"好吧! 那我们就去买皮包,不过买完你要陪我去吃大闸蟹,你知道我等吃大闸蟹已经好几个月了。"

"好啦! 不过你得答应我别点太多,大闸蟹好贵的,好吗?"太太提出了妥协的建议,老公点头,于是双方找到了立场的平衡点。

【分析】

两个谈判者使用了什么策略解决了问题?

案例2　一场僵持的谈判

苏联与北欧 N 国正在进行一场买卖鲱鱼的谈判。由于 N 国知道苏联人要吃鲱鱼就得从 N 国进口,一方面因为 N 国是鲱鱼生产大国,另一方面 N 国离苏联近,运输路程短,鲱鱼保鲜没有问题,因此 N 国的报价奇高。虽然双方经历多轮激烈的谈判,但价格始终降不下来,谈判双方互相僵持了相当长的时间。苏联方想打破僵局,而 N 方却坚持立场。为了打破僵局,苏联方更换了谈判代表,派出女强人柯伦泰出任谈判大使。N国谈判代表都是风度翩翩的男士,当他们得知苏联派了一位女大使,都相当惊奇。谈判重新开始,柯伦泰谈笑风生,不仅在谈判场内非常活跃,而且在谈判场外也瞅准每一个机会与人周旋。虽然谈判仍无进展,柯伦泰本人却博得N国谈判代表的普遍好感。

经过一轮讨价还价,柯伦泰看到时机已经成熟,便显出无可奈何的样子,她说:"好吧,我同意先生们的报价。如果我的政府不同意这个高价,我愿意用我自己的工资来支付!但是,先生们请允许我分期付款,这可能要我支付一辈子呢。"

柯伦泰的幽默"将"了对方一"军",把N国代表全都逗笑了,要是真的这样做,不仅太伤女士感情,而且失去了男士应有的风度。同时,笑声也使对方顿悟到苏联人并不富有,高价鲱鱼对他们是不合适的,于是一致同意把鲱鱼价格降下来。

【分析】
(1) 僵持僵局是如何打破的?
(2) 柯伦泰运用了哪些谈判技巧?

案例3 总理的请柬

1954年,周总理出席日内瓦会议,准备放映新拍摄的戏剧电影《梁山伯与祝英台》招待与会的外国官员和新闻记者,出于帮助外国观众看懂这部电影的目的,有关同志将剧情介绍与主要唱段用英文写成长达16页的说明书,剧名也相应改为《梁与祝的悲剧》,有关同志拿着说明书样本向总理汇报,满以为会受到表扬,不料却受到了总理的批评,总理认为搞这样的说明书是不看对象,"对牛弹琴"。总理当场设计了一份请柬,请柬上只有一句话,"请你欣赏一部彩色歌剧影片《中国的罗密欧与朱丽叶》",收到这份请柬的外国官员和记者兴趣大增,纷纷应邀出席,电影招待会取得了成功。

【分析】
(1) 说明书有何不妥?
(2) 总理设计的请柬为何能调动大家的兴趣?
(分析提示:因为外国朋友对国内情况和历史不一定知道,看了说明书,不知所云,有文化差异。周总理的请柬,融合了国外的因素,罗密欧与朱丽叶是国外知名著作的主人公,这样的请柬能激发外国官员和记者的兴趣,所以大为成功。)

第二部分

国际商务谈判过程与阶段

第 5 章
国际商务谈判准备

5.1 国际商务谈判的背景调查

了解国际商务谈判背景;谈判背景调查的途径、方法;谈判背景调查资料的整理与分析。

认识国际商务谈判的背景调查意义;深入理解调查内容、因素、途径和方法及关系;培养能够运用适当的手段和方法的能力,掌握进行国际商务谈判前的背景调查方法。

对于国际商务谈判,背景调查是在国际商务谈判之前,对与谈判活动有密切联系的各种信息情报资料进行有计划、有组织、有目的地收集、分析和整理,是一种客观描述的人工信息;背景调查是制定谈判方案的依据,有利于商务谈判的沟通,会影响商务谈判的成败。

本章节将重点探讨:国际商务谈判背景;调查内容与影响因素;背景调查的途径、方法;背景资料的整理与分析。

福特总统访问日本的时候,曾随意地向导游小组询问大政奉还是哪一年?导游小组一时答不上来,随行的基辛格却立即从旁边插嘴:"1867年。"基辛格怎么对一般日本人都不清楚的日本历史这么熟悉呢?原因非常简单,作为犹太人后裔的基辛格深知事前准备的重要性,所以早在访日以前就阅读过有关日本的大量资料,以免学到用时方恨少。这种认真严谨的态度对我们从事商务谈判不无裨益。

基辛格是一位犹太人,他曾说过一句话:"谈判的秘密在于知道一切,回答一切。"他对这句话的解释是:谈判的取胜秘诀在于周密的准备。在基辛格看来,周密的准备不仅要弄清楚问题本身的有关内容,同时,也包括知晓与之相关的种种微妙差异。为此,要事先调查谈判对手的心理状态和预期目标,以正确地判断出用何种方式才能找到双方对立中的共同点,胸有成竹地步入谈判室,为成功打下基础。如果事到临头仍在优柔寡断,那么对方必会有机可乘。另外,一旦坐上谈判桌,必须能够立即回答对方的一切,否则会给别人权限不够或情况不熟的印象。

提示: 商务谈判是否成功,不仅取决于谈判桌上的唇枪舌剑,讨价还价,而且还有赖于谈判前充分细致的准备工作。可以说,任何一次成功的谈判都是建立在良好的准备工作基础之上的。准备工作已是谈判的开始,常言道:"凡事预则立,不预则废。"然而,谈判需要做哪些准备工作?如何确定谈判团队的构成?商务谈判要收集哪些方面的信息?如何订制商务谈判的计划?

《孙子·谋攻篇》中说:"知己知彼,百战不殆;不知彼而知己,一胜一负;不知彼不知己,每战必殆。"这段话精辟地论述了一个真理:凡事预则立,不预则废。谈判亦是如此。任何一项成功的谈判都是建立在良好的准备工作的基础之上的。作为一名优秀的谈判人员,能否在谈判中实现自己的目标,往往取决于准备阶段的工作是否充分而翔实,谈判的准备工作对谈判的成功起着至关重要的作用。

一、背景调查的意义

背景调查是指在国际商务谈判之前,对与谈判活动有密切联系的各种信息情报资料进行有计划、有组织、有目的地收集、分析和整理;是一种客观描述的人工信息。

1. 背景调查是制定谈判方案的依据

谈判方案是否正确,在很大程度上决定着谈判的得失与成败,而要制定出一个理想的谈判方案,就要对对方的背景展开细致周密的调查。

2. 背景调查有利于商务谈判的沟通

谈判本质上是一个相互沟通和磋商的过程,掌握一定的谈判背景资料,就能够从复杂的情况中发现机会与风险,排除不利因素,捕捉达成协议的契机,调整和平衡双方的利益,使谈判活动顺利开展,促使双方达成协议。

3. 背景调查是谈判成败的关键因素

每一场商务谈判的主体、议题、受影响和制约的因素可能不一样,但是否掌握背景信息一直是谈判成败的决定性因素;谈判对方所在国家和地区的宏观和微观因素都制约、影响着谈判决策、结局。

背景调查始终是国际商务谈判成败的关键因素之一。

二、背景调查的内容

(一)宏观环境因素调查

宏观环境因素是指国际商务谈判所处的大环境。随着贸易自由化、经济全球化趋势的不断发展和全球性买方市场的形成,宏观环境也变得越来越复杂,并对企业的商务活动的影响和制约也越来越大。宏观环境包括以下四个方面。

1. 政治状况

政治对于经济具有很强的制约力,对国际商务谈判的内容、进程乃至协议的履行有着非常重要的影响。政治状况调查的内容包括:谈判双方政府之间的政治关系、对方国家政府的经济运行机制、国家对企业的管理程度、商务谈判项目的政治目的、政府的稳定程度等。

2. 宗教信仰

宗教是社会文化的一个重要组成部分;宗教信仰影响着人们的思维模式、生活方式、价值观念及消费行为,同时也影响着人们的商业交往;因此在商务谈判中要了解对方国家和地区中占主导地位的宗教信仰,该信仰是否会约束谈判人员的思想行为,是否会对一国的政治、经济、法律、社会交往、个人行为、节假日、工作时间等产生重大影响。

3. 法律制度

在国际商务谈判中,所面临、受影响的法律环境主要涉及三个层面:(1)本国的法律环境;(2)谈判对方的法律环境;(3)国际法与国际惯例。因此,要求商务谈判者很好地去认识与了解法律环境、国家的法律制度、国家法律的执行情况及法律的适用性等问题。

4. 社会习俗

不同的国家有不同的社会习俗,这些社会习俗在一定程度上影响着谈判活动。因此在谈判之前要了解对方国家和地区的社会风俗习惯,包括法定节假日、日常消费习惯等。

(二) 微观环境因素调查

微观环境因素是指谈判双方所处的市场状况和谈判对方的情况;因此微观环境调查的内容也就包括对市场信息的调查和对谈判对方的调查。

1. 市场信息的调查

在国际商务谈判中,只有及时、准确地了解与谈判议题有关的市场信息,预测分析其变化动态,才能掌握谈判的主动权。市场信息的调查主要包括以下五个方面。

(1) 商品的市场分布情况。包括:商品市场的分布区域、地理位置、运输条件、辐射范围、市场潜力以及与其他市场的经济联系等。

(2) 商品的市场需求情况。包括:消费者的数量及其构成、消费习惯、消费水平、消费质量、家庭收入以及购买力、消费趋势、消费偏好、对该商品的消费有无特殊的服务要求等。

(3) 商品的市场销售状况。包括:商品在该市场的销售路径和销售区域、销售价格、销售量、销售的季节变化以及在该市场行之有效的销售策略等。

(4) 商品的市场竞争情况。包括市场同类产品、替代产品的供求状况及产品的技术发展趋势;主要竞争厂家(占主导力量的竞争者)的生产能力、经营状况和市场占有率等。

(5) 商品的市场价格变动。包括:市场上受经济周期、通货膨胀、垄断和投机活动、自然灾害、季节变化等因素影响的价格变动信息或变化规律。

2. 对谈判对方的调查

在国际商务谈判中,对谈判对方资料的收集、调研和分析是谈判成功的重要前提和必要条件,也是谈判准备工作中关键的一环。谈判对方的调查分析基本情况包括以下两个方面。

(1) 谈判对方资质调查。了解对谈判对方属于哪类客商类别、企业的资质等;

(2) 谈判对方资信调查。掌握谈判对方资信情况,对对方主体合法资格的调查和对对方的资本、信用及履约能力的调查。

对谈判对方资质、资信调查是谈判前准备工作极其重要的一环,避免错误估计对方,使自己谈判决策中失误,甚至受骗上当。

(三) 谈判者对自身的了解

在谈判前的准备工作中,不仅要调查分析客观环境和谈判对方的情况,还要正确了解和评估谈判者自身的状况。谈判者对自身要了解包括以下四个方面。

1. 谈判者自身的信心

谈判的信心来自对自己实力以及优势的了解,也来自谈判准备工作是否充分。要了解自己是否准备好支持自己说服对方的足够依据、是否对可能遇到的困难有充分的思想准备、谈判一旦遇到挫折是否会有新的途径和预案。若发现对谈判缺乏足够的信心,就要作出果断决断:是继续寻找支持谈判目标达成的条件,还是修正原有的谈判目标和方案。

2. 谈判者自身的实力水平

包括生产经营状况、财务状况、支付能力、能够提供的技术指标、销售水平、与相关部门的关系等情况。通过对己方各方面条件客观的分析,有助于弄清己方在谈判中的优势和薄弱环节,有针对性地制定谈判策略,以便在谈判时能扬长避短。

3. 自身的人员结构

谈判是一项需要团队协作,共同完成的任务;因此己方的谈判组成人员结构也很重要;所以在谈判团队组成时,要充分了解主谈人的资质、背景及谈判团队成员间能力、合理配置等。

4. 自我需要的认定

谈判需要团队分工与合作,围绕谈判的目的需要,各自清楚自我角色与定位,才能制定出切实可行的谈判目标和谈判策略。

谈判者自我需要的认定包括:希望借助谈判满足己方哪些需要;各种需要的满足程度;需要满足的可替代性;满足对方需要的能力鉴定。

满足自身的需要是参加谈判的目的,满足他人需要的能力是谈判者参与谈判、与对方合作交易的资本。谈判者只有对自身有充分了解,分析了自己的实力,才能认清自己到底能满足对方的哪些需要。由此,谈判者就拥有更多与对方讨价还价的优势。

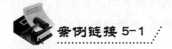
案例链接 5-1

案例1 荷兰某精密仪器生产厂家和中国某企业拟签某种精密仪器的购销合同,但双方在仪器的价格条款上还未达成一致。因此,双方就此问题专门进行了谈判。谈判开始后,荷兰方代表还是着重介绍其产品的性能、优势,以及目前在国际上的知名度,同时还说明有许多国家的有关企业欲购买他们的产品。最后,荷兰代表带着自信的微笑对中方代表说:"根据我方产品所具有的优势,我们认为一台仪器的售价应该为4 000美元。"

中方代表听后十分生气,因为据中方人员掌握的有关资料,目前在国际上这种产品的最高售价仅为3 000美元。于是,中方代表立即毫不客气地将其掌握的目前国际上生产这种产品的十几家厂商的生产情况、技术水平及产品售价详细地向荷方代表全盘托出。

荷方代表非常震惊,因为根据他们所掌握的情况,中方是第一次进口这种具有世界一流技术水平的仪器,想必对有关情况还缺乏细致入微的了解,没想到中方人员准备得如此充分。荷兰人员无话可说,立即降低标准,将价格调到3 000美元,并坚持说,他们的产品是世界一流水平,物有所值。

实际上,中方人员在谈判前就了解到,荷兰这家厂商目前经营遇到了一定的困难,陷入了巨额债务的泥潭中,对他们来说,回收资金是当务之急,正四处寻找其产品的买主,而且目前也只有中国对其发出了采购信号。于是,中方代表从容地回答荷方:"我们也绝不怀疑贵方产品的优质性,只是由于我国政府对本企业的外汇金额有一定的限制。因此,我们方只能接受2 500美元的价格。"荷方代表听后十分不悦,他们说:"我方已说过,我们的产品物有所值,而且需求者也不仅仅是你们一家企业,如果对方没有诚意的话,我们宁可终止谈判。"

中方代表依然神色从容地讲道:"既然如此,我们很遗憾。"

中方人员根据已掌握的资料,相信荷方一定不会真的终止谈判,一定会再找中方。果然,没过多久,荷方就主动找到中方,表示价格可以再谈。在新的谈判中,双方都做了一定的让步,最终以2 700美元的价格成交。

思考:分析以上案例,理解该谈判中中方占据主动的根本原因。

案例2 上汽集团收购韩国双龙汽车案

韩国双龙汽车公司是韩国第四大汽车制造企业,以生产销售越野车与高档房车为主。20世纪90年代末因受亚洲金融危机影响,双龙汽车于2000年进入破产程序,后经过债转股与业务重整,逐渐走出破产程序阶段。上海汽车工业(集团)总公司是中国汽车工业的大型企业集团之一,跻身美国《财富》杂志"世界500强企业"。上汽集团是中国市场上乘用车和零部件制造销售的领先者,双龙是韩国SUV细分市场的领先者。上汽集团和双龙的业务和产品是高度互补的,因此,上汽集团于2003年与韩国双龙汽车进行谈判,收购双龙部分股权。2004年7月27日,双方在首尔正式签约,上汽集团成为双龙汽车的控股股东。

但是,自2005年以来,双龙汽车一直亏损。2005年、2006年双龙汽车净亏损分别达1 033亿韩元、1 959亿韩元。尽管2004年双龙汽车净利润为113亿韩元,如未经过财务处理,则2004年其依然亏损。直到2007年,双龙汽车才实现了经营利润和净利润的双盈利。

导致全面盈利的因素主要有三个方面：其一，采购成本下降。上汽集团收购双龙汽车后，引入了新的供应商评价体系，因此购货成本降低。其二，随着销量上升、国外销售占较大比例，双龙汽车的净利润上升。12万辆左右为双龙汽车的盈亏平衡点，而双龙汽车2007年销量为13万余辆。此外，双龙汽车自上汽集团接手后便主攻海外市场，从2005年起，双龙汽车的出口开始上升。其三，费用控制较为得当，尤其是管理费用有较明显的下降。2007年双龙汽车扭亏，只是上汽集团海外战略的第一步。但不幸的是，2008年的全球金融危机使双龙的发展严重受挫，大股东上汽集团对其实施巨额资金援救后仍不见起色，在后续资金难以到位的情况下，2009年2月20日，双龙汽车被迫向法院申请破产保护。

上海汽车在最初与双龙汽车谈判收购的过程中，忽略了两个重要问题——韩国的传统文化与劳工保护法。韩国是一个单一民族的国家，历史上曾饱受外敌侵略和占领，因此，有着强烈的民族自尊心和凝聚力。一旦与国外势力产生矛盾，无论是外国政府，还是外国企业，韩国人总是同仇敌忾，甚至掀起举国怒潮。与美国政府的牛肉进口案及与日本政府的独岛主权之争便是最好的说明。韩国法律与中国法律体系不同，对劳工权益的保护可谓无微不至，一旦发生任何劳资纠纷，法律总是站在工人一边，对企业的惩罚则极为严厉。全球金融危机爆发后，上汽作为第一大股东缺乏持续、足量的注资，双龙汽车工人的工资发放被一拖再拖。上汽以为与企业管理层和政府协调好就万事大吉。殊不知，愤怒的工人不但举行旷日长久的抗议大罢工，还把上海汽车告上法庭。韩国法院最后作出裁决，对双龙汽车集团进行资产重组，上汽在双龙的股份被大幅度缩减，理论上，上海汽车仍然是双龙的第一大股东，但已彻底失去对双龙的实际控制权。上汽多年来花费数亿元的投资和后续注资，最终却败在忽略当地民族文化和轻视劳工权益保护法上，可谓教训深刻。

思考：类似这种因他国政治、法律、文化等因素而影响本方商业项目的例子不胜枚举。另外，一国不良的治安状况，激进分子捣乱或掌权所带来的政局不稳或处于战事边缘等情况，都会对正在进行的商务谈判产生直接或间接影响。

案例3 日本一家电视台每周都有一档关于人生问题的节目，该节目的收视率比同时段的其他节目要高出很多。这一节目收视率高的重要原因在于节目主持人能够运用换位思考的方法，巧妙地回答观众所提出的问题。

一般来说，人们总是在刚开始时不情愿接受各种忠告。他们要么会提出反对意见，要么对解答者所提出的意见进行辩解。但是，面对该节目主持人的回答，大多数人都能够接受他的每一句话、每一句忠告。正是因为这样，该节目吸引了无数人的目光。为什么呢？因为该节目的主持人具有换位思考的能力，他是站在求助人的角度，给出中肯的意见。

例如，该节目的来宾以离婚女子居多，每当主持人和这些来宾探讨人生问题的时候，他总是先站在对方的角度说："如果我是你的话，我会原谅他的，我也绝对不和他分手。"就是这样短短的一句话，却能发挥奇妙的作用。这是因为主持人站在对方的角度去考虑问题，迎合了观众和嘉宾的心理，从而引发了双方在心理上的共鸣。这样一来，该节目就成为双方沟通的桥梁,收视率当然就高了。

思考:主持人能够换位思考问题,即使他在说服对方的过程中不小心用了些不恰当的言辞,但因为他是站在对方的角度,把自己当作对方来提出忠告的,因此他的做法不但可以弥补言辞上的过失,还可以促使对方思考和反省。这种方法对于谈判来说同样适用。

谈判者的换位思考能力能够有力地推动谈判进程。因为,具有换位思考的谈判者解决问题的出发点是思考出就事论事的方案,他们往往能够站在谈判对手的角度去考虑解决谈判问题的方案。因此,谈判者首先要认识自我,看看自己是否具有换位思考的能力,只有这样,谈判者才能了解自身是否具有更好地解决谈判问题的能力。

能站在对方的角度考虑问题,是谈判者应该掌握的最重要的技巧之一,尽管真正做到这一点并不容易。

三、背景调查的手段

(一) 背景调查的途径

进行国际商务谈判背景调查有多种手段和途径,通过这些渠道可以获得诸如各种环境、竞争对手和市场行情等比较详细而准确的综合信息。具体可分为以下七种。

1. 印刷媒体

通过报纸、杂志、期刊、商品说明书、内部刊物和专业书籍中登载的消息、图表、数字、照片来获取信息,其特点是获取谈判对方比较详细、准确的综合信息。

2. 互联网

通过互联网快捷地查阅、获取国内外许多公司的信息、产品信息、市场信息以及其他多种信息,其特点是现代非常重要的获取资料的渠道。

3. 电波媒介

通过广播、电视传播的有关新闻资料,如政治新闻、经济动态、市场行情、广告等获取信息,其特点是迅速、准确、现场感强,但信息转瞬即逝,不易保存。

4. 统计资料

主要是各国政府或国际组织的历年各类统计年鉴,也包括各银行组织、国际信息咨询公司、各大企业的统计数据、报表,其特点是原始数据、材料详尽。

5. 各种会议

通过各种商品交易会、展览会、订货会、企业联谊会、各种经济组织专题研讨会来获取资料;其特点是捕捉信息新鲜、价值含量高。

6. 各种专门机构

通过各种专门机构获得各种商务信息,这些专门机构一般包括商务部、对外经济贸易促进会、各类银行、进出口公司、本公司在国外的办事处和分公司、驻各国的大使馆等。

7. 知情人士

知情人士包括各类记者、公司的商务代理人、当地的华人华侨、驻外使馆人员、留学生等。

(二) 背景调查的方法

1. 文案调查法

文案调查法又称间接调查法,是通过利用企业内部和外部现有的各种信息、情报,对调查内容进行分析研究的一种调查方法。其主要特点是：调查方法投资少,见效快,简便易行,是商务谈判调查的首选方法。

2. 实地调查法

实地调查法是通过专门人员实地进行调查、直接接触收集、整理信息,获得第一手的资料,其主要特点是：具有针对性、即时性和可信性。

实地调查法有以下两种方式。

(1) 观察法。指调查人员(或借助摄像器材)在调查现场直接记录收集资料的办法。直接观察法,就是在现场凭借自己的眼睛观察调查对象市场行为的方法；环境观察法,就是以普通人的身份对调查对象的所有环境因素进行观察以获取调查资料的方法。

(2) 询问法。指将所调查的事情,以电话或书面的形式向被调查者提出询问,以获得所需的调查资料的调查方法,是一种最常用的实地调查方法。

3. 归纳法

归纳法是通过各种数据(有声的、无声的信息)的收集,进行整理归类、研究、分析、去伪存真,然后推断出自己需要的信息,是一种综合分析的方法。其主要特点是：可以收集到比较权威、比较准确的信息,但要注意信息的时效性；调查人员要具有较好的综合能力,头脑灵活,应变能力强。

4. 统计分析法

统计分析法是指调查者通过对已收集到的各种资料(数据、文字、视频、图片等)进行归类整理,精心筛选,然后用统计学的方法对资料内容进行相关分析,以推断出重要的有利于企业决策的信息统计的一种综合分析方法。主要其特点：方法比较科学,资料的可信度高、说服力强,但需要投入大量的人力、物力和财力。

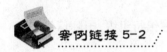

案例链接 5-2

20世纪60年代中期,中国发现了大庆油田,但当时对外是严格封锁消息的。1966年7月,《中国画报》封面上刊登了大庆石油工人艰苦创业的照片,画面上,工人们身穿大棉袄,正冒着鹅毛大雪奋战在钻井平台上。据此,日本人得出结论,大庆油田可能在东三省北部的某地,因为中国其他地区很难下这么大的雪。接着,日本人又注意到《人民日报》的报道,王进喜到了马家窑,豪迈地说："好大的油海啊,我们要把中国石油落后的帽子扔到太平洋里去。"于是,日本人费尽周折找来了更为详细的地图,发现马家窑位于黑龙江省海伦市东南的一个村子。随后日本人又根据日文版《人民中国》中介绍的中国工人阶级发扬"一不怕苦,二不怕死"的精神、肩扛手抬将设备运到现场,推断石油钻井离马家窑很近；又根据王进喜出席第三届全国人民代表大会的消息,推断大庆油田出油了。最后,日本人又根据大庆油田钻塔的照片,推算出油井的直径,由当时的全国石油产量减去原有产量,算出大庆油田的石油总产量。在此基础上,日本人设计了适合大庆油田操作的石油设备,当我国突然向外界宣布在国际上征集石油设备设计方案时,日本人一举中标。

思考:善用信息。日本人如何获悉我国发现了大庆油田及推断油田产量?

(分析提示:在20世纪60年代我国开始大庆油田的建设时,有关大庆的一切信息都是保密的。除了少数一些有关人员以外,一般外界连大庆油田的具体位置都不知道。但日本人不但知道,而且还掌握得非常准确。他们对大庆油田有关情报的收集,既没有派间谍、特务,也没有收买有关人员,完全依靠对我国有关大庆油田公开资料的收集与综合分析。

这个案例告诉我们,大量的信息资料存在于公开的资料之中。了解和掌握信息并不像我们想象的那么困难。只要我们有心,平时多加留意,认真分析信息可能出现的地方,从很多公开的相关资料中就能很轻易地得到我们想要的信息,从而为我们的商务谈判打下牢固的信息基础。这是运用归纳法成功收集信息的范例。)

四、背景资料的整理与分析

在背景调查获取各种信息资料之后,就要根据谈判的需要对其进行处理,根据资料整理与分析先后顺序可以分为四个阶段。

(一)资料的评价

对资料的评价是资料整理与分析的第一步,各种资料由于其重要、可应用性程度不同,其作用也不同。评价资料时,可以将资料直接区分开、归类。

(二)资料的筛选

对所收集的材料进行筛选大致有四种方法。

1. 查重法

筛选资料最简单的方法,就是剔除重复的资料,选出或保留有用或不完全重复重要信息的资料。

2. 时序法

对所收集的资料按时间顺序进行排序,在同一时期内,比较新的资料留下,旧的资料可以舍弃,这样选出的资料会更切合实际。

3. 类比法

将信息资料按市场业务或按空间、地域、产品层次,进行分类对比,把接近实际真实、可靠的资料留下,其余的舍弃。

4. 评估法

就是对资料的内容或题目进行评估、取舍,为了保证评估的准确性,一般要由非常熟悉业务的专业人员进行操作。

(三)资料的分类

对筛选后的资料要进行分类整理,分类的方法有以下三种。

1. 项目分类法

项目分类方法主要是根据使用的目的来进行分类。大致可以分为商务开发资料、市场信息资料、技术信息资料、金融信息资料、交易对方资料以及有关的政策法规等。也可以根据谈判资料的内容来区分,如根据不同产业或经营项目进行分类,如农产品、工业产品、服务等。

2. 从大到小分类法

从设定大的分类项目开始,大类项目数划分要合理,对某些时间段重复使用率高的项目,可以适当再细分,但不能太细,以免出现重复。

3. ABC 分类法

按不同的资料对谈判项目的重要性不同进行分类。若该资料对谈判项目有着重要作用,可定为 A 级,进行重点整理与保存;若资料对谈判有作用的,可定为 B 级,一般性地进行整理与保存;若资料谈判有一定参考价值的,可定为 C 级,进行一般的处理即可。

(四) 资料的保存

分类好的资料要妥善地保管。即使经常使用的资料也要放好,按分类放入相应的文件夹中,以便随时查找。

总之,对于通过各种途径和手段搜集的大量谈判信息资料,我们要进行认真整理,对资料的真实性与可靠性进行分析,去粗取精,去伪存真,分门别类,精心筛选;同时,还要妥善保管,以便随时查找;并注意信息的保密工作,防止关键谈判信息泄露,导致谈判失败。

案例链接 5-3

上海在规划建设地铁一号线时决定利用外资,引进发达国家的成熟技术。法国、德国、英国、美国、日本、意大利、加拿大等国家都先后表示了合作和贷款意向,法国更提出可以提供优惠的政府贷款。政府贷款的特点是不提供现金,只可以在贷款额度内购买贷款国生产的设备。

但是,上海城市规划部门决定引进国际竞争机制,采取国际通行的"净现值"(NPV)评估法,即对各投标公司提交方案的资金、技术、价格进行综合评估,对系统工程资金条件、技术方案、设备价格分 A、B、C、D、E 五级评分。

结果,德国中标。德国的优势是 100% 政府软贷款(法国为 46% 政府软贷款、54% 商业贷款),年利率 0.75%,还款期 40 年,总体报价比法国低 10%,比英国低 30%。上海市市长当即拍板决定,利用德国的政府贷款,购买德国的车辆和设备,并立即派人到德国考察、谈判、签约。

思考:上海引进地铁谈判。通过各种途径和手段搜集的大量谈判信息资料,进行认真整理,对资料的真实性与可靠性进行分析,对谈判有重要的作用。

国际商务谈判背景调查,是在国际商务谈判之前,对与谈判活动有密切联系的各种信息情报资料进行收集、分析和整理;是制定谈判方案的依据,会影响商务谈判的成败。

商务谈判背景调查主要内容:国际商务谈判背景调查的意义;背景调查内容,涉及宏观环境因素、微观环境因素调查、谈判者对自身的了解等因素;背景调查的途径,文案调查、实地调查、归纳、统计分析等方法;背景资料的评价、筛选、分类、保存等整理与分析技术。

习题

结合实例说明谈判环境因素分析的重要性。
(1) 应该如何了解谈判对手的真实情况(信息来源渠道、辨析所得信息的真实程度)?
(2) 结合案例,分析己方哪些情况应该让对方知道?哪些情况应该保密?

案例1 力拓案对中外进出口铁矿石谈判的影响

2009年7月9日,上海市国家安全局通过一份新闻通告正式表态:2009年以来,在中外进出口铁矿石谈判期间,澳大利亚力拓公司驻上海办事处首席代表胡士泰与该办事处人员刘才魁等四人,采取不正当手段,通过拉拢收买中国钢铁生产单位内部人员,刺探窃取了中国国家秘密,对中国国家经济安全和利益造成重大损害。

一家参与中方谈判组的钢企负责人向记者坦承:"感觉每一次谈判对方的准备都很周密,先机总是掌握在他们手里。"

一位国有钢厂的负责人告诉记者,对于钢企来说,原料库存的周转天数、进口矿的平均成本、吨钢单位毛利、生铁的单位消耗等财务数据,属于钢铁企业机密信息,不得随便外传。此外,一个钢铁企业的生产安排、炼钢配比、采购计划等,也属于企业内部资料。"如果力拓掌握大部分钢企的财务数据和生产安排进度,那么,在铁矿石谈判中将轻易掌握中方的谈判底线。"该负责人表示。

中钢协会定期将行业统计数据反馈给会员单位,其中,行业平均毛利是"非常重要也非常机密"的数据。"如果矿商掌握了中国钢铁行业的平均毛利,那么,它会对中国钢铁行业的成本承受能力了如指掌,而谈判时,双方公开的价格要求,往往比实际成本要高。"

"公开的行业信息都是给外人看的,而且统计上存在不同标准,未公开的一般是各个企业的具体生产资料,以及影响交易的行业真实成本数据,比如吨钢铁水成本。"上述钢企负责人表示。

一位不愿透露姓名的前首钢人士告诉记者:"所谓涉密的情报,包括企业的生产成本——这涉及对于矿石等原材料价格的承受能力;企业的技术改造水平、具体经济技术指标——比如内外矿配比比例;生产技术参数——高炉生产系数、焦炉系数,甚至国家政策发展动向等,都是属于涉密因素。从铁矿石谈判的商业机密上来说,中国出什么招?中方谈判对策几何?都是重点。"

一位资深业内人士表示,国际矿商拉拢收买钢铁业内部人员、刺探窃取情报在行业内"已不是一两年的事情了"。接触过胡士泰的业内人士表示,胡士泰平时接电话很少用手机,一般会要求对方拨他的座机号码,"现在看来,可能是担心被窃听"。

另外,胡平时出席大量公共活动,亦与业内人士交往频繁,"胡每天的任务几乎都是会见内地业内人士,行程很满,胡在被捕前两天,还与中方铁矿石谈判队伍商讨价格问题"。

【分析】

(1) 中国钢铁生产单位内部人员泄露了什么?

(2) 该铁矿石谈判中,商业机密涉及哪些内容?

(3) 从该案例分析中,我们应该吸取哪些教训?

案例2　情报交易链条揭秘

2009年的国际铁矿石谈判,在亚欧市场都推进得异常缓慢。5月26日,力拓公司宣布,其下属的哈默斯利铁矿石公司已与日本新日铁公司就2009年4月1日起、新一财年的铁矿石价格达成一致:在2008年的基础上,粉矿(占中国进口量的80%)、块矿(占中国进口量的20%)将分别降价32.95%和44.47%。中方是否跟进,顿时成为最大悬念。因为,这远低于中钢协"矿价回到2007年水平""不少于40%降幅"的心理预期和谈判底线。当天下午,主持谈判的中钢协秘书长单尚华在马钢集团内部召集参加谈判的16家钢企开了紧急会议,主要内容就是商讨如何应对新日铁与力拓达成的"首发价"。同时,其还通过电话,征求了谈判队伍外各家企业的意见。钢协与宝钢、河钢、武钢、鞍本、沙钢、山钢、马钢、首钢、华菱、包钢、太钢等共16家钢企组成了谈判队伍,定期召开会议,商议谈判进展与对策。5天后,一份"不予跟进"的强势声明出现在钢协网站,主流钢企也纷纷表态力挺钢协立场。直到6月18日的采访中,单尚华还对记者表示:"我们现在并不着急,主动权在我们手里。"

但自6月上旬以来,对中钢协的抱怨之声突然多了起来。随着钢材市场的渐渐回暖和原料资源的推涨,力拓等矿商在彼时的中国市场采取了强势回击的态度。自日韩首发价推出后不久,原本通过议标方式出售矿石的矿商们暂停出货2~3周的时间,而后再次重启。于是新一轮的议标,冲高至粉矿77美元/吨的(CIF)到岸价,为4个月来的最高价格,接近力拓与日韩所敲定的新价格。

【分析】

(1) 为什么中国作为澳大利亚重要的铁矿石客户,在谈判中却处于劣势?

(2) 分析有关获取谈判对手信息的重要性。

5.2 国际商务谈判的组织准备

国际商务谈判组织的构成和管理;商务谈判团队成员的结构及素质。

了解国际商务谈判的组织准备的内容;掌握、具备谈判的组织构成及谈判团队管理的基本方法及能力。

国际商务谈判的组织准备,是为实现某一国际商务谈判目标,依据某种商务谈判方式,从谈判团队人员、组织结构和过程管理等方面进行预案,该组织工作贯穿于国际商务谈判活动的全过程,并影响商务谈判的效率。

本章节将重点探讨:谈判人员的基本素质、谈判组织的构成、谈判组织的管理等内容。

1954年,敬爱的周总理率中国代表团参加日内瓦国际会议,为了让与会代表和新闻记者了解中国悠久的传统文化和中华人民共和国成立后的新气象,中国代表团带去了国内新拍出的第一部彩色(越剧)影片《梁山伯与祝英台》。

在放映之前,工作人员准备了长达十几页的英文说明书,周总理得知后直摇头,说:"十几页的说明书,谁看? 我要是记者就不看。"

工作人员听后很茫然,随后,周总理信心十足地说:"你只要在请柬上写句话就行了,'请您欣赏——一部彩色歌剧电影——中国的《罗密欧与朱丽叶》'放映前,用英语做三分钟剧情介绍。我保证不会失败。"果然,《梁山伯与祝英台》受到了外国观众的喜爱,演到"哭坟""化蝶"时,还传出哭泣声。

一位美国记者甚至说:"这部电影太美了,比莎士比亚的《罗密欧与朱丽叶》更感人!"

提示: 周总理巧荐《梁山伯与祝英台》安排的创意。

国际商务谈判组织是指为了实现某一国的国际商务谈判目标,依据某种方式结合而成,该组织工作贯穿于国际商务谈判活动的全过程。

一、谈判人员的基本素质

选择谈判人员是国际商务谈判准备工作的重要组成部分,谈判团队的每位成员的基本素质、思想意识、知识素养和能力结构影响着整个谈判组织的能力,决定着谈判的成功与失败。一个合格的谈判人员应具备五项基本素质。

(一) 良好的思想品德

商务谈判人员不仅代表组织个体的经济利益,而且在某种意义上还肩负着维护国家利益的义务和责任,谈判成员的一言一行都会影响到国家形象。具有强烈的爱国心和高度的责任感,能够维护国家尊严、维护国家和集体利益,遵纪守法、廉洁奉公,忠于国家、组织,恪尽职守,要有强烈的事业心、进取心和责任感,这是谈判人员必须具备的首要条件,也是谈判成功的基本保证。

(二) 健康的生理素质

谈判人员要有较好的生理素质,只有身体健康、体力充沛、精力旺盛,拥有协调性、耐久性、适应性等方面的能力特征,才能适应高度紧张、复杂多变的谈判环境。

(三) 稳定的心理素质

谈判是一种利益角逐和智慧的较量,需要能够处理僵局和超常发挥自身能力的成熟、稳定的心理素质。只有具备这样的心理素质,才能够赋予谈判者以力量、智慧和灵感,使其临危不惧、遇事不惊,顺利不得意,挫折不失意,具备坚忍顽强的意志力、高度的自制力和良好的协调能力等。

(四) 合理的学识结构

谈判过程不仅是双方才能较量的过程,更是测验谈判者知识、智慧、勇气、耐力的过程。因此,国际商务谈判人员必须具备合理的学识结构,既要知识面宽,又要有精深的专业知识,要能够基础知识与专业知识相结合,自然科学知识和社会科学知识相统一。

(五) 较高的能力素养

谈判者驾驭国际商务谈判这个复杂多变的竞技场合能力,是谈判者在谈判桌上充分发挥作用所应具备的主观条件。它主要包括:判断洞察力、思维应变能力、语言表达能力、沟通社交能力、关系协调能力、思维创新能力等。

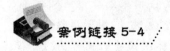
案例链接 5-4

有家面包店被消费者投诉,该消费者给报社写信,批评该面包店的面包分量不足,严重损害了消费者的利益。收到报社传来的投诉信,该面包店这样回复投诉人:"你在信中批评我们的面包分量不足,我们的面包的确存在着分量不准的现象。"该面包店的回信看似承认了消费者的投诉,但是却用"分量不准"来解答消费者"分量不足"的质疑,这种说法可以说是颇具水平。

因为"分量不足"代表的是面包店故意欺骗顾客,然而"分量不准"代表的则是面包店工作上的疏忽,才有有时多给、有时少给的现象。

因此,虽然分量不足和分量不准只有一字之差,却代表着两种不同的意义。面包店通过这种语言上的技巧,不仅维护了自己的形象,还为自己赢得了改进经营的机会。

思考:掌握语言,关键时刻化干戈为玉帛。"辩才"是一种将真理转化成语言的能力,而所使用的语言又能让聆听者完全理解。语言艺术在谈判中能够起到化干戈为玉帛的作用。因此,他们认为语言表达技巧高的谈判者在谈判桌上往往更占优势。

注意:美国谈判大师卡罗斯认为理想的谈判人员应该具有以下十二种特质。

(1) 有能力和对方商谈。
(2) 有忍受冲突和面对暧昧字句的耐心。
(3) 有智慧和耐心等待事情真相的揭晓。
(4) 品格正直,并且能使交易双方都有好处。
(5) 具有良好的商业判断力,能够洞悉问题的症结所在。
(6) 认识对方及其公司里的人,并和他们交往,以助于交易的进行。
(7) 有组织去冒险、争取更好的目标的能力。
(8) 能够敞开胸怀,听取各方面的意见。
(9) 商谈时具有洞悉对方的观察力,并且能够注意到可能影响双方的潜在因素。
(10) 拥有丰富的学识、良好的计划及公司的信任。
(11) 愿意并且努力地做计划,了解产品及一般的规则,同时还能找出其他可供选择的途径,勇于思索及复查所得到的资料。
(12) 稳健:能够克制自己,不轻易放弃,并且不急于讨别人的喜欢。

二、谈判组织的构成

(一) 谈判组织的构成原则

1. 性格互相协调

谈判团队中组成人员性格要互补协调和互补,视不同性格分别担任不同的角色,就可以发挥出各自的性格特长,形成"1+1>2"的效果,构成整体谈判团队的最大优势。

2. 知识构成互补

知识构成互补是指谈判团队成员配置各具备自己专长的知识,在处理不同领域的问题时,知识互补,形成团队整体优势;同时谈判团队成员的理论知识与工作经验的结合、互补,能有效提高谈判团队整体战斗力。

3. 成员分工明确

谈判团队成员各自分工明确,角色定位清楚,团队各成员职责分明,通力合作,统一步骤,共同实现的谈判目标。

(二) 谈判组织的人员构成

1. 组织人员构成

台前人员,即直接上谈判桌的人员,也就是与谈判对方直接对话的成员,一般包括首席谈判代表、商务人员、技术人员、财务人员、法律人员、翻译人员、记录人员,根据谈判议题的大小,有时可以个人身兼数职,使团队显得很精干。幕后人员,即不直接与对方谈判,而是为台前人员出谋划策或准备文件资料的人员,一般包括领导和服务人员。

2. 各成员工作职责

(1) 首席谈判代表。是谈判桌上主要发言人,也是谈判现场的组织领导者;他除具备一般谈判人员必须具备的素养外,还应具备谈判经验丰富,善于控制与协调谈判进程;其主要职责是:监督谈判程序、掌握谈判进程、听取专业人员的建议和说明、协调谈判班子成员的意见、决定谈判过程中的重要事项、代表单位签约和汇报谈判工作。

(2) 商务人员。是指熟悉商业贸易习惯、市场价格行情的人员。他们在谈判中配合首席谈判代表进行合同条款和价格条件的谈判,帮助拟定合同文本,进行有关商务事宜的对外联络工作。

(3) 技术人员。是指熟悉生产技术、产品标准和相关技术发展动态的工程技术人员。他们在谈判中配合首席谈判代表进行有关生产技术、产品性能、质量标准、产品验收、售后技术服务等问题的谈判。

(4) 财务人员。是指熟悉国际财务会计和国际金融知识,能够进行国际财务核算的人员。他们在谈判中负责把关价格核算、支付条款、货币结算等与财务有关的环节。

(5) 法律人员。是指精通国际贸易的各种法律条款以及执行法律事宜的专职律师、法律顾问等有关人员。他们在谈判中配合首席谈判代表进行涉及法律事务方面的谈判,同时做好有关合同条款的合法性、完整性、严谨性的把关工作。

(6) 翻译人员。是指由精通对方国家语言、了解外贸业务的专职或兼职翻译担任,主要负责口头与文字的翻译工作。在国际商务谈判中,翻译人员的地位举足轻重,他们起到沟通双方意图的作用,并可以在谈判中配合首席谈判代表,执行有效的谈判战术。翻译人员的水平将直接影响谈判结局。

(7) 记录人员。是指负责对谈判内容进行记录,他可以是由专人担任或由上述除首席谈判代表以外的其他人员兼任。谈判中记录也是非常重要的,要能如实反映谈判进展,又能使谈判人员通过查阅谈判记录,回忆谈判现场的情况,寻找谈判中出现的漏洞,制定相应对策。甚至谈判后,谈判人员还可以查阅谈判记录,分析谈判的得失,总结经验。

(8) 幕后领导。是指负责该项谈判业务的企业、公司或部门的领导,其职责主要是监督谈判组织的工作,指导完成预定的谈判目标。领导能否尽职,是谈判成功与否的保证。因为,谈判的具体事务由首席谈判代表负责,但有些大型的谈判需要有关领导的参与。在谈判进程中,领导一般需要在谈判前制定方案、在谈判中听取汇报,并在必要时对谈判进程和内容进行适当干预,确保谈判目标的实现。

(9) 幕后服务人员。是指不上谈判桌,但要为谈判桌上的人员准备资料或者提供后勤服务的二线人员,幕后服务人员的作用也很重要。在大型的谈判中,因为涉及的面很广,需要翻译、查阅资料,分析和研究问题。问题准备越充分,资料掌握越多,失误的概率就越小,谈判的胜算就越大。同时幕后服务人员还参与谈判的场所布置和其他后勤保障工作。

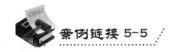
案例链接 5-5

谈判者总是不吝于让谈判对手知道自己手中拥有的权限,哈佛大学的老师认为这并不是一种高明的谈判做法。当谈判者这么做时,实际上是把自己置于不利的地位。因为谈判者这样做,对方就会轻易地发现你拥有多大的决定权,谈判时,对方就知道只要说服谈判者就可以了。一旦谈判者表示同意,对方就会认为谈判有了确定无疑的结果。反之,如果谈判者告诉对方,他必须向更高的权威汇报谈判结果,情况立马就不一样了。因此,高明的谈判做法是在对手面前为自己找到一个更高的权威。

罗斯是一位不动产投资商。他曾经投资过一些公寓楼和住宅别墅。刚刚买下一栋楼时,罗斯总是喜欢让房客们知道他就是那栋楼的主人,因为他觉得那种感觉很好,他的自我意识得到了大大的满足。但随着账单越来越多,罗斯渐渐发现让房客知道他就是主人并不是一件好事。因为房客们觉得他一定很有钱。既然这样,替他们换一下只被烟头烧了一个小洞的地毯,稍微同意他们拖欠一下房租,都不是值得罗斯斤斤计较的事。

后来,罗斯掌握了最高权威策略,他成立了一家资产管理公司,之前的问题全都迎刃而解了。罗斯作为资产管理公司的总裁,他不再告诉房客们他就是大楼的主人,而是告诉房客,他公司的主要业务是资产管理,主要为一群投资人管理不动产业务。这样一来,当房客再提出要换下破了一个小洞的地毯时,罗斯就会运用权威策略告诉房客们:"我想我很难让投资者们因为一个小洞就换掉整块地毯,如果你们每个月的 1 号都能交房租,大约半年后,我会试着去说服房主更换地毯。"如果房客们说:"我们恐怕每个月的 15 号才能交房租。"罗斯同样会运用权威策略告诉他们:"我理解,谁都会有困难的时候,不过,我想你们最好还是按时交房租,因为房子的主人说,如果房客们每个月的 15 号还没有交房租,他们就会请客人离开。"通过这样的谈判策略,困扰罗斯的问题全都得到了妥善解决。

思考: 为自己找到一个更高的权威。谈判中要想让更高权威策略最大限度地发挥作用,最好找一个具有模糊实体的最高权威,比如说某个委员会或者董事会。如果谈判者所找的更高权威是上司,谈判者的对手会觉得直接找谈判者的上司会更有效率。如果谈判者所找的更高权威是一个模糊的实体,谈判者的对手当然没有办法绕过谈判者直接找更高权威者去谈判。由此可知,找一个模糊的更高权威不仅不会引起对手的对抗情绪,还会给对手带来更大的压力,可以说,更高权威策略是一种非常有效的谈判方式。

三、谈判组织的管理

谈判成功需要通过有效的管理,充分发挥每个谈判小组成员的潜能,提高谈判组织的整体谈判力,使谈判进程朝着正确的方向有效地开展工作,最终实现谈判目标。

(一)确定适当的谈判组织规模

谈判团队的规模要符合精干、实用、高效的原则。若商务谈判组织规模过大,不易果断决策;若规模过小,谈判人员负担过重,谈判的准备工作难免有疏漏。一般商务谈判在实际工作中可以参照以下四点确定谈判组织的规模。

1. 能够保证较高的工作效率

要使谈判人员发挥各自优势,提高谈判效率,谈判组织规模不宜过大。不然,会使有些成员无法发挥作用,造成资源浪费,同时容易引起群体决策的种种弊端。

2. 有利于谈判组织的有效控制

谈判组织领导人既要对整个谈判实行监控,又要协调谈判成员的工作,在变幻莫测的谈判形势下,谈判成员过多无法保证领导人的有效管理。

3. 有利于谈判策略和计划的落实

通常要避免谈判议题过大(涉及专业领域过多),一项谈判所需专业知识控制在四项以内。对于大型商务、项目谈判,可采用分阶段、分内容的谈判,使各方组成不同技术领域的谈判小组举行不同轮次的谈判。

4. 便于谈判小组人员的调换

在商务谈判的不同阶段,所需的专业人员有所不同;因此,在商务谈判的不同阶段出席谈判的人员不必过多,可以根据不同需要随时调换。

(二)确定谈判组织的领导

谈判组织领导人是商务谈判的主要策划人,除应具备谈判人员基本素质外,还必须具备较全面的知识、果断的决策能力、较强的管理能力、一定的权威地位和良好的心理素质。同时,谈判组织领导人的主要职责有以下五个。

(1)全面负责调整商务谈判工作的进行,负责挑选谈判人员。

(2)管理谈判队伍,进行成员分工,制定周密的商务谈判方案。

(3)协调谈判小组成员的心理状态和精神状态,处理好成员间的人际关系,增强队伍的凝聚力和战斗力,建设团队精神。

(4)主管谈判方案和谈判策略的实施,对具体的让步时间、让步幅度、谈判节奏、决策时机等作出总体安排。

(5)负责向上一级或者有关的利益方汇报谈判进展程度,获得上级的指示,贯彻执行上级的决策方案,指导完成谈判任务。

(三)强化谈判成员分工协作和团队建设

在谈判进程中团队在谈判领导指挥下密切配合,既要以人为本、分工合理、配合默契,根据谈判的内容和个人的专长进行适当的分工,明确个人的职责,又要加强成员间的配合,谈判中与其他人员相互呼应、相互协调和配合,培养成员的团队精神,充分调动各成员的积极性和创造性,形成一个谈判整体,为共同的谈判目标努力。

确定适当的谈判组织规模、确定谈判组织的领导、强化谈判成员分工协作和团队建设。

案例链接 5-6

案例 1 某县一家饮料厂欲购买意大利固体果汁饮料的生产技术与生产设备。该厂拟定派往意大利的谈判小组包括四名核心人员,即饮料厂厂长、县主管工业副县长、县经委主任和县财办主任。

思考: 如此安排谈判人员是否合适?会导致什么样的后果?那么,应如何调整谈判人员?作出调整的理论依据是什么?

案例2 A国12名不同专业的专家组成一个代表团去美国采购约3000美元的化工设备和技术。为了令A方满意,美方做了精心安排准备,其中一项是送给A方每人一个小纪念品。纪念品的包装很讲究,是一个漂亮的红色盒子,红色代表发达。

可当A方高兴地按照美国人的习惯当面打开盒子时,每个人的脸色却显得很不自然——里面是一顶高尔夫球帽,但颜色却是绿色的。美方的原意是:签完合同后,大家去打高尔夫。但他们哪里知道,"戴绿帽子"是A国男人最大的忌讳。结果,双方未能签订成合同。

思考: 你认为该项国际谈判失败的原因是什么?

(分析提示:在国际商务谈判中,作为谈判人员,要做充足的准备,对于谈判对象所在国家的风俗习惯等情况也要做充分的了解,这是谈判人员应该具备的基本素质。)

重点内容概要

国际商务谈判的组织准备,是依据某种商务谈判目标和方式,从谈判团队人员、组织结构和过程管理等方面进行组织筹划,并影响、贯穿于国际商务谈判活动的全过程。

商务谈判组织准备的主要内容:谈判人员的基本素质;谈判组织的构成,包括组织构成原则及谈判人员构成;谈判组织的管理,涉及确定适当谈判组织规模、谈判组织领导,强化谈判团队分工协作和团队建设等内容。

教学一体化训练

习题

1. 一个完整的谈判小组应包括哪些成员?各成员之间应该如何配合?
2. 一位优秀的谈判人员应该具备哪些能力和素养?
3. 如何对进行一次国际商务谈判进行管理?
4. 简述国际商务谈判小组的搭配原则。
5. 简述国际商务谈判人员的培养途径与方法。

松下在寒暄中失去先机

日本松下电器公司创始人松下幸之助先生刚"出道"时,曾被对手以寒暄的形式探测了自己的底细,因而使自己产品的销售大受损失。当他第一次到东京,找批发商谈判时,刚一见面,批发商就友善地对他寒暄说:"我们第一次打交道吧?以前我好像没见过你。"批发商想用寒暄托词,来探测对手究竟是生意场上的老手还是新手。

松下先生缺乏经验,恭敬地回答:"我是第一次来东京,什么都不懂,请多关照。"正是这番极为平常的寒暄答复,使批发商获得了重要的信息:对方原来只是个新手。批发商问:"你打算以什么价格卖出你的产品?"松下又如实地告知对方:"我的产品每件成本是20元,我准备卖25元。"

批发商了解到松下在东京人地两生,又暴露出急于要为产品打开销路的愿望,因此趁机杀价:"你首次来东京做生意,刚开张应该卖得更便宜些。每件20元,如何?"结果没有经验的松下先生在这次交易中吃了亏。

【分析】

(1)一个有经验的谈判者,如何能透过相互寒暄时的那些应酬话去掌握谈判对手的背景材料?

(分析提示:谈判对手的背景,如性格爱好、处事方式、谈判经验及作风等,进而找到双方的共同语言,为相互间的心理沟通做好准备,这些对谈判成功有着积极的意义。)

(2)如何理解寒暄不仅可以营造友好和谐的谈判气氛,也是在谈判之始观察对方情绪和个性特征、获取有用信息的好方法?

(分析提示:寒暄中最容易引起对方兴趣的话题莫过于谈到他的专长,被美国人誉称为"销售权威"的霍伊拉先生就很善于这样做。一次他要去梅依百货公司拉广告,他事先了解到这个公司的总经理会驾驶飞机。他在和这位总经理见面互做介绍后,便随意说了句:"您在哪儿学会开飞机的?"一句话,触发了总经理的谈兴,他滔滔不绝地讲了起来,谈判气氛显得轻松愉快,结果不但广告有了着落,霍伊拉还被邀请去乘坐了总经理的自用飞机,和他交上了朋友。)

5.3 国际商务谈判的时空准备

国际商务的谈判时间、谈判场所和谈判物质条件。

认识谈判时空准备对谈判人员、过程和结果的影响;正确掌握国际商务谈判时间选择、地点安排、场所布置及物质准备等的技巧、方法。

国际商务谈判的时空准备,包括谈判时间的选择、地点的安排、场所的布置,以及其他方面的物质准备;这些准备都直接影响着谈判人员的心境和情绪,对谈判的过程和结果有巨大影响。

本章节将重点探讨:谈判时间的选择、谈判场所的选择、物质条件的准备等内容。

A公司想与B公司共同承担风险进行经营。但困难的是,B公司对A公司的信誉总是不大相信;为了解决这个问题,公关人员安排了一个特别的地点,请两公司的决策人会面。

这个特别的地方有一座狗的雕塑,关于这个雕塑还有一个故事传说:有一只名为"八公"的狗,对主人非常忠诚。有一次主人出门未回,这只狗不吃不喝,一直等到死。后来人们把它当成了忠诚和信用的象征,并把它称为"八公犬",在这个地方为它塑了雕像。

所以许多人为了表示自己的忠诚和信用,就把这里作为谈判地点。当两个公司的决策人来到这里时,彼此都心领神会,合同就这样顺利地签署了。

足智多谋的公关人员针对对方有些疑虑的心理,采取巧妙的措施,安排了一个有特殊含义的谈判地点,从而使问题迎刃而解。

提示: 公关人员要安排一个有特殊含义的谈判地点的用意。

国际商务谈判的时空准备包括谈判时间的选择、地点的安排、场所的布置,以及其他方面的物质准备,这些都直接影响着谈判人员的心境和情绪,对谈判的过程和结果有巨大影响。

一、谈判时间的选择

在国际商务谈判中,谈判者应该对谈判时间的选择给予足够的重视;一般在选择时间时要考虑下列因素。

1. 根据谈判准备议程安排好谈判时间

谈判人员要有充足的准备时间,只有准备充分,才能事半功倍。若没有做好充分准备,匆匆忙忙开始谈判,因为一个重要信息的疏漏都可能导致谈判全局的失败。

2. 根据谈判人员的状态安排好谈判时间

谈判是一项精神高度集中的工作,对体力和脑力的消耗较大,谈判时需要思维敏捷、反应迅速、灵活地处理问题,所以谈判人员精神和情绪状态,会影响到谈判可能获得预期目标。

3. 根据市场形势的紧迫程度安排好谈判时间

如果所谈项目与市场形势密切相关,瞬息万变的市场形势不允许长时间谈判,特别是当威胁大的竞争对手较多的情况下,应尽早开始谈判,速战速决。

4. 根据谈判议题的需要安排足够谈判时间

对于包括多项议题的大型谈判,所需时间相对较长;对于议题不多的小型谈判,力争在较短时间内达成协议;对于双方意见分歧不大的议题,避免无谓的争辩和时间与精力的浪费;对于主要的议题或争执较大的焦点问题,可留有较多时间讨论、解决。

5. 根据需要安排好活动和机动时间

轻松的谈判气氛对促成谈判成功是非常重要的,尤其对于那些争执较大的焦点问题,在枯燥的谈判过程中适当安排一些文娱休闲活动,既可松弛神经、消除疲劳,又可活跃双方气氛、增进友谊。同时,要考虑到意外情况发生的可能性,适当安排机动时间。当然,也要注意谈判进程不要过于松散,节奏过于缓慢。

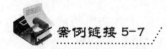

案例链接 5-7

一个日本客户与东北某省 A 外贸公司洽谈毛皮生意,条件优惠却久拖不决。转眼过去了两个多月,原来一直兴旺的国际毛皮市场货满为患,价格暴跌,这时日商再以很低的低价收购,使 A 外贸公司吃了大亏。

此时,一个美国女代表被派往日本就毛皮收购进行国际商务谈判。日商在接待的时候得知对方必须于两个星期之后返回。日本人没有急着开始谈判,而是花了一个多星期的时间陪她在日本国内旅游,每天晚上还安排宴会。

谈判终于在第12天开始,但每天都早早结束,为的是这名美国代表能够去打高尔夫球。终于在第14天谈到重点,但这时候美国人要回去了,已经没有时间和日商周旋,只好答应日商的条件,签订了收购协议。

日商收购 A 外贸公司的毛皮,然后转售美方的过程中,获取了巨额差价利益。

思考:A 外贸公司和日商的谈判受到了什么因素的影响?日商为什么在与 A 外贸公司、美商的谈判中大获全胜?

二、谈判场所的选择

对于谈判所选择不同的场所会产生不同的影响,有利的场所能增加己方的谈判地位和谈判力量。

(一)谈判地点的选择

谈判地点往往涉及谈判环境和谈判者心理因素等问题,它对于谈判效果具有较大的影响。谈判地点的选择包括国家、地区,通常可供选择的谈判地点有:主场谈判、客场谈判、主客场交叉谈判和第三地谈判。但谈判地点不论设在哪一方都各有利弊,需要谈判者充分利用地点的优势,促使谈判成功。

(二)谈判场地的选择与布置

谈判场地指谈判的具体场合环境。谈判场地的选择和布置对谈判有很大的影响,选择和布置得当的场地可以提高谈判的效率。特别是谈判场地布置得好坏,可以直接影响谈判者才智的发挥。

1. 谈判场地的选择

谈判场地应选择明亮通风、宽敞舒适、布置幽雅、相对安静、交通便利、通信方便、办公设备(如计算机、打字机、投影仪、录像设备等)齐全,使人心情愉快和精力集中的场合,避免对谈判产生不利影响。不利的谈判环境,如陌生的环境、嘈杂的环境、极不舒适的座位、温度过高或过低的谈判房间,或者不时地有外人搅扰,都容易使人心烦意乱,精力不易集中,引起心力交瘁感,影响谈判者的注意力和谈判效果,甚至导致谈判失误。

2. 谈判场地的布置

较为正规的商务谈判活动,通常安排有三类房间。

(1) 主谈室的布置。主谈室应以宽大舒适、光线充足、色调柔和、空气流通、温度适宜为原则。谈判桌居于房间中间,可以是长方形的,也可以是椭圆形的。一般不宜装设电话,以免干扰谈判进程,泄露有关秘密。

(2) 密谈室的布置。密谈室是提供谈判双方内部协商机密问题单独使用的房间,应靠近主谈室,有较好的隔音性能,室内应配有黑板、笔记本、笔、桌子以及比较舒适的椅子;在密谈室内不允许安装微型录音设施偷录对方密谈的信息。

(3) 休息室的布置。休息室是供谈判双方在紧张的谈判间隙休息或休会时各方内部交换意见时使用。休息室应该布置得轻松、舒适,如可布置一些鲜花、播放一些轻柔的音乐、准备一些茶点等,并应安装方便对外联络的通信设施。

(三)谈判双方座位的安排

在国际商务谈判中,座位的安排是一个比较突出、敏感的问题,对谈判气氛、内部人员之间的交流等都有重要的影响,应严格遵循国际惯例,讲究国际礼仪。

1. 长方形或椭圆形

双边谈判一般采用长方形或椭圆形谈判桌,通常主方、客方各坐一边。

若谈判桌横放(见图5.1),则正面对门为上座,应属于客方,背面对门为下座,应属于主方。若谈判桌竖放(见图5.2),则按进门后主左客右的方式就座,译员一般在首席谈判人员的右侧,即第二席位上,也有少数国家将译员席设在首席谈判人员的左侧或者后面,根据实际情况来安排即可。

| | | | 客方座位 | | | |
			客方首席			
6	4	2	1	3	5	7
7	5	3	1	2	4	6
			主方首席			
			主方座位			
			正门			

图 5.1　长方形谈判桌座位安排(横放式)

```
                ┌─────────────────────────────────────┐
                │              7          6           │
                │              5          4           │
                │              3          3           │
                │   主方首席    1          1   客方首席 │
                │   主方座位                  客方座位 │
                │              2          3           │
                │              4          5           │
                │              6          7           │
                └─────────────────────────────────────┘
```

图 5.2　长方形谈判桌座位安排(竖放式)

这种座位安排方法适用于比较正规、严肃的谈判。它的好处是双方相对而坐,中间有桌子相隔,有利于己方信息的保密;各方谈判人员相互接近,便于商谈和交流意见,也可形成心理上的安全感和凝聚力。它的不利之处在于人为地造成对立,容易形成紧张的谈判气氛,对融洽双方关系有不利的影响,需要运用语言、表情等手段缓和气氛。

2. 圆形

多边谈判一般采用圆形谈判桌,国际惯例上称为"圆桌会议"(见图 5.3)。采用圆桌谈判,谈判各方围桌交叉而坐,尊卑界限被淡化了,气氛较为和谐、融洽,容易达成共识。其不利之处是双方人员被分开,每个成员有一种被分割被孤立的感觉,同时也不利于己方谈判人员之间协商问题和保密。圆形的谈判桌,消除了彼此间的顺序差异,没有首席,也没有末席。这种形式适合于多边谈判,长方形或椭圆形谈判桌适合双边谈判。如果桌子方方正正,双方谈判人员容易产生压抑沉闷的感觉,形成对立的情绪,不妨偶尔换成圆桌改变一下气氛。

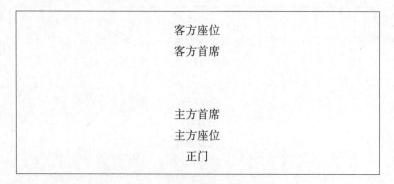

图 5.3　圆形谈判桌座位安排

3. 马蹄形

小型谈判也可不设谈判桌,直接在会客沙发上进行,双方主谈人在中间长沙发就座,主左客右,译员在主谈人后面,双方其余人员分坐两边,呈马蹄形,这样双方交谈比较随和、友好。较正式的谈判不宜采用这种形式。

与谈判桌相匹配的桌椅也是需要关注的对象。一方面椅子要舒适,因为谈判时间一般要持续一段时间,不舒适的椅子会使人坐不住,无法安心谈判;另一方面,椅子也不能过于舒适,太舒适容易使人产生睡意、精神不振。

此外,会议所需要的其他设备和服务也应周到,如烟灰缸、纸篓、笔、记事本、文件夹、各种饮料等。

总之,谈判场景的选择和布置要服从谈判的需要,要根据谈判的性质、特点,双方之间的关系、谈判策略的要求而决定。

案例链接 5-8

日本老资格政治家河野一郎在他的回忆中清晰地描述了20世纪50年代他与苏联领导人布尔加宁的一次谈判,他利用环境的优势轻取对手。

当他来到谈判会议室准备就座时,苏联人按惯例让他先行选择,河野环视一下,就近选了一把椅子说:"我就坐在这儿吧。"布尔加宁说了声"好",便在河野对面坐了下来。

事后,河野讲,他选的椅子在方向上是背光的,谈判中他很容易看到对方的表情,甚至是布尔加宁流露出的倦容。河野宣称这是他多年外交谈判的一个秘诀。

思考:利用环境的优势轻取对手。该案例中如何利用谈判环境优势,影响谈判过程?

三、物质条件的准备

在国际商务谈判中,物质条件准备也是谈判准备的一个重要方面,谈判的组织者要对物质准备高度重视,为谈判顺利进行奠定基础。

(一)食宿安排

谈判过程艰苦复杂、体力消耗大、精神高度紧张,对谈判人员的脑力及体力有较高的要求,因此食宿安排保障是谈判准备的重要内容。在某种程度上,就餐场所是紧张而艰苦的谈判过程的缓冲和过渡场所,也是增进双方私下接触、融洽双方关系的有利场合。

主方对客方的食宿安排应周到细致、方便舒适、卫生安全,不一定要豪华、奢侈,与使用者的身份地位和消费水平相适应即可。主方还要考虑客方的生活习惯和文化风俗,了解对方有无饮食方面的禁忌,尽量安排可口的饭菜,照顾对方的饮食习惯。

(二)交通安排

谈判服务人员要为其他谈判组织成员妥善安排交通、各种交通工具的衔接。要有备选方案,确保谈判旅途、行程的及时、安全和舒适。一般住宿地和谈判场所不应离得太远。出行时间和线路的选择,应尽量避免交通拥堵,这样不仅耽误时间,还影响谈判人员的情绪,甚至有可能导致谈判被迫推迟或取消。

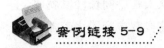
案例链接 5-9

  日本是一个自然资源匮乏而经济十分发达的国家。以钢铁和煤炭资源来说，其优质的铁矿和煤炭的蕴藏量都非常低，又因第二次世界大战前实行的经济军事化和战后的以经济成倍增长计划为特点的经济起飞，其铁矿和煤炭的矿藏几乎开采殆尽。

  与此相反，澳大利亚是一个幅员辽阔、自然资源丰富的大国。日本渴望购买澳大利亚的煤和铁，在国际贸易中，澳大利亚一方却不愁找不到买主。按理说，日本人的谈判地位低于澳大利亚，澳大利亚一方在谈判桌上占据主动地位。可是，精明的日本人却以大量订购澳方煤、铁并免费提供来回机票为诱饵，将澳大利亚的谈判者请到日本去谈生意。

  澳大利亚人到了日本，一般比较谨慎、讲究礼仪，而不至于过分侵犯东道主的权益，因而日本方面和澳大利亚方面在谈判桌上的相互地位发生了显著的变化。澳大利亚人过惯了富裕舒适的生活，他们的谈判代表到了日本之后没过几天，就住不惯日本的木屋和榻榻米，吃不惯东方式的日本饭团和鱼子酱，急切想回到故乡别墅的游泳池、海滨和妻儿身旁去，所以在谈判桌上常常表现出急躁的情绪和急于求成的心理。

  作为东道主的日方谈判代表却不紧不慢、不慌不忙地讨价还价，有时还故意停下来，介绍一下日本的风情民俗，甚至陪对方出游、出席舞会，以此加剧澳方代表的急躁心理和回归情绪，掌握了谈判的主动权。结果，日本方面仅仅用少量款待和来回机票作"诱饵"，就钓到了"大鱼"，取得了大量在谈判桌上难以获得的东西：他们以低于国际市场近一半的价格取得了澳大利亚的煤、铁订单。

  思考：日本与澳大利亚的煤铁谈判过程中，日方谈判代表采用了什么策略？

重点内容概要

  国际商务谈判的时空准备，将直接影响着谈判人员的心境和情绪，对商务谈判的过程、效率和结果有巨大影响。

  商务谈判组织准备的主要内容：谈判时间的选择，考虑谈判准备议程、谈判人员状态、形势紧迫程度、议题中段需要、活动和机动时间等因素；谈判场所的选择，谈判地点、场地，谈判布置及双方座次安排；物质条件准备，包括食宿、交通安排等内容。

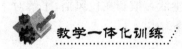
教学一体化训练

习题：

1. 国际商务谈判的物质准备工作主要包括哪四个方面？
2. 在国际商务谈判准备阶段，应及时和尽可能多地搜集对手哪些信息？为什么？

3. 什么是谈判小组成员的性格互补？
4. 什么是周密式的谈判策略？
5. 制定谈判议程时应注意哪些要点？

戴高乐在自己的私人别墅谈判

1958年，阿登纳访问法国，与戴高乐举行会晤。

戴高乐选择了他在科隆贝的私人别墅接待阿登纳。这栋别墅的环境十分幽雅，房间里的布置虽说不上华丽，但给人非常舒适的感觉。会谈在戴高乐的书房里举行。阿登纳进入书房后，举目四望，周围都是书橱，收藏有各种史学、哲学、法学著作。

阿登纳认为，从一个人的书房陈设就可以多方面地了解这个人。后来他多次向他的左右谈到戴高乐的书房给他留下的良好印象。首次会谈给双方留下了良好而深刻的印象，为之后签订法国与联邦德国友好条约奠定了基础。

【分析】
(1) 戴高乐为什么选择自己的私人别墅作为双方首次会谈的地点？
(2) 本案例对你有何启示？

5.4 国际商务谈判方案的制定

国际商务谈判基本要求、商务谈判方案及内容、谈判方案的撰写及规范。

熟悉谈判活动的策略运用，能根据谈判对手的不同制定相应的谈判方案；基本具备能根据商务谈判方案、谈判协议内容，拟订正确商务合同的能力。

国际商务谈判方案，是指在谈判开始前，对谈判目标、议程、谈判策略预先所做的安排；是指导谈判人员的行动纲领；能有效地控制谈判过程复杂的局势，使谈判按照既定的方案进行；在整个谈判进程中起着非常重要的作用。

本章节将重点探讨：制定谈判方案的基本要求、谈判方案的内容、谈判方案的撰写等内容。

一个小镇和一家世界级的大公司进行谈判，双方谈判的问题是是否应该提高工厂的税额。大公司在紧挨着小镇的地方有一家工厂，公司原本每年向小镇缴纳的赞助费是30万美元，通过谈判，公司每年向小镇缴纳的赞助费提升至30.6万美元。

从公司和小镇的情况来看，公司的实力似乎更强，它设在小镇附近的工厂为小镇居民提供了大量的工作机会，小镇则处于经济非常困难的时期。如果公司关掉小镇附近的工厂或者把工厂迁离小镇，小镇就将陷入更加艰难的境况。公司向小镇缴纳的赞助费支付着小镇人的工资，然而，因为公司肯定要保住工厂，它除了和小镇当局达成协议外，没有其他的选择。所以公司目前所有的这些资源和实力上的优势都还没有转化为谈判时的最佳替代方案，在谈判中起不到什么作用。反观，小镇当局有着绝佳的替代方案，如果提高缴纳赞助费的谈判不成功，他们将要采取的替代方案是：扩大边界，把工厂划进小镇，然后征收100%的住地税，这笔住地税每年大约有250万美元。正因为小镇当局有这样吸引人的最佳谈判替代方案，所以即使小镇和公司的实力悬殊，小镇当局也敢于和世界级的大公司进行谈判，并且万无一失地达到自己的谈判目的。

提示：谈判双方的实力并不取决于他们各自的财力、政治权势，而是双方的最佳替代方案。谈判的替代方案是衡量一切拟定协议的标准，有了这一标准，不仅能够防止你接受对己方十分不利的协议，还使你不至于去拒绝不该拒绝的协议。

准备一套最佳替代方案，以保万无一失。谈判者的最佳替代方案除了是一个行之有效的谈判标准外，还能够让谈判者在寻找新的解决方案时更富灵活性。高明的谈判者都知道，与其拒绝那些不符合底线的谈判方案，还不如把谈判对手的建议和己方的最佳替代方案作比较，看它是否能更好地满足己方的利益。你的最佳替代方案越理想，你的谈判实力就越强。

国际商务谈判方案是指在谈判开始前，对谈判目标、议程、谈判策略预先所做的安排，是指导谈判人员的行动纲领，在整个谈判进程中起着非常重要的作用。

一、制定谈判方案的基本要求

制定谈判方案的目的是有效地控制谈判过程复杂的局势，使其按照既定的方案进行。谈判方案一般是以书面文字的形式确定，并有一些基本要求。

（一）简明扼要

谈判人员能容易地记住其主要内容与基本原则，在谈判中能根据该方案要求与对方周旋。谈判方案越简要，谈判人员在执行时越容易记住，在错综复杂的谈判中更容易把握谈判的主题方向，从而掌控谈判的局势。

(二)内容具体

谈判方案要与具体内容相结合,以具体的内容为基础。谈判方案内容要求具体,但注意不要过分细化,否则执行十分困难,缺少机动性。

(三)灵活可行

谈判方案只是谈判前一方的主观设想,单方面考虑谈判过程的情况。但是在实际谈判过程中,各种随机因素都可能影响谈判,因此方案应该具有灵活性,以防出现一些无规律可循而又不可控制的因素影响谈判。

在草拟谈判方案时,还需要进行方案可行性研究,对拟订出谈判的各种方案进行比较和选择。因为谈判可能不会按照自己的预期设想达成协议,不论是己方还是对方的原因,最终可能都无法实现所有目标。所以应制定几套替代方案,并从中选出最佳替代方案,以便自己有回旋的余地,能使己方获取最大利益的方案就是最佳谈判方案,在谈判时要尽可能按最佳方案执行。

案例链接 5-10

谈判时一定不要让你的对手知道你的其他选择都不怎么样。这就是说,即便你确立的那些方案并不是世界上最好的,这样的信息只有你知道就行了。否则,你的谈判成果就会变小,因为你的对手一定会利用你在策略上已经存在的弱点。

除了寻找自己一方所需的其他方案之外,如果初次谈判没有获得成功,估计对方可能有些其他的选择。显然,对方的其他选择越少,你就越有可能谈成。

思考:谈判注意事项,谈判成功的因素。

(分析提示:①确定你要谈判的是什么,如果有的话,什么使你可以作为一种妥协来接受;②确定一旦成为必要的谈判目标,哪些是你可以作出让步的;③确认谁将在谈判中支持你或反对你;④考虑你将在谈判中采用什么策略;⑤估计你的竞争对手的强弱及他可能采用的策略;⑥确定你自己的谈判权限,确定你不能做进一步退让的那一点。)

二、谈判方案的内容

(一)谈判目标

制定谈判方案的核心问题是确定谈判目标,即谈判双方在各项交易条件下,通过磋商,在产品数量和质量上所要达到的标准和程度,包括对技术要求、验收标准、技术培训要求、售后服务、价格水平等方面的要求,它的实现与否是判定谈判是否成功的标志。

谈判目标的制定,既要考虑己方的总体目标,也要考虑己方的实际状况、谈判对方的实力、双方力量对比以及市场供求变化因素。谈判目标要有弹性,要给谈判留有余地,不然谈判稍遇分歧就会使谈判挫折、破裂。通常谈判目标分为三个层次。

1. 最优目标

最优目标是对谈判者最有利的目标境界,是谈判者最希望达成的目标。这个目标虽然很难得到实现,但它激励谈判人员尽最大努力去实现,也可以很清楚地评价出谈判最终结果与最高期望目标存在多大差距。

2. 可接受目标

可接受目标是指谈判人员根据各种主要客观因素,通过考察各种情况,经过科学论证、预测和核算之后所确定的谈判目标,介于最优期望目标与最低限度目标之间(一个区域范围)的目标。

3. 最低限度目标

最低限度目标是谈判必须达到的最基本的目标。在谈判中,对最低限度目标要严格保密,否则会使对方主动出击,陷入困境。

商务谈判最终目标确定是一件复杂的事情,要综合分析许多因素后才能作出判断。在确定某一项目谈判目标时,既要对谈判双方各自优势、劣势,标的选择唯一性、多样性及合作长期性、持久性等因素的综合分析、判断。

(二)谈判期限

从谈判的准备阶段到谈判的终结阶段要持续一段时间,在国际商务谈判中,谈判的期限通常指从谈判者着手准备谈判到报价的有效期结束之时为止。谈判双方都规定了一定的期限,超过这个期限后即使履行了协议,也可能带来一定的影响与损失。同时,谈判的时间拖得越久,双方耗费的资源也就越多。因而,双方应在谈判之前规定一个谈判期限,同时又要有伸缩性,能够适应谈判过程中的情况变化。

(三)谈判议程

谈判议程是指有关谈判的事项、议题、程序和时间等安排的预先编制。目的在于促使谈判在预定的议程、时间内有效地完成所要讨论的每个事项。在谈判的准备阶段中,双方均应率先拟订谈判议程,并得到双方的认同。在实际谈判中,一般由主方先拿出己方制定好的谈判议程,经与客方协商后确定最终的议程。

谈判议程至少应包括以下内容。

1. 谈判时间的安排

确定谈判在何时举行,持续多久。若是系列谈判,则每阶段谈判的划分、持续多久确定等。谈判时间要合理规划,避免无谓的时间浪费,但也要留有机动余地,以防止意外情况的发生。

2. 谈判议题的确定

凡是与本次谈判有关的,需要双方展开讨论的问题,都可以列为谈判的议题。然后双方再根据实际情况,共同确定应重点解决的问题,定为本次谈判的议题。

3. 谈判议题顺序的安排

谈判议题的顺序安排一般有先易后难、先难后易和混合型等方式,可视具体情况适当安排。通常,有争议问题不要放在开头,会影响谈判的后续;也不要放在最后,会给谈判留下不好印象;最好放在谈判中间阶段来解决较难的问题。

4. 通则议程与细则议程的内容

通则议程是谈判双方共同遵照使用的日程安排。在通则议程中,应列入双方讨论的中心问题,尤其是第一阶段谈判的安排;列入谈判范围的有哪些事项,哪些问题不讨论,问题讨论的顺序是什么;列入讨论中心问题及细节问题的人员安排及总体及各阶段的时间安排。通则议程可由一方提出,或双方共同提出,但都需经双方审议同意后正式生效。

细则议程是对己方审议同意后具体策略具体安排,供己方使用,具有保密性。其内容一般有:对外口径的统一,包括文件、资料、证据和观点等;谈判过程中对各种可能性的估计及其对策安排;谈判的顺序,即何时提出问题,提出什么问题,向何人提出这些问题,由谁补充,何时打岔,谁来打岔,在什么时候要求暂停讨论等,需要谈判人员的预先安排。

谈判议程的拟订有一定的技巧,协商拟订谈判议程时需考虑以下三个方面。

(1) 议程能否体现己方的具体情况,能否使己方扬长避短,即在谈判的程序安排上,能否保证己方的优势得到充分的发挥。

(2) 议程的安排和布局,是否能为己方运用谈判策略埋下契机。一个经验丰富的谈判者是绝对不会放过利用拟订谈判议程的机会来运筹谋略的。

(3) 谈判议程的内容是否能够体现己方谈判的总体方案,是否能够使己方引导或控制谈判的速度,有利于己方实现让步的限度和步骤等。

(四) 谈判人员

谈判方案中要对谈判班子的组成和谈判人员的分工作出恰当的安排。一个谈判组织包括台前人员(包括首席谈判代表、商务人员、技术人员、财务人员、法律人员、翻译人员、记录人员)和幕后人员(包括领导和服务人员)等。

案例链接 5-11

大连公司的谈判人员分析了迪拜公司的经营状况及其谈判代表的资料,考虑到中国和国际市场上同类紧固件的行情,以及迪拜公司代表亲自赴中国产地考察生产及运输成本的情况,谈判方案制订如下。

一、谈判目标

最高目标是按高出国际市场同类商品价10%成交;第二目标是与国际市场价持平,最低目标是按高于紧固件出厂价的15%~20%成交,比国际市场同类产品低8%左右。

二、谈判议程

首次非正式谈判安排在迪拜公司代表抵达大连后的午宴中进行,主要是先沟通一下谈判要点和日程安排,不直接涉及最敏感的价格问题;第二次的正式谈判安排在从天津考察后返回大连的次日上午或全天,地点在大连公司总部会议室,主要是对交易方式和条款进行逐项磋商;第三次谈判安排在第二次谈判的次日下午,以便有较多的时间最后敲定所有交易细节,直至签约。

三、谈判策略

由于对方经过工厂生产工序的实地考察,对原料采购和各运输环节的价格构成比较清楚。对方谈判主角性格温厚,精于核算。因此,谈判宗旨应该是开诚布公,尽量避免枝节问题的纠缠,控制好谈判时间,视对方日后进口数量的多少,灵活调整交易方式,保小利而谋求建立持久的供货关系。

四、谈判人员的分工

公司副总经理担任每次会晤的主谈,业务经理负责全程陪同考察并参与每次谈判,对技术指标和价格构成进行分析和解释,拟定交易协议。

思考:该"一次紧固件贸易谈判方案"安排的依据、特点。

三、谈判方案的撰写

谈判方案是指导谈判人员的行动纲领,能够有效地组织和控制谈判的进程,在整个谈判中起着至关重要的作用。所以,谈判方案的撰写应遵循文字简明扼要、内容具体清楚和操作灵活机动的原则。谈判方案的撰写应该包括下列内容。

1. 谈判方案的标题

说明谈判项目的大致内容,如关于引进某产品生产流水线的谈判方案。

2. 谈判方案的正文

包括引文、谈判主题、谈判目标、谈判议程、谈判组织成员、谈判时间和地点等。

3. 落款

包括方案制定者的名称、单位公章和撰写时间。

另外,由于商务谈判过程千变万化,随机因素很多,事先可以多设计几套方案,以适应谈判现场的具体情况,以应对临时变化的需要。

案例链接 5-12

关于引进日本电子芯片生产流水线的谈判方案

由于我公司产品更新换代、提高竞争力的需要,经公司董事会临时会议决定,公司将从日本××公司引进全套自动化电子芯片生产流水线及有关部件的生产技术。双方定于×月×日在上海××国际大厦举行正式洽谈。

一、谈判主题

以合适的价格引进这条具有世界先进水平的自动化电子芯片生产流水线及有关部件的生产技术。

二、总体目标

1. 技术要求

(1)该流水线要求使用中国工业用电标准,不再需要相应的电压转换系统。

(2)该流水线在正常工作条件下每小时可生产芯片××个,合格率保证在95%以上。

2. 试用期考核指标

(1)试用期为6个月。

(2)使用温度在−10℃～60℃。

(3) 电子焊头在正常使用下,使用寿命为不低于××个工作日。

3. 生产技术转让

(1) 日本××公司应该无偿提供机车的部分技术。

(2) 日方应提供相应的技术图纸、工艺流程图、专用手册等。

4. 购买价格

(1) 购买交易以美元结算。

(2) 日方FOB报价为120万美元/台。

(3) 我公司最高能接受价格为115万美元/台。

(4) 按照当日的美元汇价,允许价格上下有10%的浮动。

三、谈判程序(略)

四、具体日程安排(略)

五、谈判地点

上海××国际大厦 上海市静安区××路××号,电话:××××××××

六、人员分工

主谈:顾××,公司谈判全权代表。

副谈:卞××,配合主谈工作,并及时做补充和纠正。

成员:欧阳×,翻译;赵××,负责记录和技术条款;尚×,负责法律和财务支持。

公司谈判小组
年 月 日

思考: 从"关于引进日本电子芯片生产流水线的谈判方案",掌握谈判方案的设计、撰写。

重点内容概要

国际商务谈判方案,是对谈判目标、议程、策略等,在谈判预先筹划与安排;是指导谈判人员按照既定目标的行动纲领;在整个谈判进程中起着非常重要的作用。

商务谈判组织准备的主要内容:制定谈判方案的基本要求,简明扼要、内容具体、灵活可行;谈判方案的内容,涉及谈判目标、谈判期限、谈判议程和谈判人员;谈判方案的撰写,包括谈判方案标题、正文和落款等内容。

教学一体化训练

习题

(1) 简述制定谈判方案的基本要求,涉及哪些要点?

(2) 简述制定国际商务谈判方案的完整内容,包括哪些方面?

(3) 结合实际案例撰写一个完整的谈判方案。

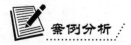 **案例分析**

精心设计谈判策略,最后关头重拳出击

世界著名谈判大师罗杰·道森曾经讲过这样一个家庭故事。罗杰·道森的女儿茉莉亚高中毕业了,他想送给茉莉亚一份毕业礼物。茉莉亚未公开的日程表中有三样东西:一是到欧洲旅行5个星期;二是想要1 200美元的零用钱;三是想要一个新的行李箱。茉莉亚相当聪明,她向父亲提出要求时并没有把上面的三样东西都提出,而是一个个地提出来。首先,茉莉亚请求父亲同意她去欧洲旅行;几周后,她又请求父亲给她1 200美元的零花钱;最后,茉莉亚出发前又对父亲说:"其他的同学都带着新的行李箱,你不想让我带着破旧的行李箱到欧洲旅行吧?"罗杰·道森只好又答应了女儿最后的要求。

罗杰·道森讲到这个故事时说道:"如果茉莉亚一开始就把三个条件都提出来,我很可能会否定掉1 200美元零花钱和新行李箱的条件,但是茉莉亚运用蚕食的策略,让我不得不答应了她的全部条件,她是个谈判高手。"

蚕食的原则告诉你,谈判后期运用该策略,你更容易得到一些东西。

【分析】

(1) 为什么罗杰·道森所主张的蚕食谈判原则更适用于谈判后期,也更容易让谈判者得到某些谈判条件?

(2) 为什么罗杰·道森认为,谈判者如果精心设计谈判的蚕食策略,往往能在谈判结束时让对手接受之前不愿意接受的东西?

5.5 模拟谈判

 **知识要点**

模拟谈判内涵;模拟谈判形式;模拟谈判总结。

 **能力目标**

了解模拟商务谈判对提高正式谈判的成功率的作用;能识别商务谈判重要的、难度较大的环节,掌握设计模拟商务谈判的方法与能力。

 **内容提要**

模拟商务谈判,是在正式谈判之前,为了更直观地预见谈判过程、前景,对一些重要的、

难度较大的谈判环节,采取模拟方法来预演、改进与完善谈判的准备,来提高正式谈判的成功率。

本章节将重点探讨:模拟谈判意义、模拟谈判的形式、模拟谈判的总结。

德国商人以严谨缜密而著称于世,不管是大企业还是小企业,也不论是大型复杂的谈判还是小型简单的谈判,德国商人总是以一种不可辩驳的权威面目出现,而他们也常常控制着谈判桌上的主动权,这要归功于他们对模拟谈判的重视。

对于德国商人来讲,事先演练某场谈判是一个必然的程序,他们往往对谈判中可能发生的小事都做周密准备,对谈判中可能会发难的问题拟定详细答案。这很自然地增强了其谈判实力,为成功谈判奠定了基础。

提示: 德国商人重视模拟谈判。一次中德冶金设备谈判,总体感受是中方提出的每一个问题,德方就像把答案已经打印出来一样熟练回答,而对德方提出的问题,中方准备得并不充分。其结果会怎样,又说明了什么。

在正式谈判之前,我们虽然可以为谈判制定详细的计划和方案,但这还不能成为谈判成功的充分保证。为了更直观地预见谈判前景,对一些重要的、难度较大的谈判,可以采取模拟谈判的方法来改进与完善谈判的准备工作,提高正式谈判的成功率。

一、模拟谈判的意义

模拟谈判是在谈判正式开始前,按照既定的谈判计划由己方人员站在对方的立场上与己方谈判人员先进行预"谈判"的行为。因为,谈判过程是动态变化过程,影响谈判进程的因素可能会发生变化,谈判对方的决策与行为有很大的不可预见性,己方掌握的背景资料也不一定完全准确、全面。所以,商务谈判,尤其是大中型谈判进行前,模拟谈判是十分必要的。其意义体现在以下三个方面。

1. 提高应对突发事件的能力

模拟谈判可以使谈判者获得实际性的经验,提高应对各种突发事件的能力。在模拟谈判中,谈判者可以一次又一次地扮演自己,甚至扮演对手,从而熟悉实际谈判中的各个环节,对初次参加谈判的人来说尤为重要。

2. 检验谈判方案筹划的周密可行

谈判方案是对未来将要发生的正式谈判的筹划与预计,这本身就不可能完全反映出正式谈判中出现的一些意外事情;同时,谈判人员受到知识、经验、思维方式、考虑问题的立场和角度等因素的局限,谈判方案的制定就难免会有不足之处和漏洞。模拟谈判是对实际正式谈判的模拟;因此,模拟谈判能够较为全面严格地检验谈判方案是否切实可行,检查谈判方案存在的问题和不足,及时修正和调整谈判方案。

3. 训练和提高团队的谈判能力

模拟谈判是站在对手的立场上提问题,有利于发现谈判方案中的错误,并且能预测对方可能从哪些方面提出问题,以便事先拟定出相应的对策;对于谈判人员来说,能有机会站在对方的立场上进行换位思索,是大有好处的。模拟谈判不但能使谈判人员了解对方,也能使谈判人员了解自己,因为它给谈判人员提供了客观分析自我的机会,注意到一些容易忽视的失误。

二、模拟谈判的形式

模拟谈判的形式主要有以下三种。

1. 会议式

会议式模拟是把谈判者聚在一起,以会议的形式,充分讨论,自由发表意见,共同想象谈判全过程。

2. 戏剧式

戏剧式模拟是在谈判前进行实战演习,根据拟定的不同假设,安排各种谈判场面,以丰富每个谈判者的实战经验。每个谈判者都在模拟谈判中扮演特定角色,随着剧情的发展,会将谈判全过程展现在每个谈判者面前。

3. 分组辩论式

一方运用己方的谈判计划和方案,另一方则以真实对手的立场、观念和谈判策略为依据与之对抗,以此寻找己方的薄弱环节和相应对策。

总之,模拟谈判应尽量做到善于假设,提出各种可能出现的问题;尽量提高仿真程度和实战性;以促使对方作出己方希望的决定作为模拟谈判的目标。

模拟谈判的形式,除上述的形式以外,还可根据谈判的实际需要,采用列表回答、提问、辩论等方式。

三、模拟谈判的总结

模拟谈判结束后要及时进行总结。模拟谈判的目的是为了总结经验、发现问题、弥补不足、完善方案。所以,在模拟谈判告一段落后,必须及时、认真地回顾在谈判中我方人员的表现,如对对手策略的反应机敏程度、自身班子协调配合程度等一系列问题,以便为真正的谈判奠定良好的基础。

模拟谈判的总结内容具体如下。

(1) 对方的观点、风格、精神。

(2) 对方的反对意见及解决办法。

(3) 自己的有利条件及运用状况。

(4) 自己的不足及改进措施。

(5) 谈判所需情报资料是否完善。

(6) 双方各自的妥协条件及可共同接受的条件。

(7) 谈判破裂与否的界限等。

 **案例链接 5-13**

日本首相田中角荣20世纪70年代为恢复中日邦交正常化到达北京,他怀着等待中日间最高首脑会谈的紧张心情,在迎宾馆休息,迎宾馆内气温舒适,田中角荣的心情也十分舒畅,与随从的陪同人员谈笑风生。他的秘书早饭茂三仔细看了一下房间的温度计,是"17.8℃"。这一田中角荣习惯的"17.8℃"使得他心情舒畅,也为谈判的顺利进行创造了条件。

思考:充分的商务谈判模拟、准备对谈判过程、结果的影响与作用?

 重点内容概要

模拟商务谈判,在正式谈判开始前进行谈判模拟,它既可帮助修改完善谈判方案,又可帮助谈判人员积累经验,提高谈判能力。

模拟商务谈判的主要内容:模拟谈判作用,包括提高应对突发事件的能力、检验谈判方案筹划的周密可行、训练和提高团队的谈判能力;模拟谈判的形式,有会议式、戏剧式和分组辩论式;模拟谈判的总结,发现问题,弥补不足,完善方案。

习题

(1) 简述为什么要进行模拟谈判。
(2) 模拟商务谈判主要考虑哪些内容?
(3) 结合实例分析模拟谈判的形式和总结的内容及特点。

 **案例分析**

案例 1 一位叫赫伯·科恩的谈判高手,有一次到一家工厂去推销产品,他未直接去该厂业务部门,而是到生产第一线转了一圈。他注意到工人们都节奏很快地忙碌着手中的活计,而产品几乎没有堆积的状况。

闲聊中,一位车间领班告诉他:"我们用过许多公司的产品,可是只有你们公司的产品通过了我们的试验,符合我们的规范。"赫伯·科恩明白了自己在即将展开的推销谈判中所拥有的优势,信心十足地走向谈判桌。

【分析】

(1) 这场销售谈判的过程和结果会是什么样的?
(2) 你认为还有什么准备比信息的准备更重要的吗?
(3) 可以用谈判的哪些原理来解释这个事例?

案例 2 中韩的一次贸易谈判

中方某公司向韩国某公司出口丁苯橡胶已一年。第二年,中方公司根据国际市场行情,比照前一年的成交价,将价格每吨下调了120美元(前一年价格为1 200美元/吨)。韩方感到可以接受,建议中方到韩国签约。

中方人员一行到了位于首尔的该公司总部,双方谈了不到20分钟,韩方说:"贵方价格仍太高,请贵方看看韩国的市场价,3天以后再谈。"

在对韩国市场的调查中,中方发现,韩国的丁苯橡胶的批发和零售价均高出中方公司的现报价30%~40%。市场价虽呈降势,但中方公司的报价是目前市场上的最低价。

中方人员致电告诉韩方人员:"调查已结束,得到结论:我方来首尔前的报价低了,应涨回去年成交的价位,但为了老朋友的交情可以下调20美元,而不再是120美元。请贵方研究,有结果再通知我们,若我们不在饭店,则请留言。"

韩方人员接到电话一个小时后,即回电话约中方人员到其公司会谈。韩方认为,中方不应把已经报过的价再往上调。中方认为,这是韩方给的权利。他们按韩方要求进行了市场调查,结果应该涨价。韩方希望中方多少降些价,中方认为原报价已降到底。经过几回合的讨论,双方同意按中方来首尔前的报价成交。

【分析】

(1) 该中韩的贸易谈判的结果说明了什么?

(2) 我们在该贸易谈判中应吸取什么经验?

(分析提示:遇到像这样对方明显理屈的情况,我们一定要据理力争。任何其他替代性方案都将意味着无原则的妥协,因为这样做只会"助纣为虐",增大对方日后的"胃口",对自身来讲,却要承受难以弥补的损失。

同对方展开必要的斗争,让他们自知观点站不住脚,就可能使他们清醒地权衡得失,作出相应让步。)

第6章
国际商务谈判过程

6.1 开局阶段

商务谈判开局气氛营造的方法;商务谈判开局策略的具体实施。

理解国际商务谈判开局阶段的工作特征;根据实际情况,掌握正确营造开局气氛,并灵活应用谈判开局的策略和技巧实施。

开局阶段是国际商务谈判的第一个阶段,是指谈判双方见面后,相互介绍、寒暄,即谈判进入实质性内容讨论之前的那段时间;开局阶段是国际商务谈判的起点,并在很大程度上决定、影响着整个谈判的走向和发展趋势。

开局阶段主要任务是营造谈判气氛、交换意见、开场陈述和阶段总结。

本章节将重点探讨:商务谈判开局基本的特征、策略和技巧。包括营造谈判气氛、双方交换意见、谈判开场陈述、开局阶段的总结。

一家美国公司向一家日本公司推销一套先进的机器生产线,双方都派出了技术力量很强的谈判小组进行谈判。美国方面的热情非常高,摆出一副志在必得的架势。谈判一开始,美方代表就喋喋不休地大谈他们的生产线是如何先进,价格是如何合理,售后服务是如何周到。在美方代表高谈阔论的时候,日方代表一声不吭,只是埋头记录,将美方代表所谈的每一个问题都详细地记了下来。美方代表兴致勃勃地讲完以后,问日方代表还有什么问题。日方代表却一脸茫然的样子表示没有听懂。美方代表只得再介绍一遍,如此反复了三四遍,美方代表一开始的热情不见了,谈判场面也不像谈判刚开始时那么热火朝天了。整个谈判气氛随着日本代表的表现进入了一种低沉的状态。日本代表看到时机已经成熟,便"冷冰冰"地向美方代表提出一连串问题,问题的尖锐程度是美方代表始料不及的,美方代表顿时被弄得手忙脚乱。最后,日本方面把价格压低到了美方可以承受的极限。

其实,日本方面从一开始就听明白了美方代表所谈及的每一个问题。但是,他们注意到当时的谈判气氛完全被美方代表所控制,如果他们当时就提出自己的问题,那么,美方代表可能会趁着兴头对这些问题进行回击,那时自己很可能会被对方所控制,谈判结果可能对自己极为不利。于是,日方代表避开美方代表的锋芒,采取"疲劳战术",逐渐控制了谈判气氛,使谈判向有利于自己的方向发展。

提示: 美日双方关于生产线的谈判。美日双方在谈判开局阶段的谈判气氛及其对谈判双方的影响。

在国际商务谈判活动中,谈判双方从见面商议开始,到最后签约为止,整个过程往往呈现出一定的阶段性。整个谈判过程依次分为开局阶段、报价阶段、磋商阶段和终结阶段,并且每个阶段都有各自的特点和任务。

开局阶段是整个商务谈判的起点,对整个谈判过程有重要影响。开局阶段主要任务是营造谈判气氛、交换意见、开场陈述和阶段总结。

一、营造谈判气氛

谈判气氛是谈判双方参与人员之间相互影响、相互作用所共同形成的人际氛围。包括人员彼此之间的初始印象、诚意状况及个性差异等综合表现。

谈判气氛一旦形成,很难轻易改变,即使在以后的谈判过程中可能会随着整个谈判形势的变化而变化,但是开局的气氛却奠定了整个谈判的基调。因此,开局阶段的谈判气氛对整体气氛的形成和发展具有关键性作用。

(一)谈判气氛的类型

1. 平静、严肃、严谨的谈判气氛

平静、严肃、严谨的谈判气氛是谈判双方正处于一种相互提防、似有成见的气氛中。具体表现为:见面不热情,握手时一触即弃;入座、喝茶互不相让;语言简练、语速适中;双方目光对视时,面带微笑只一闪而过,平静如水而不声张;进入谈判场所速度适中。

2. 松弛、缓慢、旷日持久的谈判气氛

松弛、缓慢、旷日持久的谈判气氛是因长期谈判而无结果,谈判双方已感到厌倦而出现的一种谈判气氛。具体表现为:进入谈判会场姗姗来迟,衣冠不整,精神不振;相见时,握手如例行公事,面部表情麻木,左顾右盼,表现出无所谓的态度;谈判时,对谈判目标没有信心,对讨论不认真倾听,甚至以轻视口吻发问;双方不断转换话题。

3. 冷淡、对立、紧张的谈判气氛

冷淡、对立、紧张的谈判气氛是谈判双方处于一种不信任和对立情绪之中的气氛。具体表现为：谈判双方见面不关心、不热情；在衣着、语言等方面企图压倒对方；交谈时带双关语，甚至带讥讽口吻等。

4. 热烈、积极、友好的谈判气氛

热烈、积极、友好的谈判气氛是谈判双方态度诚恳、真挚、彼此适应对方的谈判气氛。具体表现为：双方见面时话题多、口气轻松、情感愉快、精力充沛、兴致勃勃；谈判人员服装整洁、举止大方、目光和善；进入谈判会场互相让座，互相问候、敬茶等。

谈判气氛会影响谈判的发展方向，不同的谈判气氛可以在不知不觉中把商务谈判朝着某种方向推进；谈判气氛会影响谈判人员心理、情绪和感觉，从而引起相应的反应，若不加以调整和改变，就会强化这种气氛，最终影响商务谈判的成败。

（二）营造良好的谈判气氛

良好的谈判气氛可以为谈判奠定一个相互尊重和信任的良好基础。在谈判双方间相互传达一种友好合作的信息，能减少对方的防范心理，利于协调双方的心理和行动，能显示出谈判者的诚意性。营造良好的谈判气氛体现在以下三个方面。

1. 健康自信、真诚大方的形象

人们良好的第一印象主要包括服装、仪表、语言、行为等方面。谈判者第一印象注意：外表方面要给人美观、大方、整洁的感觉；语言方面，包括身体语言，要给对方热情、友好、真诚、亲切的感觉；注重日常工作和生活中的礼仪，包括握手、对话、会议礼仪、电梯礼仪等。

2. 平等平静、友好沟通的姿态

在开局阶段交流要轻松自如，要注意谈话内容，要从轻松、愉快的话题开始（如私人问候、共同兴趣经历等），忌急于进入实质性谈判。

3. 营造良好谈判气氛的技巧

（1）称赞法。是指通过选择恰当的称赞目标，在恰当的时机，通过称赞对方来削弱对方的心理防线，从而使对方焕发出的谈判热情，调动对方的情绪，营造良好的谈判气氛。

（2）感情突破法。是指通过某一特殊事件来引发普遍存在于人们心中的感情因素，并使这种感情迸发出来，从而达到营造良好气氛的目的。

（三）营造谈判气氛需要考虑的因素

在开局阶段，谈判人员应根据谈判双方的业务关系、人员个人关系和谈判实力等情况的不同，选择不同的谈判气氛，营造合适的开局氛围。

1. 据谈判双方的业务关系情况灵活掌握

（1）有过友好业务合作。谈判双方应把这种友好的业务关系作为谈判的基础，谈判场合双方姿态应比较自由、放松而亲切。

（2）有过一般业务往来。谈判双方目标是要争取创造一个比较友好、随和的气氛；谈判场合双方在语言、热情程度上应有所控制，姿态上可以随和自然。

（3）有过不尽如人意业务经历。谈判双方在开局时，应保持严谨，语言上再注意礼貌，略带点冷峻;姿态上应该充满正气,注意与对方保持一定的距离。

(4) 从未有过业务往来。谈判双方应力争创造一个友好、真诚的气氛,以淡化和消除双方的陌生感;在语言上应表现得礼貌、友好,但又不失身份;在姿态上应是不卑不亢,沉稳中不失热情,自信但不骄傲。

2. 据谈判双方的谈判实力正确把控

谈判双方的实力对谈判气氛有很大的影响。具体影响表现在:当双方谈判实力比较均衡时,要注意创造一个友好、轻松的气氛,以免双方互不相让,一争高低;谈判人员的语言和姿态要做到轻松而不失严谨,礼貌而不失自信,热情而不失沉稳。当己方谈判实力明显强于对方时,在谈判中不抱有过高的期望值,在语言和姿态上,既要表现得礼貌友好,又要充分显示出我方的自信和气势;当己方谈判实力弱于对方时,为不使对方在气势上占尽上风而影响实质性谈判,既要表示友好、积极合作,又要充满自信、举止沉稳、谈吐大方,使对方不轻视自己。

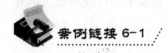

东南亚某个国家的华人企业想要为日本一家著名电子公司在当地做代理商,双方几次磋商均未达成协议。在最后的一次谈判中,华人企业的谈判代表发现日本代表喝茶及取放茶杯的姿势十分特别,于是他说道:"从××君(日方谈判代表)喝茶的姿势来看,您十分精通茶道,能否为我们介绍一下?"这句话正好点中了日方代表的兴趣所在,于是他滔滔不绝地讲述起来。结果,后面的谈判进行得异常顺利,那家华人企业终于拿到了他所希望的地区代理权。

思考:该谈判过程,是什么使后面的谈判进行得异常顺利?

二、双方交换意见

通过合适的谈判开局,建立起良好的谈判气氛之后,谈判在进入磋商实质内容之前,谈判双方最好先沟通、交换意见,协商谈判议程;在谈判计划、目标、进度和人员等方面使双方取得一致意见。

(一)谈判计划

谈判计划是指谈判的议程安排表,其内容涉及本次谈判需要讨论的议题和双方必须遵守的规则;一般情况下安排谈判议题的步骤。

(1) 把与本次谈判有关的所有问题都罗列出来,尽可能不遗漏。

(2) 根据对己方利益有利的标准,将所列出的问题进行分类、排序。

(3) 尽可能将对己方有利,而对己方危害不大的问题列入谈判议题,并将对己方不利或危害大的问题排除在谈判议题之外。

(二)谈判目标

谈判目标是指谈判双方所明确表述对本次谈判所期望达到的目的和意图,并将其谈判议题具体化。为了避免谈判双方在谈判之初因目标差距而导致较大分歧,谈判双方应明确谈判的目标,并努力达成一致。

(三) 谈判进度

谈判进度是指洽谈的速度或会谈前预计的洽谈程度。在商务谈判中涉及的内容很多,谈判时间可能会很长,甚至有的谈判持续半年或一年以上,为使谈判的进程有条不紊,双方谈判人员应在时间上作出安排。

(四) 谈判人员

谈判人员是指每个谈判团队组成成员情况,包括姓名、职务以及谈判中的地位与作用;谈判双方在人员组成的职位、人数方面应基本上对等,相互介绍时应注意最基本的礼仪。

案例链接 6-2

某年夏天,春城昆明决定引进部分外资,开发自然资源,发展旅游业。日本的客商闻风而来,负责接待他们的是昆明市一位年富力强的中年人。谈判的中心议题当然是资金、效益、合作方式,但实际上谈判一开始便打外围战,不是谈经济和贸易,而是谈政治和形势。

日方代表不无隐忧地说:"我们同中国打交道,担心你们政局会变。"昆明代表表示理解地点点头说:"其实早几年我们也有过担心,不是担心政局会变,而是担心政策会变。看了几年,觉得中国的政策的确在变,不过是越变越活,越变越好了。"

日方代表又说:"这几个月,中国各大城市都在成立公司,有如雨后的蘑菇纷纷出土;可是,蘑菇的寿命是不会长久的呀!"昆明代表不卑不亢地答道:"对这个问题我想说两点:第一,蘑菇纷纷出土,说明我们正在执行一条开放搞活的政策;第二,蘑菇出土的同时,松苗也会破土而出。蘑菇可能寿命短,但松苗却可以长成参天大树!"一席话说得日本人不住地点头。

经过这番外围战,双方心里都有了底,经过几轮谈判,日方在昆明的旅游业方面下了很大一笔投资。

思考:"蘑菇出土"。商务谈判中合理的沟通、交换意见,协商过程的作用。

三、谈判开场陈述

开场陈述是指在报价之前,谈判双方为摸清对方的原则和态度,各自分别阐明己方对有关谈判问题的看法和基本原则。开场陈述的重点是己方的利益,原则性的、简明扼要地陈述和表态。

(一) 开场陈述的内容

开场陈述一般包括以下五个方面。

(1) 认为这次谈判应涉及的问题。

(2) 希望通过谈判取得的利益。

(3) 阐明哪些方面是至关重要的首要利益。

(4) 用何种方式为双方共同的利益作出让步和贡献。

(5) 表明立场,即在对方所享有的信誉,今后双方合作中可能出现的机会或障碍。

(二) 开场陈述的方式

开场陈述的方式一般有以下两种。

(1) 由一方提出书面方案,并做口头补充,另一方则围绕着对方的书面方案发表意见。

(2) 在会晤时双方进行口头陈述。

(三) 开场陈述的倡议

倡议是指提出一种能把双方引向寻求共同利益的现实的倡导和建议。谈判双方分别作了开场陈述以后,各自对于对方的立场、观点和谈判方针均有所了解,双方互相提出各种建设性的设想和解决问题的方案,使谈判能顺利地进行下去。

(四) 开场陈述的特点

开场陈述有以下四个特点。

(1) 在开场陈述阶段,各方只需陈述自己的立场,而不必阐述双方的共同利益。

(2) 双方的注意力应放在自己的利益上,不要试图猜测对方的立场,避免使对方不愉快,引起对立和敌意。

(3) 开场陈述是原则性的,而不是具体性的。

(4) 开场陈述应简明扼要,要使双方能立刻进入交谈、交流,避免开场陈述冗长、烦琐。

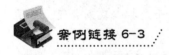

案例链接 6-3

一组关于设备转卖谈判的开局陈述。

买家:"大家上午好!再次见到各位非常高兴。经过上一次的参观交流,我方感觉赛维干洗这套新设备对我们很有吸引力。我方准备把这批设备引入西南地区,全面拓宽西南地区的干洗市场。我方已经向相关部门提出了申请并得到了批准。目前关键问题是时间——我方要以最快的速度在引进设备的问题上达成协议。所以,我方打算简化手续和调查程序。虽然我们以前没有过业务来往,不过业内朋友都知道贵公司一向重合同、守信誉,所以我方期待与贵公司取得良好的合作。"

卖家:"谢谢!听了贵方的陈述,我方很愿意积极配合,也非常愿意转卖赛维干洗新推出的这套设备。然而,有一点我方打算提醒一下贵方,这套设备绿色环保,处于世界领先水平,所以技术含量很高,安装调试也比较麻烦。不过,我方可以派技术骨干做培训,并上门安装调试。我方关心的是合理的价格水平,因为还有很多其他区域的客户也想订购这种产品,这是我方目前面临的情况。"

思考:试评价"关于设备转卖谈判的开局陈述"谈判双方的陈述。

(分析提示:谈判双方的陈述都比较恰当,对接流畅,而且对各自的立场、利益及关键问题都能够准确阐明,便于谈判双方掌握。这种商务谈判开场陈述值得学习。)

四、开局阶段的总结

经过开场陈述,倡议与选择可行方案时,在继续深入谈判之前,有必要对这一阶段的工作进行总结。

1. 重新审查己方的谈判目标及计划

己方通过开局阶段，在谈判将要进入实质性阶段时，应该在基本已明确对方意图的基础上，根据对方合作态度，判定己方是继续按照原来谈判目标和计划进行；或在考虑对方的态度及谋求自己利益时及时调整谈判策略。

2. 对对方的行为进行评估

通过开局阶段，己方已经基本摸清对方的态度，这时要对对方的表现进行评估和考虑。

(1) 从谈判过程中，判断对方的表现如何，对方是合作的还是充满敌意的。

(2) 从谈判行为中，对方会对己方施加多大的压力。

(3) 从谈判交流中判断，对方的陈述是否开诚布公，是否竭力攻击己方，采纳己方意见、建议比例是多少。

案例1 保留式开局策略。江西省某工艺雕刻厂原是一家濒临倒闭的小厂，经过几年的努力，发展为产值 200 多万元的规模，产品打入日本市场，战胜了其他国家在日本经营多年的厂家，被誉为"天下第一雕刻"。有一年，日本三家株式会社的老板同一天接踵而至，到该厂订货。其中一家资本雄厚的大商社，要求原价包销该厂的佛坛产品。这应该说是好消息。但该厂想到，这几家原来都是经销韩国、中国台湾地区产品的商社，为什么争先恐后、不约而同到本厂来订货？他们查阅了日本市场的资料，得出的结论是本厂的木材质量上乘，技艺高超是吸引外商订货的主要原因。于是该厂采用了"待价而沽""欲擒故纵"的谈判策略。先不理那家大商社，而是积极抓住两家小商社求货心切的心理，把佛坛的梁、橱、柱分别与其他国家的产品作比较，在此基础上，该厂将产品当金条一样争价钱、论成色，使其价格达到理想的高度。首先与小商社拍板成交，造成那家大客商产生失落货源的危机感。那家大客商不但更急于订货，而且想垄断货源，于是大批订货，以致订货数量超过该厂现有生产能力的好几倍。

案例2 进攻式开局策略。日本一家著名的汽车公司在美国刚刚"登录"时急需找一家美国代理商来为其销售产品，以弥补他们不了解美国市场的缺陷。当日本汽车公司准备与美国的一家公司就此问题进行谈判时，日本公司的谈判代表因路上堵车迟到了。美国公司的代表抓住这件事紧紧不放，想要以此为手段要求获取更多的优惠条件。日本公司的代表发现无路可退，于是站起来说："我们十分抱歉耽误了你的时间，但是这绝非我们的本意，我们对美国的交通状况了解不足，所以导致了这个不愉快的结果，我希望我们不要再为了这个无所谓的问题耽误宝贵的时间了，如果因为这件事怀疑到我们合作的诚意，那么，我们只好结束这次谈判。我认为，我们所提出的优惠代理条件是不会在美国找不到合作伙伴的。"

日本代表的一席话说得美国代理商哑口无言，美国人也不想失去这次赚钱的机会，于是谈判顺利地进行下去。

思考：进攻式开局策略是指通过语言或行为来表达己方强硬的姿态,从而获得对方必要的尊重,并借以制造心理优势,使得谈判顺利地进行下去。采用进攻式开局策略一定要谨慎,因为,在谈判开局阶段就设法显示自己的实力,使谈判开局就处于剑拔弩张的气氛中,对谈判进一步发展极为不利。

进攻式开局策略通常只在这种情况下使用：发现谈判对手在刻意制造低调气氛,这种气氛对己方的讨价还价十分不利,如果不把这种气氛扭转过来,将损害己方的切身利益。在本案例中,日本谈判代表采取进攻式开局策略,阻止了美方谋求营造低调气氛的企图。

进攻式开局策略可以扭转不利于己方的低调气氛,使之走向自然气氛或高调气氛。但是,进攻式开局策略也可能使谈判一开始就陷入僵局。

反思"保留式开局策略"。

重点内容概要

商务谈判开局阶段；其目的是双方要充分显示出谈判的诚意,开局谈判气氛对整体气氛的形成和发展具有关键性作用；其内容是在进入磋商实质内容之前,双方沟通、交换意见,协商谈判议程；其关键讲话内容应简短、明确并有所侧重、原则性简明扼要地陈述己方利益和表态。

商务谈判开局主要内容：营造谈判气氛,谈判气氛类型、营造和影响因素；双方交换意见,谈判计划、目标、进度和人员；谈判开场陈述,陈述的内容、方式、倡议和特点；开局阶段的总结,包括重新审查己方的谈判目标及计划、对对方的行为进行评估。

教学一体化训练

习题

(1) 商务谈判的主体阶段包括哪几个阶段?
(2) 建立良好谈判开局的影响因素有哪些?
(3) 结合实例说明谈判者形象对谈判开局气氛营造有哪些作用?
(4) 营造谈判气氛的方法有多种,其中共有的本质是什么?

案例分析

案例1 某市A公司从事某添加剂业务,因金融危机导致国际上工业原材料价格暴跌,于是,该公司决定以低价从国外大量购进该产品。

A公司做了大量的市场调研工作,确定英国B公司为谈判对象。A公司还通过电子邮件等方式与B公司进行了沟通,把己方的基本情况与所需产品信息传递给对方,也希望进一步获取B公司的信息。于是,A公司副总经理亲自挂帅组织谈判团队,通过各种渠道了解B公司的产品与底价,制订周密的谈判计划和方案。为了克服文化差异,A公司利用商务接待、参观访问等各种场合收集B公司谈判代表的个人信息,及时调整策略,充分尊重对方的文化与习惯。

在首次谈判桌上,A公司副总经理李明并没有急于阐明己方的观点,而是微笑着对B公司的谈判代表说:"你不知道,在英国你这个姓氏只有一个,非常特别。""这我一向不知道。"B公司的谈判代表说着骄傲地谈论起他的家族和祖先:"我的家庭是从荷兰移居英国的,几乎有200年了。"李明听了他的谈论,先是称赞他的祖先,然后称赞他年轻有为。

随后,李明还称赞B公司组织制度健全、机器设备精良。B公司的谈判代表听了高兴极了。他声称其中有一些机器还是他亲自发明的。至此,李明只字未提谈判的目的。B公司的谈判代表说:"现在,我们谈谈正事吧。我知道你们这次谈判的目的,但我没有想到我们竟是如此愉快。"在后续的开局谈判中,A公司顺利达成了对己方更有利的价格条款。

【分析】

(1) 为什么A公司顺利达成了开局谈判目标?

(2) 李明设计了哪种开局谈判氛围,并使得谈判顺利推进呢?

案例2 克莱斯勒巧妙争取银行贷款

在克莱斯勒破产风波中,虽然公司获得了政府的支持和贷款担保,但银行界却一直持否定态度,要想争取贷款给公司的400家银行同意延期收回6.55亿美元的到期债款,十分困难。公司董事会委托杰里·格林沃尔德和史蒂夫·米勒与各银行协调处理这一问题。同银行的谈判十分复杂。起初,史蒂夫分别找一家家银行谈。后来,他发现这个办法行不通。于是,改成把大家召集在一起谈,效果好一些。如果银行家们在这次会议上还达不成协议,那么,后果将不堪设想。因为,当时全国经济衰退形势已经很严重,如果克莱斯勒宣布破产,很可能意味着一个更为可怕的经济灾难即将来临。

当全体成员都到会时,史蒂夫宣布会议开始。他的开场白实在让人震惊:"先生们,昨天晚上,克莱斯勒董事会举行了紧急会议。鉴于目前的经济衰退,公司的严重亏损,利率的节节上升——更不要说银行家的不支持态度——公司决定今天9点30分宣布破产。"整个会议室里鸦雀无声,空气异常沉闷。这时,杰里目瞪口呆。他也是董事会成员之一,却到现在才知道这件事,这么重要的会议,怎么没有让他参加呢?接着,史蒂夫补充说:"也许我应提醒诸位,今天是4月1日。"大家大大松了口气。

这是史蒂夫在开会前5分钟想出来的一条奇谋。它有很大的冒险性,但结果证明很灵验。它使会场中的每一个人都把焦点集中在一幅更大的可怕图景中,想象不达成协议可能产生的后果。史蒂夫制订的让步计划也终于为全体与会者所接受:6.55亿美元到期贷款延期收回;克莱斯勒在4年内以5.5%的利率支付40亿美元贷款的利息。

【分析】

(1) 该案例中的谈判气氛属于哪种类型?其营造方法是什么?

(2) 依据案例,分析史蒂夫是如何获得谈判成功的。

6.2 报价阶段

国际商务谈判报价、常用的报价方法与基本原则。

了解商务谈判的报价原则、常用报价方法;能够根据谈判过程的实际情况,掌握做好价格谈判准备、进行有效报价及讨价、还价的技巧。

价格是商务谈判的核心问题;商务谈判过程主要也都是围绕价格主题展开的。

商务谈判的报价是指谈判双方中的某一方依据影响价格的多种因素(如成本、需求),向对方就某一标的物的价格及有关交易条件所作出的发盘行为;报价是一个非常复杂的行为,涉及整个交易的所有条件和要求。

本章节将重点探讨:报价的原则、报价的形式、报价的顺序和报价的方式等内容。

背景与情境:爱迪生发明了电报以后,西方联合公司表示愿意买下爱迪生的这个新发明。爱迪生对这个新发明究竟应该要多少价疑惑不决,他的妻子建议开价2万美元。"这么高!"爱迪生听了目瞪口呆。他觉得妻子把这个新发明的价值看得太高了,不过到了谈判的时候他还是打算照妻子的建议要价。

谈判是在西方联合公司的办公室进行的。"爱迪生先生,你好!"西方联合公司的代表热情地向爱迪生打招呼,接着就直率地问爱迪生,"对你的发明,你打算要多少钱呢?"

爱迪生欲言又止,因为2万美元这个价格实在高得离谱,很难说出口,但究竟开个什么价比较好呢,他陷入了思考。办公室里没有一点声响,对方在等待,爱迪生虽然有点着急,但还是沉默着。

随着时间的推移,沉默变得十分难熬,西方联合公司的代表急躁起来,然而爱迪生仍然没有开口。场面十分尴尬,西方联合公司的代表失去了耐心,终于按捺不住试探性地问:"我们愿意出10万美元买下你的发明,你看怎么样?"

这大大出乎爱迪生的意料,因为他和妻子在讨论时觉得能卖 2 万美元已经很不错了。于是爱迪生当场答应交易。

提示: 爱迪生的胜利。爱迪生用了一个什么报价策略;正确认识报价的先后。

在开局阶段结束后,商务谈判将正式进入报价阶段;价格是商务谈判的核心问题,商务谈判其他内容基本上也都是围绕价格主线展开的。

商务谈判的报价是指谈判双方中的某一方依据影响价格的多种因素(如成本、需求),向对方就某一标的物的价格及有关交易条件所作出的发盘行为。

国际商务谈判的报价是广义报价,泛指谈判某一方向对方提出有关整个交易的所有条件和要求,包括质量、数量、包装、价格、保险、运输、支付方式和手段、交货地点、技术支持与服务、交货期限、付款期限、索赔、仲裁等,其中价格条款是其核心内容。报价是一个非常复杂的行为,它涉及以下三个方面。

(1) 经济学的内容(如标的物的价值、成本、市场供求、竞争、价格政策等)。
(2) 企业经营管理问题(如生产能力、营销能力及管理水平)。
(3) 谈判的策略与技巧(即如何报价才能使谈判人员取得有利地位,并实现谈判目标和经济利益)等。

一、报价的原则

商务谈判过程中最初报价称为开盘价。报价会对整个谈判进程产生实质性的影响,因此谈判者报价时要谨慎,应遵守报价的原则。

(一) 利益最大化原则

利益最大化原则是指谈判中在确定开盘价时,谈判者不能仅从自身的角度去考虑问题,而且也要兼顾双方的利益,从而达到双赢的结果。谈判者必须反复比较和权衡,确定报价所带来的利益与报价被接受的成功率之间最佳结合点。

(二) 高报价原则

对卖方开盘价必须是最高的,以求获得最大期望售价;反之,对买方开盘价必须是最低的,以求获得最小期望支付价。当然,高报价要能够找到充足理由加以辩护才能成立。

(1) 报价对报价方的谈判最终结果设定了一条无法逾越的上限。因此,除非有非常充分的理由,否则不可能日后再加价。
(2) 报价的高低会影响对方对己方潜力的评价。报价越高,对方对己方潜力的评价越高;报价越低,对方对己方的潜力的评价也越低。
(3) 报价越高,为己方在谈判中所预留的让步余地就越多。
(4) 报价的期望水平越高,可能成就的利益水平也就越高。

(三) "坚定、清楚、不加解释和说明"原则

"坚定":报价要坚定而果断地提出,不应保留,毫不犹豫;才能给对方留下己方是诚实而认真的印象。

"清楚":报价要非常明确、唯一,以便对方正确地了解己方的诉求、期望。

"不加解释和说明":报价时不需做任何分析和多余解答;反之,会让对方察觉己方的报价意图和最关心的问题,而这些,对方也许从未考虑过,在报价时进行解释容易导致己方被动。

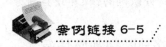
案例链接 6-5

案例1 一名造纸厂职员就增加工资一事向厂方提出了一份书面要求。一周后,厂方约他谈判新的劳资合同。令他吃惊的是,一开始厂方就花很长时间向他详细介绍销售及成本情况,反常的开头叫他措手不及。为了争取时间考虑对策,他便拿起会议材料看了起来。最上面一份是他的书面要求。一看之下他才明白,原来他是打字时出了差错,将要求增加工资12%打成了21%,难怪厂方小题大做了。他心里有了底,谈判下来,最后以增加工资15%达成协议,比自己的期望值高了3个百分点。看来,他原来的要求太低了。

思考: "他原来的要求太低了"。实验证明,开盘价对最终成交水平具有实质性影响,开盘价高,最终成交的水平也就较高。换言之,我们在开盘时要求越高,最终所能得到的往往也就越多。

案例2 刘先生经营一家快餐店,但他要移民了,打算把快餐店卖出去,于是在报纸上刊登了广告。这天,来了位张先生,张先生仔细地看了快餐店,很有兴趣,想和刘先生把价格给定下来。刘先生先报了价,要价20万元。张先生觉得太贵了,希望刘先生把价格减少一半。

"张先生,您先听我和你介绍一下我这家店的情况。"刘先生笑着说,"我厨房的设备是前年更新的,买的时候花了5万元,现在就算折价也能值2.5万元,其他的餐厅设备是去年买的,也花了3万元,单单是设备就值三四万元了。我的店正对面是大型商场,每天的人流量很大,而离我这最近的同业店在街尾,在商场的另一头,每天都有很多人到我的店消费的。"刘先生顿一顿,"去年的营业额是20多万元,利润大概是8万多元。你接手下来做,也就2年左右就能回本了,如果不是我移民,你很难能用这个价格买到像我这样的铺子。"张先生在周边观察了一下,最终决定和刘先生签订交易合同。

思考: 快餐店易主,刘先生用了什么策略说服张先生去签订合同?

二、报价的形式

报价的形式一般有书面报价和口头报价两种。

(一)书面报价

书面报价通常是谈判一方事先提供了较详尽的文字材料(如数据和图表等),将本方愿意承担的义务,以书面形式予以表达。其缺陷是限制了本方在谈判后期的让步和变化机会。

书面报价一般适用于产品价格随市场波动较小的情况,如定型产品、有序列的产品、大众化商品等。

(二) 口头报价

口头报价通常是谈判一方事先不提交任何书面形式的文件,而只以口语方式提出本方交易条件的报价。其优势是具有很大的灵活性,本方可以根据谈判的需要来调整变更谈判的战术;但要注意,口头报价对复杂议题难以表述清楚、容易失去议题的主旨,口头报价前本方应准备一份谈判大纲、交易重点,以便纲要可循与掌控。

口头报价一般适用于产品的价格随市场波动比较大的情况,如技术含量较高的产品、知识产品、成套设备。

1983年,日本某电机公司向中方出口其高压硅堆的全套生产线,技术转让费报价24亿日元,设备费报价12.5亿日元,其中包括了备件、技术服务(培训与技术指导)费0.09亿日元。谈判开始后,营业部长松本先生解释:技术费是按中方工厂获得技术后生产的获利提成计算出的。取数是生产3 000万支产品,10年生产提成是10%,平均每支产品销价80日元。设备费按工序报价,其中,清洗工序19亿日元;烧结工序35亿日元;切割分选工序30亿日元;封装工序21亿日元;打印包装工序0.8亿日元;另外,技术服务与培训费250万日元;技术指导人员费用650万日元。

思考:"报价和解释"案例。卖方解释做得较好,讲出了报价计算方法和取数,给买方评论提供了依据,使买方满意。由于细中有粗,给自己谈判仍留了余地,符合解释的要求。卖方采用的是分项报价、逐项解释的方式。

三、报价的顺序

在国际商务谈判中,谈判双方谁先报价是不固定的,但报价的顺序将会对整个谈判的发展产生巨大的影响,并各有利弊。

(一) 先报价

先报价的好处在于,对谈判过程的影响较大。先报价为谈判拟定了一个框框,为讨价还价划定下一个界限。先报价若能够出其不意,出乎对方的预料,往往会打乱对方的计划,动摇对方的期望值和信心。而且先报价在整个谈判与磋商过程中产生影响和持续起作用。

先报价的不足在于,先报价会首先显示己方报价与对方事先掌握价格之间的距离。若己方比对方掌握的价格低,便使己方失去了本来可获得更大利益的机会;若己方报价比对方掌握的价格高,会引发对方极力发起反对己方的价格攻击;若己方心里没有价格底线,在对方的攻击下,而失去控制,遭受不必要的损失。

(二) 后报价

后报价的利弊正好和先报价相反。其利:对方在明处,己方在暗处,可以根据对方的报价及时修改自己的策略,以争取最大的利益;其弊:也很明显,即被对方占据了主动,而且必须在对方划定的框框内谈判。

(三) 报价顺序的选择

报价的顺序会对整个商务谈判的发展产生巨大的影响,并各有利弊。实际应用要根据具体情况灵活运用。

报价顺序的选择,一般考虑以下七个方面。

(1) 在高度竞争或高度冲突的场合,先报价有利。

(2) 在友好合作的谈判背景下,先报价还是后报价无实质性区别。

(3) 如果己方的谈判实力强于对方,或者处于有利地位,那么先报价有利。

(4) 如果对方是"行家",己方不是"行家",则后报价比较好。

(5) 如果对方不是"行家"则以先报价为好。

(6) 双方都是"行家"则先报价和后报价无实质性区别。

(7) 商务谈判的惯例。发起谈判的一方一般先报价;投标者与招标者之间,一般应由投标者先报价;买方与卖方之间,一般应由卖方先报价。

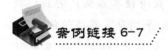
案例链接 6-7

中国 A 公司向韩国 B 公司出口丁苯橡胶,进行了一场别开生面的谈判,谈判一开局,按照国际惯例,首先由卖方 A 公司报价。

A 公司首次报价为 1 200 美元/吨,这一报价离实际卖价偏高许多。A 公司之所以这样做,是因为他们以前的确卖过这个价格。如果 B 公司不了解谈判当时的国际行情,就会以此作为谈判的基础;那么,A 公司就可能获得丰厚的利润。

但是 B 公司事前已经摸清了国际行情的变化,于是拒绝了 A 公司的报价。尽管如此,A 公司灵活地转移话题,介绍起产品的特征及其优良的质量,以求采取迂回的方法来支持己方的报价。

思考:该案例问题探讨,谈判一开局 A 公司采用的是哪种报价策略?

四、报价的方式

(一) 低价报价方式

低价报价方式又称"日本式报价",通常是将最低价格列在价格表上,以求首先引起买方的兴趣。

由于低价报价方式一般是以对卖方最有利的结算条件为前提,而且该低价格交易条件的各个方面很难满足买方的需要;如果买方要求改变有关条件,则卖方就会相应提价;因此,谈判双方最后成交的价格,往往高于价格表中的价格。

低价报价方式的策略有以下两种。

(1) 可以排除众多竞争对手而将买方吸引过来,取得与其他卖方竞争中的优势和胜利。

(2) 当其他卖方纷纷败阵下来后,买方原有的市场优势已不复存在,此时是一个买方对一个卖方,双方谁都不占优势,从而可以坐下来慢慢地谈判,然后把价格逐步提上去。

避免谈判陷入低价报价圈套技巧:切忌只关注最后的价格,应对其报价所包含的内容(附加条件)进行完整分析;把对方报价的内容与其他卖方相比较,判别其可比性,若存在不足,提出相应的调整,然后再做比较和决策。

(二) 高价报价方式

高价报价方式又称"西欧式报价",通常是提出留有较大余地的价格,然后根据谈判双方的实力对比和该交易的外部竞争状况,通过给予各种价格优惠(如数量折扣、价格折扣、佣金等)和支付优惠(如延期付款、提供优惠信贷等)来逐渐接近买方的立场和条件,最终达到成交的目的。

高价报价方式的策略只要在谈判开始能稳住买方,往往就可以争取到一个不错价格谈判的结果。高价报价与低价报价的方式相比,虽然不利于竞争,但就买方心理效果明显,人们习惯于价格由高到低,逐步下降趋势,而不是相反。

(三) 加法报价方式

加法报价方式,通常在报价时并不将己方的价格(条件)一次报出,而是分几次公布,以免一次性报价使对方无法接受,而导致谈判破裂。当总的报价(要求)被分解后逐个(一个一个小要求)提出,在心理上使对方就容易被接受。一旦第一个要求被接受后,就会被要求转入接受下一个要求,直至最终报价。

(四) 除法报价方式

除法报价方式,通常先一下子报出己方的总报价(要求),然后再根据某种条件(如时间、用途等)将总价格分解成最小单位的价格,使对方感觉报价不高,能接受。如某企业提出某种电脑游戏机的广告声称:一台电脑 VCD 机=一台 VCD+一台游戏机+一台电脑,通过"除法报价法方式",使买主价格在心理作用下,而下决心购买。

当对方采用除法报价方式时,报价结束后,若己方有不清楚的报价问题,可要求对方予以解答、复述,以确认自己的理解准确无误。报价结束后,己方不要急于还价,可要求对方将其价格构成、报价依据、计算基础等作出解释,再了解对方报价的实质、态势、意图及其诚意,寻找破绽,从而动摇对方报价的基础。当己方采用除法报价方式时,对方可能会要求己方进行价格解释,己方报价解释时必须遵循不问不答、有问必答、避虚就实、能言不书的原则。

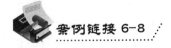
案例链接 6-8

两位美国人到欧洲向街头的同一个画家买画。

第一个美国人问:"这幅画多少钱?"画家说:"15 美元。"说完后发现这个美国人没什么反应,心里想:这个价钱他该能够承受。于是接着说:"15 美元是黑白的,如果你要彩色的是 20 美元。"这个美国人还是没有什么反应,他又说:"如果你连框都买回去是 30 美元。"结果这个美国人把彩色画连带相框买了回去,以 30 美元成交。

第二个美国人问价时,画家也说15美元。这个美国人立刻大声喊道:"隔壁才卖12美元,你怎么卖15美元?画得又不比人家好!"画家一看,立刻改口说:"这样好了,15美元本来是黑白的,您这样说,15美元卖给你彩色的好了。"美国人继续抱怨:"我刚刚问的就是彩色的,谁问你黑白的?"结果他15美元既买了彩色画,又带走了相框。

思考:同样是加法报价方式,由于两个美国人还价方式的不同,产生的结果也不同。一些谈判的知识、技巧,总会带来意料不到的惊喜。

重点内容概要

商务谈判的报价是商务谈判的核心内容、谈判主线。报价是一个非常复杂的行为,它涉及经济学的内容(如标的物的价值、成本、市场供求、竞争、价格政策等);企业经营管理问题(如生产能力、营销能力及管理水平);谈判的策略与技巧(即如何报价才能使谈判人员取得有利地位,并实现谈判目标和经济利益)等。

商务谈判报价的主要内容:报价的原则,包括利益最大化、高报价和"坚定、清楚、不加解释和说明"原则;报价的形式,书面和口头报价;报价的顺序,先报价、后报价及报价顺序的选择;报价的方式,涉及低价报价、高价报价、加法报价和除法报价方式。

教学一体化训练

习题

(1) 国际商务谈判的报价有哪些策略?并分析各具有哪些特征?
(2) 报价为什么要高于期望值?该策略应用了什么原理?
(3) 报价的先后各有哪些利弊?

案例分析

新成立的A公司准备要购买10台办公用的台式电脑给新招进来的员工使用,向社会进行采购。没多久就收到好几家公司的报价,每家的报价都是3万元到3.5万元之间。

但收到的B公司的报价竟是2.5万元,明显比其他公司的报价要低很多,便邀请B公司前来商定,B公司谈判人员来到后,直截了当地和A公司的经理说,这个价格是计算机的成本价,是裸机价,一分钱没赚。A公司经理也明白这个价格的确没利润可言。B公司的谈判人员接着说:"我们想贵公司采购计算机后,应该也要购置相关的软件,而软件的价格我们和市场价格一样,并不比市场价格高。"A公司经理想了一下,觉得B公司的提议也很合理,而且软件价格都差不多,自己还能省下再去采购软件的工夫。

B公司谈判人员接着说:"我们现在还在做延保服务,正常保修是一年,如果要再延长一年的保修期,每台计算机只需要加60元,您也知道,现在计算机找人来修理,一次都要花个一两百元了,延保可以更长久地解决贵公司对计算机的维护要求。"A 公司经理和下属商量了一下,觉得这项服务也挺好的,于是同意了这项条件。

B 公司谈判人员又说:"我公司每周末都在搞办公软件培训班,每人收费 1 000 元,包学包会,现在我们做成这交易,也是合作伙伴了,我们可以给贵公司优惠价,每人只收 700 元,不知道贵公司对此感不感兴趣?"A 公司经理听了,觉得这项服务也不错,因为新招进来的员工也确实需要找培训机构进行办公软件的操作培训。现在一起解决了所有的问题,十分高兴。最终双方达成了满意的协议。

【分析】
(1) B 公司谈判人员采用了什么报价方式?
(2) 这种报价具有什么特点?
(3) 结合案例发表个人见解,也可以和你的同伴简单沟通后回答。
(4) 教师对学生的回答进行点评。

6.3 磋商阶段

商务谈判价格磋商;商务谈判中讨价与还价的基本方法。

理解商务谈判价格磋商、让步策略;掌握能根据价格磋商涉及情况,有效讨价还价,使谈判朝着预期目标发展的能力。

磋商阶段是商务谈判过程中的关键、最困难阶段,更是谈判双方展示谋略和运用谈判技能的竞技阶段。在磋商过程中,谈判双方以各自的利益,对一系列问题讨价还价;虽然磋商过程双方立场会很对立、争论会很激烈,但磋商过程都会使谈判消除分歧、缩小差距,作出妥协和让步,推动谈判向成功的方向发展。

本章节将重点探讨:磋商的准备,磋商过程的讨价、还价及讨价还价,磋商阶段的特征。

原定于 1995 年 12 月德国总理科尔访华前结束的上海地铁二号线商务谈判陷入了僵

局。由于地铁一号线的良好合作，德国成为上海地铁二号线提供政府贷款的首选国家，贷款总额高达7.8亿马克。但最后是否确定还要看对方提供的地铁设备的价格是否合理。形成僵局的原因是对方的报价比中方能接受的价格高出7 500万美元。

中方代表根据手中掌握的地铁车辆国际行情，知道即使按照中方的报价，德国公司仍然有钱可赚。同时他也清楚地知道，对方企图倚仗提供了政府贷款就漫天要价，把贷款的优惠通过车辆的卖价又悄悄地拿回去。原来在北京进行的谈判进行了一轮又一轮，科尔总理如期访华，原定在北京签署的上海地铁二号线贷款协议未能如期签署。随着科尔来到上海，谈判也转移到上海进行，这时已经到了最后的关头。对方代表到处制造舆论，扬言要撤回贷款。了解内情的人包括一些高职位的领导都提出了警告：不要为了7 500万美元，丢了7.8亿马克。对方代表更是有恃无恐，甚至在谈判桌上拍桌子威胁中方代表，扬言若再不签约，一切后果由中方来负责。

中方代表非常冷静地朝他做了一个手势说："请你们不要这么激动，也不要用这种要挟的态度。本人是美国哥伦比亚大学的博士，上海某大学管理学院的院长。对于国际融资的常识和规则懂得不比阁下少。我们现在不是乞求你们贷款，请你用平等的态度看待我们。"

中方代表接着说："在国际融资中，贷款者和借贷者应该是一种平等互利的关系，成功的融资谈判应该都是'赢家'。"同时，他十分明确地告诉对方代表，如果不把车辆价格降下来，他将向上级汇报，中方将谋求其他国家的贷款，而谈判破裂的后果将由德方负责。

由于中方代表拒绝在协议上签字，原定在科尔访华期间签署的上海地铁二号线贷款协议，不仅未能在北京如期签署，而且在上海也未能签署。德方代表这才见了"真佛"！在以后的谈判中不得不缓和自己的态度，再经过一轮又一轮的艰苦谈判，德方代表最后同意把车辆的价格下降了7 500万美元，整个地铁项目的报价也比原来降低了1.07亿美元。

提示：如何理解商务谈判应该是一种平等互利的关系，成功的商务谈判双方应该都是"赢家"。

磋商阶段即讨价还价阶段，它是商务谈判最关键、最困难阶段，更是谈判双方展示谋略和运用谈判技能的竞技阶段。通常，当谈判一方报价后，另一方不会无条件地接受对方的报价，则谈判便自然地转入讨价还价的磋商阶段。在磋商过程中，谈判双方以各自的利益，对一系列问题讨价、还价。虽然磋商过程双方立场会很对立，争论会很激烈，但不管双方如何，磋商过程都会使谈判消除分歧、缩小差距，作出妥协和让步，推动谈判向成功的方向发展。

磋商阶段主要任务是弄清对方的真实需求与最后立场；仔细分析对方，寻求创造性解决方案；讨价还价、消除分歧、缩小差距、妥协让步、力争双赢。

一、磋商的准备

磋商阶段是谈判己方弄清对方真实需求与最后立场的关键阶段。为此，谈判者应发挥自己的创造性思维，设法获取对方的情报，研究分析对方的情况，为讨价还价做好准备。

（一）报价分析

在对方报价的过程中,己方要认真听取对方的报价,并尽力完整、准确、清楚地把握住对方报价的内容。己方在了解了对方报价的原因或依据、计算的基础及方式等全部内容后,要透过其报价的内容,判断其真实意图,研究比较双方的意图、要求与分歧。由此,确定既有利己方又能满足对方的交易、谈判重点。

（二）对手分析

在磋商阶段中为了达到既定的目标,一定要仔细分析对手的各种情况,包括谈判对手的语言、逻辑思维能力、谈判风格、性格特征、心理承受能力和个人嗜好,以及对方团队组员之间的角色、矛盾等。己方只有掌握了对手的情况,才可从中寻找其弱点和切入点,调整己方的方法和策略,以获得谈判的主动权。

案例链接 6-9

我国南平铝厂为了引进意大利B公司的先进技术设备,派代表前往意大利进行谈判。对方派出了公司总裁、副总裁和两名高级工程师组成的谈判团与南平铝厂进行谈判。

谈判一开始,B公司企图采用先报价、报高价的谈判手法,为谈判划定一个框框,所以,抛出了一个高于世界市场上最高价格的价码。中方主谈人是南平铝厂的人,他既精通技术,又精通谈判之道。等到对方报价、阐明理由完毕之后,他很有礼貌地向对方说:"我们中国人是最讲究实际的,请你们把图纸拿出来看看吧!"等对方把图纸打开来,该厂长不慌不忙地在图纸上比比划划、指指点点,中肯而又内行地分析出哪些地方不够合理、哪些地方不如某国家的先进……眼看对方代表面面相觑、无法下台,该厂长借机给他们一个台阶:"贵公司先进的液压系统是对世界铝业的重大贡献,"接着他又颇有意味地说,"我们在20年前就研究过。"

B公司的谈判代表被深深地折服了,B公司主谈人由衷地说:"了不起,了不起！你们需要什么,我们就提供什么,一切从优考虑！"这一仗打得如此漂亮,南平铝业以极为优惠的价格引进了一套既有世界先进水平的铝加工设备,又为国家节约了一大笔外汇。

思考： 意大利B公司的失败原因主要是所报价格给南平铝厂提供了可攻击之处,经过有针对性的讨价还价,使包含水分的报价降了下来。

二、讨价

讨价是指谈判一方报价之后,另一方认为其报价离本方的期望目标太远,而要求报价一方重新报价或改善报价的行为。讨价的作用是引导对方对本方的判断,改变对方的期望值,并为本方的还价做准备。

（一）讨价的方式

讨价的方式分为:全面讨价、针对性讨价和总体讨价。

1. 全面讨价

在讨价初始阶段,对对方价格的具体情况尚不了解,所以讨价者根据交易条件全面入手,要求报价者从整体上改变价格,重新报价。

2. 针对性讨价

讨价进入实质性阶段时,讨价者在对方报价的基础上,找出明显不合理的项目或条款,针对这些内容要求对方更改报价。此时,讨价者可根据谈判需要,采用多项讨价或逐项讨价等策略。

3. 总体讨价

在讨价最后阶段,经过针对性的讨价,不合理部分的价格已经得到纠正。此时,讨价者从谈判总体上,综合分析交易条件和运用策略,改变报价者的理想目标,降低其期望值,要求报价者从总体上考虑重新报价。

(二) 讨价的基本方法

讨价的基本方法有四种:举证法、求疵法、假设法、多次法。

1. 举证法

举证法是以市场行情、竞争者提供的价格、对方成本、过去的交易惯例、产品的质量与性能、研究成果、公认的结论等为依据进行讨价。

2. 求疵法

求疵法是指出对方条款的缺漏、差错、失误等进行讨价。

3. 假设法

假设法是在有所摸清对方开价意图、底价时,假设以更优惠的条件来向对方讨价,如购买数量、付款条件、合作方式等优惠条件来进行讨价。

4. 多次法

多次法是在与地方无论加价还是减价,一般都不可能一步到位,都需要分次逐步实施。

商务谈判中的讨价阶段,应本着尊重对方的态度,采用说理的方式诱导对方降价,并做好本方准备,推动谈判顺利进行。讨价阶段不宜采取强硬、硬压态度,而使谈判过早进入僵局,从而对谈判结果带来不利影响。

案例链接 6-10

苹果熟了,果园里一片繁忙景象。一家果品公司的采购员来到果园问道:"多少钱一千克?""1.6元。""1.2元行吗?""少1分也不卖。"采购员只好离开了。

没过多久,又一家公司的采购员走上前来:"多少钱一千克?""1.6元。""整筐卖多少钱?""零买不卖,整筐1.6元一千克。"采购员却不急于还价,而是不慌不忙地打开筐盖,拿起一个苹果掂量着、端详着,不紧不慢地说:"个头还可以,但颜色不够红,这样上市卖不上价呀!"接着伸手往筐里掏,摸了一会儿摸出一个个头小的苹果:"老板,您这一筐,表面是大的,筐底可藏着不少小的,这怎么算呢?"边说边继续在筐里摸着,一会儿,又摸出一个带伤的苹果:"看,这里还有虫咬,也许是雹伤。您这苹果既不够红,又不够大,算不上一级,勉强算二级就不错了。"

这时,卖主沉不住气了,说话也和气了,"您真想要,还个价吧。"双方最终以每千克1.4元的价钱成交了。

思考:果园里的价格磋商策略。第一家果品公司采购员为什么价格磋商没有成功?第二家果品公司采购员为什么磋商成功?公司采购人员采用了何种策略进行还价?

三、还价

还价也称"还盘",是指针对谈判对手的首次报价,己方所作出的反应性报价,即在一方首次报价以后,另一方根据对方的报价并伴随价格评论,经过一次或几次讨价以后,估计其保留价格和策略性虚报部分,推测对方可妥协的范围,并按照一定的策略与技巧提出本方的反映性报价,即还价。

还价是以谈判双方讨价为基础。一方首次报价后,另一方通常不会全盘接受或完全推翻,而是随着价格评论,双方反复讨价后,再作出还价。

还价是否正确是十分重要的。若还价恰到好处,表明有谈判诚意,能促进谈判顺利达成;若还价还得不妥,会引起许多误解。

(一)还价的原则

在还价前必须充分了解对方报价的全部内容,准确了解对方提出条件的真实意图。还价前要逐项核对对方报价中所提的各项交易条件,探询其报价依据或弹性幅度,注意倾听对方的解释和说明。若对方的报价超出谈判协议区的范围,与己方要提出的条件相差甚大,应先拒绝对方的还价。

(二)还价的方式

1. 以价格分析的依据,可分为按分析比价还价和按分析成本还价

(1)按分析比价还价。己方在不了解所谈产品价格构成时,可以将市场同类产品的价格或竞争者产品的价格进行类比来还价。此还价方式的关键是所选择价格类比的产品具有可比性,才能使对方信服。

(2)按分析成本还价。己方已掌握所谈产品的成本构成,在此基础上应用"加成法"计算出价格进行还价。此还价方式的关键是成本计算的准确性,计算得越准确,谈判还价的说服力就越强。

2. 按每次还价项目的多少,可分为单项还价、分组还价和总体还价

(1)单项还价。以所报价格的最小项目还价。主要是指不仅对主要设备或商品逐项、逐个进行还价,也对技术费、培训费、技术咨询费、工程设计费、包装费、运费逐项还价。

在谈判实际还价时,若买方手中掌握的材料比较丰富,卖方成交心切,买方可采用单项还价方式。

(2)分组还价。把谈判标的划分成若干项目,并按每个项目报价中所含水分的多少分成几个档次,然后逐一还价。或者对不同档次的商品或项目要区别对待和分类处理。

在谈判实际还价时,若买方手中掌握的材料较少,买卖双方都有成交的愿望,时间较紧,则买方可采用分组还价方式。

(3) 总体还价(又称一揽子还价)。谈判时不分报价中各部分所含水分的差异,均按同一个百分比还价。

在谈判实际还价时,若不是单项采购,所有大型、成套项目的谈判中,通常第一次还价不宜用"总体还价"的方式。若在谈判过程中,对方报价粗、态度强硬,或双方相持的时间较长,出现了僵局,但都有成交的愿望,在卖方做了几次调价后,买方宜采用总体还价方式。

在国际商务谈判中,怎样选择和应用哪种还价方式,应结合谈判中的具体情况,本着哪种方式在当时更具有说服力,就采用哪种方式的原则。

(三) 还价的起点

还价起点是买方第一次公开报出的打算成交的条件,其高低直接关系到己方的利益;当选定了还价方式后,还价最关键的就是确定还价起点,同时也反映出两者的谈判水平。

影响谈判起点的确定的制约因素,即双方价格差距、标的物的客观成本及还价次数。确定还价起点的一般原则是,既要低,又不能太低,要接近谈判的成交目标。

在谈判实际还价时,确定还价的起点应依据以下三个方面:买方经过价格分析,经过讨价以后,卖方的价格改善程度;卖方改善的报价与买方拟定的成交价格之间的差距;买方是否准备在还价后再次让步。

(四) 还价的时间

在谈判价格上的让步与退却,与还价时间运用的合适与否有关,并且直接影响到还价的次数与效果。若还价时机掌握得好,价格上可少退一个阶次;反之,则可能退让更多。

在谈判实际还价时,把握住原则,力争双方靠拢,对方不进己方不退;走在对方后面,即让对方先出价,自己后还价;把握好时机,时间早晚会对谈判心理产生一定影响;把握准条件,以卖方价格条件改善的状况为还价的前提。

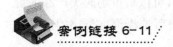

案例链接 6-11

有一个走江湖的相士,一日,忽受县官召见。见面时县官对他说:"坐在身旁的三人当中,一位是我的夫人,其余是她的婢女。你若能指认哪一位是夫人,就可免你无罪,否则,你再在本县摆相命摊,我必将以妖言惑众之名惩处你!"

相士将衣饰发型一致、年龄相仿、同样面无表情的三位女子打量一眼,就对县官说:"这么简单的事,我徒弟都办得到!"他的徒弟应师父之命,将三位并排端坐的女孩子从左往右看,又从右往左看,看了半天,仍然一头雾水。他满脸迷惘地对相士说:"师父你没有教过我啊?"

相士一巴掌拍在徒弟的脑袋上,同时,顺手一指其中一位女子说:"这位就是夫人!"

在场之人全部傻住了,没错,这人还真会看相。

事实是:相士一巴掌拍在徒弟脑袋上时,师徒二人的模样颇为滑稽。少见世面的两个丫鬟忍不住掩口而笑,那位依然端坐、面无表情的女子当然就是见过世面又有教养的县官夫人啦。

思考:"猜夫人"。谈判还价时一定要善于观察,不要因被对方迷惑而吃亏。

四、讨价还价

讨价还价是指交易双方讨价与还价分段走完后,为了最终消除还价后的差距,双方的短兵,不分时间、地点、方式的最后相接谈判、冲刺磋商。

但讨价还价阶段,要特别注意:①谈判人员不要相互攻击,避免感情用事和激烈争吵,不要忽略自己的谈判最终目标;②谈判人员要有坚强的意志,不要轻易改变原来的立场,不作出无原则性的妥协;③谈判人员要有耐心,不要焦躁不安和急于求成,要在细节或难点上多下功夫;④谈判人员要自始至终做到内部密切配合;⑤在谈判中不要将己方日程安排或内部机密透露给对手。

案例链接 6-12

日本某公司向中国某公司购买电石。这是他们间交易的第五个年头,去年谈价时,日方压下了中方 30 美元/吨,今年又要压 20 美元/吨,即从 410 美元/吨压到 390 美元/吨。据日方讲,他已拿到多家报价,有 430 美元/吨、370 美元/吨,也有 390 美元/吨。据中方了解,370 美元/吨是个体户报的价,430 美元/吨是生产能力较小的工厂报的价。供货厂的厂长与中方公司的代表共 4 人组成了谈判小组,由中方公司代表人主谈。谈判前,工厂厂长与中方公司代表达成了共同的价格意见,工厂可以接受 390 美元/吨的成交价格。公司代表讲:"对外不能说,价格水平我会掌握。"公司代表又向其主管领导汇报,分析价格形势。主管领导认为价格不能取最低,因为我们是大公司,讲质量、讲服务。谈判中可以灵活,但步子要小。若在 400 美元以上拿下则可成交,拿不下时把价格定在 405～410 美元,然后主管领导再出面谈。中方公司代表将此意见向工厂厂长转达,并达成共识,双方共同在谈判桌上争取该条件。中方公司代表为主谈。经过交锋,价格仅降了 10 美元/吨,以 400 美元/吨成交,比工厂厂长的成交价高了 10 美元/吨。工厂代表十分满意,日方也满意。

思考:讨价与还价。由于中方在谈判前市场调查进行充分,方案准备得到位,所以在谈判中才能游刃有余,最终取得良好的谈判效果。

五、磋商阶段的特征

谈判中的磋商实质是谈判的双方相互沟通,相互说服和自我说服的过程。因此,商务谈判磋商阶段所体现的特征有以下四点。

(一)逻辑性

主要体现在谈判议题的逻辑次序和表达思想的逻辑性。

1. 谈判议题的逻辑次序

谈判本身是一个系统而有整体性的过程,而构成整体的内容与内容之间又是相互影响,非常强调逻辑次序的。比如,谈索赔时,只有先论证是否应当索赔,然后再讨论赔多少、由谁赔,而不能颠倒来谈。这就要求谈判双方对所磋商的议题的顺序安排应该合乎谈判的交易特征,遵循"因果"逻辑次序;否则,谈判将难以顺利进行。

2. 表达思想的逻辑性

磋商是面对面的论战,除要求谈判者的口才、表情外,还要注意表达思维的逻辑性。即表达有层次,讲话的推进有次序、有深度;表述要达理,层次要分明,能够准确地讲出维护自己立场的道理,使对方理解、认同。

(二) 客观性

主要表现在磋商过程的解释、评论、讨价还价各环节中说理的可信性和对量的要求的可行性。

1. 价格解释和评论是论理比较集中的阶段

能否表现客观实际的情况,是判定说理有力与否的关键。无论人为的还是事实上存在的理由,均应给对方是客观事实的印象。有理由可依总比"无理由可说"更有说服力。

2. 讨价和还价是定量要求集中的阶段

讨价和还价既要反映主观要求,又反映了此举的客观程度。在定价量化时,虽然不能完全客观地考虑对方的实际要求,但至少要顾自己的量与对方的量的均衡,即体现"量的兼顾客观性"。鉴于商务谈判中的价格因素本身就有软条件(政策、心理、关系等),又有硬条件(造价、成本、税收、汇率等),所以定价量化时,要客观地兼顾软、硬条件因素进行综合考量。

(三) 进取性

磋商中的进取性包括:①争取利益,即积极争取每一条件,使价格对己方最为有利;②说服对手,即大凡具有进取性的谈判人员,都具有"强词夺理"的能力,会巧借理由或制造理由。

(四) 礼节性

在磋商阶段要严于律己、尊重对方和不失礼节。要约束自己的个性,喜怒哀乐视谈判进展的需要而不是个人的喜好。态度、语言上应有礼貌,不失风度与分寸,表现出应有的礼节。

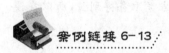

意大利某公司与我国某公司谈判出售某项技术,谈判已进行了一周,但进展不大,于是意方代表罗尼(Ronnie)先生在前一天做了一次发问后告诉中方代表李先生:"我还有两天时间可以谈判,希望中方配合,在次日拿出新的方案来。"次日上午,中方李先生在分析的基础上,拿出了一个方案,比中方原要求调整了5%(由要求意方降价40%改为30%)。意方罗尼先生讲:"李先生,我已降了两次价,共计15%,还要降35%,实在困难。"双方相互评论,解释一阵后,建议休会,下午2:00再谈。

下午复会后,意方要中方报新的条件,李先生将其定价的基础和理由向意方做了解释,并再次要求意方考虑其要求。罗尼先生又重申了己方的看法,认为中方要求太高。谈判到下午4:00时,罗尼先生说:"为表示诚意,我向中方拿出最后的价格,请中方考虑,最迟明天中午12:00以前告诉我是否接受。若不接受,我就乘下午2:30的飞机回国。"说着把机票从包里抽出在李先生面前显示了一下。中方把意方的条件理清后(意方再降5%),表示仍有困难,但可以研究。谈判即结束。

中方研究意方价格后认为还差15%,但能不能再压价?明天怎么答复?李先生一方面向领导汇报,与助手及项目单位商量对策;一方面派人调查第二天下午是否有2:30的航班。结果证实2:30的航班根本不存在,李先生认为意方在最后还价中,提出回国是演戏。据此判断意方可能还有余地。于是在次日10点时给意方去了电话,表示:"意方的努力,中方很赞赏,但双方距离仍然存在,需要双方进一步努力。作为响应,中方可以在意方改善的基础上,再降5%,即从30%降到25%。"意方听到中方有改进的意见后没有走。留下来继续谈判。

思考:"谈判何时结束"。判断谈判结束与否是一个成功的谈判专家应具备的技能。

(提示:在此案例中,中方正确地分析出与意方的谈判并没有真正结束,因此能在不动声色的情况下继续与意方开展谈判,成功地避免了作出过多让步。

意方的戏演得不好,效果也没达到。若仍以机票为道具,则应把时间改成确实有回意大利航班的时间,至少有顺路航班的时间。

若为表示"最后通牒",可以把包合上,丢下一句"等贵方的回话"即结束谈判,效果会很好。或仍用原话,但不讲"若不接受,我就乘下午2:30的飞机回国"的话也能达到不错的效果。)

重点内容概要

商务谈判中,当谈判一方报价后,另一方不会无条件地接受对方的报价,则谈判便自然地转入讨价还价的磋商阶段;磋商阶段主要任务:弄清对方的真实需求与最后立场;仔细分析对方,寻求创造性解决方案;讨价还价,消除分歧、缩小差距、妥协让步、力争双赢。

商务谈判价格磋商的主要内容:磋商的准备,报价分析和对手分析;讨价,讨价的基本方式和方法;还价,还价的原则、方式、起点和还价的时间;讨价还价及磋商阶段的特征。

习题

1. 结合实例简述价格磋商分几个步骤。为什么?
2. 讨价还价的技巧有很多,其中的共同点(规律)是什么?
3. 在实现中对方要求你让步,一般你将如何应对?

案例1 投石问路购机器

杭州市余杭镇某鞋厂是一家专门生产出口地毯鞋的厂家,因扩大生产规模需要,欲购买 100 台缝纫机。为了能以较低的价格买到缝纫机,鞋厂聘请了几位专家一起参与采购缝纫机的谈判,专家建议该厂采用制造竞争对手策略和投石问路策略进行谈判。

为了制造竞争,为自己谋取有利的谈判地位,一开始专家们就邀请了三家规模比较大的合格供应商,并约在同一天进行首次谈判。在谈判之前首先带领厂家的销售人员参观了新的厂房,告知一楼、二楼、三楼分别要购置 100 台缝纫机,合计 300 台。参观结束之后,安排三家供应商代表分别对自己的产品和报价进行了介绍,这使专家进一步了解了每家供应商的产品特点和价格情况。因为存在竞争对手,购买的数量又比较多,所以三家供应商的初次报价都比较合理。经过比较和筛选,专家选择了其中一家作为重点谈判对象。

一周后,专家邀请对方再次来厂谈判。对方在 300 台的数量诱惑和竞争压力下,价格在初次报价 3 680 元的基础上又下降了 280 元,之后就不肯再让步了。下午续谈时,专家代表厂家告诉对方,厂长认为每台 3 400 元的价格过高,资金无法一次性到位,按照现在的价格最多只能买 200 台。就算 200 台也要 70 万元左右,需要三个合伙人协商好资金问题后才能同意。同时希望对方能够每台再让步 100 元,以减轻财务上的压力。对方说他们从没有卖过这么低的价格,需要回去向领导请示汇报。三天后,对方来电说每台最多可以再便宜 60 元。专家告诉对方,他会立即向厂领导汇报。第二天,专家打电话给对方,经三个合伙人协商,认为 3 340 元的价格可以接受。但是因为资金暂时有点紧张,一时周转不开,希望能采取分期付款的方式支付,首次支付 30% 的货款。对方说分期付款从无先例,绝对不行。于是专家说,既然你们在支付方式上有所顾虑,不同意分期支付,他们只好先买 100 台,可以在调试安装好之后全额支付。如果同意的话,可以过来谈判签约事宜,如果不能同意,他们只能考虑别的厂家。第二天,该厂家销售人员就过来签订了成交合同。

【分析】
(1) 鞋厂的专家使用了什么样的讨价策略?
(2) 结合实例谈谈价格磋商分为几个步骤?为什么?

案例 2 烟台某塑料编织袋厂庄厂长从青岛得到信息,日本某纺织株式会社正准备向我国出售先进的塑料编织袋生产线,遂当即到进口过类似设备的青岛、潍坊等大厂实地考察,了解其性能及运转情况,并确认引进可行。庄厂长先与日本某纺织株式会社达成正式购买生产线的口头协议,随后庄厂长在青岛开始与日方谈判。

谈判很快进入了实质性阶段,对方主谈发言:"我们经销的生产线,由日本最守信誉的 3 家公司生产,具有当代先进水平,全套设备的总价是 240 万美元。"报完价,漠然一笑,摆出一副毋庸置疑的神气。庄厂长说:"据我们掌握的情报,你们的设备性能与贵国某会社提供的产品完全一样,我省某厂购买的该设备,比贵方开价便宜一半。因此,我提请你重新出示价格。"日方代表听罢,相视而望,首次谈判宣告结束。

一夜之间,日本人把各类设备的价格开出了详细清单,第二天报出总价 180 万美元。经过激烈的争论,总价降至 130 万美元。日方表示价格无法再压。随后在持续长达 9 天的谈判中,双方展开拉锯战,互不妥协让步。

"是否到了该签字的时候了?"庄厂长苦苦思索着,后灵机一动,马上和另一家外商公司联系、洽谈。这一小小的动作立即被日商发现,总价立即降至120万美元。这个价格可以说相当不错了。但庄厂长了解到当时正有几家外商同时在青岛竞销自己的编织袋生产线,他觉得应紧紧把握住这个机会,迫使对方作出进一步的让价。

谈判桌上的角逐呈白热化,庄厂长等中方代表在日商住地谈了整整一个上午,日方代表震怒了:"庄先生,我们几次请示,多次压价,从240万美元降到120万美元,比原价已降了50%了,可以说做到了仁至义尽,而如今你们还不签字,实在太苛刻,太无诚意了!"他气呼呼地把提包甩在桌上。

庄厂长站起身:"你们的价格,还有先生的态度,我们都是不能接受的!"说完,庄厂长同样气呼呼地把提包甩在桌上,那提包有意没拉上拉链,经他这一甩,里面另一家外商公司的设备资料与照片撒了一地。日方代表见状大吃一惊,急忙拉住庄厂长满脸赔笑道:"庄先生,我的权限已到此为止,请让我请示之后,再商量商量。"庄厂长寸步不让,"这样的价格,我们不感兴趣。"说完,抽身便走。

次日,日方毫无动静,有人沉不住气,而庄厂长很泰然:"沉住气,明天上午会有消息。"果然不出所料,次日一清早便传来了信息,日方请中方暂不要和其他厂家谈判,日方正在和生产厂家协商,让几家一齐让步。

下午,日方宴请中方并宣布了价格,庄厂长迅速反映,要求再降价5%则可成交。庄厂长知道日方代表处在两头受挤的处境,便主动缓和气氛:"你们是客人,理应由我们来宴请,这次宴会费用,我们包了,价格问题请再和厂家恳请一下。"

日方经过再次请示,宣布最后开价再让3%,为110万美元,距离庄厂长的要求,只差了3万多美元了。庄厂长看到这已经是最后价格,再压下去不可能了,便慨然与日本代表握手成交,同时,他提出日方来华安装设备所需费用一概由日方承担,庄厂长这个建议又把那2%的差价挤过去不少。

【分析】

(1) 双方在这次谈判中使用了哪些讨价还价的方法和技巧?并说明理由。

(2) 你认为中方获得本次谈判的成功除了成功地使用谈判策略以外,还有哪些工作是必不可少的?为什么?

6.4 终结阶段

谈判终结阶段的特征;谈判缔约的策略和技巧。

能力目标

了解商务谈判终结阶段的特征；掌握缔约阶段如何有效捕捉成交信息；提升促成交易有些策略和技巧的能力。

内容提要

缔约是思维谈判双方的最终目标；商务谈判经过艰难的磋商、激烈的讨价还价，交易条件取得了进展，彼此立场与利益等方面的差异逐步缩小，已达成基本共识；此时，双方产生结束谈判的愿望，谈判接近尾声，进入了最后阶段，即终结阶段；在终结阶段谈判者不要放松警惕和急于求成，要捕捉成交信号，把握缔约的有利时机；否则也有可能前功尽弃。

本章节将重点探讨：谈判收尾的信号、谈判最后的总结、谈判最后的让步、谈判的结果等内容。

案例导入

1970年，美国与日本的经济贸易出现了比较大的逆差，美国总统尼克松多次要求当时的日本首相佐藤主动限制向美国出口纺织品。在佐藤去美国之前，日本一些著名人士一再劝告他："不要向美国屈服。"在这场"日美纺织品战"中，尼克松为了迫使佐藤限制纺织品出口，步步紧逼。最后，佐藤回答："我一定要妥善解决。"

"胜利了！"尼克松赶紧向新闻记者宣布，新闻界也为之振奋。可是没过多久，美国报纸却又抱怨佐藤背信弃义，因为实际情况并没有什么改变。其实，日本根本就没打算主动限制对美国的纺织品出口。佐藤最后说的那句话，应该说既是表达了否定态度，又给美国总统"留下了面子"。

提示："日美谈判"的启发。日本人的这种思考方式可以从日本著名社会学家铃木朗说过的话中得到证明："日语中的双关词，是日本民族要求和睦相处的产物，要是我们说每一句话都开门见山那势必会整天相互间争论不休。"

商务谈判经过艰难的磋商、激烈的讨价还价，交易条件取得了进展，彼此立场与利益等方面的差异逐步缩小，已达成基本共识。此时，双方产生结束谈判的愿望，谈判接近尾声，进入了最后阶段，即终结阶段。谈判但在这个阶段谈判者千万不要放松警惕和急于求成，否则也有可能前功尽弃。

终结阶段的主要目标：力求尽快达成协议；尽量保证已取得的利益不丧失；谈判争取最后的利益收获。

一、谈判收尾的信号

在磋商阶段,出现的许多问题是一个矛盾链,一旦在某个环节上取得突破,所有的矛盾都将解决,即只要某一方作出让步,另一方作出积极的响应,谈判中所有的问题都会得到迅速解决。在谈判即将结束的时候,抓住最佳时机向对方发出尽快结束谈判的信号,其目的在于推动对方脱离勉强或惰性十足的状态,设法使对方行动起来,从而达成交易。

二、谈判最后的总结

谈判双方在交易达成的会谈之前,有必要进行最后的回顾和总结,其主要内容有以下五个方面。

(1) 明确是否所有的内容都已谈妥,是否还有一些未能得到解决的问题,以及这些问题是否得到最后处理。

(2) 明确所有交易条件的谈判结果是否已达到己方期望的交易结果或谈判目标。

(3) 对双方的职责和权利做进一步的明确。

(4) 最后的让步项目和幅度。

(5) 着手安排交易记录事宜。

三、谈判最后的让步

虽然磋商阶段已消除了达成协议的主要障碍,但还要在最终签订协议以前,对交易条件上存在的其他问题进行协调,还需要作出一定的妥协或让步;否则谈判仍有可能受阻,这就是最后的让步。最后的让步,既是磋商阶段让步的继续,又是谈判终结阶段的主要内容。

(一) 让步时间的选择

正确选择最后让步的时机。通常,将重要的让步放在前面,希望得到对方的积极响应。将次要的让步放在最后时刻,使交易最后圆满的结束。

(二) 让步幅度的掌握

最后的让步幅度不宜太大,以防对方产生误解,还有让步余地,引起不必要的波折。但也不宜太小,否则影响不大,难以奏效。

(三) 让步与要求同时并提

在商务谈判中,谈判者作出最后让步策略意图,无非是表示己方的诚意,同时也期望对方给予相应的让步。

因此,谈判者在作出最后让步时,最好采取以下两种方式。

(1) 并不直接给予让步,而是指出己方有让步意愿,但要求对方的让步作为交换。

(2) 谈判者在提出让步时,可示意对方这是谈判者让步意愿,可能会受到企业组织的约束。故示意对方也应给以相应回报的表示,以便自己可以向其管理部门有所交代。

四、谈判的结果

商务谈判结果一般有:谈判成交、谈判中止和谈判破裂。

（一）谈判成交

谈判各方协商达成一致的结果,表现为谈判的各方就谈判的有关事项达成协议或形成合同。通常,谈判成交的工作程序有以下五步。

1. 整理谈判记录

谈判记录是谈判达成一致的证据。在最后阶段双方要整理好谈判记录,经过通读,查对无误,并由双方共同确认。经确认的记录是起草书面合同的主要依据。谈判中的重要内容应交换整理成简报或纪要,向双方公布,该文件具有一定的法律效力,在以后的纠纷中尤为有用。

2. 起草书面合同

谈判双方达成一致后必须签订书面合同。把谈判结果以正式文件的形式确定下来,作为以后双方实施交易的依据。合同将严格规定各方的权利和义务,保障双方的权益和交易的顺利进行。因此,协议条款的起草必须认真仔细,要求表述准确,内容全面,不允许有产生歧义的可能,更不允许疏忽或遗漏,以免出现后患。

3. 协议文本的审核

在正式签字前对合同的文本应进行审核,要注意文本内容与谈判结果、谈判记录是否一致。还要注意文本与附件在内容上是否一致。当发现有不一致的地方,都应及时沟通或重新磋商,给予纠正,务必使协议文本能真实地反映谈判的结果。

4. 签署人的确认

通常情况下,签署人应是能负责承担合同规定的义务和享有合同规定权利的法人或其代表。故应对签署人合法身份或合法授权人身份的确认,或要求对合同进行公证,是己方在协议阶段保护自身利益,以免上当受骗。

5. 正式签署合同

商务谈判的合同,一般只要经过双方授权签署的人签字即可。重大合同正式签署时,还要举行签字仪式,有时还邀请新闻界人士参加。

（二）谈判中止

谈判中止是谈判各方在谈判过程中,经过一系列讨价还价后,由于种种主客观原因,未能达成协议,而使谈判的暂时性中断。谈判的中止,从形式上谈判过程已经结束,但却存在重新谈判的可能性,即说谈判各方之间仍存在着谈判的协议可能。造成谈判中止的原因可分为以下两类。

1. 客观性谈判中止

客观性谈判中止,即谈判各方在谈判过程中,由于有阻碍谈判成功的客观原因,其影响谈判不能达成协议而暂时终止的谈判。此时,谈判者就应找准原因,除了确实是受客观条件制约,暂时无法恢复的谈判外,谈判者应该主动、积极地寻找时机,重新谈判。

2. 主观性谈判中止

主观性谈判中止,即谈判各方在谈判中,由于意见分歧而暂时中断谈判,以达到重新谈判,获得利益之目的。此时,谈判者应正确分析原因,根据自己的需要,采取措施,重新谈判。破解主观性谈判中止的方法有以下三种。

（1）击中要害。当主观性谈判中止出现之后,谈判者应找准原因,直陈利害,说服对方放弃"绕圈子"的做法,真诚地回到共同寻求解决问题的途径上来。注意在语言的运用上不可刺激对方,以防止对方弄假成真。

（2）以毒攻毒。谈判者若能对谈判的结果判断正确,确定是主观性谈判中止,并坚信对方不会放弃谈判,便可采取"以其人之道,还治其人之身"的方法,以同样的理由宣布放弃谈判,以示决不让步的强硬立场,迫使对方缓和态度,重新回到谈判桌前。但这种方法决不适用于客观性谈判中止。

（3）寻找台阶。当谈判陷入主观性谈判中止时,导致这一局面的一方由于心理和其他因素影响,一时很难放下面子,采取主动。这时,破解中止的方法就是主动为对方寻找解决问题的方法,以便顺水推舟。

（三）谈判破裂

因为谈判双方分歧严重而导致交易的失败,谈判破裂是商务谈判中不可避免的现象。明智的谈判者在谈判破裂的情况下,均应争取"友好破裂",避免"愤然破裂"。

1. "友好破裂"

"友好破裂"是谈判双方在互相体谅对方困难的情况下结束谈判的做法。在谈判手法上,让破裂成为一种自然结果,让对方没有误解。友好破裂的基础是相互理解、尊重,客观,留有余地。

2. "愤然破裂"

"愤然破裂"是谈判双方在一种不冷静的情绪中结束未达成一致的谈判。无论何种原因导致,除了是谈判策略的运用,"愤然破裂"对谈判的重建是十分不利的,谈判中应尽量避免。

案例链接 6-14

案例1 1992年上海甲公司引进外墙防水涂料生产技术,日本乙公司与中国香港地区丙公司报价分别为22万美元和18万美元。经调查了解,两家公司技术与服务条件大致相当,甲有意与丙公司成交。

在终局谈判中,甲公司安排总经理与总工程师同乙公司谈判,而全权委托技术科长与丙公司谈判。丙公司得知此消息后,主动大幅度降价至10万美元与甲签约。

思考： 如何评论甲公司安排谈判人员的做法？如何评论丙公司大幅度降价的做法？

案例2 某大型企业开发出一种新产品,另一小型企业的产品是与之配套的一种零件,两个企业就这种新产品的配套零件问题进行谈判,因价格问题陷入僵局。大型企业出价每个零件7元,小型企业要价8元,双方互不相让。

大型企业的理由是若每个零件超过7元,就很难迅速占领市场;小型企业的理由是每个零件若低于8元,企业将会亏损。

表面上看,双方都要维护自己的效益,实际上,买卖做不成,双方都谈不上获益,做成买卖是双方的共同愿望。在这一前提下,双方交换了意见,最后以每个零件7.3元达成协议。

思考:"协议达成"结果。大型企业解决了占领市场的难题,而小型企业虽然是微利供货,但也同样有了收获,与这一大客户建立了长期的合作关系,该种新产品一旦占领市场,就可以提高本厂配套产品的知名度,还会有长期可现的经济效益。

重点内容概要

终结阶段是商务谈判的最后阶段主要目标:力求尽快达成协议,尽量保证已取得的利益不丧失,谈判争取最后的利益收获;在这一阶段要向对手发出谈判结尾的信号、对谈判进行总结、最后让步和谈判最后结束;谈判结果有谈判成交、谈判中止和谈判破裂。

商务谈判终结阶段的主要内容:谈判收尾的信号,谈判最后的总结、让步和结果。

教学一体化训练

习题

(1) 在谈判缔约阶段,如何有效地捕捉成交信息?

(2) 谈判的结果有哪几种?怎么处理?

(3) 促成交易有哪些策略和技巧?

案例分析

一对夫妻在浏览杂志时看到一幅广告中当作背景的老式座钟非常喜欢。妻子说:"这座钟是不是你见过的最漂亮的一个?把它放在我们的过道或客厅当中,看起来一定不错吧?"丈夫答道:"的确不错!我也正想找个类似的钟摆在家里,不知道多少钱?"研究之后,他们决定要在古董店里找寻那座钟,并且商定只能出400元以内的价钱。

他们经过三个月的搜寻后,终于在一家古董店的橱窗里看到那座钟,妻子兴奋地叫了起来:"就是这座钟!没错,就是这座钟!"丈夫说:"记住,我们绝对不能超出400元的预算。"他们走近那座钟。"哦喔!"妻子说道:"时钟上的标价是740元,我们还是回家算了,我们说过不能超过400元的预算,记得吗?""我记得,"丈夫说:"不过还是试一试吧,我们已经找了那么久,不差这一会儿。"

夫妻私下商量,由丈夫作为谈判者,争取以400元买下。随后,丈夫鼓起勇气,对售货员说:"我注意到你们有座钟要卖,定价就贴在座钟上,而且蒙了不少灰,显得有些旧了。"之后,又说:"告诉你我的打算吧,我给你出个价,只出一次价,就这么说定。我想你可能会吓一跳,你准备好了吗?"他停了一下以增加效果,"你听着——240元。"那座钟的售货员连眼也不眨一下,说道:"卖了,那座钟是你的了。"

那个丈夫的第一个反应是什么呢?得意扬扬?"我真的很棒!不但得到了优惠,还得到了我想要的东西。"不!绝不!他的最初反应必然是:"我真蠢!我该对那个家伙出价140元才对!"你也知道他的第二反应:"这座钟怎么这么便宜?一定是有什么问题!"

然而,他还是把那座钟放在客厅里,看起来非常美丽,好像也没什么毛病。但是他和太太却始终感到不安。那晚他们安歇后,半夜曾三度起来,因为他们没有听到时钟的声响。这种情形持续了无数个夜晚,他们的健康迅速恶化,开始感到紧张过度并伴有高血压的症状。

【分析】

(1) 为什么丈夫会出现健康迅速恶化这样?

(分析提示:就因为那个售货员不经过价格磋商就以240元把钟卖给了他们。)

(2) 这个案例给了我们怎样的启示?

第7章
国际商务合同签订

7.1 商务合同基本条款的认知

商务合同的格式、结构;商务合同条款的主要内容。

熟悉国际商务合同中主要条款、内容和特点;根据商务谈判内容,具备撰写合同条款、审核合同各条款的能力。

合同的形式是商务谈判双方当事人合意的表现形式;即合同当事人意思表示一致的外在表现形式,它是合同内容的外部表现和合同内容的载体。合同的条款,规定了商务合同双方当事人的权利、义务;合同的主要条款决定合同是否合法、有效(能否履行)。

本章节将重点探讨:合同的形式与结构;国际商务合同条款等。

2009年上半年,中国就购买"野牛"气垫登陆艇开始与乌克兰进行谈判。

"野牛"气垫船于1985年在苏联问世,1991年投入使用。后来苏联解体,气垫船厂归属乌克兰。"野牛"可谓世界独一无二的大型气垫登陆艇,排水量为555吨,每次能运送500名突击队员,或10辆装甲车加140名军事人员,或3辆重型主战坦克。另外,"野牛"气垫船具有一种特殊的性能——可以隐形,敌方雷达无法探测到它,突击队员乘坐这种气垫船在世界任何海岸线登陆的成功率高达78%,而普通气垫船在同等条件下的登陆成功率只有

14%。由于其改进后的续航力达500海里,"野牛"加一次燃料足够往返中国台湾海峡。它航速极快,最高可达110海里/小时,单程跨越中国台湾海峡不到4小时,而普通登陆舰要用8~10小时,因此,"野牛"气垫登陆艇发动两栖突击具有极佳的突然性。

经过多轮谈判,中乌双方代表最终签署协议:合同标的为"野牛"气垫登陆艇。价格从每艘5 000万美元涨到8 000万美元,因为应中方要求,增加了许多特殊技术装备。购买数量则从最初的10~20艘减为4艘。中方为了引进该气垫登陆艇的技术,经谈判使乌方同意,其中两艘"野牛"在乌克兰制造,另外两艘由乌克兰工程师和技术人员指导在中国制造。交货期为2012~2013年。

提示:谈判各方经过几番讨价还价、妥协和让步,就全部交易内容达成共识后,为了明确彼此的权利和义务,也为日后履行时提供一个标准,并得到法律的认可和保护,一般都会签订一个协议或合同。

一、合同的形式与结构

(一) 合同的形式

合同的形式又称合同的方式,是指当事人合意的表现形式,即合同当事人意思表示一致的外在表现形式,它是合同内容的外部表现和合同内容的载体。

根据相关法律规定,当事人订立合同可以采用的形式有以下三种。

1. 口头合同

口头合同是合同当事人只用语言为意思表示,而不用文字表达协议内容的合同形式。合同采取口头形式无须当事人特别指明。凡当事人无约定、法律未规定须采用特定形式的合同,均可采用口头形式。

口头形式的优点:方便快捷、简便易行,因而其在日常生活中经常被采用。口头形式的缺陷:口头形式订立合同后,若发生争议,通常当事人难以取证,不易分清责任,因而项目不能即时结清的合同和标的数额较大的合同,不宜采用这种形式。

2. 书面合同

书面合同是合同当事人以文字表现当事人所订合同的形式。合同书以及任何记载当事人要约、承诺和权利义务内容的文件,都是以书面的形式具体表现。

书面合同形式的最大优点是:合同有据可查,发生纠纷时容易举证,便于分清责任,有利于交易的安全。因此,对于关系复杂的合同、重要的合同,最好采取书面形式。

书面合同通常有三种形式:①当事人双方依法就合同的主要条款协商一致并达成书面协议,并由双方当事人的法定代表人或其授权人签字盖章;②格式合同;③双方当事人往来的信件、电报、电传、邮件等。

3. 推定合同

推定合同是指当事人未用语言、文字表述其意思表示,仅用行为向对方发出要约,对方接受要约,以作出一定或指定的行为作为承诺,合同成立。例如,商店安装自动售货机,顾客将规定的货币投入机器内,买卖合同即成立。

(二) 合同结构和内容

书面合同的结构(框架)可以概括为三段式：约首、本文和约尾。

1. 约首

约首是指合同的序言部分,其中包括合同的名称、编号、订约双方当事人的名称、电传或传真号码、地址(要求写明全称)等。除此之外,在合同序言部分常常写明双方订立合同的意愿和执行合同的保证。该序言对双方均具约束力。因此,在规定该序言时,应慎重考虑。

2. 本文

本文是合同的主体部分,具体列明各项交易的条件或条款,如品名、品质规格、数量、价格、包装、交货时间与地点、运输与保险条款、支付方式以及检验、索赔、不可抗力和仲裁条款等。这些条款体现了双方当事人的权利和义务。

3. 约尾

约尾一般列明合同的份数,使用的文字及其效力,订约的时间、地点和双方有权签字人的签署及生效的时间。我国出口合同的订约地点一般都在我国,有的合同将"订约时间和地点"在约首订明。

在实际业务中,订立合同时应注意明确合同条款之间的内在联系,合同内容应符合政策,合同条款要明确、完善和肯定。

案例链接 7-1

案例 1 某公司在某国市场中有一个非常大的标的,采用"设计—施工总承包"模式招标,为此要进行商务谈判,该国市场经理向总公司寻求"设计—施工总承包"合同谈判的要点,总公司领导让总工程师总结一下,总工程师联合了经营部部长、设计部部长对此提出了各自的建议,在经过一定精炼但不影响分析效果的情况下,总结出合同谈判的要点包括十七个部分:①关于汇率;②质量担保;③关于调价公式的插入;④关于调价指数来源及币种;⑤不要碰自己没有百分百把握的新工艺或技术;⑥料场及红线;⑦材料预付款;⑧设计标准和施工规范;⑨合同明确性;⑩合同审阅;⑪合同文件的优先性;⑫承包商暂停施工时利润;⑬关于保函开具;⑭设计极限;⑮主路标准横断面;⑯设计批复问题;⑰明确规定设计和施工所采用的规范,尽量避免采用我们不熟悉的规范,减低设计和施工风险。

思考:"合同谈判要点"。你认为该合同谈判还有哪些要点未包括在内？

案例 2 某法国商人于7月某日走访我国一外贸企业洽购某商品。我方口头发盘后,对方未置可否,当日下午法商再次来访表示无条件接受我方上午的发盘。那时,我方已获知该项商品的国际市场价格有趋涨的迹象。对此,你认为我方应如何处理为好,为什么?

思考:中国与法国均系《联合国国际货物销售合同公约》(以下简称《公约》)缔约国,洽谈过程中,双方对《公约》均未排除或作出任何保留。因此,双方当事人均应受该《公约》约束。按《公约》规定:对口头要约,须立即接受方能成立合同。上午我方发盘后,法商未置可否,也未提出任何要求,则合同没有成立。据此,我方鉴于市场有趋涨迹象,可以予以拒绝或提高售价继续洽谈。

二、国际商务合同条款

商务合同的各项条款,规定了合同双方当事人的权利、义务,合同的主要条款决定合同是否合法、有效(能否履行)。国际商务合同基本条款包括以下两个方面。

(1) 主要交易条件:品名、品质、数量、包装、价格、装运、结算方式等条款。

(2) 一般交易条件:保险、商验、索赔、仲裁和不可抗力等条款。

(一) 品名条款

商务合同中的品名条款没有统一的格式规定,可由交易双方协商确定。一般的商品只要列明商品的名称;但有些商品具有不同的品种、等级、型号,为明确区分,需要把品种、等级或型号的概括性给以标注。在规定品名条款要注意以下事项。

1. 要具体明确

表达条款内容时,条款中的品名必须确切反映标的物的特点,避免空泛、笼统。

2. 针对商品作出符合实际的规定

条款中的品名,必须是卖方能够供应买方所需要的商品,凡做不到或不必要的描述性词句都不应列入。

3. 尽可能使用国际上通用的名称

如果使用地方性名称,交易双方应事先对其含义取得一致意见,对于新商品有定名及译名,应力求准确易懂、符合国际惯例。

4. 注意选择合适的品名

有时一种商品具有不同的名称,使得交付关税和运费不一致,其所受的进出口限制也不同,为了降低关税和节省运费开支,在确定合同的品名时,应选用对己方有利的名称。

(二) 品质条款

通常要注明商品的具体品质,其内容及繁简程度与商品的特性有关。在规定品质条款时应注意以下事项。

1. 根据商品特性合理选择标注商品品质的方法

通常,能用科学的指标标注其质量的商品,适于按照规格、等级或标准买卖;难以规格化、标准化的商品,则适于凭样买卖;质量好、有特色的优质品,适于按商标或牌号买卖;性能较复杂的机器、电器和仪表,则适合凭说明书和图样买卖;具有地方风格特色的商品,可以按产地名称买卖。

2. 依据交易规定一定的品质浮动幅度

在国际贸易中,为避免因交货品质与合同稍有差异而造成违约的现象。为保证合同的顺利履行,可以在合同品质条款中加入允许对其进行一些变通的规定。

3. 制定品质条件要科学、合理、规范

在规定品质条款时,为便于合同的履行和维护己方的利益,要根据交易的需要、可能和可行,实事求是地确定品质条件,避免过高或过低。同时也要注意各指标间的相互联系,全盘考虑,保证一致性,不发生冲突。

(三) 数量条款

数量的要求与商品的标的紧密联系在一起,数量就是指合同标的的量化,它直接决定了供需双方民事权利义务的大小。对于数量条款要注意以下问题。

1. 合同双方因习惯不同而引起计量概念上的差异

如在计算重量时,有净重与毛重;或者有装船时的重量与卸船时的重量等计算区别。

2. 合同双方在计量单位的差异

在同一计量单位下所表示数量的不相同。如吨有:长吨(2 240 磅)、短吨(2 000 磅)、公吨(2 205 磅);加仑有:美国加仑(3.78 公升)、英国加仑(4.54 公升);担有:中国担(110.2 磅)、美国担(100 磅)、英国担(112 磅)等。

3. 合同双方在重量计算方法上的差异

如关于皮重的计算时,有实际皮重、习惯皮重、平均皮重、约定皮重等不同的计算方法。

4. 合同双方实际交货数量的差异

交货遇到实际交货数量难以完全符合要求数量的交易商品时,要注意商务谈判容许的数量机动幅度。

5. 合同双方对易损耗商品的数量核查

对在运输过程中容易损耗的商品,要明确何时与何地核查商品的数量,以便作为付款等方面的依据。

(四) 包装条款

在国际商务活动中,货物的包装条件涉及双方的利益,谈判双方应明确交易包装条件,并在合同中标明。包装条款包括:包装材料、包装方式、包装规格、包装标志和包装费用的负担等内容。在规定包装条款时,应注意以下事项。

1. 考虑商品特点和不同运输方式的要求

商品特性、形状和使用的运输方式不同,对包装的要求也随之不同。约定包装材料、包装方式、包装规格、包装标志时,必须从商品在储存、运送和销售过程中的实际需要出发,使约定的包装应科学合理、安全实用。

2. 条款规定要具体明确

规定包装时不宜使用无统一解释的笼统规定。

3. 明确包装费用由何方承担

包装的费用一般包含在货物价格之内,不另外计算收取,但对于需方对包装提出特殊要求,若超越了包含在货价内的包装成本,则供货方应提出另计包装费用,并由需方承担。

4. 明确"定牌"包装的法律责任

对于"定牌"包装,谈判中必须注意认真审查,并且不承担冒牌及产品责任法中所规定的有关责任。

(五) 价格条款

商品价格是商务谈判中双方关注的核心内容。在价格条款中要注意以下两个方面。

1. 明确价格的构成

一般采用固定价格条款,即单价、总值。

单价包括:计量单位、单位价格金额、计价货币名称和贸易术语;总值是单价和数量的积;总值所使用的货币必须与单价所使用的货币一致。

2. 明确计价的币种

在国际商务活动中,由于外汇汇率变化的急剧性,可能抵消交易盈利,甚至发生亏本;因此应在协议中明确计价的币种,并明确由汇率变化而引起的风险及应承担的责任。

(六) 装运条款

在国际商务活动中,买卖双方在进行交易谈判时,必须对交货时间、装运地和目的地、能否分批装运和转船、转运时间等问题进行协商,并在合同中标明。装运条款应包括以下具体内容。

1. 装运时间

装运时间也称装运期。如果卖方违反这一条件,买方有权撤销合同并要求卖方赔偿。在规定装运时间时应考虑货源和船源的实际情况,对装运期要明确规定。

2. 装运港和目的港

装运港是货物开始装运的港口;目的港是货物最终到达的港口。规定国际商务的装运港和目的港时应注意:规定国内外港口应力求具体明确;有能接受内陆城市为装运港或目的港的条件;必须注意装卸港的具体条件,如有无直达班轮航线、码头泊位的深度、有无冰封期等;应注意国外港口有无重名。

规定国内装运港时,出口时一般以接近货源地的对外贸易港口为佳,进口时应选择接近用货单位或消费地区的对外贸易港口。

3. 分批装运和转船

分批装运是指将成交的货物,分若干批装运;转船则是指因货物没有直达船或直达船没有合适的船舶运输,而需要通过中途转运。该条款会直接关系到贸易双方的利益,为避免不必要的争议,一般应在合同中注明是否不允许分批装运和转船的条款。

4. 装运通知

在采用租船运输大宗进出口货物的情况下,为明确买卖双方的责任,促成双方互相配合,共同做好船货交接工作,一般需要在合同中注明装运通知。

5. 装卸时间

装卸时间(装卸率和滞期、速遣费)是指完成装卸任务所约定的时间,经常以小时或天数计算。装卸率是指每日装卸货物的数量;滞期是指若在约定的装卸时间内没有装卸完毕,使得船舶在港口停泊时间延长,给船方造成损失的,则需要按约定支付金额来补偿延迟期间的损失;速遣费是指若租船方提前完成了装卸,给船方节省了费用,船方将获利的一部分给租船人。

(七) 保险条款

货物运输保险,按运输方式的不同,可以分为海上货物运输保险、陆上货物运输保险、航空货物运输保险、邮包货物运输保险等。以国际商务应用最多的海上货物运输保险为例,其承保的范围包括风险、海上损失和海上费用。

1. 风险

风险主要分为海上风险和外来风险。海上风险的内容一般包括自然灾害和船运过程中出现的意外事故;外来风险则包括偷窃、渗漏、生锈等一般原因,也包括交货不到、表面货物损失等特别原因,以及军事、政治、国家政策等特殊原因所造成的风险。

2. 海上损失

海上损失是指被保险货物在海运途中因遭受海上风险所直接造成的损失。根据损失程度的不同,可以分为全部损失和部分损失。

(1) 全部损失(又称全损)。运输中的整批货物或不可分割的一批货物的全部灭失或损坏,又可分为实际全损和推定全损。

(2) 部分损失(又称分损)。指保险标的的部分损坏或灭失,按损失的性质不同,又可分为共同海损和单独海损。

3. 海上费用

海上费用是指由海上风险造成的由保险人承保的费用损失。海上费用包括施救费用和救助费用。

(八) 支付条款

货款的收付直接影响着双方的资金流通及各种金融风险和费用的负担,所以贸易双方在磋商时都争取对自己有利的支付条件。

支付条款的主要内容是计价货币和支付方式。对交易所使用的货币,应按交易双方自愿的原则协商确定;国际贸易中使用的支付方式主要有汇付、托收和信用证。

(九) 商检条款

检验条款应包括检验时间、检验地点、检验机构、检验证书、检验依据与检验方法、商品复验等。规定检验条款时应注意以下事项。

(1) 出口商品抽样检验办法一般按我国有关检验标准规定和商检部门统一规定的方法办理。

(2) 对于复杂规格的商品、设备等的进口合同,应根据商品的特点,在条款中列出特殊性规定,以便于验收。按样品成交的货物,应该列入买方复验的条款。

(3) 进出口商品的包装应与商品的性质、运输方式的要求相适应,应详细列出包装容器所使用的材料、结构和包装方法等。

(十) 索赔条款

国际商务合同中的索赔条款主要规定有两种方式:异议和索赔条款、罚金条款。一般的买卖交易合同,大多只订立异议和索赔条款;在大宗商品和机械设备类商品的交易合同中,需要加入罚金条款。

1. 异议与索赔条款

除了规定一方违约另一方有权利索赔外,还包括索赔的依据、索赔的期限、赔偿损失的办法和赔偿金额等项目。

2. 罚金条款

适用于卖方交货延期,买方推迟开立信用证或推迟接货等场合。罚金的数量一般根据违约时间的长短来计算,且规定最高限额。

(十一) 不可抗力条款

国际商务合同中不可抗力条款的内容归纳起来一般规定以下四个方面。

(1) 不可抗力事故的范围。

(2) 不可抗力的后果。有解除合同和延期履行合同,需要根据具体情况而定,并在合同中注明。

(3) 发生事故后通知对方的期限与方式。一旦一方发生事故后通知对方的期限和方式需要在条款中注明。

(4) 证明文件及出具证明的机构。在国际贸易中,若一方根据不可抗力条款要求免责时,必须向对方提交特定机构出具的证明文件。在我国,由中国国际贸易促进委员会或其分会出具;国外一般由当地的商会或合法的公证机构出具。

(十二) 仲裁条款

仲裁条款一般包括以下五个方面的内容。

1. 仲裁地的规定

贸易双方对仲裁地的确定一般都十分关注,都力争选择对己方有利的地方,尤其是力争在本国仲裁。

2. 仲裁机构的选择

国际贸易仲裁,可以在仲裁协议中规定的常设仲裁机构进行,也可以由当事人双方共同指定仲裁员成立临时仲裁庭进行仲裁。

3. 仲裁程序法的适用

在仲裁条款中应明确依据哪个国家或地区的仲裁规则进行仲裁。

4. 仲裁裁决的效力

在仲裁条款中应规定裁决是终局的,对双方都有约束力。

5. 仲裁费用的承担

在仲裁条款中应明确规定由何方承担仲裁费用,一般是由败诉方承担,但也可以由仲裁庭决定。

在中东的一次国际食品交易会上,中国江苏某食品公司与沙特阿拉伯一客户成交高邮

冻鸭一批,订立合同的主要内容如下。

品名:高邮冻鸭(Frozen Gaoyou Duck)

规格:带头、翼、蹼、无毛、一级,每只最小2.5千克

规格:900箱、共12吨

总值:CIF吉达5 018英镑

装期:2012年8月、9月装船

装运口岸:南京港

付款条件:100%不可撤销即期信用证(By 100% Irrevocable Sight Letter of Credit)

保险:由卖方按CIF发票全额的110%投保一切险和战争险。(To be effected by the seller for 100% of the CIF invoice value covering all risks and war risks.)

索赔:买方须于该批货物到达目的港后30天内提出,并须提供经卖方同意的检验机构出具的检验报告。(Any claim by the buyer concerning the goods shall be filed within 30 days after the arrival of the goods at the port of destination and supported by a survey report issued by a surveyor approved by the Seller.)

不可抗力:如由于自然灾害、战争等不可抗力导致卖方不能装运或延迟装运上述货物,卖方不负任何责任。(The Seller shall not be held liable for non-delivery or delay in delivery of the goods hereunder by reason of natural disasters, war or other causes of Force Majeure.)

仲裁:凡因执行本合同所发生的一切争议如协商无法解决,应提交中国国际经贸仲裁委员会仲裁,地点在北京。仲裁结果是终局的,对双方均有约束力。(All disputes arising out of the performance of this contract, shall be settled through negotiation. In case no settlement can be reached through the negotiation, the case shall then be submitted to the China International Economic and Trade Arbitration Commission. The arbitration shall take place in Beijing. The arbitral award is final and binding upon to the parties.)

附注:需由中国伊斯兰教协会出具证明,证实该批冻鸭是按照穆斯林方法(Moslem way)在伊斯兰教仪式下用刀屠宰。(Slaughtered in Islamic rites with knife.)

该国际贸易合同显示:国际商务合同是谈判各方在涉外经济合作和贸易交往中,为实现各自的经济目标,明确相互间的权利义务关系,通过协商一致而共同订立的协议。

思考:理解"高邮鸭出口合同",认识国际商务合同基本条款。

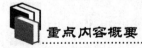

商务合同基本条款是合同双方当事人合意的表现形式;是合同内容的外部表现和合同内容的载体;规定了合同双方当事人的权利、决定合同是否合法、有效(能否履行)。

商务合同基本条款主要内容:主要交易条件:品名、品质、数量、包装、价格、装运、结算方式等条款;一般交易条件:保险、商验、索赔、仲裁和不可抗力等条款。

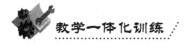

习题

(1) 国际商务合同的含义？有哪些特点？
(2) 商务书面合同有哪些主要部分？主要内容？
(3) 国际贸易合同是由哪些部分、哪些条款所构成的？

1. 检验证书的种类

(1) 品质检验证书：证明商品品质、规格的证书。
(2) 重量或数量检验证书：证明商品重量或数量的证书。
(3) 包装检验证书：证明商品包装情况的证书。
(4) 兽医检验证书：证明动物产品在交易前已经过兽医检验，符合检疫要求的证书。
(5) 卫生检验证书：证明食用动物产品、食品在交易前已经过卫生检验可食用的证书。
(6) 消毒检验证书：证明出口动物经过消毒处理，保证卫生安全的证书。
(7) 熏蒸检验证书：证明粮谷、油籽、豆类、皮张等商品以及包装用的木材与植物性填充物等已经过灭虫的证书。
(8) 船舱检验证书：证明承运商品的船舱清洁、牢固，冷藏效能及其他装运条件符合保护承载商品的质量和数量要求的证书。
(9) 残损检验证书：证明进口商品残损情况、估算残损贬值程度、判定致损原因的证书。
(10) 货载衡量检验证书：证明商品的重量、体积、吨位的证书。
(11) 价值检验证书：证明发货人发票所载的商品正确属实的证书。
(12) 原产地检验证书：证明商品原产地的证书，通常有一般产地证、普惠制产地证、野其动物产地证等。

2. 常用的国际贸易术语

FOB(free on board)：船上交货(……指定装运港)，该术语规定卖方必须在合同规定的装运期内在指定的装运港将货物交至买方指定的船上，并负担货物越过船舷以前为止的一切费用和货物灭失或损坏的风险。

CIF(cost insurance and freight)：成本、保险加运费(……指定目的港)，是指卖方必须在合同规定的装运期内在装运港将货物交至运往指定目的港的船上，负担货物越过船舷以前为止的一切费用和货物灭失或损坏的风险并办理货运保险，支付保险费，以及负责租船订舱，支付从装运港到目的港的正常运费。

CFR(cost and freight)：成本加运费(……指定目的港)，是指卖方必须在合同规定的装运期内，在装运港将货物交至运往指定目的港的船上，负担货物越过船舷以前为止的一切费用和货物灭失或损坏的风险,并负责租船订舱,支付至目的港的正常运费。

　　FCA(free carrier):交至承运人(……指定地点),是指卖方必须在合同规定的交货期内在指定地点将货物交给买方指定的承运人监管,并负担货物交由承运人监管前的一切费用和货物灭失或损坏的风险。

　　CPT(carriage paid to):运费付至(……指定目的地),是指卖方支付货物运至指定目的地的运费,在货物被交由承运人保管时,货物灭失或损坏的风险,以及由于在货物交给承运人后发生的事件而引起的额外费用,即从卖方转移至买方。

　　CIP(carriage and insurance paid to):运费、保险费付至(……指定目的地),是指卖方支付货物运至目的地的运费,并对货物在运输途中灭失或损坏的买方风险取得货物保险,订立保险合同,支付保险费用,在货物被交由承运人保管时,货物灭失或损坏的风险,以及由于在货物交给承运人后发生的事件而引起的额外费用,即从卖方转移至买方。

7.2 商务合同签约的技巧

商务合同的拟定、撰写;商务合同条款的履行、变更。

熟悉国际商务合同特点与签订的基本步骤;根据贸易实际情况,掌握合同签约、执行和变更、解除的条件、程序及处理的能力。

　　商务合同条款的拟订与签约有一定的标准和规定,否则会给合同履行带来重大麻烦;商务合同履行应遵循全面履行原则和信用原则两项;所签合同在履行前或履行过程中,主客观情况发生变化,可由双方当事人依法对原合同内容进行的修改和补充;合同变更后,仍需要到原批准或登记机构办理手续,否则变更无效。

　　本章节将重点探讨:商务合同的拟订和撰写、商务合同的履行和变更等。

　　由于欧洲空中客车(简称空客)飞机公司的爽约,购买 A380 宽体客机的某东南亚航空

公司除要求空客赔偿损失外,曾要求解除部分合同。但是空客公司千方百计想保住这些订单,提出变更合同内容的办法,将交货期延长半年,并愿承担由此给该航空公司造成的损失,违约金从购机全额中扣除。双方就变更交货期及扣除违约金达成协议,同意将首架 A380 客机的交货期改在 2006 年 6 月。

然而,到了 2006 年 6 月,空客仍未能按新约定的时间交货。在公司总裁被迫辞职和空客公司增加又一笔违约罚金后,空客与该公司重新谈判,将合同规定的 A380 交货时间再次延长半年。这家东南亚航空公司则提出,由于空客不断延期交货,已严重影响了该公司的发展,因此不得不部分解除与空客的合同,削减原先订购的 A380 客机数量。

中东某国的航空公司得知此消息后喜出望外,欲承接东南亚航空公司放弃的两架 A380 客机。因为中东这家航空公司向空客订购的 A380 客机要等 4 年之后才交付。如果东南亚航空公司同意转让这两架 A380 客机的合同,即使迟交一年半载,也比等 4 年要早得多。

于是,该中东航空公司与该东南亚航空公司就合同转让展开谈判。

提示:理解转让"A380"意义。掌握商务合同签约的技巧。

一、商务合同的拟订和撰写

(一) 商务合同的拟订

商务合同条款的拟订有一定的标准和规定。包括目的要明确、条款内容要具体、用词要标准、数据要精确、项目要完整、版书要整洁。不然,会给合同履行带来重大麻烦。在拟订商务合同时必须注意以下问题。

1. 遵守法律

正式的商务合同具有法律约束力,一旦订立,任何一方都不擅自变更或解除。因此,谈判人员必须熟悉国际、国内的有关法律法规,以便充分地运用法律来维护自身的正当权益。从具体的实践看,谈判人员在拟订合同时必须遵守的有关法律法规,如商品生产、技术管理、外汇管制、税收政策、商检科目及国际法。

2. 尊重惯例

在拟定商务合同条款时,在优先遵守法律法规的同时,也要符合商务交往惯例。在国际商务活动中的国际惯例是指那些为国际社会所普遍接受的、约定俗成的常规做法。

3. 符合常识

在拟定合同条款时,必须使合同的一切条款合乎常识,绝对不要犯常识性错误。商务常识涉及与其业务有关的专业技术方面的基础知识,包括商品知识、金融知识、运输知识、保险知识和商业知识等。

4. 平等对待

商务合同是当事人各方平等、协商结果。若把一方的意志强加于对方,合同即使勉强签署,事后也会不断地发生争执、纠纷。因此,谈判人员在拟定合同的具体条款时,既要优先考虑自己的切身利益,又要顾及对方及利益;平等对待,是促使合同为对方所接受的最佳途径。

(二) 商务合同的撰写

商务合同有条款式与表格式两类。条款式合同是指以条款形式出现的合同；表格式合同则是以表格形式出现的合同。

1. 商务合同撰写的规范

合同的标的、费用、和期限是合同内容的三大要素，任何合同都应当三者齐备，缺一不可。具体合同的条款撰写，至少需要具备标的、数量或质量、价款或酬金、履约的期限与地点及方式、违约责任等基本内容。条款式合同与表格式合同在写法上都有各自的具体规范，对于这种规范，商务人员必须自觉地遵照执行。

2. 商务合同撰写的技巧

商务谈判的合同文本要尽量由本方来拟定，这样可以有力地控制合同内容。由本方来撰写商务合同时，要遵守《合同法》的规定，符合规范合同的模式。

（1）注意必须具备的内容。①关于执行双方所达成协议的特殊要求，其中包括详细的技术条件和待完成工作的描述。②详细的付款办法。在何种条件下，付款可以延迟或停止；不能按时交货或某些项目不符合协议时，该怎样处理付款方式。③关于交货的条款，这些条款应能反映双方的意愿，包括在执行合同的过程中如何对交货期进行调整的问题。④在什么条件下协议可以修改；双方发生纠纷时该如何解决；可选的附加规定，以及用什么办法来执行这些附加规定；在什么条件下未写入协议文本的内容，将被合理地视为因疏忽而造成的遗漏；执行协议所需的行政步骤；虽然对方坚持认为不需要，但本方认为必须包括在合同之内的条款（一定尽量把这些条款都写入合同）。⑤要有合同报告的起止日期的明确规定（合同本身要求有某种灵活性的除外）。

（2）关注谨防出现的情况。协议中遗漏了某些条款，条文语义不清，条件写得过于宽松、不严格，协议中有许多与协议内容无关的陈词滥调，协议中夹了许多参考性文件，而这些文件又未经过事先审查，条款之间有相互抵触之处。

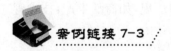
案例链接 7-3

君子协定不具效力——购销合同的变更

甲方：某市电机厂；乙方：某大学校办工厂

1. 案情

2007年11月，甲方与乙方签订购销合同：由电机厂在2008年度供应校办工厂装配电扇的电机2 000台，每台单价80元，自2008年4月起每月交货500台，每批交货后10天内付款。合同签订三个月后，因电机原材料涨价，甲方与乙方协商，要求将每台电机单价提高到100元，并将2 000台电机改为1 500台，自2008年5月起每月交货500台。乙方同意了甲方的要求，双方于2008年2月另行签订了协议。

2008年5月，甲方按新合同规定交货500台，乙方依约付款。但6月甲方未能在约定日期交货，乙方向其催货，甲方声称因原材料价格上涨幅度过大，每台电机价格需涨至140

元,否则不能供货。乙方因生产急需只得同意按每台140元的价格购买以后交付的电机,甲遂于7月底第二次交货500台。乙方在提货后以电机厂逾期交货为由拒付货款,并诉至法院要求甲方继续履行合同并赔偿损失。甲方提出反诉,要求乙方按140元每台的价格支付第二次交货的货款并支付延期付款的违约金。

2. 法院定案

法院经审理认为,双方当事人2008年2月修订的协议符合法律规定,为有效合同。电机厂除第一批交货外,再未按时交货,应负违约责任。2008年校办工厂催货时,电机厂提出涨价要求,校办工厂因生产急需,无奈而接受,不是真实的意思表示,是无效民事行为。校办工厂在第二次提货后未按原协议的价格和约定期限付款,也是违约行为,应负一定的违约责任。

3. 法院判决

2008年2月的协议有效。电机厂已履行1 000台,尚未履行的500台依其价值承担10%的违约金;校办工厂第二次提货500台应按每台100元支付货款并支付延期付款的违约金;2008年2月的协议终止,不再履行,诉讼费用由电机厂承担2/3,校办工厂承担1/3。

思考:从"购销合同的变更"。理解"君子协定不具效力"。

二、商务合同的履行和变更

(一) 商务合同的履行

1. 商务合同履行的原则

商务合同履行的原则,包括全面履行原则和信用原则两项。

(1) 全面履行原则是指买卖双方应按照商务合同规定的标的及其质量、数量,由适当的主体在适当的履行期限、履行地点,以适当的履行方式全面履行合同义务。

(2) 信用原则是指买卖双方履行合同时,应根据合同的性质、目的和交易习惯认真履行通知、协助、保密等义务,其主要体现为协助履行的原则和经济合理的原则。同时,当事人在履行商务合同时,应顾及对方的经济利益,以最小的履约成本,取得最佳的合同利益。

2. 共同履行的义务

商务合同订立以后,买卖双方当事人应当按约定全面履行以下基本义务。

(1) 通知。商务合同当事人任何一方在履行合同过程中应当及时通知对方履行情况的变化;遵循诚实信用原则,不欺诈、不隐瞒。

(2) 协助。商务合同是由双方共同订立的,应当相互协助。当事人除了自己履行合同义务外,要为对方当事人履行合同创造必要的条件。若一方在履行过程中遇到困难时,另一方应在法律规定的范围内给予帮助;若当事人一方发现问题时,双方应及时协商解决等。

(3) 保密。当事人在合同履行过程中获知对方的商务、技术、经营等秘密信息应当主动予以保密,不得擅自泄露或自己非法使用。

3. 交易双方应履行的职责

(1) 卖方履行的职责。卖方必须按合同规定的质量标准、期限、地点等交付标的物;向买方交付标的物或者提取标的物的单证;卖方应当按约定向买方交付提取标的物单证以外的有关单证和资料,如专利产品附带的有关专利证明书的资料、原产地说明书等。

（2）买方履行的职责。买方收到标的物时应当在约定的检验期间对其进行检验,没有约定检验期间的应当及时检验;买方应当在约定的检验期间内将标的物的数量或质量不符合约定的情形通知卖方,买方没有通知的,视为标的物的数量和质量符合规定;当事人没有约定检验期间的,买方应当在发现或者应当发现标的物的数量或者质量不符合约定的合理期间内通知卖方;买方在合理期间内未通知或自标的物收到之日起一定时限内未通知卖方的,视为标的物的数量和质量符合约定,但标的物有质量保证期的,适用质量保证期;买方应当按照约定的时间、地点足额地支付价款。

（二）商务合同的变更

商务合同的变更是指合同成立后在履行前或履行过程中,因所签合同依据的主客观情况发生变化,而由双方当事人依据法律法规和合同规定对原合同内容进行的修改和补充。因此,合同的变更仅指合同内容的变更,不包括合同主体的变更。

当合同依法成立后,对买卖双方当事人均有法律约束力,任何一方不得擅自变更,但双方当事人在协商一致或因合同无效、有重大误解、显失公平等情况下可以对合同的内容进行变更。

当事人变更合同应当与订立合同一样,内容明确,不能模糊不清;如果当事人对合同变更的内容约定不明确,当事人无法执行,则可以重新协商确定;否则法律规定对于内容不明确的合同变更可视为未变更,当事人仍按原合同内容履行。

合同变更后,仍需要到原批准或登记机构办理手续,否则变更无效。

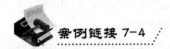
案例链接 7-4

我国某企业与国外某企业签订了一份国际购买合同,合同是以 CIF 贸易术语成交的。

根据合同规定,国外企业必须在 9 月 15 日以前把货物装船。但在同年 8 月 20 日,国外卖方所在地发生了地震,由于卖方存货的仓库距离震中较远,因此货物并没有受到严重损失,仅仅因为交通受到破坏而使货物不能按时运出。

但是事后,卖方以不可抗力为理由通知我国买方撤销合同,买方不同意。

思考:地震对国际购买合同的影响。卖方的主张是否成立? 试说明理由。

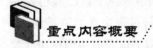
重点内容概要

商务合同条款的拟订与签约应遵循一定的标准和规定,否则会给合同履行带来重大麻烦。

商务合同基本条款主要内容。条款拟订的标准和规定:目的要明确,条款内容要具体,用词要标准,数据要精确,项目要完整,版书要整洁,不然会给合同履行带来重大麻烦。

商务合同履行的原则,包括全面履行原则和信用原则两项。

商务合同的变更。由双方当事人依据法律法规和合同规定对原合同内容进行的修改和补充;合同的变更仅指合同内容的变更,不包括合同主体的变更;并且合同变更后,仍需要到原批准或登记机构办理手续,否则变更无效。

习题

1. 国际商务合同条款的拟订、签约要遵循哪些标准和规定?
2. 国际商务合同有效履行要遵循什么原则?
3. 商务合同变更的依据?遵循什么规定和办理程序?

案例1 A公司(卖方)与美国B公司按照FOB条件签订了一笔化工原材料的买卖合同。

装船前检验时,货物品质良好,符合合同的规定。货到目的港,买方提货后进行检验,发现部分货物结块,品质发生变化。

经调查确认,原因是货物包装不良。在运输中吸收空气中的水分导致原颗粒状的原料结成硬块。于是,买方向卖方提出索赔。但卖方指出,货物装船前是合格的,品质变化是在运输过程中发生的,也就是在越过船舷之后发生的,按照《2000国际贸易术语解释通则》,其后果应由买方承担,因此卖方拒绝赔偿。

【分析】

你认为此争议应如何处理?并说明理由。

案例2 某年某进出口公司从美国进口特种异型钢材200吨,每吨按900美元FOB Vessel NewYork成交,支付方式为即期信用证并应于2月28日前开达,装船期为3月份。我方于2月20日通过中国银行开出一张18万美元的信用证。

2月28日美商来电称:"信用证已收到,但金额不足,应增加1万美元备用。否则,有关出口税捐及各种签证费用,由你方另行电汇。"我方接电后认为这是美方无理要求,随即回电指出:"按FOB Vessel条件成交,卖方应负责有关的出口税捐和签证费用。"

美方又回电称:"成交时并未明确规定按《Incoterms 2000》办,根据我们的商业习惯和《美国对外贸易定义1941年修订本》的规定,前电所述的费用应由进口方承担。"恰巧这时国际市场钢材价格上涨,我方又急需这批钢材投产,只好通过开证行将信用证金额增至19万美元。

【分析】

我方为何造成如此被动的局面?美方的要求合理吗?

7.3 商务合同陷阱的识别与规避

商务合同的风险;商务合同风险的识别、规避。

熟悉国际商务合同的风险;掌握合同陷阱的识别与规避的技能;具备应对合同纠纷处理的基本方式和能力。

商务合同关系构成谈判双方的法律关系;合同陷阱是合同一方通过各种方法掩盖其本质目的,诱骗对方签订对其不利的合同,并会给其造成经济损失的不法行为;因此,在商务谈判必须重视对合同的审查,对其中可能存在的陷阱进行识别并加以规避。

本章节将重点探讨:合同陷阱的表现形式、合同陷阱的规避等。

华为并购美国企业因何败北

2010年5月,华为与美国硅谷一家小公司——3 Leaf System签署并购协议,以200万美元收购其部分资产。签约之后,华为被告知,外国企业收购美国公司,必须经过美国国会、外国在美投资委员会(CFIUS)的审查批准。

华为公司是全球领先的电信解决方案供应商,其业务包括电信基础网络、业务与软件、专业服务和终端四大领域。华为制造的智能手机支持Android平台并开发笔记本3G网络业务。同时,华为的技术还被用于在世界范围搭建手机信号网络。3 Leaf是一家位于旧金山湾区的创业企业,所研发的软件允许根据网络用户的需要重新分配计算机资源。

华为最初没有理会CFIUS的警告,结果此案被其交由美国总统奥巴马作最终决定。出于国际政治方面考虑,华为不得不撤回对3 Leaf公司资产的收购。

提示:中国企业走出去,尤其是到欧美等国家直接投资的商务合同,必须认真了解当地的政治气候、投资审查制度、法律方面及其应对措施。重视在商务活动中可能存在的陷阱,识别并加以规避。

商务合同关系构成谈判双方的法律关系。因此,在商务谈判必须重视对合同的审查,对其中可能存在的陷阱进行识别并加以规避。

一、合同陷阱的表现形式

合同陷阱是合同一方通过各种方法掩盖其本质目的,诱骗对方签订对其不利的合同,并会给其造成经济损失的不法行为。合同陷阱的表现形式主要有四种。

（一）主体欺诈

合同主体即合同当事人。商务合同由于其主体的广泛性,利用主体欺诈的手法也是各种各样的,其主要表现有以下三种。

1. 虚构主体欺诈

当事人一方为无注册资本、经营场所、组织机构等,利用营业执照、伪造的身份证明等骗取对方的信任,达到骗取货款或货物的目的。

2. 借名欺诈

当事人一方是履约能力较差或根本无履约能力的主体,通过挂靠名气较大的公司或企业,利用其营业执照从事经营活动,或者采取合营的形式,从而大肆行骗。

3. 冒名欺诈

当事人一方假借他人名义与另一方签订合同的合同欺诈。主要表现为利用各种手段取得被冒名企业的执照、证明、汇票、账号等有关文件甚至印鉴,或者采取伪造他人印鉴的方式,以其名义实施诈骗活动。

（二）标的物欺诈

该合同陷阱表现为行为人在合同标的上欺诈。主要形式有以下五种。

1. 虚构标的物

合同中的标的物根本不存在;当事人一方没有可交易的标的物,也没有获得标的物的可能性和履行合同的意愿;或把别人的货物说成己方的,编造事实制造其履行能力的假象;或以部分货物为诱饵,从而使对方落入陷阱。

2. 品质欺诈

当事人一方在合同中故意使用含糊、模棱两可的词句,对标的物品质作不清楚甚至不利于对方的表述,或在样品上做手脚,故意封存有隐性瑕疵的样品,使对方陷入其设置的合同圈套。

3. 假冒"高品质"

当事人一方谎称其标的物具有"专利"或为"名优特产",或者利用不正当手段获取"名优"证书,或者伪造货物的"名优"证书,使相对人以高价购买其产品。

4. 出售无权处分的财产

当事人一方将他人之物或者已被查封、扣押的财产出卖给相对人,使相对人无法取得标的物所有权而蒙受经济损失。

5. 出卖含有侵害他人知识产权的标的物

当事人一方将其无产权标的物声称有产权,甚至对此作出各种保证,诱使相对人以高额价格受让标的物,由于存在知识产权的侵权,使对方将承担侵权责任,但却无法向出卖者追偿,因而遭受损失。

(三)履行欺诈

1. 以假充真或以次充好

当事人一方以虚假的标的物或劣质标的物冒充合同约定的标的物履行,使对方蒙受损失,即通常所说的"调包"。

2. 利用模糊条款欺诈

当事人一方利用合同条款约定标的物规格、型号、标准等模糊不清,故意在成交时采用以小充大、以旧充新等手段借此达到欺诈目的。

3. 伪造单据欺诈

利用伪造、变造或有其他瑕疵的信用证、提单等进行商务欺诈。

(四)索赔欺诈

1. 利用违约责任欺诈

因交易买卖双方角色不同而有差异。

买方的手段:主要是在标的物品质和履行时间、方式等进行欺诈,诱使卖方订立根本无法依约履行的买卖合同;然后,以卖方违约为由主张其赔偿违约损失。

卖方的手段:主要是订立各种不利于买方主张违约责任的合同条款,如规定违约请求的时间限制、品质检验条款等,从而使买方无法及时提出质量异议或在合同约定的索赔期内提出请求而遭受损失。

2. 利用违约金、定金欺诈

当事人一方故意诱使另一方订立其根本无法履行的合同,从而利用违约金或定金条款获取不当利益。

二、合同陷阱的规避

合同欺诈手段繁多,商务谈判者要学会辨别和规避合同陷阱。谈判当事人要充分了解《合同法》及相关法律、行政法规及司法解释的规定,关注谈判过程的重要环节。

(一)签订合同前

要"知己知彼",要对合同对方进行相应审查,摸清对方的基本情况,切勿盲目签约,这是保证合同条款能够得到有效履行的前提。

1. 审查对方主体资格

当事人应了解签约对方的主体资格,即在合同上签字的人是否具备签署合同的资格。主体资格审查包括单位经营资格、资质进行审查,对公民则是审查其民事权利能力和民事行为能力;若通过代理人签订合同的场合,代理人应当出具被代理人(委托人)的合法有效的授权委托书。否则,合同签订后,由于合同形式要件不具备可能会引起合同无效。

2. 审查对方资信情况和履约能力

要通过各种方式对对方的资信情况、履约能力等状况进行调查。了解对方当事人的资信状况是非常重要的,这样可以有效地避免欺诈、违约纠纷和商业风险。

3. 精心准备合同条款

合同条款是合同履行的依据,为避免因条款的不完备或歧义而引起合同纠纷,当事人应精心准备、详细约定,尤其是关于合同标的(包括名称、种类等)、数量、质量、价款或者报酬、履行期限、履行地点、履行方式、违约责任、解决争议的方法等合同主要条款。除了法律的强制性规定外,根据合同性质或当事人需要其他特别约定的条款,都可以在协商一致的基础上在合同条款中约定。同时,对于合同需要变更、转让、解除等内容也应详细说明,以避免不必要的合同纠纷。

如果合同有附件,对于附件的内容也应精心准备,并注意保持与主合同的一致性,不要相互之间矛盾。

(二) 签订合同时

坚持"口说无凭、立字为据"合同形式的基本原则。

1. 合同书面形式

合同包括合同书、信件和数据电文(包括电报、电传、传真、电子数据交换和电子邮件)等可以有形地表现所载内容的形式,都属于合同的组成部分。但要注意一份合同中表示清楚、完备,以免附件太多导致前后出现歧义。

若需要分批签订合同,应在每次签订合同或形成新文件(如电报、电传、传真、信件、电子数据交换和电子邮件)后及时对照以前的文件,如发现有变化或文字表述有歧义,应及时提出以达成一致或补签合同。

若执行期限较长并未形成文件的合同,应每隔一段时间或每完成一个阶段,在下阶段开始之前签订备忘录作为一阶段的总结,以及时明确合同内容。

若因时间紧迫达成的口头协议应在事后补签合同,避免出现纠纷。如果双方身处异地可考虑录音或传真等有形证据。

2. 审查合同条款

签订合同时,应严格审查合同内容。合同主要条款不能含糊不清或易产生歧义,以防止对方利用条款设置骗局,留下隐患。《合同法》规定合同的内容由当事人约定,一般包括以下条款:当事人的姓名和住所,标的,数量,质量,价款或报酬,履行期限、地点和方式,违约责任,解决争议的方法。当事人对每一条款要与对方约定得明确、具体、细致、规范无歧义;也可以参照各类合同的示范文本订立合同。

合同审查最好由专业人士审核,由法律顾问或律师把关。特别需要注意合同内容中的违约责任条款,这将大大保障守约方的利益,也能更有效地督促双方执行合同约定条款。

(三) 签订合同后

谈判双方在履行过程中反欺诈有不同的注意事项。

1. 合同供方

在合同履行过程中,供方主要任务是确保供方能在交付货物和转移货物的所有权之后顺利获取需方支付的价款。供方反欺诈需要注意以下三点。

（1）采取托收承传结算方式的，需方拒付货款，应当按照银行结算办法的拒付规定办理；如果需方无理拒付货款，供方可申请对方开户银行进行说服；经银行说服无效，银行可强制扣款。

（2）在交货时，根据合同约定供方要求需方提供担保而需方不提供担保的，供方可拒绝交付货物，因为供方一旦交付货物，就失去对货物控制的权利。

（3）在申请仲裁或向法院起诉时，当事人在合同中约定申请仲裁的，供方不得先向法院起诉，而必须先申请仲裁；当事人在合同中约定向法院起诉的，供方可在供方所在地法院、需方所在地法院、标的物所在地法院、合同签订地法院、合同履行地法院之中选择一个法院提起诉讼。

2. 合同需方

在履行合同中，需方主要任务就是确保取得按合同约定供方交付的货物。需方反欺诈需要注意以下五点。

（1）根据合同规定，在供方先行交付货物需方后支付货款的情况下，如果供方不先行交付货物，需方就不必支付货款；如果供方迟延交货，需方可根据合同规定要求供方承担违约责任；如果供方拒绝交付货物，需方可根据不履行合同要求供方承担违约责任。

（2）根据合同规定，在需方支付货物价款之后，供方才能履行交货义务的情况下，如果供方在签订合同后履行合同前，财产状况恶化，有可能在将来需方支付货款之后仍不能交付货物，需方有权要求供方先行交货或提供担保；否则，需方可拒绝先履行自己支付货款的义务。如果供方提供担保，则需方必须先行支付货款；供方提供担保后在货物的交付期限届满仍不能履行交货义务的，需方可就供方提供的担保执行，要求供方承担违约责任；需方还可以基于根据情况要求解除双方的合同。

（3）根据合同规定，在供方先行交付货物后需方才支付货款的情况下，如果供方提供的货物质量有缺陷，需方应视不同情况采取相应措施以维护自己的合法权益。例如，降低货物价格；交付替代货物；拒收或退货，并要求承担违约责任等。

（4）如果供方无履约能力或根本不准备履约，以欺诈手法诱引需方签订合同，从而骗取定金或预付款的，需方要及时向法院起诉，并适时申请财产保全；供方骗款后出逃的，需方要及时向公安机关报案，并收集、提供供方欺诈的线索和证据。

（5）无论供方不履行或不适当履行、迟延履行或拒绝履行，需方都可以根据实际情况与供方协商，要求供方承担违约责任；若协商不成，需方可以根据双方在合同中的约定，或申请仲裁，或向法院起诉。

（四）加强合同管理

签订合同的当事人还必须增强风险意识，加强自己的合同管理。

1. 即时合同管理

合同签订后，应将合同正式文本复印若干份，将原件存档，平时应尽量用复印件，以免造成原件丢失带来举证麻烦。

2. 长效合同管理

合同的长效管理有助于解决在合同签订和履行中存在的问题，防范不法分子利用合同进行欺诈。长效合同管理主要是设置必要的合同管理机构,还要建立健全合同管理制度。

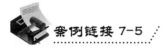

案例 1 1997 年 3 月,我国某进出口公司 A 与巴西 B 公司经谈判协商签订购销合同,向巴西出口一批非食用玉米。该合同规定:品质为适销品质,以 98% 的纯度为标准,杂质小于 2%,运输方式为海运,支付方式采用远期汇票承兑交单,以给予对方一定的资金融通。

合同生效后两个月到货,对方以当地的检验证书证明货物质量比原定规定低——黄曲霉菌素超标为由,拒收货物。

经查实,原货物品质不妨碍其销售,对方违约主要是由于当时市场价格下跌。后经多次商谈,我方以降价 30% 完成合同。

思考:我国某进出口公司与巴西公司谈判的此案中,不难看出 B 公司合理巧妙地利用了"风险条款",有效地保护了己方利益。支付方式、品质条款,对于出口方来讲均存在很大的风险性。

品质方面,虽考虑到了农产品的品质在备货时很难准确把握,用"适销品质"来补充,但没有采用品质增减价条款具体地说明在品质出现不同程度的不符时的处理方式;另外,玉米本身具有易滋生黄曲霉菌的特点,长时间的运输加快了其增长速度。对于这种可以预料但难以避免的状况,在品质条款中没有任何说明。这些都给买方拒收货物提供了机会。

在支付方式上,远期汇票兑交单,货到付款,虽是我国对南美贸易中普遍采用的方式;但这种方式过于注重促成合同的成立,风险性极大,特别容易被对方恶意利用。在市场形势对其不利的情况下,往往都是以其他条款为由或拒收货物,或大幅度压价。

该案便属典型的恶意利用"风险条款"的例子。我国 A 公司明知风险条款的存在,但为促成交易成功,加上对风险估计不足,同时存有侥幸心理,因而轻易跳进对方埋下的陷阱。

案例 2 我国某出口公司以 CIF 条件,凭不可撤销议付信用证支付方式向某外商出售货物一批。外商按合同规定开来的信用证经我方审核无误。我方出口公司在信用证规定的装运期限内在装运港将货物装上开往目的港的海轮,并在装运前向保险公司办理了货物运输保险。

但装船完毕不久,海轮起火爆炸沉没,该批货物全部灭失。外商闻讯后来电表示拒绝付款。

思考:本案涉及 CIF 合同的性质,即 CIF 术语条件下达成的合同对买卖双方承担风险的划分。按《2000 年通则》规定,采用 CIF 术语,买卖双方以装运港船舷为界划分货物风险,凡货物在装船后发生的风险,应当由买方负责。CIF 合同是一种象征性交货合同,特点是"凭单交货,凭单付款",只要卖方按合同要求将货物装船并提交了合格的单据,即使货物在运输途中已损坏或丢失,买方也必须履行付款义务。

因此,本案中我方不应同意对方的要求,应由对方持我方转让的保险单据向保险公司索赔。

案例3 2000年2月,我国某进口商B公司与巴西某出口商A公司签订一份购销货物合同,合同规定交货期为5月10日,付款方式原为信用证,之后A公司擅自变更为托收方式付款。B公司于5月8日收到装船电报通知,注明货物已于5月7日运往中国上海港,并注明合同号和信用证号。5月14日B公司接到提货通知和随船提单一份,提单上的装船日期为5月11日。

为此,B公司以A公司违约为由拒绝提货并拒绝付款,同时提出双方解除合同。A公司不服,经双方协调,未果。B公司便依据买卖合同中的仲裁条款提起仲裁。

思考:根据《联合国国际货物销售合同公约》规定,A公司交货时间仅迟延一天,不能构成"根本性违约"。所以,B公司如果以迟延交货一天为由,则无权要求解除合同、拒收货物,只能要求A公司赔偿损失。

但此案中,合同规定装运期为5月10日,而提单日为5月11日,是倒签提单。根据国际惯例,B公司一旦有证据证明提单上说明的装船日期是伪造的,就有权拒绝接收货物、拒绝支付货款。

重点内容概要

商务合同关系构成谈判双方的法律关系;必须重视对合同的审查,对其中可能存在的陷阱进行识别并加以规避;学会规避合同陷阱,防止上当受骗。

本章节将重点探讨:合同陷阱的表现形式,主体欺诈、标的物欺诈、履行欺诈和索赔欺诈;合同陷阱的规避,关注谈判过程的重要环节、加强合同管理等内容。

教学一体化训练

习题

1. 简述商务谈判合同陷阱有哪几种表现形式。
2. 解释针对不同合同陷阱如何采取对应规避合同陷阱方法。
3. 结合案例综述如何在商务合同防范交易风险。

案例分析

乔费尔的怪招

荷兰有一家乔费尔电器公司,老板乔费尔是一位精于生意的犹太商人。他注意到日本的钟表物美价廉,决定与日本三洋钟表公司谈判进口时钟。谈判前,乔费尔委托律师对三洋公司作了调查。了解到三洋是一家实力雄厚的企业，虽然目前的财务状况不理想，但企业经营状况稳定，信誉较好，业务正从低谷回升。其钟表的加工除了日本以外，有相当一部分是在中国台湾地区进行的。

经过双方信息传递，三洋公司草拟了一份谈判文本，共24条，其中仲裁条款"若将来双方发生纠纷，则在日本大阪进行仲裁"尤其引起乔费尔的注意。

一般合同签订后，贸易双方发生纠纷有两种解决办法：一种是仲裁；一种是诉讼。仲裁的结果在任何国家或地区都有效，而诉讼的结果即法院判决，仅对该法院所属的国家有效，而对别的国家毫无意义。

乔费尔想到，若有纠纷，自己作为买方可以找个借口拒付货款，使自己处于有利位置。此时卖方就会寻求仲裁或诉讼，为了使卖方计划落空，乔费尔设计把规定在日本大阪仲裁改为在日本法院诉讼。

谈判第一天，为了控制谈判气氛，乔费尔首先致辞，他说："我虽然到过世界许多地方，但这次我能到美丽的日本来，感到非常高兴。贵公司是一家著名的企业，产品质量优良，有很大的市场潜力。如果贵公司能用我们遍布欧洲各主要城市的20多个代理商组成的销售网络来进行推销，那一定会在欧洲成功'登陆'。为此，我很希望我们这项合作能够顺利完成。"

乔费尔直截了当地指出了这次谈判对三洋公司的重要意义，接着就所需钟表的类型、款式和代理区域、合同期限等事项进行了磋商，并很快取得了一致。上午的谈判愉快顺利，洋溢着良好的合作气氛。

下午，乔费尔故意设立障碍，提出："三洋公司的钟表在欧洲销售时，若遇到侵犯第三者的造型设计、商标或其他专利等纠纷时，贵公司应该负责。"

三洋公司认为："保证商品质量是我们的责任，我们能保证三洋钟表质量是绝对符合规定要求的，但不能保证产品不与其他厂家的相似或巧合。请原谅，对此我们不能负责。"

乔费尔反驳说："这样的话，我们就无法对贵公司的产品进行积极推销了，既然贵公司不肯负任何责任，我们只好先花2~3年试销，以便观察是否有人提出这方面的控告。"

谈判一下子陷入僵局。

为了挽回僵局，乔费尔提了一个又一个方案，请三洋方面考虑。三洋方面却一再拒绝乔费尔的解决方案，坚持原来对此不负任何责任的立场，即若发生上述事项，则其诉讼费和停止销售的损失将完全由乔费尔公司一方负担。最后，三洋公司仅仅作了一个非常模糊的承诺来搪塞："当与第三方发生上述纠纷时，愿意承担部分责任，但负担多少到时再议。"

"这回我是遇上顽强的对手了。"乔费尔不无奉承地说，"我一向对需要耗费大量时间和精力的仲裁方式没有好感，据我所知，日本的法院非常公正，所以我希望今后如果我们之间有纠纷，就由日本法院来判决。"

乔费尔的奉承使三洋公司爽快地同意了乔费尔的提议。由于刚刚打了一场硬仗，三洋公司不好意思老是拒绝，他们根本没有注意到这里边有什么奥妙。

第二天，谈判进入核心话题：价格。三洋公司开出的单价为2 000日元，乔费尔还价为

1 600 日元,差距很大,后来,乔费尔把价格提高到 1 650 日元,日方将价格降到 1 900 日元,并且微笑着声明:"1 900 日元以下的价格是绝对不考虑的。"

乔费尔打出了牌:"由于经销贵公司的产品我们是第一次,我们不熟悉贵公司的产品,我很想与贵公司合作,携手开拓新市场,建立长期的伙伴合作关系。但贵公司开出的价格使我失去了一定能击败竞争对手的自信,我只能用'不合理'这个词来形容。我相信以我所提出的价格,一定能买到同样品质的钟表。"

这立即触动了日方的神经,接着,乔费尔也发出了最后通牒:"现在我再增加 70 日元,在这份合同填上了 1 720 日元,我方已完成了这份合同,现在全看贵公司的决定了。"

三洋公司总经理忙打圆场,请乔费尔不要着急,但乔费尔十分坚决:"在价格问题上我们已作了充分的讨论,没有再说的必要,现在我回旅馆准备回国事宜,2 小时后来这里听贵公司的答复,我衷心希望到时双方都能在这份合同上签字。"

说完,乔费尔站起来离开会场。

2 小时以后,当乔费尔再次与日方会晤时,三洋公司表示:"我们基本接受这个价格,但这个价格确实使我们非常为难,所以希望你再考虑一下,多少再增加一点!"

乔费尔掏出计算器算了好长时间,拿起笔把先前写的单价 1 720 日元改为 1 740 日元,笑着说:"这 20 日元是我私人送给贵公司的优惠。"

双方终于正式签约。

合同履行 3 年,美国一家公司提出三洋公司盗用其钟表款式,要求乔费尔立即停止销售三洋钟表,并索赔 10 万美元。此时,乔费尔欠付三洋公司的货款有 2 亿日元,乔费尔以三洋公司盗用钟表款式使他蒙受重大损失为由,要求三洋公司给予补偿。由于合同规定,发生纠纷在日本法院起诉,而日本法院的判决在荷兰没有效力,无法执行。如果到荷兰法院去起诉,又与合同规定不符,荷兰法院是无法受理的,因此只好协商解决。最后,以乔费尔归还 4 000 万日元货款结束,另外的 16 000 万日元作为日方对乔费尔的补偿。实际上扣去损失,乔费尔反而获得了 14 000 万日元。

【分析】

(1) 乔费尔采用什么招数使其在 3 年后获利 14 000 万日元?

(2) 这个问题说明在合同交易条件的谈判中要注意什么?

第三部分

国际商务谈判条款与实务

第8章
商务合同要件条款的谈判

8.1 品质条款的谈判

商品品质、品质条款谈判、ISO 9000 标准。

熟悉国际贸易合同中关于品质要件条款的规定方法;掌握认识品质要件条款的谈判内容及规避针对品质要件条款谈判时存在问题的技巧。

品质是国际货物贸易合同的要件条款;是贸易双方重点谈判的内容,也是引起贸易争端的主要因素之一。

本章节将按照实践中、贸易量较大的常见的货物类别,重点探讨:品质及其表示方法、品质条款谈判的内容、品质条款谈判时应注意的问题等。

安徽某出口公司与英国 ABC 公司签订出口某农产品的合同,数量为 200 公吨,单价为每公吨 80 英镑 CIF 伦敦,品质规格为:含油量最低 80%,水分最高 15%,不完善粒不超过 3%,杂质不超 1%,交货品质以中国出入境检验检疫局(China Entry-Exit Inspection and Quarantine Bureau,简称 CIQ)的品质检验为最后依据。

但在成交前,安徽公司曾向对方寄送样品,合同签订后又向对方确认成交货物与样品一致。货物装运前由中国出入境检验检疫局签发品质规格合格证书。货物运抵英国后,

ABC公司提出异议：到货品质低于样品。同时提供欧盟某著名检验机构出具的结果检验报告证明所交货物的平均品质低于样品5％。于是，ABC公司要求安徽公司每公吨减价5英镑。理由是在凭样成交前提下，卖方有责任交付与样品一致的货物。安徽公司不同意减价，理由是合同中并未规定凭样交货，而是凭规格交货。

双方相持不下，各不让步。由于合同中订有仲裁条款，此争议被提交给中国国际贸易促进委员会对外贸易仲裁委员会进行仲裁。在仲裁庭上，安徽公司进一步陈述说，这笔交易的商品系农产品，不可能做到与样品完全相符，但品质不至于比样品低5％。由于安徽公司在货物发运以后没有留存复样，无法证明己方的陈述，而对方又坚持要求降价。

最终，在仲裁机构的调解下，考虑到双方长期的贸易关系，安徽公司向对方赔付了一笔品质差价了结此案。

提示：品质条款欠明确，卖方赔付差价。

品质是贸易双方谈判时首先要涉及的内容，是国际货物贸易合同中的要件条款，也是引起贸易争端的主要因素之一。

《联合国国际货物销售合同公约》规定，卖方交货必须符合双方约定的质量；否则，买方有权要求损害赔偿，也可以要求退货并交付替代货物或要求修理，甚至拒收货物和撤销合同。

《中华人民共和国合同法》也规定，卖方交货质量不符合约定的，应当按照当事人的约定承担违约责任。对违约责任没有约定或者约定不明确的，受损害方根据标的性质以及损失的大小，可以合理选择要求对方承担修理、更换、重做、退货、减少价款或者报酬等违约责任。

一、品质及其表示方法

商品的品质是指商品的内在质量和外观形态的综合。内在质量包括物理性能、机械性能和化学成分等，具体指标会随着商品类别的不同而不同；外观形态包括颜色、款式、透明度、大小、长短和粗细等。不同的商品类别具有不同的品质内容。

如汽车类的品质包括速度、转弯爬坡性能和油耗等；钟表类的品质包括计时准确、防水、防磁和防震等；服装类的品质包括面料、款式和色彩等；食品类的农副产品品质包括加工工艺、营养成分含量、食品添加剂种类及剂量、色泽等。

国际商务贸易中，商品种类繁多，性质、特点各异，其表示品质的方法繁多，但归纳起来，主要包括凭实物表示和凭文字说明表示。

（一）凭实物表示品质

凭实物表示品质的方法：通常是商品难以规格化、标准化，且不能用文字说明其品质，如服装、古玩、名人字画、土特产品和部分轻工艺品等；凭实物表示品质可分为以下两种。

1. 观场看货交易(sale by actual quality on spot)

交易时，贸易双方到存放货物的场所先验看拟定交易的货物。一旦达成交易，卖方将来提交货的品质,就应符合买方当时验看货物时的品质状态;否则,买方有权对品质提出异议,甚至拒收货物和撤销合同。

2. 凭样品交易(sale by sample)

通常,从一批商品(或由生产、使用部门设计、加工出来的产品)中抽出样品,样品足以能反映和代表整批商品的品质。交易时,以样品表示商品品质并以此作为交接货依据。在国际货物贸易的凭样品交易划分成三类。

(1) 凭卖方样成交(sale by sellers sample)。样品由卖方提供,经买方确认后,双方达成交易。履行合同时,只要卖方交货品质与样品一致,即符合了合同的品质条款占买方则依据样品验货,只要交货品质与样品一致,买方无权提出异议。一旦成交,该方式对卖方完成生产任务、履行交货义务相对较容易。

(2) 凭买方样成交(sale by buyer' sample)。样品由买方(依据市场需求)提供,经卖方认可后,双方达成交易。履行合同时,卖方凭样交货,买方凭样验货。一旦成交,该方式对买方容易实现产品适销对路。

(3) 凭对等样或回样成交(sale by counter sample or return sample)。样品先由买方根据市场需求提供,然后经卖方利用自己的生产技术和原材料仿制后并提交买方确认。该方式是将卖方的生产能力与买方的市场需求进行了优势互补整合;因此,它是国际货物贸易实践中最常见的做法。

(二) 凭文字说明表示品质

在国际货物贸易实践中,大部分商品还是采用文字说明表示商品品质。

1. 凭规格、等级、标准买卖(sale by specification, grade or standard)

(1) 规格(specification)。是指能够反映商品质量的一些主要指标;如物理性能、化学成分、含量、纯度、大小、长短等。

"凭规格买卖"是指买卖双方在交易中用规格表示商品的品质。规格买卖时,品质指标会因商品不同而有异。相同的商品,用途不同,重点要求的质量指标也有差异。例如,花生仁这种商品,如作榨油,含油量是其主要指标,必须要明确;但如作食用,蛋白质、氨基酸和微量元素则是必须要标明的重要指标,含油量却未必要明确。

国际货物贸易中根据惯例做法,凡凭规格买卖的交易,卖方所交货物必须与合同规定的规格相符;否则,买方有权要求扣减品质差价;甚至可以拒收货物、撤销合同并要求赔偿损失。买卖双方洽谈交易时,对于适合凭规格买卖的商品,应提供符合商品用途的具体规格来说明商品的基本品质状况,并在合同中订明。

(2) "等级"(grade)。是指同一类商品按其规格中一些主要指标上存在的差异而进行的级别分类,通常用文字、数字、字母或符号标识其级别。商品的等级通常是由制造商或出口商根据其长期生产和了解该项商品的经验,在掌握其品质规格的基础上制定出来的;不同等级的商品具有不同的规格指标,它有助于满足各种不同的市场需求。

国际货物贸易中根据惯例做法,凡"凭等级买卖"的交易谈判时,只需说明其级别即可明确商品的品质。例如,中国出口的生丝共分12个等级:6A、5A、4A、3A、2A、A、B、C、

D、E、F、G。

凡凭等级买卖的交易,卖方所交货物必须与合同规定的等级相符,既不能低于规定,也不能高于规定;否则,买方有权要求扣减品质差价,甚至可以拒收货物、撤销合同并要求赔偿损失。

(3)"标准"(standard)。是指政府机关、行业协会、商品交易所或国际标准化组织等统一制定并公布的规格或等级,亦称标准化的规格或等级。在国际货物贸易实践中,引用的标准通常出自国际标准化组织的规定。在国际货物贸易中,不同商品采用的各种标准,有些具有法律约束力,有些则不具有法律约束力,仅供交易双方参考。

国际货物贸易中根据惯例做法,"凭标准买卖",是以标准来表示商品的品质,并以此作为买卖双方交接货物的依据。值得注意以下两点。

对于有法律约束力的标准,卖方所交货物品质必须符合规定标准,否则,将不被允许进口;对于不具有法律约束力的标准,交易双方在谈判时,可以另行商定能被双方接受的具体品质指标。

商品的标准或等级会随着科学技术的发展和人们生活水平的提高而变动和修改,新的标准常常替代旧的标准;因此,在凭标准买卖的交易中,援引标准时,必须要明确标准的版本年份,以防发生品质标准的争议。

2. 凭商标或品牌买卖(sale by trade mark or brand)

(1)商标(trade mark)。商标是商品的生产者、经营者在其生产、制造、加工、拣选或者经销的商品上或者服务的提供者在其提供的服务上采用的,用于区别商品或服务来源的,由文字、图形、字母、数字、三维标志、声音、颜色组合,或上述要素的组合,具有显著特征的标志,是现代经济的产物。

在商业领域而言,商标包括文字、图形、字母、数字、三维标志和颜色组合,以及上述要素的组合,均可作为商标申请注册;经国家核准注册的商标为"注册商标",受法律保护;商标注册人享有用以标明商品或服务,或者许可他人使用以获取报酬的专用权,而使商标注册人受到保护。

(2)品牌(brand)。品牌是人们对一个企业及其产品、售后服务、文化价值的一种评价、认知和信任,品牌是一种商品综合品质的体现和代表;企业在创品牌时不断地创造时尚,培育文化;当品牌文化被市场认可并接受后,品牌才产生其市场价值。

品牌是制造商或经销商加在商品上的标志。它由名称、名词、符号、象征、设计或它们的组合构成。一般包括两个部分:品牌名称和品牌标志。

注意商标与品牌特征与区别。

品牌是市场概念,它强调企业(经营者)与顾客之间关系的建立、维系与发展;商标是法律概念,它强调对生产经营者合法权益的保护。

在我国商标有"注册商标"与"未注册商标"之分,"品牌"可以是注册商标,也可以是未注册商标;另外,品牌与商标是可以转化的,如品牌经注册获得专用权就转化成商标,也就具有了法律意义。正是借助商标的法律作用,才使得品牌所产生的超过产品本身价值以外的利益得到保护。

国际货物贸易中惯例,凭商标或品牌买卖的大多是在市场上信誉良好、品质稳定的商品,并广受客户的喜爱。因此,在"凭商标或品牌买卖"的交易中,商品的品质稳定性是至关重要的;创牌不易,保牌更难;在国际货物贸易出口商品品质的把关上,出口商绝不能掉以轻心,否则后果严重。

3. 凭产地买卖(sale by name of origin)

产地是指商品的来源地,即农副产品的生长地和工业制成品的生产地;凭产地买卖的商品,通常为农副产品类,这类产品受产地自然条件和传统的生产工艺影响较大,品质上具有一定的特色,产地名称成为其品质的重要标志。

4. 凭说明书和图样买卖(sale by description or illustration)

在国际货物贸易中,有些商品如机械设备、钟表、家电等,无法用几个简单的指标来表示其品质,必须用说明书详细地说明其结构、功能、使用的操作方法和注意事项等。如果有必要的话,还需提供各种图片和照片等。

值得注意的是,"凭说明书和图样买卖"成交的商品,其说明书和图样是品质条款的内容,卖方所交货物品质必须符合说明书和图样的描述。因此,说明书中的措辞和提供的图样要符合实际,否则视为卖方违约。

案例链接 8-1

案例 1 我国某外贸公司向德国出口大麻一批。合同规定水分最高为 15%,杂质不得超过 3%,但在成交前我方曾向买方寄过样品,订约后我方又电告对方成交货物与样品一致。货到德国后,买方提出货物的质量比样品低 7% 的检验证明,并据此要求赔偿 600 英镑的损失。问我方是否可以该批业务并非凭样买卖而不予理睬。

思考:本案实际上是既凭样品又凭文字说明的买卖,使卖方处于非常被动的局面。我们如果能用一种方法表示商品的品质,就不用两种方法来表示。原本凭文字说明表示品质,我方的交货是合格的。但又规定到货和样品一致,导致我方违约。本案启示:像农副产品,如大麻、人参等,只适于用科学的指标来说明商品的品质,而不适用于凭样品买卖。

案例 2 我国某外贸公司从某国进口特种钢板 50 公吨。合同规定五种尺码即 6 英尺、7 英尺、8 英尺、9 英尺、10 英尺,每种尺码平均搭配(assorted equal tonnage per size)。但货到后发现 50 公吨全为 6 英尺一种规格。问我方应如何处理?

思考:这属于违反品质条款,卖方违约。一旦品质条款签订,卖方必须严格遵守,我方有权拒收货物并要求对方赔偿。

二、品质条款谈判的内容

品质条款谈判的具体内容需根据贸易商品的类型来决定。国际贸易中的商品品种繁多、工艺各异,品质指标也各不相同;有的指标少,内容简单;有的指标多,内容烦琐。因此,品质条款的谈判内容随商品的类型不同而不同。

1. 用样品表示品质

用样品表示品质的,贸易双方谈判内容较简单。谈判时只要提及样品号和寄送样品的日期,双方即能够明确品质内容。

2. 用文字说明表示品质

用文字说明来表示品质的,贸易双方谈判内容相对较多。

(1) 凭规格买卖的,谈判内容包含各项规格指标。

(2) 凭等级买卖的,谈判内容包含等级内的规格指标。

(3) 凭标准买卖的,谈判内容包含标准制定部门、标准版本等。

(4) 凭商标、牌号买卖的,谈判内容除了商标、牌号的名称外,还包含一些具体的规格和型号等。

(5) 凭说明书和图样买卖的,谈判内容包含说明书的内容组成和图样的排版要求等。

知识链接

1. 纺织面料品质条款内容

(1) 缩水率(dimensional stability)。包含皂洗缩水率(washing)和干洗缩水率(dry cleaning)。

(2) 色牢度(colour fastness)。包含皂洗牢度(washing)、干洗牢度(dry cleaning)、摩擦牢度(rubbing/crocking)、光照牢度(light)、汗渍牢度(perspiration)、水渍牢度(water)、实际洗涤牢度(actual laundering)、氯漂白色牢度(chlorine bleach)和非氯漂白色牢度(non-chlorine bleach)。

(3) 外观持久性(appearance retention)。包含水洗之后(After Laundering)、干洗之后(After Dry cleaning)、燃烧性能(Flammability)、纤维含量(Fibre Content)和拉链强力(Zipper Strength)。

(4) 物理性能(physical)。包含拉伸强度(tensile strength)、撕破强度(tear strength)、接缝滑裂(seam slippage)、接缝强度(seam strength)、顶破强度(bursting strength)、抗起毛起球性(pilling resistance)、织物密度(thread per inch/stitch density)、纱支(yarn count)、克重(fabric weight)、规格(specification)和成分(composition)。

(5) 化学性能(chemical)。包含偶氮染料(azo dye)、甲醛含量(formaldehyde Content)和酸碱值(pH value)、烷基酚聚氧乙烯醚(alkylphenol ethoxylates)。

2. 玩具类(如布娃娃 Cloth Doll)品质条款内容

(1) 卖方样品号 569(seller's sample No. 569)。

(2) 寄送日期 3 月 5 日(Date Posted:March 5)。

3. 家电类(以"皇家"牌彩色电视机为例)品质条款内容

（1）型号 SC374(Model：SC374)。

（2）PAL/BG 制式(PAL/BG System)。

（3）220 伏 50 赫兹(220 V 50 Hz)。

（4）两头圆插脚，带遥控(2 round pin plug, with remote control)。

三、品质条款谈判时应注意的问题

品质条款是国际货物贸易合同中的要件条款，许多国家的有关法律规定，如果卖方所交货物的品质不符合合同规定，即可视为违约，买方有权要求赔偿。因此，在谈判中，双方必须全面、准确地明确交易标的品质指标，以防将来履约时产生贸易纠纷；在围绕品质条款进行谈判时，卖方应注意以下六点。

（一）品质表示依据合同标的性质与特点

货物贸易合同中采用哪种方法表示品质，视商品的特性而定：一般能用具体的指标表示品质的商品，适于选用凭规格、等级或标准买卖；难以用科学的指标明确品质的商品，则适于选用样品来表示品质；一些质量稳定且优良、市场口碑好的商品，可以选用商标或品牌来表示品质；某些性能复杂的机器、仪表和家电等，则适于凭说明书和图样买卖；凡是有地方货物贸易合同中品质表示方法，应该依据商品特性，并遵循商业习惯，合理选择。但卖方要注意：凡是能用一种方法表示品质的，绝不用两种或两种以上的方法表示，以免不利于将来履行合同；如果同时采用既凭样品又凭规格买卖的方法，则要求交货品质既要与样品一致，又要符合约定的规格，这在实践中很难做到，应避免采用。

（二）品质指标要符合实际

品质条款内容要符合将来所交货物的实际情况。如果质量定位高于实际生产能力，则卖方不仅难以履行交货义务，而且可能导致贸易纠纷；如果质量定位过低，不仅会影响售价，还会影响到卖方和产品的声誉。

（三）品质条款文字表达要明确具体

在进行品质条款的谈判时，对品质的相关内容表述要明确具体，忌用笼统模糊的语句；如质量上乘（high quality）、质量一流（first class）、质量极好（excellent）和质量非常好（marvelous）以及质量尚好可销（good merchantable quality, GMQ）等。

（四）措辞要合理科学

品质条款措辞要合乎常规，即符合行业用语和商业习惯，不能随意表达。在品质指标较多的情况下，明确主要的指标即可，简略次要指标；否则，可能会影响卖方履行品质条款义务，造成不必要的损失。

（五）使用弹力指标规定品质

品质弹力指标是指品质指标有一定的伸缩范围，以便于成交后卖方可以顺利履行品质条款义务。在国际贸易实践中，品质的弹力指标有以下两种。

（1）品质机动幅度，常用于农副土特产品。如花生仁的含油量和杂质为最高(maximum)44%和最低(minimum)2%，羽绒服的鸭绒含量为 20%±1%；

(2) 品质公差，一般用于工业制成品。如机械手表，每天(24小时)的计时误差不大于5秒，而石英手表的日误差不大于0.1秒等。

（六）品质要符合进口国或国际组织的有关标准

国际市场上对商品品质标准要求并不统一，按照本国政府机构制定的标准实施，有的依据相关的行业公会、贸易协会和商品交易所制定的标准，有些国家则使用ISO 9000标准。

(1) 有关电声产品(扬声器等)的国际标准：欧洲的CE，北美的UL、CSA和FCC，日本的PSE，澳大利亚的SAA。

(2) 有关纺织服装类产品的品质标准：Oeko-Tex standard 100，简称"生态纺织品标准100"，是国际生态纺织品研究和检验协会于2000年颁布的。明确规定在纺织品服装中不能使用某些化学物质染剂、有害的偶氮染料和某些金属元素材料(如铅和铅合金)。"Oeko-Tex Standard 100"被纺织界称为迄今为止最严格的纺织品生态标准。

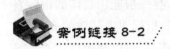

案例链接 8-2

案例1 我国某外贸公司与美商凭样品成交一批高档出口瓷器。复验期为60天，货到国外后经美商复验未提出任何异议。但事隔一年买方来电称：瓷器全部出现"釉裂"，只能削价销售，因此要求我方按原成交价赔偿60%。我方接电后立即查看留存之复样，亦发现釉下有裂纹。我方可否考虑赔偿？

思考： 按照英美法，买方应有合理的机会对卖方交付的货物与样品进行比较，卖方所交货物在合理检查时不应存在不易发现的、会导致不合商销的内在瑕疵，否则，买方有权拒收，并提出损害赔偿。本案中，我方陶瓷存在着以"不易发现"的内在瑕疵，属于严重质量问题，卖方违约，买方有权拒收货物并取得赔偿。

案例2 我国某外贸公司先后向中东某国家出口纯毛纺织品数批。货到国外后买方一一收货，从未提出异议。但数月之后，买方寄来制成的服装一套，声称用我方毛料制成的服装色差严重，难以投入市场销售，因而要求索赔。对此问题应如何解决？

思考：(1)按照国际惯例，纺织品一经开剪，不得退货。本案进口商已经把货卖给了服装厂，制成了成衣，说明了进口商已经接受了我们的货物，货物的形态已经发生了改变，进口商不得退货和要求索赔。(2)按《联合国国际货物销售合同公约》第82条的规定，买方如果不可能按实际收到货物的原状归还货物，他就失去了宣告合同无效或要求卖方交付替代货物的权利。

案例3 我国某外贸公司与国外成交苹果一批，合同与来证上均写的是三级品。但到发货装船时才发现三级苹果库存告罄，于是改以二级品交货，并在发票上加注"二级苹果仍按三级计价"。问这种以好顶次原价不变的做法妥当吗？

思考： 以好顶次，同样构成违约。本案如果三级品的苹果缺货，我们应征得对方的同意选择替代品,否则仍然构成违约。如果市场行情不好,对方也可以拒收货物并要求我方赔偿。

重点内容概要

品质是贸易双方谈判时首先要涉及的内容,是国际货物贸易合同中的要件条款;《联合国国际货物销售合同公约》规定,卖方交货必须符合双方约定的质量,否则,买方有权要求损害赔偿,也可以要求退货并交付替代货物或要求修理,甚至拒收货物和撤销合同。

品质条款谈判的主要内容:品质及其表示方法,凭实物表示品质、凭文字说明表示品质;品质条款谈判的内容;品质条款谈判时应注意的问题等。

教学一体化训练

习题

1. 什么是 ISO 9000?
2. 什么是权利担保?什么是品质担保?
3. 什么是凭文字说明的买卖?有哪些?
4. 什么是凭样品买卖?为什么出口方要争取凭样品买卖较为有利?
5. 什么是对等样品?根据买方提供的样品买卖,卖方如何避免风险?

案例分析

案例1 错订"标准"的版本年份,检验无法进行

某年,北京某医药品进出口公司从国外进口一批青霉素油剂,合同规定该商品品质以"BP"1953年标准为准。但货到目的港后,发现商品有异样,于是请商品检验部门进行检验。经反复查明,在英国药监局1953年版本内没有青霉素油剂规格标准。结果,中方的商检人员无法检验,北京公司缺乏对外索赔的依据。

案例2 卖方交货与买方样品不符被拒付款

2008年,日本客户给我国某进出口公司发来传真图片,咨询能否生产图片中的电视柜。我方答复可以凭样品加工生产后,日方寄来样品。双方就电视柜价格、数量、交货时间等交易条件进行谈判并达成共识,随后签订了买卖合同。合同规定凭买方样品买卖(quality as per buyer's sample),付款方式为:50%预付,50%货到日本后,由买方验收后电汇付款(T/T)。

日本方按照合同规定先行支付了50%的货款。我方工厂按照买方提供的样品进行加工生产,在规定的期间内出运货物。货物装运后,我方用快递方式将全套单据寄给日方,以便其及时提货。但是,日方收到货物后,迟迟不付余下的50%货款。后经我方多次交涉,对方称,我方提供的电视柜与他们提供的样品不一致,属于品质违约,故不能支付余款(日方提供的样品在不起眼的地方有5个花瓣的装饰图案,而我方产品的装饰图案是4个花瓣)。经调查,这批货物在买方提货后不久就售罄。装饰图案存在的轻微差异并没有影响到货物的销售,是买方在利用我方工作的失误或疏忽乘机杀价或拒付。

【分析】

(1) 结合上述案例,在国际货物贸易中,商品品质条款谈判的内容有哪些?

(2) 业务员在进行品质条款谈判时应注意哪些问题?

案例3 有关茶叶的品质标准则采用ISO标准

为了提高本国商品在国际市场上的竞争能力,出口商品品质一定要符合当地市场对该类商品的品质标准。近些年,我国正在大力推行ISO 9000标准,开展以ISO 9000族标准为基础的质量体系咨询和认证。国务院《质量振兴纲要》的公布,更引起广大企业和质量工作者对ISO 9000族标准的关心和重视。

目前,对ISO已正式颁布的ISO 9000族19项国际标准,我国已全部将其等同转化为我国国家标准。其他还处在标准草案阶段的7项国际标准,我国也正在跟踪研究,一旦正式颁布,我国将及时将其等同转化为国家标准。

值得注意的是,品质条款谈判过程中,在援引标准时,应标明援引标准的版本年份,以免发生品质标准争议,因为版本年份不同,其品质标准的内容也有所不同。

以茶叶为例,如表8-1所示。

表8-1 茶叶品质标准内容

序号	ISO标准	名称
1	IOS 3720—1986	红茶——定义和基本要求
2	IOS 6078—1982	红茶——词汇
3	IOS 1572—1980	茶——已知干物质含量的磨碎样品的制备
4	IOS 1573—1975	茶——103℃时重量耗损的测定
5	IOS 1574—1980	茶——水浸出物的测定
6	IOS 1575—1980	茶——总灰分的测定
7	IOS 1576—1975	茶——水溶性灰分和水不溶性灰分的测定
8	IOS 1577—1980	茶——酸不溶性灰分的测定
9	IOS 1578—1975	茶——水溶性灰分碱度的测定
10	IOS 1839—1980	茶——茶取样
11	IOS 3103—1980	茶——用于感官实验的茶汁的制备
12	IOS 6770—1982	速溶茶——自由流动堆积密度和紧密堆积密度的测定

8.2 数量条款的谈判

贸易合同数量条款;常用的度量衡制度;数量条款的谈判内容。

熟悉国际贸易合同中关于数量条款的规定方法;认识国际货物贸易中常用的度量衡制度;掌握谈判中争取有利于己方将来履约规定的技巧。

商品的数量是国际货物贸易合同中的主要条款;按照《联合国国际货物销售合同公约》规定,按约定的数量交货是卖方的一项基本义务,也是交易双方谈判的主要内容。

本章节将重点探讨:数量条款的表示方法、数量条款的谈判内容、数量条款谈判时应注意的问题等。

我国某进出口公司出口一批货物到韩国,共 30 公吨。合同规定,该批货物装 2 000 箱,每箱净重 15 千克。由于疏忽,工厂在装箱时有的箱里实装 15.5 千克。

当货物运抵韩国港口后,韩国海关人员在抽查该批货物时,发现不是每箱净重都是 15 千克,而有 200 箱的净重是 15.5 千克,即共多装了 100 千克。但在单据上却注明总量为 30 公吨。议付货款时也是按 30 公吨计算,白送了 100 千克货物。

此外,由于货物单据上的净重与实际货物不符,韩国海关还认为我方少报重量有帮助客户偷税嫌疑,向我方提出质疑。经我方解释,虽未予深究,但对多交部分予以没收,造成我方损失。

提示: 多交货物,却造成我方贸易损失。

商品的数量是国际货物贸易合同中的主要条款之一。按照《联合国国际货物销售合同公约》规定,按约定的数量交货是卖方的一项基本义务。若卖方交货数量大于约定的数量,买方可以拒收多交的部分,也可收取多交部分中的一部分或全部,但应按实际收取数量付款;若卖方交货数量少于约定的数量,卖方应在规定的交货期届满之前补交;且不得使买方遭受不合理的不便或承担不合理的开支;与此同时,买方也保留要求赔偿的权利。

由此可见,数量条款也是交易双方谈判的主要内容;在进行数量条款谈判时,谈判人员必须熟知国际货物贸易合同中有关数量条款的表示方法。

一、数量条款的表示方法

国际货物贸易合同的标的数量条款由两个部分组成:①数额;②计量单位。如某商品100千克(100 kilograms),即100是数额,千克则是计量单位。

国际货物贸易中,由于商品的种类、特性和各国使用的度量衡制度的不同,计量单位和计量方法也呈现多样化;要正确把握成交数量和订好合同中的数量条款,应熟悉掌握各种计量单位的特定含义、计量方法及各种度量衡制度。

（一）计量单位

在国际货物贸易中使用的计量单位(measurement units)很多,究竟采用哪一种计量单位,除了要结合商品的种类和特点外,还取决于交易双方的意愿。实践中通常使用的计量单位如下。

(1) 按重量(weight)计量。按重量计量是当今国际货物贸易中使用频率最高的一种,常常用于农副产品、矿产品和一些工业制成品。

(2) 按个数(number)计量。大多数工业制成品,尤其是日用消费品、轻工业品和机械产品等,如服装、文具、纸张、玩具、电视机、汽车、机床和活牲畜等,均习惯按个数计量。

(3) 按长度(length)计量。有些商品如电线、电缆、绳索、棉毛织物、塑料布、钢管等,常采用长度单位计量。

(4) 按面积(area)计量。在皮革、地毯、木板、玻璃、铁丝网等商品的交易中习惯于按面积计量。

(5) 按容积(capacity)计量。各类谷物、流体物品和有些气体物品,如玉米、小麦、汽油、酒类、天然瓦斯等,往往采用按容积计量。

6. 按体积(volume)计量。按体积计量单位多用于木材、天然气和化学气体等商品。

（二）国际货物贸易中通常使用的度量衡制度

度量衡制度不同,所使用的计量单位也各异。而度量衡制度不仅关系到货物的计价基础和卖方交货数量的准确性,而且还涉及商业发票上的计量单位是否符合进口国海关的规定问题。目前,国际货物贸易中通常使用的度量衡制度有三种。

(1) 国际单位制[The International (Metric) System]。

(2) 英制(The British System)。

(3) 美制(The U. S. System)。

根据《中华人民共和国计量法》第三条规定:"国家采用国际单位制。国际单位制计量单位和国家选用的其他计量单位,为国家法定计量单位。"在我国的对外贸易中,一般不允许再使用非法定计量单位。除考虑对方国家贸易习惯约定采用英制或美制计量单位外,应该使用我国法定计量单位。在个别特殊领域,如有特殊需要,必须进口非法定计量单位的仪器设备,则需经有关标准计量管理机构批准,否则不许进口。

知识链接

知识链接1 国际单位制、英制、英制三种度量衡制度对同一计量单位所表示的数量也有差异。以表示重量的吨为例,实行国际单位制的国家一般采用的吨,等值于1 000千克;实行英制的国家一般采用的吨是长吨,等值于1 016千克;实行美制的国家一般采用的吨是短吨,等值于907千克。

此外,值得注意的是,有些国家对某些商品还规定有自己习惯的或法定的计量单位。例如,在棉花的交易中,许多国家都习惯于用包(bale)作为计量单位,但各国对每包棉花的净含量解释却各异:如美国规定为480磅、巴西为396.8磅、埃及为730磅。

思考:对谈判人员来讲,了解不同度量衡制度下各计量的含量及其计算方法是十分必要的。

知识链接2 不同度量衡制度下各种计量单位的换算

1. 国际(公)制(表8-2)

表8-2 国际(公)制计量单位表

Units of Length 长度单位	Millimicron	mu	纳米	=1/1 000 000 000 米
	Micron	u	微米	=1/1 000 000 米
	Centimillimetre	cmm	忽米	=1/100 000 米
	Decimillimetre	dmm	丝米	=1/10 000 米
	Millimetre	mm	毫米	=1/1 000 米
	Centimetre	cm	厘米	=1/100 米
	Decimetre	dm	分米	=1/10 米
	Metre	m	米	基本单位
	Decametre	dam	十米	=10 米
	Hectometre	hm	百米	=100 米
	Kilometre	km	千米	=1 000 米
Units of Area 面积单位	Square Metre	sq. m	平方米	基本单位
	Are	a	公亩	=100 平方米
	Hectare	ha	公顷	=10 000 平方米
	Square Kilometre	sq. km	平方千米	=1 000 000 平方米
Units of Weight or Mass 重量或质量单位	Milligram(me)	mg	毫克	=1/1 000 000 千克
	Centigram(me)	cg	里克	=1/100 000 千克
	Decigram(me)	dg	分克	=1/10 000 千克
	Gram(me)	g	克	=1/1 000 千克
	Decagram(me)	dag	十克	=1/100 千克
	Hectogram(me)	hg	百克	=1/10 千克
	Kilogram(me)	kg	千克	基本单位
	Quintal	q	公担	=100 千克
	Metric Ton	MT 或 t	公吨	=1 000 千克

续表

Units of Capacity 容积单位	Microlitre	ul	微升	=1/1 000 000 升
	Millilitre	ml	毫升	=1/1 000 升
	Centilitre	cl	厘升	=1/100 升
	Decilitre	dl	分升	=1/1 091
	Litre	l	升	基本单位
	Decalitre	dal	十升	=10 升
	Hectolitre	hl	百升	=100 升
	Kilolitre	kl	千升	=1 000 升

2. 英美制(表8-3)

表8-3 英美制计量单位表

Unitsof Length 长度单位	Mile	mi.	英里	=1.609 3 千米
	Fathom	fm.	英寻	=1.829 米
	Yard	yd.	码	=0.914 4 米
	Foot	ft.	英尺	=0.304 8 米
	Inch	in.	英寸	=2.54 厘米
	Nautical Mile	naut. m	海里	=1.852 千米
Units of Area 面积单位	Square Mile	sq. mi.	平方英里	=2.59 平方千米
	Acre	a.	英亩	=4 047 平方米
	Square Yard	sq. yd.	平方码	=0.836 1 平方米
	Square Foot	sq. ft.	平方英尺	=929.03 平方厘米
	Square Inch	sq. in.	平方英寸	=6.452 平方厘米
Units of Weight Mass 重量或质量单位	Avoirdupois 常衡	Ton	tn. /t.	吨	=1 公吨
		Long Ton	l. t.	长吨(英)	=1.016 吨
		Short Ton	s. t.	短吨(美)	=0.907 2 吨
		Hundredweight	cwt	英担	=50.802 千克
				美担	=45.359 千克
		Pound	lb.	磅	=0.454 千克
		Ounce	oz	盎司	=28.35 克
		Dram	dr.	打兰,英钱	=1.772 克
	Tory 金衡	Pound	Lb. t.	磅	=373.24 克
		Ounce	oz. t.	盎司	=31.103 5 克
		Pennyweight	dwt.	英钱	=1.555 2 克
		Grain	gr.	格令	=0.064 8 克
	Apothecaries 药衡	Pound	lb. ap.	磅	=0.373 千克
		Ounce	oz. ap.	盎司	=31.103 克
		Dram	dr. ap.	打兰,英钱	=3.887 克
		Scruple	scr. ap.	英分	=1.295 克
		Grain	gr.	格令	=64.8 毫克

续表

Units of Capacity 容量单位	Dry Measure 干量	Bushel	bu.	蒲式耳	英＝36.368升 美＝35.209升
		Peck	pk.	配克	英＝9.092升 美＝8.810升
		Gallon	gal.	加仑	英＝4.546升 美＝3.785升
		Quart	qt.	夸脱	英＝1.136升 美＝1.101升
		Pint	pt.	品脱	英＝0.568升 美＝0.55升
	Liquid Measure 液量	Gallon	gal.	加仑	英＝4.546升 美＝3.785升
		Quart	qt.	夸脱	英＝1.136升 美＝0.946升
		Pint	pt.	品脱	英＝0.568升 美＝0.473升
		Gill	gl.	吉耳	英＝0.142升 美＝0.118升

二、数量条款的谈判内容

数量条款的谈判内容：包括成交商品的数额、计量单位和度量衡制度。如按重量成交，还需明确计算重量的方法。根据商品的特性和需要，有时还要规定数量的机动幅度。

知识链接

若干类商品数量条款内容示例如下。
(1) 男式衬衫10 000打，可增减3％(men's shirts, 10 000 dozen±3％)。
(2) 中国红小豆25 000公吨(Chinese red bean, 25 000 metric tons)。
(3) 棉坯布, 16 000码(cotton piece goods, 16 000 yards)。
(4) 全棉眼罩, 20 000个，允许卖方5％溢短装(eye shield made by 100％ cotton, 20 000 pieces, allowing 5％ more or less at seller's option)。
(5) "红星"牌电冰箱, 5 000台("Red Star" brand refrigerator, 5 000 sets)。

三、数量条款谈判时应注意的问题

数量条款是合同中约束卖方的主要条款。因此，卖方在进行数量条款的谈判时应尽量争取有利于己方将来履约的规定。具体需要注意下列事项。

(一) 根据商品的特性，选用适当的计量方法

国际货物贸易中的大部分商品的交易，通常是按重量计量的。根据一般商业习惯，按

重量计量的方法：

1. 毛重

毛重（by gross weight，缩写 G.W.）是指商品本身的重量（习惯称净重）加上包装物（习惯称皮重）的重量。这种计量方法一般适用于价值较低的商品。

公式表示为：

$$毛重＝净重＋皮重$$

2. 净重

净重（by net weight，缩写 N.W.）是指商品自身的实际重量，不包括皮重。

公式表示为：

$$净重＝毛重－皮重$$

在国际货物贸易中，净重是最常见的计量方法。实践中，采用净重计量时，需要扣除皮重。国际上计算皮重的方法有以下四种。

（1）按实际皮重（actual tare or real tare）计算。它是指对整批商品的包装逐件衡量后所得的总和。

（2）按平均皮重（average tare）或称为标准皮重（standard tare）计算。对包装比较划一、重量相差不大的商品，可以从中抽出一定的件数，称其重量，求出平均值，再乘以总件数而得出的皮重。

（3）按习惯皮重（customary tare）计算。它是指已经被市场公认、较规格化的包装，无须逐件称重，按市场公认的皮重乘以总件数即可。

（4）按约定皮重（computed tare）计算。它是指不需要经过实际称重，而是按照交易双方事先约定好的单件皮重，再乘以总件数求得的重量。

一般情况下，在国际货物贸易合同中都明确规定是用毛重计量还是用净重计量；如无此规定，按照惯例应按净重计量。

3. 按公量

对于那些经济价值较高而含水量又极不稳定的商品如羊毛、生丝和棉纱等，如按照交货时的实际重量计量是不准确的。因为这类商品有较强的吸湿性，实际重量会随着空气湿度的变化而改变。因此，国际上通常采用按公量（by conditioned weight）计算的办法。

公式表示为：

$$公量＝干净重＋标准含水量$$
$$公量＝实际重量×(1＋标准回潮率)/1＋实际回潮率$$

其中：干净重是指采用科学的方法抽去商品中水分后的重量。

标准回潮率（standard equilibrium regain）是指纤维材料及其制品在标准温度、湿度条件下达到吸湿平衡时的回潮率。

4. 按理论重量

按理论重量（by theoretical weight）是指有些商品是按照规格生产和交易的。如马口铁、钢板等,其形状规则、密度均匀,每一件的重量大致相同,一般根据其重量乘以件数得出总重量,这种从商品的规格中推算出的重量就是理论重量。但是,这种计量方法是建立在每件商品重量相同的基础上的;否则,其实际重量也会产生差异,只能作为计量时的参考。

5. 按法定重量

按法定重量(by legal weight)是指纯商品的重量加上直接接触商品的包装物料的重量,如内包装等。按照一些国家海关法的规定,在征收从量税时,商品的重量是以法定重量计算的。

(二) 正确把握成交数量

双方在交易谈判时,应正确把握成交数量,防止盲目成交、对己不利。

1. 卖方对成交数量的把握

卖方在与买方商定具体数量时,应当考虑:国外目标市场的供求状况;国内生产能力;国际市场的价格变化趋势;客户的资信和经营能力等因素。成交量的大小不能一概而论,需视客户的具体情况而定。

2. 买方对成交数量的把握

买方在要确定合理的购买数量时一般需考虑:国内市场需求量;外汇支付能力;国际市场的价格动态等因素。其中,国际市场的价格动态是买方把握成交数量的重要依据之一。

(三) 数量条款应当明确具体

为了方便将来履行合同和避免争议,对数量条款的表述应当明确具体,不宜使用模糊词语;如"大约 100 公吨(about 100 metric tons)""2 000 打左右(circa 2 000 dozen)"或"近似5 000 升(approximate 5 000 litre)"等。

(四) 合理规定数量机动幅度

有些商品,如粮食、矿砂和化肥等大宗货的交易,由于多种因素,诸如商品特性、货源变化、船载容量和包装等的影响,要求卖方准确地按约定数量交货有时存在一定的困难。为了便于履行合同,卖方应当争取有一定灵活性的数量机动幅度条款,即只要卖方交货数量在约定的增减幅度范围内,就算完成合同规定的交货义务,买方不得提出任何异议。

例如,中国大米,10 000 公吨,允许卖方有 10% 的溢短装(Chinese rice, 10 000 metric tons, allowing 10% more or less, at seller's option)。按此条款,卖方可以根据实际情况,在11 000 公吨与 9 000 公吨之间灵活掌握交货数量。

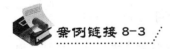

案例1 我国某外贸公司向美国出口电扇 1 000 台,国外来证规定不允许分批装运。但在出口装船时发现有 40 台的包装破裂,有的风罩变形,有的开关按钮脱落,临时更换已来不及。为保证质量,发货人员认为根据《UCP600》规定,即使不准分批装运,在数量上也许可有 5% 的浮动。如甩下 40 台并未超过 5%,结果实装 960 台。当持单到银行议付时,银行不予以议付,其故何在?

思考：按照《UCP600》的规定，对个数、件数可以精确计数的商品，不适用于溢短装条款，本案电扇属于个数、件数可以精确计数的商品，不适用于数量可以有5%增减的条款。我方提交960台的提单，与信用证不符，银行有权拒付。

案例2 我国某外贸公司向科威特出口冻羊肉20公吨，每公吨FOB价400美元。合同规定数量可增减10%。国外按时开来信用证，证中规定全额为8 000美元，数量约20公吨。结果我方按22公吨发货装运，但持单到银行办理议付时遭拒绝。原因何在？

思考：按照《UCP600》的规定，信用证的金额如未表示可以增减，卖方发票的金额不得超过信用证的金额，虽然合同规定数量可以有10%的增减，但如果卖方交22吨货，则金额必然超过信用证金额，属于单证不符，银行有权拒付。

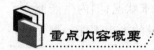
重点内容概要

商品的数量是国际货物贸易合同中的主要条款和内容；按照《联合国国际货物销售合同公约》规定，按约定的数量交货是卖方的一项基本义务，同时，也是买方也保留要求赔偿的权利；在进行数量条款谈判时，谈判人员必须熟知国际货物贸易合同中有关数量条款的表示方法。

数量条款谈判的主要内容：数量条款的表示方法，计量单位、通用的度量衡制度；数量条款的谈判内容；数量条款谈判时应注意的问题。

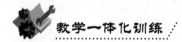
教学一体化训练

习题

1. 商务合同的数量条款谈判的主要包括哪些内容？
2. 什么是物品的计量单位？有哪些计量方法及特点？
3. 什么是度量衡制度？国际货物贸易中常用的度量衡制度有哪些？

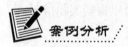
案例分析

交货数量少于合同规定，迟收外汇三个月

某年，我国北方某贸易公司出口到尼日利亚煤油炉350箱，支付方式为即期信用证。对方开来的信用证，对数量无伸缩性条款规定，同时又明确不允许分批装运。

由于货源不足，我国公司在实际装船时少装了8箱。结果单据上的数量与信用证规定不符，银行拒付。我国公司要求修改信用证，对方置之不理。经过再三努力，对方坚持不同意修改信用证，前后拖了三个多月，我国公司不得不改为跟单托收。为此，不仅增加了利息负担，而且增加了收汇风险。

【分析】
(1) 结合上述案例,分析在国际货物贸易中商品数量条款谈判的内容有哪些?
(2) 业务员在进行数量条款谈判时应注意哪些问题?

8.3 价格条款的谈判

商品价格构成;价格条款表示方法;价格条款的谈判内容。

熟悉国际贸易合同中关于价格条款的术语的内涵及分类;掌握合理选用贸易术语和拟定科学合理的价格条款的能力。

价格是交易双方谈判的重点和焦点。无论买方还是卖方,均欲争取对已有利的价格条件。国际货物贸易合同价格条款涉及:作价方法、价格构成、价格条款内容及表示方法等。
本章节将重点探讨:价格构成、价格条款的内容及表示方法、价格条款谈判时应注意的问题等。

美国凯特比勒公司是生产和销售牵引机的一家公司,由于定价策略十分得当,牵引机的生意如日中天,羡煞同行。一般牵引机的价格均在 20 000 美元左右,然而凯特比勒公司的牵引机却报价 24 000 美元,每台约比同类产品高出 4 000 美元,即 20%。可是,这不仅不影响它的销售,反而起到促销的作用。其中缘由何在呢?
原来,他们有一套说服人的定价策略:当顾客上门时,看到报价当然要问,为什么贵公司牵引机价格要比别家高出那么多呢?
这时,公司的经销人员就会拿出账单给你算一笔账。
20 000 美元——与竞争者同一型号的机器价格。
3 000 美元——因产品更耐用而必须多付的价格。
2 000 美元——产品可靠性更好而多付的价格。

2 000美元——本公司服务更佳而多付的价格。
1 000美元——保修期更长多付的价格。
28 000美元——上述应付价格的总和。
4 000美元——折扣。
24 000美元——最后价格。

提示：这么一笔账明白地告诉客户，根本没多收你一分钱，而是你花了24 000美元买了一台值28 000美元的牵引机；是你占了便宜，而非本公司攫取了暴利；从长远看，购买这种牵引机的成本更低。至此，客户能不动心吗？

价格是交易双方谈判的重点和焦点。无论买方还是卖方，均欲争取对己有利的价格条件。国际货物贸易合同谈判应掌握与价格有关的专业知识，如作价方法、价格构成、价格条款内容及表示方法等。

一、价格构成

在国际贸易实践中，商品的价格构成主要包括成本、费用和利润三个部分。其中，成本是价格的核心，费用和利润是重要的组成部分。

1. 成本

在中国，出口商品的成本(cost)是指减除退税收入后的实际采购成本。
用公式表示：

$$实际采购成本＝含税成本－退税收入$$

$$实际采购成本＝含税成本[1－出口退税率/(1＋增值税率)]$$

含税成本是指出因企业或外贸单位为出口其产品进行生产或加工或采购所产生的生产成本或加工成本或采购成本。

出口退税率是出口货物的实际退税额与计税依据之间的比例。

增值税是指对销售货物或者提供加工、修理修配劳务以及进口货物的单位和个人就其实现的增值额征收的一个税种。增值税税率分为三档：基本税率17%、低税率13%和零税率。

2. 费用

价格中的费用(charges/foes)主要由国内费用和国外费用两部分组成。

国内费用包括：包装费、仓储费、报验报关费、国内运费、港口杂费和日常业务管理费用等。

国外费用主要是指出口运费和出口保险费。但在EXW、FAS、FCA和FOB条件下不涉及国外费用，而其他贸易术语如CFR、CIF、CPT和CIP等均涉及。

3. 利润

利润(profit)是指企业销售产品的收入扣除成本价格和税金以后的余额，它显示了企业在一定时期内获得的经营成果。在国际货物贸易谈判中，预期利润成为双方力争要达到的目标。

二、价格条款的内容及表示方法

（一）价格条款的内容

国际货物贸易合同中的价格条款内容主要由单价和总值两部分组成。其中，单价又有四个组成部分：计价货币、单位价格金额、计量单位和贸易术语。

（二）价格条款的表示方法

国际货物贸易合同中关于价格条款的表示方法如下。

（1）每长吨500英镑CIF伦敦，总值为500 000英镑（GBP 500 per long ton CIF London，total amount：£500 000.00）

（2）每台258美元CFR旧金山，含3%佣金，总金额为258 000美元（unit price：USD 258 per set CFR San Francisco，including commission of 3%，total amount：USD 258 000.00）。

（3）每打20欧元FOB上海，折扣1%，总值为400 000欧元（EUR 20 per dozen FOB Shanghai，total amount：EUR 400 000.00，less 1% discount）。

（4）每升1 600日元CIF大阪，计3 200 000日元（JPY 1 600 per litre CIF OSAKA，amount to JPY 3 200 000.00）。

三、价格条款谈判时应注意的问题

价格条款的谈判是谈判议题的焦点，价格的高低直接影响交易双方的经济利益。为了争取己方的利益，在进行价格条款的谈判时，应注意以下五个方面。

（一）谈判双方情理融通

商务谈判有情有理，显示坦诚的态度，同时又尊重对方，能为对方着想，使双方易于沟通，扩大了双方的共识，促使谈判成功。

（二）运用正确的定价策略

价格是商品价值的货币表现。当某种商品的价格明显高出其他同类商品时，买者一定会在心中发问：为什么？是否值得？这两个疑团不消失，他们是不会掏腰包的，这是买者的基本心理状态。价格制定要有策略，要能使买者心悦诚服地按照定价来购买商品。

（三）选用适当的计价方法

国际货物贸易中的计价方法有两种。

1. 固定价格

固定价格是指明确地规定具体的价格。这是国际上最常见的一种计价方法，适用于大部分商品的交易。按照各国法律的规定，若采用固定价格，价格一经确定，在合同期内就必须严格执行。除非双方另有约定，或经双方当事人一致同意，任何一方不得擅自更改。

这种计价方法具有明确、具体、便于核算的特点；但在市场行情变化多端、价格涨落不定的环境下，交易双方要承担价格变动的风险。

2. 非固定价格

在国际货物贸易中,非固定价格有四种情形。

(1) 暂行价。交易双方在洽谈某些市价变化较大的货物的远期交易时,可先洽定一个临时价格,作为一方履约的依据,待双方确定最后价格后再进行清算。

(2) 具体价格待定。是指在价格条款中只规定定价的时间和定价方法,待双方协商议定正式价格。

(3) 浮动价格。在大型成套设备的交易中,从合同成立到履行完毕需要较长时间。为了避免原材料、工资等变动而承担风险,可采用浮动价格,即先明确一个基础价格,再规定不同的价格调整方法。

(4) 部分固定价格部分非固定价格。为了兼顾交易双方的利益,可以采用部分固定作价、部分非固定作价的方法,即规定近期交货部分的价格,而远期交货部分的价格待日后再商定。

非固定价格是贸易实践中一种变通做法。在行情变化频繁或双方未能就价格取得一致意见时,是一种谈判双方可选择的补救措施。其不仅可以解决双方的价格分歧,促进成交;而且还可以解除客户对价格风险的顾虑,使其敢于签订交货期长的合同,有利于巩固和扩大出口市场。

(四) 正确选择计价货币

在国际货物贸易中,选择哪一种货币计价也很重要。计价货币选择得当,不仅可以避免汇率风险损失,而且还可能会带来额外的风险利润。

计价货币可以是出口国货币、进口国货币或第三国货币,但必须是可以自由兑换货币。通常,在谈判双方洽商基础上,尽可能遵循"收硬付软"的基本原则,即在出口贸易中,应选择汇率稳定且具有上浮趋势的货币即"硬币"作为计价货币;在进口贸易中,应选择汇率具有下浮趋势的货币即"软币"作为计价货币,以减缓外汇收支可能发生的价值波动损失。

值得注意的是,上述"收硬付软"的原则,一般情况不能由单方决定,因为任何交易都是由买卖双方洽商而定。

(五) 选择合适的贸易术语

贸易术语是国际贸易商品单价的重要组成部分。使用不同的贸易术语,交易双方的责任、风险和费用也就有所不同。为了争取有利的价格条件,谈判者必须熟悉掌握各种贸易术语的内涵,才能有的放矢地选择合适的贸易术语。

除此之外,在进行价格条款的谈判时,还应综合考虑以下因素。

1. 运费因素

运费在价格中往往占很大的比重。

若无法对运费做到准确预算,出口贸易中可选用不含运费的贸易术语,如 FOB 或 FCA 等,以图避免运费上涨造成损失。若不得已使用了含运费成分的贸易术语,如 CFR、CIF 和 CIP 等,则应争取一些保障性条款,如"以双方签约时洽定的运费率为准,超额运费由买方承担",以此转嫁运费上涨风险。

2. 港口因素

若采用海洋运输方式的国际贸易货物,在选用贸易术语时,必须要考虑国外港口装卸条件和港口的习惯做法。不同国家不同港口的装卸条件是不同的,港口费用和运费水平也不一样。若在难以把握的情况下,谈判时可争取选用在熟悉港口交货的贸易术语。

3. 装卸费用由哪方承担

正常的贸易术语不能解决装卸费用由哪方承担的问题。

以常用的 FOB 和 CIF/CFR 为例。在 FOB 条件下,交易双方的风险和费用的负担是以装运港船舷为界的,装船费用由哪方负责,缺少明确的规定。

若要明确装船费用由哪方承担,最好选用 FOB 术语的变形而不是仅仅用 FOB 术语。同理,在 CIF/CFR 条件下,若要明确卸货费用由哪方承担,最好选用 CIF 术语的变形,而不是只使用 CIF 术语。

知识链接

知识链接 1 国际贸易术语

在国际贸易实践中,有关贸易术语的国际贸易惯例影响较大的主要有三个:《1932 年华沙一牛津规则》(Warsaw Oxford Rules 1932)、《1941 年美国对外贸易定义修正本》(Revised American Foreign Trade Definitions 1941)和《国际贸易术语解释通则》(International Rules For the Interpretation of Trade Terms)。

其中,使用面最广的是《国际贸易术语解释通则》。为了更好地适应国际贸易实践活动,国际商会曾对其进行 7 次修订和补充,现行版本是 2011 年 1 月 1 日生效的《2010 国际贸易术语解释通则》(简称《Incoterms 2010》,中文简称《2010 通则》)。

《2010 通则》对 11 种贸易术语做了解释,并把它们分为两类,即适用于各种运输方式的 EXW、FCA、CPT、CIP、DAT、DAP、DDP 和只适用于海运和内水运输的 FAS、FOB、CFR、CIF。

知识链接 2 常见的 FOB 术语变形

(1) FOB 班轮条件(FOB liner terms)。此变形表明,装船费用按班轮条件办理,即卖方只负责将货物交到装运港码头,装卸及平理舱费均由支付运费的一方——买方负担。

(2) FOB 吊钩下交货(FOB under tackle)。此变形是指卖方只负责将货物交到买方指定船只的吊钩所及之处,有关装船的各项费用全由买方负担。

(3) FOB 包括理舱(FOB stowed 或 FOBS)此变形多用于杂货船运输,是指卖方负责将货物装上船,并支付包括理舱费在内的装船费用。

(4) FOB 包括平舱(FOB trimmed 或 FOBT)。此变形多用于散装船运输,是指卖方负责将货物装入船舱,并支付包括平舱费在内的装船费用。

(5) FOB 包括理舱和平舱(FOB stowed and trimmed 或 FOBST)。此变形指卖方负责

将货物装上船,并支付包括理舱费和平舱费在内的装船费用。

知识连接 3　常见的 CIF/CFR 术语变形

(1) CIF/CFR 班轮条件(CIF/CFR liner terms)。此变形说明,卸货费用按班轮条件办理:即由支付运费的一方——卖方负担。

(2) CIF/CFR 吊钩下交货(CIF/CFR Ex tackle)。此变形是指在目的港由卖方负担货物从舱底起吊至船边卸离吊钩为止的费用。

(3) CIF/CFR 卸到岸上(CIF/CFR landed)。此变形是指由卖方负担将货物卸到目的港岸上的费用,包括可能发生的驳船费和码头捐。

(4) CIF/CFR 舱底交货(CIF/CFR Ex ship's hold)。此变形是指在目的港货物从舱底起吊至卸到码头的各项费用均由买方负担。

知识连接 4　使用 FOB 术语应注意的问题

1. 关于船货衔接问题

在 FOB 术语下,卖方要在规定的时间和地点完成装运,而运输工具是由买方负责安排的,因此存在一个船货衔接问题,要防止出现"货等船"或"船等货"。如果买方未能按时派船,这包括未经对方同意提前将船派到和延迟派到装运港,卖方都有权拒绝交货,由此产生的各种损失均由买方承担。如果买方指派的船只按时到达装运港,而卖方却未能备妥货物,那么责任由卖方承担。

2. 关于装船费用的问题

在装运港的装船费用主要是指与装船有关的一些支出,如平舱费、理舱费、捆扎费、加固费等。以 FOB 条件买卖时,如果使用班轮运输,由于班轮一般管装管卸,一切费用都包括在运费之内,则装卸费用由支付运费的一方即买方负担。但租船时,船方是否负责装卸由租船合同具体规定,而且在许多合同中,船方不负责装卸,因此需明确买卖双方有关费用的负担。FOB 由买方负责签订运输合同并支付运费。因此,在目的港的卸货费用理应由买方负担,而装运港的装船费用通常可以用 FOB 的变形来加以明确。

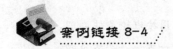

案例 1　有一份出售一级大米 300 吨的合同,按 FOB 条件成交,装船时经公证人检验,符合合同规定的品质条件,卖方在装船后已及时发出装船通知,但航行途中,由于海浪过大,大米被海水浸泡,品质受到影响,当货物到达目的港时,只能按三级大米的价格出售,因而买方要求卖方赔偿损失。卖方是否应该赔偿?

思考: 在上述情况下,卖方对该项损失无须负任何责任。根据 FOB 术语,买卖双方以"货物装上船"作为风险界限,货物在装运港装上船以前的风险由卖方承担,装上船以后的风险由买方承担。在本案例中,卖方已完全履行了自己的义务,将货在装运港装船时及时发出了装船通知,且装船时大米已经过检验并被证明为合格,船公司开具的也是清洁提单,因此,买方应该视具体情况向承运人或保险公司索赔大米的损失。

案例2 我方以CFR贸易术语与客户签约成交一批某出口商品,我方于10月1日凌晨2:00装船完毕,受载货轮于当日下午起航。因10月1日为我国法定国庆假日,2日又适逢周末放假,我方未及时向买方发出装船通知,至3日上班时突然收到买方急电,报告说货轮已于2日下午4:00遇难沉没,货物全部灭失,要求我方赔偿全部损失。我方是否应该承担该责任?

思考:货物损失应由我方承担。因为在CFR术语成交的情况下,租船订舱和办理投保手续分别由卖方和买方办理。因此,卖方在装船完毕后应及时向买方发出装运通知,以便买方及时办理投保手续,否则由此产生的风险应由卖方承担。本案中,由于我方未及时发出装运通知,导致买方未能及时办理投保手续,因此我方应承担全部责任。

案例3 某进出口公司以CIF伦敦向英国某客商出售供应圣诞节的应季杏仁一批,由于该商品的季节性较强,买卖双方在合同中规定:买方须于9月底以前将信用证开抵卖方,卖方保证不迟于12月5日将货物交付买方,否则,买方有权撤销合同。如卖方已结汇,卖方仍需将货款退还买方。该合同是否还属于CIF合同?为什么?

思考:本案中合同性质已不属于CIF合同。因为:①CIF合同是"装运合同",即按此类销售合同成交时,卖方在合同规定的装运期内在装运港将货物交至运往指定目的港的船上,即完成了交货义务,对货物在运输途中发生灭失或损坏的风险以及货物交运后发生的事件所产生的费用,卖方概不承担责任。本案的合同条款规定卖方必须于12月5日前将货物实际交给买方,这显然已经改变"装运合同"的性质。②CIF是典型的象征性交货,在象征性交货的情况下,卖方凭单交货,买方凭单付款,而本合同条款规定"如卖方已结汇,卖方仍需将货款退还买方",该条款已改变了"象征性交货"下卖方凭单交货、买方凭单付款的特点。由此可见,本案的合同性质已不属于CIF合同。除非卖方有绝对把握能保证12月5日前到货,否则是绝对不能答应这样的合同条款的。

案例4 我国某进出口甲公司向新加坡某贸易公司出口香料15公吨,对外报价为每公吨2500美元FOB湛江,装运期为10月,集装箱装运。我方于10月16日收到买方的装运通知,为及时装船,公司业务员于10月17日将货物存于湛江码头仓库,不料入库后货物因当夜仓库发生火灾而全部灭失。烧毁的损失由谁负担?有何启示?

思考:货物损失由我方承担。我方若选择FCA术语成交,则可以在货物运至湛江码头时(或之前)将货物交给承运人,不必承担本案的损失。本案采用集装箱运输,若采用FCA术语成交,比FOB术语成交有以下好处:①可以提前转移风险;②可以提早取得运输单据;③可以提早交单结汇,提高资金的周转率;④可以减少卖方的风险责任。

这样,不但我方不用承担本案中的风险,还可以提早取得运输单据,提早交单结汇。

重点内容概要

价格是交易双方谈判的重点和焦点;国际货物贸易合同谈判包括:价格条款的术语的内涵及分类;合理选用贸易术语和拟定科学合理的价格条款。

价格条款谈判的主要内容:价格构成、成本、费用、利润;价格条款的内容及表示方法;价格条款谈判时应注意的问题,谈判双方情理融通、运用正确的定价策略、选用适当的计价方法、正确选择计价货币、选择合适的贸易术语。

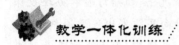

习题

(1) 商品的价格构成主要包括哪几部分?
(2) FCA、CPT、CIP 与 FOB、CFR、CIF 有哪些区别?
(3) 国际货物贸易中有哪些计价方法?如何适当选用计价方法?

贸易术语选择不当导致损失

某年 5 月,美国某贸易公司(以下简称"进口方")与我国江西某进出口公司(以下简称"出口方")签订合同购买一批日用瓷具,价格条件为 CIF Los Angeles,支付方式为不可撤销的跟单信用证,出口方需要提供已装船提单等有效单证。

出口方随后与宁波某运输公司(以下简称"承运人")签订了运输合同。8 月初,出口方将货物备全,装上承运人派来的货车。途中由于驾驶员的过失发生了车祸,耽误了时间,错过了信用证规定的装船日期。得到发生车祸的通知后,出口方即刻与进口方洽商要求将信用证的有效期和装船期延展半个月,并本着诚信原则告知进口方有两箱瓷具可能受损。

进口方回电称同意延展装效期,但要求货价应降 5%。出口方回电据理力争,同意受震荡的两箱瓷具降价 1%,但其余货物并未损坏,不能降价。但进口方坚持要求全部降价。最终,出口方还是做了让步,受震荡的两箱降价 2.5%,其余降价 1.5%,为此遭受损失(包括货价和利息等)共计达 15 万美元。

事后,出口方以托运人身份向承运人就有关损失提出索赔。对此,承运人同意承担有关仓储费用和两箱受震荡货物的损失,利息损失只赔 50%,理由是自己只承担一部分责任,主要是由于出口方修改信用证耽误了时间;而对于货价损失不予理赔,认为这是由于出口方单方面与进口方的协定所致,与己无关。出口方却认为货物降价及利息损失的根本原因都在于承运人的过失,坚持要求其全部赔偿。三个月后,经多方协商,承运人最终赔偿各方面损失共计 5.5 万美元,出口方实际损失仍达 9.5 万美元。

【分析】
(1) 结合上述案例,在国际货物贸易中,价格条款谈判包括哪些内容?
(2) 业务员在进行价格条款谈判时应注意哪些问题?
(3) 对外报价时,如何选用贸易术语?

8.4 包装条款的谈判

商品的包装;商品包装条款及包装条款谈判内容。

熟悉贸易谈判中的包装条款;根据谈判磋商结果,掌握科学、正确的书写合同的具体包装条款及内容的能力。

商品的包装是实现商品的价值与使用价值的重要手段;在商务货物贸易中,包装是货物说明的组成部分,是国际货物贸易合同中的主要条款。

本章节将重点探讨:包装条款的内容;包装条款谈判时应注意的问题等。

某年底,A 公司与中国香港某客户成交一批商品,价值 318 816 美元;然后再由该客户转运去西非。合同中的包装条款订明:均以夹板箱盛放,每箱净重 10 千克,两箱一捆,外套麻包(packing:all in plywood cases of 10 kgs net and 2 cases to one bundle and juted)。

该香港客户如期通过中国银行香港分行于次年 2 月 6 日开出 A-01-E-01006 号不可撤销跟单信用证。A 公司审证发现信用证的包装条款与合同规定有出入,信用证的包装条款为:均以夹板箱盛放,每箱净重 10 千克,两箱一捆(Packing:all in plywood cases of 10 kgs net and 2 cases to one bundle)。

与合同不同之处是:没有要求箱外加套麻包。有关人员经过推敲,认为信用证收汇方式应遵循与信用证严格相符的原则,当信用证条款与合同规定有出入时,应凭信用证而不凭合同,以保证安全收汇。因此,该批货物的包装就根据信用证的条款办理,只装箱打捆,不加套麻包。

该批货物于3月15日装"锦江"轮运往香港。A公司持全套单据交中国银行上海分行办理议付。但在货物出运的第八天,香港客户来电称:"兹告发现所有货物未套麻包,愿通知贵方,我们的买主不会接受此种包装的货物。请告知你们所愿采取的措施。"

A公司在次日复电指出:"有关货物,根据你方信用证规定的包装条款进行包装,我方不能承担任何责任。"香港客户当天立刻再来电拒绝A公司的答复,并提出索赔:"昨天我已与非洲客户联系并做解释,但他们拒绝接受。我方亦考虑在香港打包,但每捆须支付30~35港元,还未包括每箱7港元的仓储费,请最迟于明天同意这些费用由你方承担,因这些货物支配权仍属于你们,并由你方承担风险。"

次日,香港客户又来电,除重申信用证包装条款外,还指出信用证订有"其他均按销售确认书SG623号",并声称:"你们应该按照合同及信用证详细规定办。我们坚持货物的风险由你们承担,要求你们确认承担所有重新打包的费用,即30~35港元,另加7港元的仓储费用。"在来电中,除重申打包费用损失外,还进而表示了退货的主张。

考虑到卖价中已包含了麻包的因素,最终A公司通过与香港客户多次友好协商,达成补偿协议:在香港客户实际支付材料等费用计35 000美元的基础上,由A公司贴补14 000美元而结案。

提示:未按合同包装条款办理,造成贴补客户14 000美元的损失。

商品的包装是实现商品的价值与使用价值的重要手段。在商务货物贸易中,包装是货物说明的组成部分;《联合国国际货物销售合同公约》第35条第1款规定:"卖方交付的货物必须与合同所规定的数量、质量和规格相符,并须按照合同规定的方式装箱或包装。"因此,包装条款是国际货物贸易合同中的主要条款。

按照现代营销学的观点,包装是完整产品的各组成部分;包装的好坏不仅关系着产品的声誉,而且会影响经营者的信誉和市场竞争力。

一、包装条款的内容

包装条款的内容主要包含:包装方式以及所使用的包装材料,必要时要表明单件包装的容量,还有的要加注包装标志式样和内容。

(一)包装方式及材料

商品的性质与特点不同,采用的包装方式和使用的材料(types of packing and the materials used)也有所不同。国际贸易中的商品千差万别,包装方式及所用材料也多种多样。

(二)包装标志

包装标志(marking of package)是指在商品的包装上书写、压印、刷制各种有关标志,如图形、文字和效字等,以便识别货物,有利于装卸、运输、仓储、检验和交接工作的顺利进行。根据不同的用途,包装标志可分为:运输标志、指示性警告性标志、磅码产地标志和条形码标志。

（1）运输标志(shipping marks)又称唛头（"mark"头）。根据国际标准化组织(ISO)的建议，标准化运输标志包括：收货人或买方名称的英文缩写字母或简称；参考号，如运单号、订单号或发票号；目的地名称；货物件数。如图 8-1 所示。

图 8-1　物品的标准化运输标志的示例图

（2）指示性、警告性标志(indicative and warning marks)。为了指示操作人员在货物搬运、装卸、仓储等过程中的行为，保障货物和操作人员的安全，通常在商品的外包装上刷制醒目的图形和文字标志，即指示性、警告性标志。

考虑到各国文字不同而易造成的识别文字标志的困难，在国际贸易的长期实践过程中，形成了一种各国普遍采用的指示性和警告性标志，如图 8-2 所示。

图 8-2　物品的指示性和警告性标志的示例图

（三）磅码、产地标志

除上述包装标志外，外包装上一般还刷印毛重、净重、尺码(长×宽×高)和产地等。

例如：

Gross Weight：85 kgs

Net Weight：83 kgs

Measurement：45 cm×30 cm×25 cm

Made in singapore

或：

G. W. : 85 kgs

N. W. : 83 kgs

MEAS. : 45 cm×30 cm×25 cm

Made in Singapore

我国的出口商品,无论内包装或外包装一般都必须注明"中华人民共和国制造"(Made in the People's Republic of China)或"中国制造"(Made in China)。

（四）条形码标志

条形码标志(barcode mark)是将宽度不等的多个黑条和空白,按照一定的编码规则排列,用以表达一组信息的图形标识符。常见的条形码是由反射率相差很大的黑条(简称"f条")和白条(简称"空")排成的平行线图案。

条形码是商品能够流通于国际市场的一种通用的国际语言和统一编号,是商品进入超级市场的先决条件。条形码可以标出物品的生产国、制造厂家、商品名称、生产日期等。

内外包装上使用条形码标志,不仅能够促进和扩大商品在各国商场内的销售,而且使得货物的分类和输送更为迅速准确。如图8-3所示。

图8-3 物品的不同条形码标志的示例图

二、包装条款谈判时应注意的问题

包装条款是国际货物贸易合同中的主要条款之一,是卖方必须严格履行的义务条款。

（一）选用适当的包装材料和包装方式

(1) 根据商品的特点选用适当的包装材料和包装方式,不当的包装会造成损失。

(2) 选用绿色的包装材料,即"4RID"原则:①实行减量化,尽量减少包装材料的使用;②可重复使用,有效利用;③能回收再生,循环使用;④包装材料可再生及可降解,减少产生环境污染等。

（二）考虑包装成本

在选用包装材料时，除了考虑商品的特点外，还必须考虑成本因素。包装材料与商品本身的价值和耐用性要匹配；既不能廉价包装，起不到保护商品的作用；也不能过度包装，造成浪费。

（三）熟知有关国家对包装材料的禁忌

许多发达国家以法规形式对进口商品的包装材料进行限制或进行强制性监督和管理。商务贸易出口商品的包装材料只有符合进口国的规定，才能被准许输入该进口国，否则进口国海关将不予放行。

知识链接1　条形码

商品条形码是指由一组规则排列的条、空及其对应字符组成的标识，用以表示一定的商品信息的符号。其中条为深色、空为浅色，用于条形码识读设备的扫描识读。其对应字符由一组阿拉伯数字组成，供人们直接识读或通过键盘向计算机输入数据使用。这一组条空和相应的字符所表示的信息是相同的。

目前，世界上常用的码制有EAN条形码、UPC条形码、二五条形码、交叉二五条形码、库德巴条形码、三九条形码和128条形码等，而商品上最常使用的就是EAN商品条形码。

以EAN-13通用商品条形码为例：通用商品条形码一般由前缀部分、制造厂商代码、商品代码和校验码组成。商品条形码由以下部分组成。

前缀码：用来标识国家或地区的代码，赋码权在国际物品编码协会。如00—09代表美国、加拿大，45、49代表日本，69代表中国大陆，471代表中国台湾地区，489代表中国香港地区。

制造厂商代码：其赋码权在各个国家或地区的物品编码组织。中国由国家物品编码中心赋予制造厂商代码。

商品代码：是用来标识商品的代码，赋码权由产品生产企业自己行使。

校验码：商品条形码最后用1位校验码来校验商品条形码中左起第1—12数字代码的正确性。

知识链接2　包装条款的表示方法

（1）木箱装，每箱20匹，每匹40码(packed in wooden cases containing 20 pieces of 40 yards each)。

（2）铁桶装，每桶净重35千克(packed in iron drums of 35 kilograms net each)。

（3）一打装一个塑料袋，20打装一盒(packed in a polybag of one dozen each and 20 dozen to a box)。

（4）用双层麻袋包装(packed in double gunny bags)。

(5) 16支装在一个盒子里,100盒装一纸箱(16 pieces are packed in a box and 100 boxes to a carton)。

(6) 机压包,每包净重300磅(in press-packed bales of 300 lbs, net each)。

(7) 国际标准茶叶纸箱装,12纸箱一托盘,10托盘一整箱集装箱(in international standard tea boxes, 12 boxes on one pallet, 10 pallets in FCL container)。

知识链接3 常见的包装方式及所用材料

表8-4 国际货物贸易中常见的包装方式及所用材料

袋 (bag)	可用硬纸、亚麻布、帆布、橡胶等制成(May be made of strong paper, linen, canvas, rubber, etc.)
麻袋(sack)	通常是黄麻制成的大袋(A larger bag usually made of jute)
纸箱 (carton)	用轻且坚固的纸板或纤维板,双盖双底,用胶水、胶带、金属或骑马钉固定。有时几个纸箱为一组用金属带绑起来形成一个包装(Made of light but strong cardboard, or fiberboard with double lids and bottoms, fixed by glue, adhesive tapes, metal bands or wire staples. Sometimes a bundle of several cartons is made up into one package, held by metal bands)
箱 (case)	用木材做成的坚固容器。为使其更为坚固,可以加上板条。有时可用较薄的木材制成,并用金属带或金属丝缠绕箱子,箱内可用各种材料,如防潮纸、锡箔等加衬,以便保护商品免受由水、空气或虫子造成的损坏(A strong container made of wood. For extra strength it may have "batters", sometimes thinner wood may be used with metal bands or wires passed around the case. The inside of the case may be "lined" with various materials, e.g. damp resisting paper, tin foil, etc. to prevent damage by water, air or insects)
盒 (box)	小箱子,用木材、纸板或金属制成——可带折叠盖(A small case, which may be made of wood, cardboard, or metal, and may have a folding lid)
板条箱 (crate)	一种没有完全封闭的箱子,它有一个底和一个框架,有时顶部敞开。板条箱通常是为运输某种特定的物品而制作的。用板条箱包装的机械设备需要一个特制的底(滑动枕木)以便于操作[This is a case, but one not fully enclosed. It has a bottom and a frame, sometimes open at the top. Crates are often built for the particular things they have to carry. Machinery packed in crates needs a special bottom(a skid) to facilitate handing]
桶 (drum)	用来装运液体、化学品、油漆等的圆柱状容器,通常用金属制成。一些干燥的化学品(不易燃烧)或粉末有时用木制的或纸板桶包装[A cylinder-shaped container for carrying liquids, chemicals, paint, etc. It is usually made of metal. Certain dry chemicals(non-inflammable) or powders are sometimes packed in wood or cardboard drums]
袋包 (bale)	紧压在一起用保护性材料包裹起来的柔软货物(如棉花、羊毛、羊皮)的包装。通常的尺寸是30英寸×15英寸×15英寸,可用金属带加固[A package of soft goods (e.g. cotton, wool, sheepskin) tightly pressed together and wrapped in a protective material. Usually size 30×15×15 inches. May be strengthened by metal bands]
罐/听 (can/tin)	一种小的金属容器,用于包装少量的油漆、油或特定的食品(A small metal container in which small quantities of paint, oil, or certain food stuffs are packed)
玻璃瓶 (carboy)	一种大的有金属条或柳条罩防护的玻璃容器,玻璃与罩之间有软包装,用于装运化学品(A large glass container protected in a metal or wicker cage with soft packing between glass and cage. It is used for chemicals)

续表

捆 (bundle)	没有容器的混杂货物的包装。大量的小纸板箱放置在一起,称之为捆(Miscellaneous goods packed without a container. A number of small cartons fixed together could be called a bundle)
集装箱 (container)	一种非常大的金属盒,用于陆路、铁路、海运或空运运输货物。用大集装箱装运货物便于用机械来进行装卸,从而节省时间(A very, large metal box for transport of goods by road, rail, sea or air. Packing goods in a large container facilitates loading and unloading by mechanical handling, thus time is saved)
托盘 (pallet)	一种大的盘子或平台,通过吊索来转移货物,如从卡车上转送到火车、货船上,这样能节省单个处理货物的时间[A large tray or platform for moving loads (by means of slings), e.g. from a lorry into a train or onto a ship, and so save time for handling of separate items]

三、国际市场上对商品包装的要求

(一) 总体要求

一要符合标准,二要招徕顾客。

(二) 具体要求

(1) 名称易记——包装上的产品名称要易懂、易念、易记。

(2) 外形醒目——要使消费者从包装外表就能对产品的特征了如指掌。

(3) 印刷简明——包装印刷要力求简明。

(4) 体现信誉——包装要充分体现产品的信誉,使消费者透过产品的包装增加对产品的依赖。

(5) 颜色悦目——欧洲人喜欢红色和黄色。在超级市场上销售的高档商品多采用欧洲流行色,即淡雅或接近白色的色彩。

(6) 有地区标志——包装应有产品地区标志或图案,使人容易识别。

(7) 有环保意识——国际上有许多关于包装材料的新的具体规定,总的趋势是逐步用纸和玻璃取代塑料、塑胶等材料。

(8) 计量单位制——有的国家使用不同的计量单位制(如国际单位制、英制、美制、其他国家的计量单位等),出口的食品应符合进口国的计量单位制,否则会被禁止进口。

二、某些国家对进口商品包装的要求

(一) 某些国家对进口包装结构、图案及文字的要求

1. 禁用标志图案

阿拉伯国家规定进口商品的包装禁用六角星图案,因为六角星与以色列国旗中的图案相似,阿拉伯国家对有六角星图案的东西非常反感和忌讳;德国对进口商品的包装禁用类似纳粹和军团符号标志;利比亚对进口商品的包装禁止用猪的图案和女性人体图案。

2. 容器结构的规定

美国食品药物局规定,所有医疗健身及美容药品都要具备能防止掺假、掺毒等防污能力的包装。美国环境保护局规定,为了防止儿童误服药品、化工品,凡属于防毒包装条例和消费者安全委员会管辖的产品,还须使用保护儿童安全盖。美国加利福尼亚、弗吉尼亚等11个州以及欧洲共同体负责环境和消费部门规定,可拉离的拉环式易拉罐不能在市场上销售,目前都使用不能拉离的掀扭式、胶带式易拉罐。

欧盟规定,接触食物的氯乙烯容器及材料,其氯乙烯单位的最大容器规定为每千克1毫克成品含量,转移到食品中的最大值是每千克0.01毫克。

根据美国药物调查局调查,在人体吸收的铅中,有14%来自马口铁罐焊锡料,因此,美国要求焊缝含铅量减少50%。

我国香港有关卫生条例规定,固体食物的最高含铅量不得超过6 ppm(6‰),液体食物含铅量不得超过1 ppm。

3. 使用文种的规定

加拿大政府规定进口商品说明必须有英法文对照;销往中国香港的食品标签必须用中文,但食品名称及成分须同时用英文注明;凡出口到希腊的产品包装上必须使用希腊文字写明公司名称、代理商名称及产品质量、数量等项目;销往法国的产品装箱单、商业发票和标志说明须用法文,不以法文书写的应附译文;销往阿拉伯地区的食品、饮料,必须用阿拉伯文说明。

(二)某些国家对产品包装上印刷内容的要求

中国国家质检总局规定,水产品及其制品、蔬菜及其制品等M类经出入境检验检疫机构检验合格的出口食品必须在包装上注明生产企业名称、卫生注册/登记号、产品品名、生产批号及生产日期,并加贴检验检疫标志。

进入美国境内的所有外国原产地的商品(或其包装)均须在显著位置上以清楚易读、不可消除和持久的形式用英文把原产地加以标出,以便美国的最终购货人了解商品的原产地。

利比亚要求所有出口到该国的商品(特别是食品),其内包装和外包装上一定要注明生产日期、保质期、产地、注册商标、生产商及地址。

(三)某些国家港口对产品包装的要求

沙特阿拉伯港务局规定,所有运往该国港埠的建材类海运包装,凡装集装箱的必须先组装托盘,以适应堆高机装卸,且每件重量不得超过2吨;凡运往该港的袋装货物,每袋重量不得超过50千克,否则不提供仓储便利,除非这些袋装货物附有托盘或具有可供机械提货和卸货的悬吊装置。

伊朗港口规定,药品、化工品、食品、茶叶等商品分别要求以托盘形式,或体积不少于1立方米或重量1吨的集装箱包装。

上述各国产品包装要求并不完整,而且随着时间推移,内容也在不断发生变化,外贸谈判员应根据自身产品种类、所涉贸易国家和地区,有针对性地加强出口货物包装要求的收集,避免因包装不符造成产品无法通关或被退运等贸易风险。

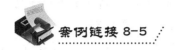

案例1 我国某外贸公司出口某种化工原料,共500公吨。合同与来证均规定为麻袋装。但我方到装船发货时始发现麻袋装只够450公吨货物装运,剩下的50公吨便以塑料袋装的同样货物充抵。这样有无问题?

思考: 包装条款是品质条款的组成部分,因为品质条款是合同的要件条款,所以包装条款也是合同的要件条款。本案例中,我方擅自改变了包装条件,属于违反了品质条款,后果十分严重。买方有权拒收货物,同时要求损害赔偿。

案例2 我国某外贸公司出口水果罐头一批,合同规定为纸箱装,每箱30听,共80箱。但我方发货时改为每箱24听共100箱,总听数相等。这样做妥当吗?

思考: 包装条款是品质条款的组成部分,因为品质条款是合同的要件条款,所以包装条款也是合同的要件条款,本案例中,我方擅自改变了包装方式,属于违反了品质条款,后果十分严重。买方有权拒收货物,同时要求损害赔偿。

商品的包装条款是国际货物贸易合同中的主要条款;按照现代营销学的观点,包装是完整产品的个组成部分;包装的好坏不仅关系着产品的声誉,而且会影响经营者的信誉和市场竞争力。

包装条款谈判的主要内容:包装条款的内容,包装方式及材料、包装标志、磅码、产地标志、条形码标志;包装条款谈判时应注意的问题,选用适当的包装材料和包装方式、考虑包装成本、熟知有关国家对包装材料的禁忌。

习题

(1) 商品包装条款主要包含哪些内容?
(2) 什么是中性包装?什么是定牌中性包装?
(3) 运输标志的概念是什么?一个标准的唛头由哪些因素组成?

包装条件不明确,影响交易进程

中间商S是我国某出口公司(下称"G公司")PP-1商品的主要买主,双方签订了独家代理协议。协议规定:代理地区为 KT 地区;年销量为 600～1 000 公吨;具体交易另行逐笔协商决定;价格条件均按 CFRC 3% 办理,代理期限是某年 1 月 1 日至 12 月 31 日止。

该商品的传统出口包装有 A 式和 B 式两种,由于品质和成本相同,出口售价并无差别。签订独家代理协议前,与该商的最后成交价为每公吨 550 美元 CFRG 3% KT 港。2 月 14 日,S 来电要求寄送 200～250 公吨的新合同,以便开立信用证和完成代理协议,如有可能则希望确认 A 式包装。来电原文如下。

"We ask you to send us new contract for quantity 200～250 m/t enabling us to establish L/C and fulfill our agency agreement with you to your entire satisfaction. If possible, please confirm that packing be of A."

当时,由于货源较紧,原生产厂的全年产量均已售出,G 公司与有关工厂协商安排,但尚未落实,直至 3 月 6 日才回复 S,说明正与有关工厂联系中,一周内如有结果即行告知。回复原文如下。

"We have been getting in touch with the mills concerned. You may rest assured that once there is any result we shall let you know, probably within a week."

3 月 7 日,有关工厂表示如能在 3 月中旬确定生产计划,可同意安排,但由于设备限制,必须改为 C 式包装,而品质、生产成本与 A、B 式相同。由于此种包装过去从未用在出口商品上,是否适合国外市场销售毫无把握。为慎重起见,G 公司拟先征询 S 同意后再行决定安排生产。遂于 3 月 8 日致电 S,并要求对方在 3 月 13 日前答复,以便及时研究决定生产计划。此时,国际市场对该商品的行情看涨,公司正酝酿提价,为试探客户反应,便于日后洽商和决定提价幅度,在征询包装意见的同时,顺告客户现行价为每公吨 670 美元。电文如下。

"PP-1 Packing C whether acceptable please cable before MAR 13. Current price USD 670 per m/t."

3 月 11 日,S 回电接受新包装,并订购 250 公吨(价未提及),另再接受按 A 方式包装的 670 美元新价,并订购 150 公吨,要求航寄合同和电告合同号。电文如下。

"YC8 Packing C accepted book 250 m/t. Packing A accept USD 670 book 150 m/t airmail contracts cable contract number."

由于生产上又发现新的问题,货源未能迅速落实,G 对 S 未及时答复,而 S 则要货心切,于 3 月 20 日再次来电催问合同号。原文如下:

"OC11 Cable contract number 250 m/t C 150 m/t A"

3 月 27 日,G 公司复电称:正与工厂联系中,若有结果尽速告知。又鉴于 S 3 月 11 日来电对两种标准的价格可能有误解,故同时提请 A、C 两种包装均为每公吨 670 美元。电文如下。

"RYC11N26 We are contacting mills once get results shall advise you soonest. Price USD 670 both for A and C please note."

此时,S 对 G 公司迟迟未能确定他们订货,甚为焦急,遂向中国驻该国商务处反映,要求给予支持和配合。

4月9日，G公司收到商务处4月1日来函称："S希望在上半年能完成全年协议一半数量，即300～500公吨。第三季度当地气候炎热，大量人员外出，故下半年的活动时间仅3个月。如上半年不能落实订货量，全年代理协议数量有可能落空。因此希望对其上半年的订货给予确认，即使交货期晚一些也可。"

关于货源问题，几经周折，至4月下旬才最后确定安排生产，同时结合当时市场情况，G公司致函商务处："请转告S各种包装的PP-1价格均已调整为每公吨670美元CFRC 3% KT港，以我方确认为准。10月底前可供300公吨（均按C式包装），如接受此价，请速告，以便确认并寄送合同。"

5月14日，S来电接受新价与C式包装300公吨，如有可能，其中100公吨希望提供A式包装。原文如下。

"According to Chinese embassy's advice we accept PP-1 300 m/t of C packing at new price USD670, please send S/C. If possible please supply 100 m/t of A packing among above 300 m/t"

5月18日，S来电催告合同号。电文如下。

"Cable number contract your promised 300T PP-1 packing C regards"

5月19日，S公司复电合同已寄，并告合同号码。电文如下。

"RYC18/5 300 m/t S/C799635 Airmailed"交易便告成立。

【分析】

(1) 结合上述案例，分析在国际货物贸易中包装条款谈判包括哪些内容？

(2) 业务员在进行包装条款谈判时应注意哪些问题？

8.5 运输条款的谈判

货物运输条款；运输条款表示方法；运输条款谈判内容。

熟悉国际货物运输条款及规定，掌握进出口货物运输条款谈判的内容和进出口合同的表达、书写方法。

国际货物运输是国际货物贸易中必不可少的一个环节；其特点是线路长、涉及面广、环

节多、时间性强、情况复杂和风险大等。为了按时、按质、按量完成国际货物的运输,交易双方在订立国际货物贸易合同时,都需要合理选用运输方式、订立各项装运条款等。

本章节将重点探讨:运输条款的谈判内容;运输条款的表示方法;运输条款谈判时应注意的问题等。

我国某出口公司于某年秋天与欧洲K商成交某商品2 000公吨,每公吨单价为345欧元CIF安特卫普,交货日期为当年11至12月份。国外开来信用证规定最迟有效期为12月31日。

我国公司原安排装运的船舶于12月31日才抵达装运港,由于种种原因,该批货物实际上在次年1月18日装船。为了做到单证一致,当时将提单倒签为12月31日,并向银行交单议付。

货物于4月初到达安特卫普,买方对如此长的运输期表示怀疑,即会同法院检查员登轮查阅航海日志,发现实际装船日期为1月18日,遂拒收货物,并向我国公司提出索赔:退还货款690 008.28欧元;利息损失按14.5%赔付;其他有关驳船等费用由卖方承担。

我国公司多次与K商协商无果,后经我国商务参赞处协助配合,才以每公吨赔偿45欧元,共9万多欧元了结此案,赔偿金额占货值的13.8%。

提示:倒签提单遭索赔。

国际货物运输是国际货物贸易中必不可少的一个环节。国际货物运输的特点是线路长、涉及面广、环节多、时间性强、情况复杂和风险大等。为了按时、按质、按量完成国际货物的运输任务,交易双方在订立国际货物买卖合同时,都需要合理选用运输方式、订立各项装运条款等。

一、运输条款的谈判内容

(一) 运输方式的选译

国际货物运输的运输方式有海洋运输、铁路运输、航空运输、邮政运输、国际多式联运和管道运输等。在进行运输条款谈判时,贸易双方先应根据商品特点、数量多少、价值大小、路程远近和时间长短等因素商定应采用的运输方式。

1. 海洋运输

海洋运输(sea transport, ocean transport)是国际货物贸易运输中采用最广泛的一种运输方式。按照船舶公司对船舶的经营方式,海洋商船可分为以下两种。

(1) 班轮运输(liner transport, regular shipping liner)。是指在预先固定的航线上,按照船期表在固定的港口之间来往行驶的船舶运输。其最基本的特点如下:

① "四定"是指固定航线、固定港口、固定船期和相对固定的运费。

② "一负责"是指货物由班轮公司负责配载和装卸,运费中含有装卸费,班轮公司和托

运方不计滞期费和速遣费。

(2) 租船运输(shipping by chartering)。是指包租整船或租部分舱位进行运输,具体有以下两种。

① 定程租船(voyage charter)又称程租船或航次租船。指租船人按照航次租赁全部舱位,由船舶所有人负责货物的全程运输直至指定的目的港。根据租赁方式的不同,定程租船可分为:单航次租船(single voyage charter)、来回航次租船(return voyage charter)和连续航次租船(successive voyage charter)三种。

② 定期租船(time charter)。是以期限为基础的租船方式,即由船舶所有人将船舶出租给租船人使用一定期限。在此期限内,船舶由租船人自行调度和经营管理。但船东要负责支付船员的工资和货船的保险费,并保证在租用期间货船要适合海洋运输。

无论是按航次租船还是按期限租船,船、租双方都要签订租船合同,以明确双方的权利义务。

2. 铁路运输

铁路运输(railway transport)在国际货物贸易运输中占相当重要的地位,特别是内陆国家间的贸易,铁路运输的重要作用更加明显。

3. 航空运输

航空运输(air transport)是利用飞机运送货物的一种现代化运输方式。其特点是速度快、货损率低、节省包装和仓储费,不受地面条件的限制,适用于体轻而贵重或急需的商品。

4. 邮政运输

邮政运输(parcel post transport)是通过邮局运送国际贸易货物的一种运输方式。这种运输方式手续简便,只要卖方根据贸易合同规定条件将货物包装后交付邮局,付清邮资并取得邮包收据就完成交货义务。

5. 国际多式联运

国际多式联运(international multimodal transport)是指按照国际多式联运合同,以至少两种运输方式,由国际联运经营人将货物从一国境内接收货物的地点运至另一国境内指定交付货物的地点。采用多式联运方式,货物在内地只要装上第一程运输工具,发货人即可获取承运人签发的包括全程运输的单据,并凭此向银行办理结汇。

(二) 运输条件的规定

1. 装运时间

装运时间(time of shipment)又称装运期,在 FOB、CFR 和 CIF 等象征性交货的贸易术语条件下,它就是卖方交货的时间,卖方必须在规定的装运时间将货物装上船。因此,合理地规定装运时间是十分重要的。装运时间的规定:规定最迟期限;规定一段时间;规定收到电汇款或信用证若干天后装运;笼统规定等。

2. 装运港/地和目的港/地

装运港/地(port/place of shipment)是货物起始装运的地点。目的港/地(port/ place of destination)是货物的卸货地点。在不同的贸易术语条件下,货物的交货地点也不同。一一般情况下,装运港/地由卖方提出,经买方同意后确定,而目的港/地由买方提出,经卖方确认后选定。

对于装运港/地和目的港/地的选择,通常有:选择一个装运港/地或目的港/地;选择两个以上装运港/地或目的港/地;选择一个区域作为装运港/地或目的港/地。

3. 分批装运

分批装运(partial shipment)是指将一次成交的货物分成若干批次装运。根据UCP600的规定,凡是货物由同一运输工具、同次航程运输至同一目的地的多次装运,即使装运时间不同和装运地点不同,都将不视为分批。

转运(transshipment)是指在规定的装运港/地和目的港/地之间的运输过程中,将货物从一个运输工具上卸下再装上另一个运输工具的行为。

4. 装运通知

装运通知(shipping advice)是货物发运后,由卖方发给买方的有关货物已经装运的通知,以便买方做好接货准备或在CFR/CPT条件下办理保险手续等。通知内容通常包括合同号、品名、件数、重量、发票金额、运输工具名称和航次、装运日期等。

5. 滞期和速遣的规定

在海洋运输方式下,采用程租船运输的贸易合同,租船人为了约束对方,促使其按照约定时间定额完成装卸任务,都要求在贸易合同中规定滞期和速遣条款,作为装运条款的组成部分。滞期、速遣条款包括的内容如下。

(1) 装卸时间(lay time)。是指承租人和船舶所有人约定的、承租人保证将合同货物在装卸港全部装卸完的时间。如果承租人未能在约定的时间内将货物装卸完毕,会延长船舶的留港时间、降低船舶的周转率,使得船舶所有人增加额外的港口费用及其他的经济损失。

① 滞期费(demurrage)。为了防止延长船舶留港时间情况的发生,船舶所有人会在租船合约里订立滞期条款;即承租人若不能在规定的时间内完成货物的装卸而延长船舶留港时间,则向船舶所有人支付一笔赔偿金。

② 速遣费(despatch money)。与滞期相反,若承租人在约定时间内提前完成货物的装卸,缩短滞港时间,加速船舶周转次数,则给船舶所有人带来经济效益;在这种情况下,船舶所有人往往给予承租人相应的奖金,以鼓励其速遣行为。

(2) 装卸时间的规定方法有以下五种。

① 按连续日(running days)计算。即按日历日数(连续24小时)计算;在规定的期间内(不排除因法定节假日和天气不良等不能进行装卸作业的时间),每天都计算为装卸时间。该计算规定对租船人很不利。

② 按连续工作日(running working days)计算。即按照工作日(排除了周末和法定节假日的非工作时间)的时间计算装卸时间。在非工作时间里,即使进行了装卸作业,也不计为装卸时间。

③ 按晴天工作日(Weather working days, WWD)计算。晴天工作日是指工作日或部分工作日中,不受天气影响,可以进行装卸作业的时间。即除星期日(或双休日)和法定节

假日外,因天气不良而不能进行装卸作业的工作日也不能计入装卸时间。

④ 按港口习惯速度尽快装卸(customary quick dispatch,CQD)。属于装卸率条款中的内容。通常,船舶所有人都不愿意接受此条款,因为有的港口装卸率很低,船舶所有人要承担很大的风险。

⑤ 装卸时间起止的计算。装卸时间的起止与滞期或速遣紧密相关,谈判双方必须针对装卸时间起讫计算方式进行磋商并确定。

6. 货运单据

货运单据(shipping documents)是指运输中的货物所有权凭证或证明货物已经运输的单据。运输方式的不同,货运单据的种类也有所不同。如海洋运输方式下,货运单据是海运提单(bill of lading,B/L);铁路运输方式下,货运单据是铁路运单和承运货物收据;航空运输方式下,货运单据是航空运单;邮政运输方式下,货运单据是邮包收据;多式联运方式下,货运单据是多式联运单据等。

在谈判过程中,除了货运单据的种类要明确,双方还要就各类货运单据的签发人进行磋商。

二、运输条款的表示方法

交易双方就运输条件达成一致意见后,需要将运输条款用规范的方法表示出来,作为当事人履约依据。贸易实践中,运输条款的表示方法包括以下三种。

(1) 对运输方式、装运时间、装运港与目的港、分批与转运等的要求。

(2) 对货运单据(包括出单人)的要求。

(3) 对装运通知的要求。

三、运输条款谈判时应注意的问题

运输条款涉及诸多内容,各内容之间的衔接至关重要;交易谈判时要注意以下五个方面。

(1) 装运时间的表述不能笼统,要明确具体。

(2) 装运时间不能固定为某一天,时间的长短要根据货源情况和运输能力等因素而定。

(3) 不应规定我国政策不允许往来的港口/地方作为装卸港/地。

(4) 及时发出装运通知,不然卖方应对买方因漏保或未能及时投保而遭受的损失承担责任。

(5) 贸易合同中的装运条款与租船合同中的装运条款要衔接。

案例链接 8-6

案例1 我国某外贸公司与美商按CIF纽约出口运动鞋10 000双,合同与信用证规定的装运期为7~8月份,每月装运5 000双,允许转船。我公司于7月31号将5 000双运动鞋装上"武夷号"轮,取得7月份的提单,又于8月10号将余下的5 000双装上"胜利号"轮,取得8月份的提单,两船均在中国香港转船,两批货均由马士基公司"贵族号"轮运至目的地。请问:①这种做法,是否属于分批装运?为什么?②卖方能否安全收汇?为什么?

思考:①本例做法属于分批装运。因为《跟单信用证统一惯例》(《UCP600》)规定:"同一船只,同一航次中多次装运货物,即使提单表示不同的装船日期或表明不同的装船港口,只要运输单据注明的目的地相同,也不视为分批装运。"但本例中7月31日货装"武夷号"轮,8月15日货装"胜利号"轮,即非同一船只,所以应视作分批装运。②卖方能安全收汇,因为符合信用证装运条款的要求。

案例2 我国某外贸公司向英国出口商品30 000箱,合同规定3月至8月按月等量装运,每月装运5 000箱,凭不可撤销信用证付款。客户按时开来信用证,证上总金额与总数量均与合同相符,但装运条款规定为"最迟装运期8月31日,分数批装运。"我方3月份装出5 000箱,4月份装出6 000箱,5月份装出10 000箱,6月份装出9 000箱。客户发现后向我方提出异议。我们这样做是否可以?为什么?

思考:从信用证项下我方能否如期收回货款考虑,这样做是可以的。原因:信用证一经开立就成为独立于合同之外的法律文件,只要单证一致,即可收取货款。信用证中笼统规定"最迟装运日期8月31日,分数批装运,"所以我方的做法是可以的,但为防日后纠纷,我方应争取等量分批的做法,这既符合了合同规定,又满足了信用证的要求。

案例3 我国某外贸公司向非洲某公司出口拖鞋一批,金额10万美元,付款方式为D/P即期,货物在中国香港转船,由船公司出具转船联运提单。货到非洲后原买方公司倒闭,先后三批货物都被另一家公司以伪造的提单取走,待我方正式提单及其他单据寄到国外后,已无人付款赎单,委托国外银行凭提单也提不到货。向船公司交涉,船公司以它是第一承运人为理由推诿。船公司是否有责任赔偿?

思考:船公司不能够推脱责任,如货物在二程船上发生灭失或损坏,第一承运人可不负直接责任,因是联运提单,现在货物已安全到达目的港,与二程船无关,所以第一承运人应当负责赔偿。

案例4 我国某外贸公司对美出口1 000公吨钨砂,国外来证规定,"不允许分批装运"。结果我方在规定的期限内分别在福州、厦门各装500公吨于同一航次的同一船上,提单上也注明了不同的装货港和不同的装货日期。这是否违约?

思考:根据《UCP600》第31条b款规定:"表明使用同一运输工具并经由同次航程运输的数套运输单据在同一次提交时,只要显示相同目的地,将不视为部分发运,即使运输单据上表明的发运日期不同或装货港、接管地或发送地点不同。"因此,上述做法不视为违约,银行不得拒绝议付。

案例 5 我国某外贸公司对西班牙按 CIF 价格出口树脂工艺品一批。合同规定装运期为五月/六月,国外开来的信用证"shipment during May/June 2006"。当我方在租船订舱时发生困难,一时租不到足够的仓位,要分两到三次装运,这种情况是否构成违反信用证的条款?

思考:只要 5、6 月份将货装运完毕,可以不要求修改信用证。《UCP600》第 31 条 a 款规定:"除非信用证另有规定,允许分批支款及/或分批装运。"

重点内容概要

国际货物运输是国际货物贸易中必不可少的一个环节;为了按时、按质、按量完成国际货物的运输,交易双方在订立国际货物贸易合同时,都需要合理选用运输方式、订立各项装运条款等。

运输条款谈判的主要内容:运输条款的谈判内容,运输方式的选译、运输条件的规定;运输条款的表示方法;运输条款谈判时应注意的问题。

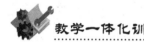

习题

(1) 在国际货物运输中,有哪些运输方式?其特点是什么?
(2) 在选择对外贸易运输方式是应考虑哪些因素?
(3) 买卖合同中的装运期有哪些规定方法?
(4) 什么是国际多式联运?

货物贸易合同与租船合同中装运条款不一致,造成经济损失

某年,我国某南方公司从斯里兰卡进口大批橡胶,成交条件是 FOB 科伦坡,由我国公司派船接货。由于贸易合同和租船合同中关于装运条款没有衔接好,我国公司遭受经济损失。脱节条款规定如下。

(1) 装货时间脱节。贸易合同规定:"船靠码头开始装货。"租船合同则规定:"船到后上午通知下午开始装货。"即不管能否停靠码头,都要计算在装货时间之内。当时,科伦坡港口拥挤,船舶到港后常需等候若干天才能停靠码头,由于我国公司同卖方签订的贸易合同与同船方签订的租船合同条款脱节,卖方对由于等候码头所发生的滞期费不承担责任,因而此项费用落在我国公司头上。

(2) 装货率的规定脱节。贸易合同仅规定每天共装 400 公吨,而租船合同则规定每艘船每天装货 500 公吨。结果,我国公司遭受双重损失:一方面要向卖方支付速遣费;另一方面,要向船方支付船舶滞期的罚款。

(3) 装货时间计算方法的规定脱节。贸易合同规定为按工作日计算,即星期日和例假除外;而租船合同规定为按连续日计算(running days),即有一天算一天,不扣除星期日和法定节假日。因此,遇有星期日和法定节假日,我国公司便要承担费用损失。

【分析】
(1) 结合上述案例,分析在国际货物贸易中运输条款谈判包括哪些内容?
(2) 业务员在进行运输条款谈判时应考虑哪些因素?

8.6 支付条款的谈判

贸易支付条款;支付条款的表示方法;支付条款的谈判的内容。

了解货款支付的一般业务流程,熟悉各种支付方法与内容,掌握草拟进出口合同中的支付条款及票据、信用证的正确书写方式。

支付条款是国际货物贸易合同中的主要条款,关系到买卖双方的基本权利和义务;在磋商交易时,谈判双方必须针对支付条款取得一致的意见,并在合同中明确规定下来;包括支付条款涉及支付工具、付款时间和地点以及支付方式等问题。

本章节将重点探讨:支付条款的谈判内容;支付条款的表示方法;支付条款谈判时应注意的问题等。

信用证改证下托收受骗案

某年中国进出口商品交易会(广交会)上,我国 A 公司与叙利亚 B 公司签订了一笔工具出口的贸易合同,价值 10 多万美元,付款条件是装船前用 T/T 预付 20%,其余 80% 用即期信用证。广交会结束后,B 公司按时开出了信用证并按规定支付了 20% 的预付款,A 公司也按正常情况向工厂订货,同时准备装运事宜。不巧的是工厂所在地天降暴雨,工厂受水灾而不能按时交货。A公司及时将实际情况告知B公司,并告知可重新向其他工厂订货,但交货期要向后顺延45天。若能接受此点,请他们迅速修改信用证的有效期,否则将退回预付款,并请求解除合同。B公司很快给予答复,称可以接受延期交货,但因修改信用证费用较高,请A公司做证下托收,即D/P支付,他们会按时付款赎单。

A公司考虑到已收20%的预付金,加之是因己方原因而不能按时交货,便没有再坚持修改信用证,而接受了证下托收。其实,A公司业务员也考虑了证下托收的风险。所谓证下托收与一般托收的性质完全一样,都将银行信用转变成了商业信用,原信用证已经成为摆设,无任何效用。但业务员却错误地认为已经收20%预付款,从我国口岸到叙利亚港口的班轮在海上航行要20多天,那时单据早到了对方银行。若B公司不付款赎单,我方可通知船方将货运回,用对方预付金作为来回运费还略有余。因为此类商品为大路货,我方稍做整理后还可以卖给其他客商,所以基本无风险。

40多天后,A公司将货物装船出口,并证下托收交单向原开证行收款。结果,B公司却未按时去开证行赎单付款。货物在装船20多天后按时到港,船方按规定将货卸到叙利亚港口。这时,B公司仍未去开证行付款赎单。A公司多次催促,B公司不予答复。不久,开证行来电告知B公司不赎单,并要我方告知如何处理单据。我方只好要求开证行将原单据退回。收到退单后,A公司将正本B/L交我国外运公司,请他们想法将该批货物运回来。不久,外运公司告知暂时无法在叙利亚港口提货,原因是叙利亚海关规定退回的商品必须有原进口商的书面退货声明,并经叙方银行书面证实后海关才能办理退关及退货手续。得此消息后,A公司立即与B公司联系,请他们协助办理有关手续,出具退货声明等。但B公司答复因该类商品市场行情突变,若我方同意降价50%,他们可以去付款赎单,而对办理退货手续只字不提。A公司十分气愤,对此去电指责B公司的无理行为,同时与我驻叙利亚商务处联系,请他们给予帮助。后商务处告知叙利亚海关确有以上规定,他们也无能为力。

90天后,叙利亚海关按照他们的规定将此批商品作为无主货物进行拍卖。事后从其他渠道得知,还是B公司从海关低价购走了这批商品,我方A公司在此案中损失了近70万元人民币。

支付条款是国际货物贸易合同中的主要条款,关系到买卖双方的基本权利和义务;在磋商交易时,双方必须针对支付条款取得一致的意见,并在合同中明确规定下来。支付条款涉及支付工具、付款时间和地点以及支付方式等问题。

一、支付条款的谈判内容

(一)支付工具

国际货物贸易中,作为支付工具使用的主要是国际流通货币和票据。

1. 货币

货币主要用于计价。其中有卖方国货币、买方国货币、第三国货币,如何选用计价货币,需要结合政治、经济和汇率变化趋势等因素来决定。

2. 票据

票据用于结算和支付。其中以汇票为主，较少使用支票和本票。

汇票(bill of exchange)是指出票人(drawer)以书面命令受票人(drawee)立即或在将来一定的时间内无条件支付一定金额给指定受款人(payee)或指定人(specified Person)或持票人(bearer)的一种凭证。

出票人通常是出口商，受票人（即付款人）通常是进口商或进口商指定的银行，受款人通常是出口商或出口商指定的银行。

在国际金融市场上，汇票是一种流通证券(negotiable instrument)，除注明不得流通转让者外，一般可以流通转让。

（二）支付方式

支付方式涉及付款时间和地点等方面的问题。目前，国际货物贸易中常使用的支付方式有五种，即电汇、托收、信用证、银行保函和保理。

1. 电汇

电汇(telegraphic transfer, T/T)，是汇付(remittance)的一种，是由汇出行(remitting bank)应汇款人的申请，用快捷的电讯方式通知另一国家的代理行即汇入行(paying bank)并指示解付一定金额给收款人(payee)的一种汇款方式。电汇方式的特点是付款速度快，费用较高。

2. 托收

托收(collection)是指货物发运后，出口商开立汇票连同货运单据委托出口地银行通过进口地代收银行向进口商收款的方式。托收分为光票托收和跟单托收两种。

在国际货物贸易中通常使用的是跟单托收，是指托收时，汇票项下附有相关的货运单据。跟单托收根据交单条件的不同，可分为以下两种。

（1）付款交单(documents against payment, D/P)。指进口商在付款后才能从代收银行处取得货运单据的支付方式。这种方式下，银行交单的前提是付款，即只有在进口商付清货款后，银行才能将货运单据交给进口商，否则要承担相应的责任。

付款交单又可分为即期和远期两种。

① 即期付款交单(documents against payment at sight, D/pat sight)。指货物发运后，由出口商开具即期汇票并通过银行向进口商提示，进口商见票即付，付清货款后即取得货运单据。

② 远期付款交单(documents against payment at ×××　day's sight, D/P after sight)。指货物发运后，由出口商开具远期汇票并通过银行向进口商提示，进口商见票即承兑并于汇票到期日付款赎单。到期前，汇票和货运单据保留在代收行。

（2）承兑交单(documents against acceptance, D/A)。是指货物发运后，出口商开具远期汇票并通过银行向进口商提示，进口商见票承兑后即从代收行取得货运单据的支付方式；进口商在汇票到期日才向银行支付货款。

托收方式属于商业信用，银行在办理托收业务时，只是按照委托人（即出口商）的指示办事，没有审核单据的义务，也不承担付款人必须付款的义务。如进口商破产丧失支付能力或拒付，出口商则面临很大的收汇风险，要么晚收货款，要么收不回货款等。因此，出口商应慎用托收方式，以规避收汇风险。

3. 信用证

信用证（letter of credit，L/C）是进口地银行应进口商的请求开给出口商的一种有条件的保证付款的书面凭证。银行的付款条件是出口商在该信用证项下做"相符交单"。

信用证是指一项不可撤销的安排，无论其名称或描述如何，该项安排构成开证行对相符交单予以承付的确定承诺。信用证方式有以下特点。

（1）信用证属于银行信用，开证行负第一性付款责任。在信用证方式下，只要受益人（beneficiary）做到"相符交单"，开证行（issuing bank）或保兑行（confirming bank）必须付款。将来即使申请人（applicant）破产倒闭或拒绝付款赎单，银行在对外付款后即丧失追索权。

（2）信用证不受贸易合同的约束，是一项自足文件。虽然它是依据贸易合同条款而开出，但一经开出即独立于合同以外，即使信用证中有援引该合同的条款或内容，银行也不受合同的约束。

（3）信用证是单据买卖业务，是纯粹的单据业务。银行处理的只是单据，不管货物或与之相关的服务或履约行为，而且只强调从表面上确定单据是否与信用证相符，以决定是否承担付款的责任。

4. 银行保函

银行保函（bank's letter of guarantee）又称银行保证书，是银行应申请人的请求开给第三方的一种书面信用担保凭证。一旦申请人未按其与受益人签订的合同的约定偿还债务或履行约定义务时，由银行履行担保责任。在出口贸易中使用的银行保函，是指银行应买方的请求开给卖方的一种书面信用担保凭证。

与信用证相同，银行保函也由银行开立，也属于银行信用，也是不可撤销的。但它与信用证存在着本质的区别。

（1）银行保函的适用范围较信用证更为广泛。信用证一般只适用于国际货物贸易的结算；而银行保函适用于任何经济交易，包括招标投标、承包工程、借款贷款业务等，比信用证的适用范围更广。

（2）银行的付款责任不同。信用证的开证行承担第一性付款责任；而银行保函的开立银行只是充当担保人，在被担保的当事人违约不付款的情况下，银行才承担付款责任。如果当事人没有违约，保函的担保人就不必为承担赔偿责任而付款。

（3）银行的付款条件不同。信用证业务中，开证行的付款条件是受益人做"相符交单"，若受益人未能做到相符交单，开证行则有权拒付；而银行保函业务中，银行的付款条件是收到符合保函条款的索赔书或保函中规定的其他文件，却与单据无关。

（4）单据的性质不同。信用证项下，受益人可以将单据议付或远期汇票贴现，提前取得资金融通；而银行保函项下的单据不是付款的依据，不能做抵押贷款，也很难转让。因此，受益人无法提前取得资金融通。

5. 保理

根据《国际保理公约》规定:"保理(factoring)是卖方/供应商/出口商与保理商间存在一种契约关系。"根据该契约,卖方/供应商/出口商将其现在或将来的基于其与买方(债务人)订立的货物销售/服务合同所产生的应收账款转让给保理商。由保理商为其提供下列服务中的至少两项:贸易融资、销售分户账管理、应收账款的催收、信用风险控制与坏账担保。

在国际货物贸易的实际运用中,保理业务有多种不同的操作方式:有追索权保理和无追索权保理;明保理和暗保理;折扣保理和到期保理。

二、支付条款的表示方法

支付条款的表示方法随支付方式的不同而不同,常见的表示方法以下四种。
(1) 电汇条款。
(2) 托收条款。
① 付款交单(D/P),即期付款交单,30天远期付款交单,部分定金,部分远期付款交单。
② 承兑交单(D/A)。
(3) 信用证条款。即期信用证、远期信用证。
(4) 信用证与其他方式的结合。①信用证与电汇结合;②信用证与托收结合;即期信用证与托收结合;远期信用证与托收结合。

三、支付条款谈判时应注意的问题

(1) 交易金额大小决定支付方式的选择。
(2) 客户资信情况决定支付方式的选择。
(3) 商品市场决定支付方式选择。

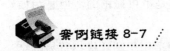
案例链接 8-7

案例1 天津某外贸公司接到某客户采购猪肠衣的一笔大订单,金额上百万美元,外贸公司对猪肠衣的品质要求及购货渠道不熟悉,但对方承诺由自己负责收购猪肠衣,由外贸公司办理出口手续,并承诺开来某知名大银行的不可撤销信用证。合同签订后,对方通过某知名大银行开来了不可撤销信用证,在信用证中,除了规定卖方应提供的单据外,还要求受益人在交单时需提供一份由该客户签署的猪肠衣质量合格证明。对此要求,我方未加注意。根据该客户的国内公司提供的货源,我方外贸公司收购并准备出运,制单时,发现要有一份对方签署的质量合格证书,便致电要求对方提供,但该客户开始借故拖延,最后销声匿迹。我方花巨资大量收购的猪肠衣无法出运和结汇,给公司造成巨额损失。

思考: 请说明,在此案例中,我方应接受的教训是什么?

(提示:这是典型的利用信用证软条款诈骗的案例。对方诈骗的手段,其所谓的"不可撤销"信用证实则为"软条款"信用证,而我方未加警惕。因为该证中要求我方在交单时需提供由港商签署的质量合格证书,这实际上就是一个陷阱。只要对方不签署该证书,我方就无法利用该信用证。该案的诈骗手段是:诱骗我方采购了一批对方指定的供货单位提供的大批猪肠衣,最后根本无法出口,而损失惨重。)

案例 2　我国某外贸公司收到国外开来的不可撤销信用证一份,由设在我国境内的某外资银行通知并加保兑。我方在货物装运后,正拟将有关单据交银行议付时,忽接该外资银行通知,由于开证行已宣布破产,该行不承担对该信用证的议付或付款责任,但可接受我出口公司委托向买方直接收取货款的业务。

思考:对此,你认为我方应如何处理为好? 简述理由。

(提示:我方应按规定交货并向该保兑外资银行交单,要求付款。因为根据《UCP600》规定,信用证一经保兑,保兑行与开证行同为第一付款人,对受益人就要承担保证付款的责任,未经受益人同意,该项保证不得撤销。只要受益人在信用证的有效期内将符合L/C规定的单据递交保兑行,保兑行必须议付、付款。)

案例 3　我国某外贸公司与非洲某外商成交服装一批,到证按合同规定7月装运,但计价货币与合同规定不符,加上备货不及,直至9月对方来电催装时,我方才向对方提出按合同货币改证,同时要求展延装运期。次日非商复电:"证已改妥"。我方据此将货发出,但信用证修改书始终未到,致使货运单据寄达开证行时遭到拒付。我方为及时收回货款,避免在进口地的仓储费用支出,接受进口人改按 D/P、T/R 方式提货的要求。最终因进口人未能如约付款使我方遭受重大损失。

思考:试就我方在这笔交易中的处理过程进行评论。

(提示:①合同规定的装期过早;②要求改证过迟;③修改书未到,先行发货不妥;④进口人电告信用证已修改,但修改书迟迟未到,说明进口人有欺诈可能,在此情况下再同意改按 D/P、T/R 方式由进口人凭信托收据借单提货是不应该的。)

案例 4　我国某外贸公司与英商就某商品按 CIF、即期信用证付款条件达成一项数量较大的出口合同,合同规定11月装运,但未规定具体开证日期,后因该商品市场价格趋降,外商便拖延开证。我方为防止延误装运期,从10月中旬起即多次电催开证,终于使该商在11月8日开来了信用证。但由于该商品开证太晚,使我方安排装运发生困难,遂要求对方对信用证的装运期和议付有效期进行修改,分别推迟一个月。但英商拒不同意,并以我方未能按期装运为由单方面解除合同,我方就此作罢。

思考:试分析我方如此处理是否适当,应从中吸取哪些教训?

(提示:我方处理不恰当。应吸取的教训有:①在合同中未规定信用证开证日期不妥;②按惯例,即使合同未规定开证期限,买方也应于装运月前开到信用证,买方未及时开到信用证,我方应保留索赔权;③对于外商以我方未能按时装运为由,单方面宣布解除合同,我方不能就此作罢。)

案例 5 甲公司向丁国 A 公司买进生产电热水器的生产线。合同规定分两次交货、分批开证，买方（甲公司）应于货到目的港后 60 天内进行复验，若与合同规定不符，甲公司凭所在国的商检证书向 A 公司索赔。甲公司按照合同规定，申请银行开出首批货物的信用证。A 公司履行装船并凭合格单据向议付行议付，开证行也在单证相符的情况下，对议付行偿付了款项。在第一批货物尚未到达目的港之前，第二批的开证日期临近，甲公司又申请银行开出信用证。此刻，首批货物抵达目的港，经检验发现货物与合同规定严重不符，甲公司当即通知开证行，称："拒付第二次信用证项下的货款，并请听候指示。"然而，开证行在收到议付行寄来的第二批单据之后，审核无误，再次偿付议付行。当开证行要求甲公司付款赎单时，该公司拒绝付款赎单。

思考：试分析此案中：①开证银行和甲公司的处理是否合理？为什么？②甲公司应该如何处理此事？

（提示：①开证行要求甲公司付款赎单完全有理，而甲公司拒绝付款赎单属无理。因为根据《UCP600》，开证行在受益人提供的单据与信用证规定表面相符的情况下，必须承担付款责任。②在丁国 A 公司提交的货物与合同规定严重不符的情况下，甲公司应根据合同规定，向 A 公司提出索赔。甲公司无权指令开证行拒付。）

案例 6 我某公司向某日商以 D/P 见票即付式推销某商品，对方答复：如我方接受 D/P 见票后 90 天付款，并通过其指定的 A 银行代收则可接受。

思考：请分析日方提出此项要求的出发点。

（提示：日商提出将 D/P 即期改为 90 天远期，很显然旨在推迟付款，以利其资金周转。日商指定 A 银行作为该批托收业务的代收行，则是为了便于向该银行借单，以便早日获取经济利益。在一般的远期付款交单托收业务中，代收行在未经授权的情况下通常是不会轻易同意付款人的借单的。该日商之所以提出通过 A 银行代收货款的原因，肯定是该商与 A 银行有既定融资关系，从中可取得提前借单的便利，以达到进一步利用我方资金的目的。）

案例 7 我某出口企业在交易会与某外商洽谈一批运动鞋出口，外商声明该批运动鞋最终目的地运到美国，需用配额。外商手中的配额为 6 月底到期，如我出口企业要接受该订单，要保证在 6 月底前交货。如延期不能交货，外商也无法出口至美国，要承担违约责任。作为签约时的条件，要求我出口企业先交 30 万元的保证金，客户承诺开来某知名银行的不可撤销信用证，出口企业在收到信用证时，未察觉到交单时应提交"由开证申请人签署的允许装船的批准书"的条款。出口企业在生产完毕制单结汇时，发现了这一条款，要求外商删除该条款或出具批准书，但外商百般推脱。最后致使我出口企业无法出运并结汇，损失保证金。

思考：请说明，在此案例中，我方应接受的教训是什么？

（提示：这是买方骗取保证金的案例。在收到信用证时，必须谨慎审核信用证，外商先是骗出口企业保证金，后又在信用证中加入"由开证申请人签署的允许装船的批准书"的软条款,使得出口企业无法获得该批准书,也就无法向银行交单结汇。卖方的装船行为完全是按照买卖合同的一种义务,无须通过买方允许,所以出口企业的装船以买方批准为前提是无理的要求,并且不能同意缴纳保证金。)

案例8 我某外贸公司在广交会遇到某外商,该外商声称接到美国采购一批运动鞋的大订单,时间较紧,如果可以按照对方要求的时间交货,可以和我们签署买卖合同。前提是我方首先提交银行保函,如不能按时交货,由银行赔偿该外商。我方签署合同后,首先按客户的样品打样,并快件寄对方确认,对方以种种理由声称我方的样品不合格,以拖延时间,最后交货期将近,我方已无时间生产,对方始终没确认样品。最终我方没有按期交货,由银行赔偿外商。经查该外商以此手法诈骗了多家外贸公司。

思考:请说明,在此案例中,我方应接受的教训是什么?

(提示:这是买方利用银行保函进行诈骗的案例。对于买方对卖方的交货期限有苛刻条件的情况,卖方应在买卖合同中对买方履约的时间有所规定,如确认样品的时间等应有所规定,以便我方有足够的时间生产。另外对开出银行保函的要求,我方一般不应接受。)

重点内容概要

支付条款是国际货物贸易合同中的主要条款,关系到买卖双方的基本权利和义务;在磋商交易时,谈判双方必须针对支付条款取得一致的意见,并在合同中明确规定下来。

支付条款谈判的主要内容:支付条款的谈判内容,支付工具、支付方式;支付条款的表示方法;支付条款谈判时应注意的问题。

教学一体化训练

习题

(1) 国际货物贸易中有哪几种常使用的几种支付方式?
(2) 什么是信用证?信用证支付方式的性质与特点是什么?
(3) 什么是即期付款交单?什么是远期付款交单?
(4) 什么是银行保函?它与信用证存在着哪些本质的区别?

案例分析

付款方式把握不当受骗案

我国某出口公司(以下简称"M公司")在广交会上结识希腊某客商(以下简称"K商"),经过反复磋商就腈纶拉舍尔毯达成一笔交易。付款方式为50%电汇,50%信用证。第一笔合同顺利执行,M公司及时收回货款。待下一次销售季节来临,希腊K商发来传真希望与

M公司继续合作,M答复表示愿意。经过一段时间的磋商,双方再次达成一笔交易。成交腈纶拉舍尔毯3 200条,价格为USD15.00/条CFR比雷埃夫斯。装期是11月底之前,付款方式为三分之一电汇作为定金,M公司在收到定金后再开始安排生产;另三分之一货款在M公司投产后通知K商,再电汇给M公司;最后三分之一货款用即期不可撤销信用证支付。同时M公司了解到K商要求采取这样的付款方式完全是为了逃避进口关税,考虑到这样的付款方式对我方很安全,再者以前也曾这样做过,M公司与K商签订了第二笔合同。为了保证按时交货(该商品属于季节性商品),M公司随后与国内某一生产厂家签订购货合同,工厂按合同约定备货。

　　10月12日,M公司发传真催促K商电汇第一笔三分之一货款,K商回复款即付。

　　10月17日,M公司发现款还未到账,再次传真催问并要求K商将汇款底单传真过来以便到中国银行查询。

　　10月19日,由于传真催问未果,不得不电话催问,客户告知确实已付,并要求M公司相信他们,并将汇款申请传真过来。

　　10月25日,M公司通知客户,为了保证按时交货现已投产,催促K商将第二笔电汇款汇出。

　　10月26日,K商回复第一笔电汇款正在向银行查询,第二笔已经汇出。

　　11月5日,K商的最后三分之一的不可撤销的即期信用证开抵M公司,装期11月底,有效期12月15日,提单日后15天交单议付。

　　11月15日,国内工厂通知,3 200条拉舍尔毯全部备齐,请求结算货款。

　　11月30日,在两次电汇款未到的情况下,信用证的装期日渐临近。为了不造成新的库存,M公司本着对K商的信任,将该批毯子于11月30日装上"全河"轮,驶往比雷埃夫斯港。

　　12月2日,M公司拿到船公司签发的提单日为11月30日的清洁已装船提单,同时通知K商货已发出,要求速复电汇款查询结果。

　　12月15日,M公司在万般无奈的情况下将全套装运单据提交银行议付。

　　此案的结果是,M公司仅仅收回信用证项下三分之一货款,损失惨重。后来,M公司通过中国驻希腊的大使馆了解到K商在第一笔电汇款申请后便撤销了,K商在知道M公司已安排生产的情况下,根本没有申请办理第二笔电汇款,为了骗取M公司的信任,主动开出仅三分之一货款的信用证。

【分析】

(1) 结合上述案例,分析在国际货物贸易中支付条款谈判包括哪些内容?

(2) 如何选择支付方式?

(3) 业务员在进行支付条款谈判时应考虑哪些因素?

第 9 章
贸易合同一般条款的谈判

9.1 保险条款的谈判

海上货物运输风险;海上货物运输险别;保险条款表示方法。

了解国际货物贸易合同中对保险条款的表达方式及规定方法;掌握合同中保险条款的谈判内容;具备运用、独立完成一般条款谈判的能力。

保险条款、商品检验条款和异议索赔条款是国际货物贸易合同中不可或缺的一般条款,而在实践中,为了规避或转嫁国际贸易货物在运输过程中的风险损失,国际贸易中的各相关利益方就需要通过办理货物运输保险将可能发生的损失变为固定的费用,以便货物在遭受承保范围内的损失时,可以从承保方及时获得经济上的补偿;实践中,海洋运输占据了运输方式的主导地位。

本章节将重点探讨:海上货物运输风险承保范围;海上货物运输险别;保险条款的表示方法、保险条款谈判应注意的问题等。

某货轮从天津新港驶往纽约,航行途中船舶货舱起火,大火蔓延到机舱,船长为了船、货的共同安全,决定采取紧急措施,往舱中灌水灭火。

火虽然被扑灭,但主机受损无法继续航行,于是船长决定雇佣拖轮拖回新港修理,检修后重新驶往纽约。

事后调查,这次事故造成的损失如下。

(1) 80 箱服装货物被火烧毁。

(2) 50 箱茶叶由于灌水灭火而受损。

(3) 主机和部分甲板被烧坏。

(4) 拖轮费用和额外增加的燃料,以及船长、船员工资。

提示: 该案例定性为共同海损判定案。

保险条款是国际贸易合同中一个不可或缺的条款,国际贸易大多属非面对面交易,货物需要经过漫长的海上运输或者空运或多式联运。为了规避或转嫁国际贸易货物在运输过程中的风险损失,国际贸易中的各相关利益方就需要通过办理货物运输保险将可能发生的损失变为固定的费用,以便货物在遭受承保范围内的损失时,可以从承保方及时获得经济上的补偿。

实践中,海洋运输占据了运输方式的主导地位。因此,中国人民财产保险股份有限公司(PICC)根据我国保险工作的实际情况,并参照国际上惯例和做法,制定了我国的海洋货物运输保险条款,其内容包括保险人的承保责任范围、除外责任、责任起讫、被保险人的义务和索赔期限等。

一、海上货物运输风险承保范围

保险业把海上货物运输的风险分成海上风险和外来风险。

(一) 承保风险种类

承保的海上风险是指海上发生的自然灾害和意外事故,但并不包括海上的一切危险。其中:自然灾害是指不以人们意志为转移的自然界力量所引起的灾害;意外事故是指由于偶然的非意料中的原因造成的事故。

承保的外来风险是指海上风险以外的各种风险,如一般外来风险和特殊外来风险。其中:一般外来风险是指被保险货物在运输途中由于偷窃、破碎、渗漏、玷污、受潮受热、串味、生锈、钩损、短量、淡水雨淋等外来原因造成的风险;特殊外来风险主要是指由于军事、政治、国家政策法令以及行政措施等特殊外来原因造成的风险,从而引起货物损失。

(二) 保障的损失

保障的损失是指保险人承保哪些性质的损失。由于是海上货物运输保险,因此保险公司承保的损失又称海损(average),即海运保险货物在海洋运输中由于海上风险所造成的损失和灭失。海损也包括与海运相连的陆运和内河运输过程中的货物损失。海损按照损失的程度不同,可分为全部损失和部分损失。

1. 全部损失

全部损失(total loss,简称"全损")是指运输中的整批货物或不可分割的一批货物的全部损失。全损又可分成以下两种。

(1) 实际全损(actual total loss)。是指货物全部灭失或全部变质而不再有任何商业价值。构成被保险货物"实际全损"情况有下列四种。

① 保险标的已遭毁灭,如船舶与货物沉入海底无法打捞或货物被大火毁灭。

② 保险标的属性上的毁灭,原有的商业价值已不复存在,如茶叶遭海水浸湿后香味尽失、水泥浸海水后变成块状等。

③ 被保险人已不能恢复其所丧失的所有权,如船舶与货物被捕获或扣押后释放无期,或已被没收。

④ 船舶失踪已达一定时期,如半年仍无音信,则可视作全损。被保险人如果遭遇实际全损,即由保险人按保险金额全部赔付。保险标的发生实际全损时,被保险人无须办理任何法律手续即可向保险人请求按保险金额获得全部赔偿。

(2) 推定全损(constructive total loss)。是指货物发生保险事故后,认为实际全损已经不可避免,或者为避免发生实际全损所需支付的费用与继续将货物运抵目的地的费用之和超过保险价值的损失。其范围仅限于船舶和货物,主要特征如下。

① 推定全损。以船舶、货物发生保险事故,造成部分损失,但实际全损尚未形成为前提。若实际全损已经发生,或尚未发生部分损失,不适用推定全损。

② 船舶或货物的实际全损已经不可避免,或为避免发生实际全损所需的费用超过保险价值。前者指保险事故发生后,根据客观情况判断,船舶或货物的实际全损必然会发生;后者指船舶、货物发生保险事故后,经采取措施虽可以获救、修复,但因此付出的代价超过保险价值,得不偿失。

③ 保险船舶或货物虽尚未发生实际全损,但被保险人丧失了标的所有权,而收回这一所有权所需花费的费用将超过收回后的标的价值。

2. 部分损失

部分损失(partial loss)是指运输中的整批货物或不可分割的一批货物没有达到全损程度的损失。部分损失按照损失的程度,又可分为共同海损和单独海损。

(1) 共同海损(general average)。是指同一海上航程中船舶遇到自然灾害、意外事故或其他特殊情况,为了解除船舶、货物等财产的共同危险,有意地、合理地采取措施所直接造成的特殊牺牲、支付的特殊费用。共同海损费用由船舶、货物或运输方最后按照获救价值共同按比例分摊。构成共同海损必须具备以下条件。

① 共同海损的危险必须是实际存在的,或者是不可避免地产生的,而不是主观臆测的。

② 必须是主动有意采取的行为。

③ 必须是为了船货共同安全而采取的谨慎的、合理的措施。

④ 必须是属于非常性质的损失。

(2) 单独海损(particular average)。是指保险标的物在海上遭受承保范围内的风险所造成的部分损失或损害,即指除共同海损以外的部分损失。这种损失只能由标的物所有人单独负担。例如,某公司出口棉花2 000公吨,在海洋运输途中遭受台风,致使其中200公吨货柜掉入海中受损,这种损失只是使该公司一家的利益受到影响,跟同船所装货物的其他货主和船东利益并没有什么关系,因而就属于单独海损。

(3) 共同海损与单独海损。共同海损与单独海损之间有着一定的联系也有着很大的区别。

两者的联系主要表现在共同海损和单独海损都属于部分损失,共同海损往往由单独海损引起。

两者的不同点主要表现在以下三个方面。

① 造成海损的原因不同。单独海损是由所承保的风险直接导致的船、货的损失;而共同海损是为解除或减轻风险,人为地有意识地采取合理措施造成的损失。

② 损失的承担者不同。单独海损的损失,由受损者自己承担;而共同海损的损失则由受益各方根据获救利益的大小按比例分摊。

③ 损失的内容不同。单独海损仅指损失本身;而共同海损则包括损失及由此产生的费用。

二、海上货物运输险别

中国人民财产保险股份有限公司(PICC)的保险条款如下。

(一) 承保责任范围

承保责任范围是指保险人对被保险人的风险和损失承保的险别。它既是保险人承保责任大小的依据,也是被保险人缴纳保险费多少的基础。海洋运输货物保险的险别可分为基本险和附加险。

1. 基本险

基本险(亦称主险),即可独立承保的险别。我国海运货物保险的基本险分为以下三种。

(1) 平安险(free from particular average,FPA)。其英文原意是指单独海损不负责赔偿。目前,平安险的责任范围如下。

① 被保险货物在运输途中由于恶劣气候、雷电、海啸、地震、洪水等自然灾害造成整批货物的全部损失或推定全损。

② 由于运输工具遭受搁浅、触礁、沉没、互撞、与流冰或其他物体碰撞,以及失火、爆炸等意外事故造成货物的全部或部分损失。

③ 在运输工具已经发生搁浅、触礁、沉没、焚毁等意外事故的情况下,货物在此前后又在海上遭受恶劣气候、雷电、海啸等自然灾害所造成的部分损失。

④ 在装卸或转运时由于一件或数件整件货物落海造成的全部或部分损失。

⑤ 被保险人对遭受危险的承保责任内货物采取抢救、防止或减少货损的措施而支付的合理费用,但以不超过该批被救货物的保险金额为限。

⑥ 运输工具遭遇海难后,在避难港由于卸货所引起的损失,以及在中途港、避难港由于卸货、存仓以及运送货物所产生的特别费用。

⑦ 发生共同海损的牺牲、分摊和救助费用。

⑧ 运输契约订有"船舶互撞责任"条款,根据该条款规定应由货方偿还船方的损失。

(2) 水渍险(with particular average,WPA 或 WA)。原意是指单独海损负责赔偿。目前,水渍险的责任范围除包括上列"平安险"的各项责任外,还负责被保险货物由于恶劣气候、雷电、海啸、地震、洪水等自然灾害所造成的部分损失。

(3) 一切险(all risks)。一切险的责任范围除包括上列"平安险"和"水渍险"的所有责任外,还包括货物在运输过程中因各种外来原因所造成保险货物的损失。不论全损或部分损失,除对某些运输途耗的货物,经保险公司与被保险人双方约定在保险单上载明的免赔率外,保险公司都给予赔偿。

2. 附加险

附加险是不能单独承保的险别。它必须依附于基本险项下,即只有投保基本险中的一种之后,才可加保附加险,并需另外支付一定的保险费。目前,我国海运货物保险的附加险有一般附加险和特殊附加险。

(1) 一般附加险。

① 偷窃提货不着险(theft,pilferage and non-delivery,TPND)。保险有效期内,保险货物被偷走或窃走,以及货物运抵目的地以后整件未交的损失,由保险公司负责赔偿。

② 淡水雨淋险(fresh water rain damage,FWRD)。货物在运输中,由于淡水、雨水以至雪溶所造成的损失,保险公司都应负责赔偿。淡水包括船上淡水舱、水管、漏水以及舱汗等。

③ 短量险(risk of shortage)。负责保险货物数量短少和重量的损失。通常包装货物的短少,保险公司必须要查清外包装是否发生异常现象,如破口、破袋、扯缝等。如属散装货物,则应以装船和卸船重量之间的差额作为计算短量的依据。

④ 混杂、玷污险(risk of intermixture & contamination)。保险货物在运输过程中混进杂质所造成的损坏,如矿石等混进了泥土、草屑等因而使质量受到影响。此外保险货物因为和其他物质接触而被玷污,如布匹、纸张、食物、服装等被油类或带色的物质污染因而引起的经济损失。

⑤ 渗漏险(risk of leakage)。流质、半流质的液体物质和油类物质,在运输过程中因为容器损坏而引起的渗漏损坏。如以液体装存的湿肠衣,因为液体渗漏而使肠发生腐烂、变质等损失,均由保险公司负责赔偿。

⑥ 碰损、破碎险(risk of clash & breakage)。碰损主要是针对金属、木质等货物来说的;破碎则主要是对易碎性物质来说的。前者是指在运输途中因为受到震动、颠簸、挤压而造成货物本身的损失;后者是在运输途中由于装卸野蛮、粗鲁、运输工具的颠震造成货物本身的破裂、断碎的损失。

⑦ 串味险(risk of odour)。例如,茶叶、香料、药材等在运输途中受到一起堆储的皮革、樟脑等异味的影响使品质受到损失。

⑧ 受热、受潮险(damage caused by heating & sweating)。例如,船舶在航行途中,由于气温骤变,或者因为船上通风设备失灵等使舱内水汽凝结、发潮、发热引起货物的损失。

⑨ 钩损险(hook damage)。保险货物在装卸过程中因为使用手钩、吊钩等工具所造成的损失。例如,粮食包装袋因吊钩钩坏而造成粮食外漏所造成的损失,保险公司在承保该险时应予赔偿。

⑩ 包装破裂险(loss or damage caused by breakage packing)。因为包装破裂造成物资的短少、玷污等损失。此外,对于因保险货物运输过程中续运安全需要而产生的候补包装、调换包装所支付的费用,保险公司也应负责。

⑪ 锈损险(risk of rust):保险公司负责保险货物在运输过程中因为生锈造成的损失。不过这种生锈必须在保险期内发生,如原装时就已生锈,保险公司不负责任。

以上11种附加险,只有在投保了基本险别以后,投保人才允许投保附加险;投保"一切险"后,以上险别均包括在内。

(2) 特别附加险。是指承保由于军事、政治、国家政策法令以及行政措施等特殊外来原因所引起的风险与损失的险别。中国人民财产保险股份有限公司承保的特别附加险,除包括战争险(war risk)和罢工险(strikes risk)以外,还有交货不到险(failure to delivery risks)、进口关税险(import duty risk)、舱面险(on deck risk)、黄曲霉素险(aflatoxin risk)和出口货物到中国香港(包括九龙在内)或中国澳门存储仓火险责任扩展条款(fire risk extension clause for storage of cargo at destination Hongkong, including Kowloon or Macao)。

(二) 除外责任

本保险对下列损失,不负赔偿责任。

(1) 被保险人的故意行为或过失所造成的损失。
(2) 属于发货人责任所引起的损失。
(3) 在保险责任开始前,被保险货物已存在的品质不良或数量短差所造成的损失。
(4) 被保险货物的自然损耗、本质和特性。
(5) 战争险和罢工险条款规定的责任范围和除外责任。

(三) 承保责任的起讫期限

承保责任的起讫期限又称保险期限,是指保险人承担责任的起讫时限。我国海运货物保险条款对基本险和战争险分别作出规定。

1. 基本险的责任起讫期限

根据中国海洋运输货物保险条款规定,基本险承保责任的起讫均采用国际保险业中惯用的"仓至仓条款"(warehouse to warehouse clause, W/W clause)规定的办法处理。

仓至仓条款规定保险公司所承担的承保责任是从被保险货物运离保险单所载明的起运港(地)发货人仓库开始,直至货物到保险单所载明的目的港(地)收货人的仓库时为止。

当货物进入收货人仓库,保险责任即行终止。但是,当货物从目的港卸离海轮时起满60天,不论保险货物有没有进入收货人的仓库,保险责任均告终止。

另外,被保险货物运至保险单所载明的目的港或目的地以前的某一仓库而发生分配、分派的情况,则该仓库就作为被保险人的最后仓库,保险责任也从货物运抵该仓库时终止。

由于被保险人无法控制的运输延迟、绕道、被迫卸货、重新装载、转载或承运人运用运输契约赋予的权限所做任何航海上的变更或终止运输契约,致使被保险人货物运到非保险单所载明目的地时,在被保险人及时将获知的情况通知保险人,并在必要时加缴保险费的情况下,本保险仍继续有效。保险责任按下列规定终止。

(1) 被保险货物如在非保险单所载明的目的地出售,保险责任至交货时为止,但不论任何情况,均以被保险货物在卸载港全部卸离海轮后满 60 天为止。

(2) 被保险货物如在上述 60 天期限内继续运往保险单所载原目的地或其他目的地时,保险责任仍按上述第 1 款的规定终止。

2. 战争险的责任起讫期限

与基本险的责任起讫不同,它不采用仓至仓条款。战争险的承保期仅限于水上危险或运输工具上的危险。

(四) 被保险人的义务

(1) 当被保险货物运抵保险单所载明的目的港(地)以后,被保险人应及时提货;当发现被保险货物遭受任何损失,应即向保险单上所载明的检验、理赔代理人申请检验;如发现被保险货物整件短少或有明显残损痕迹应即向承运人、受托人或有关当局(海关、港务当局等)索取货损货差证明。如果货损货差是由于承运人、受托人或其他有关方面的责任所造成,应以书面方式向他们提出索赔;必要时还需取得延长时效的认证。

(2) 对遭受损失的货物,被保险人应采取合理抢救措施,以减少损失。

(3) 如遇航程变更或发现保险单所载明的货物、船名或航程有遗漏或错误时,被保险人应在获悉后立即通知保险人并在必要时加缴保险费,本保险才继续有效。

(4) 在向保险人索赔时,必须提供下列单证:保险单正本、提单、发票、装箱单、磅码单、货损货差证明、检验报告及索赔清单。如涉及第三者责任,还需提供向责任方追偿的有关函电及其他必要单证或文件。

(5) 在获悉有关运输契约中"船舶互撞责任"条款的实际责任后,应及时通知保险人。

(五) 索赔期限

中国人民财产保险股份有限公司(PICC)《海洋运输货物保险条款》规定索赔期限为两年,自被保险货物运抵目的港全部卸离海轮之日起计算。

三、保险条款的表示方法

保险条款的表示方法有很多种,主要依据合同签订时协商的价格条款来确定。

(一) FOB 和 CFR 条款

在 FQB 和 CFR 价格条款下,是由买方自办保险,作为国际贸易出口合同中的卖方,在合同中通常这样规定:"保险由买方办理。"

(二) CIF 条款

在 CIF 条款下,保险由卖方办理。如在国际贸易合同中,可以这样规定:"卖方按照中国海洋运输保险条款投保一切险和战争险,保额为发票价值的 110%;如果买方要求增加保额或保险范围,应于本合同签订后××日内通知卖方,由此增加的保险费用买方承担。"

四、保险条款谈判应注意的问题

（一）价格条件的因素

当前国际贸易实务操作中使用较多的价格条款是 FQB、CFR 和 CIF 条款。

1. FOB 和 CFR 条款条件下，由进口商负责购买相应保险

这就要求出口商在货物准备好装船、获知准确装船信息时及时发装船通知给进口商，以便进口商及时购买相应保险。

由于 FOB 和 CFR 条款下货物的风险是越过船舷时转移，因此进口商的保险从货物越过船舷那刻开始承保。即从工厂仓库到码头仓库乃至越过船舷之前，所有的风险都由出口方承担。由此可见，FOB 和 CFR 条款增加了出口商的风险。

实践经验也告诉我们，如作为出口方，出口合同谈判时就尽量避免 FOB 和 CFR 条款。

2. CIF 条款下，由卖方负责购买相应保险

PICC 条款规定，海运保险的责任范围是仓至仓，如由出口方购买，从出口方仓库开始保险公司就开始承担责任。国际贸易合同谈判时，我们应尽量争取 CIF 条款，尽量规避风险。

（二）付款条件的因素

现代国际贸易合同中，常用的结汇方式有：T/T（电汇）、D/P（付款交单）、D/A（承兑交单）和 L/C（信用证）。

不同结汇方式有不同的注意事项：T/T 的最大优势是方便、快捷，在建立了良好的信誉之后，T/T 在国际贸易合同中最为常见。T/T 行业里分为前 T/T（即出货前 T/T）和后 T/T（即出货后 T/T）。

几乎所有的出口商都希望合同是 100% 前 T/T，在这种情况下，大多数出口商都愿意选择接受 FOB 条款或是 CFR 条款，保险条款由买方负责；后 T/T、D/P、D/A 和 L/C 条件下，大多数出口商则愿意选择 CIF 条款，主要是为了防止万一货物途中遭遇风险产生货损导致进口商拒绝付款，出口商可以凭借保险单向保险公司索赔以弥补损失。

（三）保险险别的选择

投保时，对险别的选择主要参考货物的特性、包装以及船舶的运输路线、停靠港口等。目前，业务操作中常用的是投保一切险，比较全面，囊括了一般附加险。

（四）投保加成率的确定

实践中，对大多数产品的出口，海运保险公司都默认海运保险投保加成率为 10%。偶尔也会碰到特殊情况，如由于受产品品质（包装或是运输环境）等特殊因素的影响，被保险人投保时会要求增加加成率。

此时，我们需要同保险人协商，由保险人决定是否可以接受增加加成率以及核定需增加的费用。

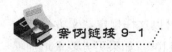
案例链接 9-1

案例 1 我国某外贸公司进口一批货物，投保了一切险，货在运输途中有一部分被火焚烧,经查,一切险所包括的11种附加险中并无火险,保险公司是否赔偿?

思考: 11种附加险中虽无火险,但一切险并非只限于11种附加险。它还承担平安险和水渍险中的各项责任。据此,对本例所述的损失,保险公司理应负责赔偿。不过导致火灾的原因甚多,如因战争或武装冲突所引起的火灾,就不在一切险的责任范围之内。

案例2 我国某外贸公司按CIF术语出口彩电1 000箱,投保平安险,装船时有2箱因吊钩脱扣而落海,这一损失保险公司是否赔偿?

思考: 根据PICC条款,平安险的责任之一是在装卸或转运时由于一件或数件货物整件落海造成的全部或部分损失,保险公司负责赔偿。据此,本例所述之损失完全可以向保险公司进行索赔。

案例3 上题中,如采用CFR或FOB术语,保险公司也负责赔偿吗?

思考: 在按FOB或CFR条件出口的情况下,在货物未装上船之前,一切风险和损失应由卖方承担。而且买方按FOB条件在国外进行投保时,在一般情况下,保险公司都不承担装船前的风险。除非买方应出口方要求加保"Before loading Risk"或者出口方在国内保险公司投保"仓至船"这一段的保险,则另当别论。

案例4 我国某外贸公司向澳大利亚出口坯布1 000包,投保水渍险,货在海运途中因船舱使用水管漏水,致使该批货中100包遭水浸,保险公司是否赔偿?

思考: 不赔,应加保淡水雨淋险。

案例5 有一货轮在海中与流冰相撞,船身一侧裂口,海水涌进,舱内部分货物遭浸泡,船长不得不将船就近驶上浅滩,进行排水,修补裂口,而后为了起浮又将部分笨重货物抛入海中,哪些是单独海损?哪些是共同海损?

思考: 单独海损,船体撞裂和部分货物遭受浸泡。共同海损,船只驶上浅滩并由此产生的一系列损失。

案例6 某货轮在航行途中机舱发生火灾,船上有甲、乙两舱,火灾蔓延到甲舱。船长误以为甲、乙两舱都着火,命令对两舱同时进行高压水龙灭火施救,损失情况:(1)主机烧坏;(2)甲舱两货中A批货物部分被火烧毁,B批灭火时遭水浸。

思考: 哪些是单独海损?哪些是共同海损?

(提示:主机烧坏、甲舱A批货属单独海损。B批货遭水浸为共同海损。)

案例7 一货轮在航行途中,遇风暴,船上货舱进水,一批货投保平安险,共18 000美元,棉坯布部分遇水浸。损失6 000美元左右,三天后船又遭受火灾。

思考: 该批货6 000美元损失保险公司是否赔偿?

(提示:平安险对自然灾害引起的单纯海损不赔,但本案中在发生自然灾害之前之后又发生意外事故,根据PICC平安险责任范围第三款,保险公司应该赔偿。)

案例 8 某公司进口瓷器一批,为防碰撞、破碎,投保了一切险另加碰撞险,是否正确。

思考: 错误。投保一切险已包含碰撞险,不应再保碰撞险。

案例 9 我国某外贸公司向某英商按 CFR 术语出口货物一批,我方于 9 月 8 日下午 2:00 电报通知买方已装××轮,买方翌日 10 点收到我电报装船通知后即向保险公司投保了一切险,不料投保当日下午 5 点买方又收到船方电称货轮于 9 月 8 日晚 23 点着火,货物被焚。

思考: 被保险人可否向保险公司索赔?

(提示:根据 ICC(A)条款的第 11.2 条规定,被保险人对在保险期限内发生的承保损失有权获得赔偿,即使损失发生在保险契约之前。据此,买方应立即通知保险公司被保货物的遇险情况并提出赔偿要求。不过投保人在投保时对"货物已发生损失"应该是确不知情。因此,投保人事后要对"不知情"这一事实提供证据。否则保险公司将不予赔偿。)

案例 10 我国某外贸公司向某英商出口糖果一批,投保一切险,由于货轮破旧,加上的到处揽载,结果航行三个月后才到达目的港,卸货时发现糖果全部软化,无法销售。

思考: 保险公司是否赔偿?

(提示:尽管该批货物投保了一切险,但并非一切损失保险公司都负责赔偿。以本案为例即属于"除外责任"。根据 PICC"除外责任"第 4 条规定:"被保险货物的自然损耗、本质缺陷、特性及市价跌落、运输迟延所引起的损失或费用不予赔偿"。据此,糖果之所以软化,是因为运输延迟造成的,所以保险公司将不予赔偿。)

案例 11 我国某外贸公司以 CFR 上海从国外进口一批货物,并据卖方提供的装船通知及时向中国人民保险公司投保水渍险,后来由于国内用户发生变更,我进口公司通知承运人将货改卸黄埔港。在货物由黄埔港装火车运往南京途中遇到山洪暴发,致使部分货物受损,我进口公司据此向保险公司索赔但遭拒绝。

思考: 保险公司拒赔有无道理?说明理由。

(提示:保险公司可以拒赔。因为根据"仓至仓"条款规定,保险货物转运时,保险公司的承保责任从开始转运时终止。)

案例 12 一载货船舶在航行途中不慎搁浅,事后船长下令反复开倒,强行起浮,但船上轮机受损并且船底划破,致使海水渗进货仓,造成船货部分受损。该船驶至附近的一港口处理并暂卸大部分货物,共花一周时间,增加了各项费用支出,包括船员工资。船修复后装上原货重新起航后不久,A 舱起火,船长下令灌水灭火。A 舱原载有儿童玩具、茶叶等,灭火后发现儿童玩具一部分被焚毁,另一部分儿童玩具和全部茶叶被水浸湿。

思考: 试分析上述各项损失的性质,并说明在投保何种险别的情况下,保险公司方负责赔偿?

(提示:搁浅造成的损失和费用以及被水浸湿的玩具和茶叶属共同海损,被火烧毁的玩具属单独海损。投保水渍险情况下,保险公司负责赔偿。)

重点内容概要

保险条款为了规避或转嫁国际贸易货物在运输过程中的风险损失,以便货物在遭受承保范围内的损失时,可以从承保方及时获得经济上的补偿。实践中,海洋运输占据了运输方式的主导地位;因此,中国人民财产保险股份有限公司(PICC)根据我国保险工作的实际情况,并参照国际上惯例和做法,制定了我国的海洋货物运输保险条款。

保险条款的谈判主要内容:海上货物运输风险承保范围,承保风险种类、保障的损失;海上货物运输险别[中国人民财产保险股份有限公司(PICC)的保险条款],承保责任范围、除外责任、承保责任的起讫期限、被保险人的义务、索赔期限;保险条款的表示方法,FOB 和 CFR 条款、CIF 条款;保险条款谈判应注意的问题,价格条件的因素、付款条件的因素、保险险别的选择、投保加成率的确定。

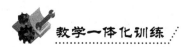

习题:

(1) 保险的意义何在?

(2) 试述海上风险的类别及其基本内容。

(3) 中国人民保险公司对海上运货规定有哪些基本险别?对它们的责任范围是怎样规定的?

(4) 中国人买保险公司的海运货物保险中有哪些一般附加险?

(5) 按 CIF 条件出口的货物,其保险金额如何规定?保险费如何计算?

案例 1　仓至仓条款下的保险索赔

有一份 FOB 合同,货物在装船后,卖方向买方发出装船通知,买方向保险公司投保了仓至仓条款一切险,但货物在运往码头的途中,因暴风雨淋湿 10% 的货物。

卖方保险单含有仓至仓条款,因而要求保险公司赔偿此项损失,但遭到保险公司的拒绝。后来,卖方请求买方,以买方作为投保人的名义凭保险单要求保险公司赔偿损失,但同样也遭到保险公司拒绝。

【分析】

(1) 结合上述案例,分析在国际货物贸易中保险条款的谈判内容有哪些?

(2) 业务员在进行保险条款谈判的同时应注意哪些问题?

案例2 我国某外贸公司按CIF条件向中东某国出口一批货物,根据合同投保了"水渍险"附加"偷窃、提货不着险(TPND)",但在海运途中,因战争船被扣押,进口商因提货不着向保险公司索赔,问是否能得到赔偿?

【分析】
(1) 该案例是否适用"偷窃、提货不着险"?为什么?
(2) 该案例是否能得到赔偿?为什么?
(提示:"偷窃、提货不着险"是指被保货物整件被偷或从整件中窃取一部分,以致货到目的地后收货人提取不着整件的货物。从本例来看,显然不是属于这种情况,所以保险公司将不予赔偿。)
(3) 上例应保什么险,保险公司方予赔偿?
(提示:应保"交货不到险"。因"交货不到险"是指从货物装上船开始,六个月内不能运到目的地,不论什么原因,保险公司要按全部损失赔偿。不过被保险人要向保险人办理权益转让手续,否则保险人不予赔偿。)

案例3 某货轮从天津新港驶往日本,在航行途中船舱起火,大火蔓延到机舱,船长为了船、货的共同安全,下令往舱内灌水,火很快被扑灭。但由于主机受损,无法继续航行,于是船长雇用拖轮将船拖回新港修理,修好后重新驶往日本。这次造成的损失共有:①1 000箱货被火烧毁;②600箱货被水浇湿;③主机和部分甲板被烧坏;④拖轮费用;⑤额外增加的燃料和船上人员的工资。

【分析】
(1) 从该案例的损失的性质看,上述损失各属何种损失?
(2) 根据案例性质,说明上述损失各属何种损失的理由。
(提示:①③属单独海损,②④⑤属共同海损。)

9.2 商品检验条款的谈判

商品检验;检验条款内容及表示方法;检验条款谈判注意事项。

了解国际货物贸易合同中对商品检验条款的表达方式及规定方法;掌握合同中商品检验条款的谈判内容;具备运用、独立完成一般条款谈判的能力。

商品检验是指商品检验机构根据国家的法律、法规或根据国际贸易关系人的申请,依照一定的标准对进出口商品的品质、数量、规格、安全卫生、残损等状况进行检验鉴定,以维护国家利益或国家贸易关系人的合法权益;是一个国家对进出口商品实施品质管制的体现,是买卖双方交接货物、结算货款、处理索赔和理赔的重要依据。

本章节将重点探讨:商品检验条款的内容;商品检验条款的表示方法;商品检验条款谈判应注意的事项等。

我国某出口公司A对英国B公司按每公吨90英镑CIF利物浦成交某农产品一批,合同规定水分最高不超过15%,碎粒最高不超过20%,杂质最高不高于1%。成交前我方也曾向买方寄送过样品,订约后我方又电告对方成交货物与样品一致。

货物装运前,由中国商品检验局检验签发品质规格合格证书。货到英国后,B公司提出,货物的质量比样品低,卖方有责任交付与样品一致的货物,因此要求降价。

此时我方留存的复样已遗失,我方出口公司以合同中并未规定凭样品交货,而只规定了凭规格交货为由,坚持我方所交货物品质符合合同规定,并有装运前商检局出具的商检证明,不同意降价。

B公司又请该国某检验公司进行检验,出具了所交货物品质比样品低7%的检验证明,并据此要求我方赔偿,我方拒赔。

提示: 卖方粗心没留复样,品质纠纷时无法提供证据。

商品检验是指商品检验机构根据国家的法律、法规或根据国际贸易关系人的申请,依照一定的标准对进出口商品的品质、数量、规格、安全卫生、残损等状况进行检验鉴定,以维护国家利益或国家贸易关系人的合法权益。这是一个国家对进出口商品实施品质管制的体现,是买卖双方交接货物、结算货款、处理索赔和理赔的重要依据之一。

实践中,由于合同中规定的商品检验条款不明确或是不确切引起的纠纷屡见不鲜,为确保国际货物贸易中买卖双方的利益,商品的检验条款非常重要,必须在合同中明确规定,有法可依。

国际上一般都赋予卖方检验货物的优先权。除非双方另有约定,买方有权对自己所购买的货物进行检验,即买方享有复检权;若买方没有利用合理的机会检验货物,就属于放弃检验权。我国《商检法》规定,应施检验的进口商品未经检验的,不准销售、使用;应施检验的出口商品未经检验合格的,不准出口。

一、商品检验条款的内容

国际货物买卖合同中的检验条款,主要包括检验的时间与地点、检验机构、检验证书、检验依据与检验方法以及商品的复检等。

（一）检验的时间与地点

国际上一般都承认买方在接受货物前有权检验货物。但是，在何时、何地检验，各国法律并无统一规定。检验的时间和地点通常与合同中使用的贸易术语、商品的特性、使用的包装方式，以及当事人所在国的法律、行政法规的规定等有密切的联系。

根据国际惯例，通常做法有以下三种。

1. 出口国检验

出口国检验（又称为装船前检验或是装船时检验），可以分为以下两种。

（1）装船前（或装船时）检验。是指出口货物在装船前交由双方约定的机构或人员进行商品检验，商品的品质、数量以当时的检验结果为准，即国际上通常所说的"离岸品质、重量"为准。

（2）产地检验（或称工厂检验）。由双方约定的检验人员在货物出厂前进行商品检验或验收。在这种条件下，卖方只承担货物离厂前的责任。运输途中的品质、数量变化的风险由买方承担，理论上这是对卖方最为有利的一种选择。实际出口交易中这种检验方法也比较常见。

2. 进口国检验

可视具体的商品交易性质可分为以下两种。

（1）卸货时的商品检验。通常是指货物到达目的地卸货后，在约定的时间内进行检验。商品检验地点可因商品性质的不同而有异，一般货物可在码头仓库进行检验，易腐货物通常应于卸货后在码头尽快进行商品检验，并以其商品检验结果作为质量和数量的最后依据，即国际贸易通常所说的"到岸品质、质量"。在采用这种条件时，卖方应承担货物在运输途中品质、质量变化的风险。

（2）买方营业处所（或最后用户所在地）商品检验。对于一些不便在目的港卸货时检验的货物（如密封包装、在使用前打开有损于货物质量或会影响使用的货物，或是规格复杂、精密程度高、需要在一定操作条件下用精密仪器或设备检验的货物），一般不能在卸货地进行检验，需要将检验延迟到用户所在地进行。使用这种条件时，货物的品质和数量是以用户所在地的检验结果为准。

3. 出口国检验，进口国复检

货物在装船前进行商品检验，由卖方凭商检证书连同其他装运单据交银行议付货款；货物到达目的港后，再由双方约定的机构在约定的时间内对货物进行复检。如发现货物的品质或数量与合同规定不符，买方有权在规定时效内提出异议。

该方法最为方便而且合理，因为这种做法一方面肯定了卖方的检验证书是有效的交接货物和结算的凭证，同时又确认买方在收到货物后有复检权，这符合各国法律和国际公约的规定。

（二）检验机构

在国际货物买卖中，交易双方除了自行对货物进行必要的检验外，某些商品据各国规定还必须由某个机构进行检验,经检验合格后方可出境或是入境。这种根据客户的委托或有关法律的规定对进出境商品进行检验、鉴定和管理的机构就是商品检验机构。

1. 国际上的检验机构

国际上的商品检验机构名称各异,有的称公证行(authentic surveyor)、宣誓衡量人(sworn measurer),有的称实验室(laboratory)等。

国外著名的官方性质的商品检验机构有:美国粮谷检验署(FGES)、美国食品药物管理局(FDA)、法国国家实验室检测中心、日本通商产业检查所等。

非官方性质的检验机构有:瑞士日内瓦通用鉴定公司(SGS)、美国保险人实验室(UL)、德国莱茵公司(TUV)、日本海事鉴定协会、英国埃劳氏公证行等。

2. 我国的商检机构

其基本任务是根据《商检法》和国家的有关规定,实施进出商品的法定检验、公证鉴定、监督管理进出口商品检验工作和统一管理并签发普惠制原产地证书。

如国家市场监督管理总局(State Administration for Market Regulation)是我国的商品检验机构。

如中华人民共和国海关总署主管全国出入境商品检验检疫、动植物检疫、国境卫生检疫工作。国家质检部门设在全国各地的直属检验检疫局、商检机构和办事处管理所辖地区进出口商品检验检疫工作。

(三) 检验证书

检验证书是检验机构对商品进行检验、鉴定后签发的证明检验或鉴定结果的书面文件,是确定卖方所交货物是否符合合同规定的凭证,也是买方凭此向卖方或其他关系人提出异议和索赔的法律依据。商检证书是证明货物运输、装卸的实际状况,明确责任归属的依据;是通关验放的有效证件;是证明履行公约、交接货物、结算货款的主要依据;是对外办理索赔的有效凭证。

如我国商品检验证书的种类有以下九种。

(1) 品质检验证书(Inspection Certificate of Quality)。

(2) 数量或重量检验证书(Inspection Certificate of Quantity or Weight)。

(3) 熏蒸检验证书(Inspection Certificate of Fumigation)。

(4) 价值检验证书(Inspection Certificate of Value)。

(5) 产地检验证书(Inspection Certificate of origin)。

(6) 卫生检验证书(Sanitary Inspection Certificate)。

(7) 兽医检验证书(Veterinary Inspection Certificate)。

(8) 消毒检验证书(Disinfectant Inspection Certificate)。

(9) 残损检验证书(Inspection Certificate on Damaged Cargo)。

此外,还有植物检疫证明、积货鉴定证书等。

(四) 检验依据

检验依据是对进出口商品进行检验的根据,是据以衡量进出口商品是否合格的标准。

对进出口商品实施检验,要先要明确检验依据,然后再严格按照检验依据进行检验;对符合检验依据规定要求的评定合格,不符合检验依据规定要求的评定不合格。

根据《商检法》规定,若法律、行政法规规定有强制性标准或者其他必须执行的检验标准的进出口商品,必须依照规定的强制性标准执行检验;若未规定强制性标准的进出口商品,依照对外贸易合同约定的检验标准检验;若强制性标准低于合同约定标准的,按照合同约定标准执行。

对外贸易合同未约定检验标准或约定标准不明确的:进口商品按生产国标准、国际通用标准或我国的标准检验;国家另有规定的按有关规定办理;出口商品按照国家出入境检验检疫部门统一核定的标准和有关规定进行检验。

国家或进出口国另有规定的按国家或进出口国有关规定办理。

出口商品的检验依据是对外贸易合同,包括成交样品、信用证、标准、标样等;进口商品的检验依据是对外贸易合同,包括成交样品、标准、标样等。此外,卖方提供的品质证书、使用说明书、图纸等技术资料也是品质检验的依据;提单(运单)、卖方的发票、装货清单、重量明细单、磅码单是检验数量、重量的依据;理货清单、残损单、商务记录是进口商品验残出证的依据。

（五）检验方法

商品检验方法是指商品检验机构实施商品检验时所采用的技术手段。不同的检验方法可能会产生不同的结果。因此,国际贸易货物买卖合同中应明确规定检验方法。

根据检验原理、条件、设备的不同特点,检验方法可分为以下三种。

1. 感官检验

感官检验是指商品检验人员根据经验,借助人体各种感觉器官的不同功能和一定的器具,检验和鉴定商品;感官检验可分为视觉检验、听觉检验、味觉检验、嗅觉检验和触觉检验。

2. 理化检验

理化检验是指使用各种仪器、试剂和理化分析方法检验商品,包括机械性能检验、化学性能检验和度量衡检验。与感官检验相比,理化检验能够更加客观、准确、全面地验证商品的性能、性质、成分和含量等诸多内容。

3. 生物学检验

生物学检验是指使用组织学分析法、生物实验法、显微镜观察法等手段检验商品的成分、结构等技术指标;大量应用于食品、药品、化妆品和冷冻品等商品的检验与鉴定。

（六）复验

复验是指买方对到货进行重新检验的权利。买方对到货的复验,既不是强制性的,也不是接收货物的前提条件,复验与否由买方自理。如果复验,则应在合同中将复验的期限、复验机构和复验地点等规定清楚。

二、商品检验条款的表示方法

（一）出口合同中的检验条款的具体规定范例

"双方同意以装运港中国进出口商品检验局签发的品质和数(重)量检验证书作为信用

证项下议付单据的一部分。买方有权对货物的品质或数(重)量进行复验;复验费由买方负担。如发现品质或数(重)量与合同不符,买方有权向卖方索赔,但须提供经卖方同意的公证机构出具的检验报告,索赔期限为货到目的港××天内。"

(二) 进口合同中的检验条款

常见的有:"双方同意以制造厂出具的品质及数量或重量证明书作为有关信用证项下付款的单据之一。但是货物的品质及数量或重量检验应按下列规定办理:货到目的港××天内,经中国进出口商品检验局复验,如发现品质或数量或重量与本合同规定不符时,除属保险公司或船公司负责者外,买方可凭中国进出口商品检验局出具的检验证明书,向卖方提出退货或索赔。所有因退货或索赔引起的一些费用(包括检验费)及损失均由卖方负担。在此情况下,凡货物适于抽样者,买方可应卖方要求,将货物的样品寄交卖方。"

三、商品检验条款谈判应注意的事项

(一) 确定合适的检验方式

在进行检验条款谈判时,应根据商品的性质和特点确定合适的检验方式。若使用不当的检验方式,易产生争议,因为不同的检验方式可能会导致不同的检验结果。

不同的产品性质决定产品的检验时间、地点和检验方法各有不同。明确规定产品的检验方式能有效地保证双方权益,在出现争议时有效及时地解决争议,促进双方交易长期友好发展。

(二) 确定检验内容

根据不同的产品性质确定检验内容。如当买方直接在约定合同中写下"all the materials should be complied with EN71",我们必须要和买方沟通,明确此产品要符合EN71标准时包含的要求。如买方不易及时沟通,也可通过第三方机构进行了解,实际操作中,SGS(全球领先的检验、鉴定、测试和认证机构,是全球公认的质量和诚信基准)使用很普及。

(三) 确定检验机构和适用法律

检验机构一旦选定后,若一方提出临时变更,另一方一定要慎重考虑。国际货物贸易合同谈判时,在商品检验条款中必须明确规定检验机构和适用法律。可由买卖双方中的任何一方提出,另一方如经核实后没有异议即可。

(四) 明确检验费用由谁承担

通常情况下,检验费用的承担与双方约定的检验地点密切联系。如双方约定在出口国检验,大多国际惯例是由卖方承担检验费用;如双方约定在进口国检验;则由买方承担检验费用;如规定出口国检验,进口国复检,则通常的国际惯例是由出口方承担出口国检验费用,进口方承担进口复验费用。

(五) 检验权的约定应公平合理

由于实际业务情况多比较复杂,很多时候要面对突然事件。因此,在合同中对检验权的约定应公平合理,以促进双方正常积极交易。

案例链接 9-2

案例1 我出口公司A向新加坡公司B以CIF新加坡条件出口一批土特产品,B公司又将该批货物转卖给马来西亚公司C。货到新加坡后,B公司发现货物的质量有问题,但B公司仍将原货转销至马来西亚。其后,B公司在合同规定的索赔期限内凭马来西亚商检机构签发的检验证书,向A公司提出退货要求。

思考:A公司应如何处理?为什么?

(提示:A公司应拒绝退货要求。马来西亚商检机构出具的检验证书无效。新加坡B公司已经转卖给马来西亚C公司,意味着对货物的部分接受,部分接受视同整体接受,B公司已经丧失了对货物的检验权。)

案例2 进口方委托银行开出的信用证上规定:卖方须提交"商品净重检验证书"。进口商在收到货物后,发现除质量不符外,卖方仅提供重量单。买方立即委托开证行向议付行提出拒付,但货款已经押出。事后,议付行向开证行催付货款,并解释卖方所附的重量单即为净重检验证书。

思考:①重量单与净重检验证书一样吗?②开证行能否拒付货款给议付行?

(提示:①商品净重检验证书是由商检机构签发的关于货物重量的公证文件,而重量单为发货人所出具的货物重量说明文件,两者是不同的。②信用证中要求卖方提供商品净重检验证书,而议付行误以为重量单即商品净重检验证书,则议付行必须为此过失承担责任。按照《跟单信用证统一惯例》的规定,开证行有权对议付行拒付,而议付行可向出口商追索押汇款项。)

案例3 1998年11月,甲公司与乙公司签订了一份进口香烟生产线的合同。设备是二手货,共18条生产线,由A国某公司出售,价值100多万美元。合同规定,出售商保证设备在拆卸之前均正常运转,否则更换或退货。设备运抵目的地后,发现这些设备在拆运前早已停止使用,在目的地装配后也因设备损坏、缺件,根本无法马上投产使用。但是,由于合同规定如要索赔需商检部门在"货到现场后10天内"出证,而实际上,货物运抵工厂并进行装配就已经超过14天,无法在这个期限内向外索赔。这样,工厂只能依靠自己的力量进行加工维修。经过半年多时间,花了大量人力物力,也只开发出了4套生产线。

思考:对该案例进行分析,总结教训。

(提示:该案例的要害问题是合同签订者把引进设备仅仅看作是订合同、交货、收货几个简单环节,完全忽略了检验、索赔这两个重要环节,特别是索赔有效期问题。合同质量条款订得再好,若索赔有效期订得不合理,质量条款就成为一句空话。大量事实说明,外商在索赔有效期上提出不合理意见,往往表明其质量上存在问题,需要设法掩盖。如果只满足于合同中形容质量的漂亮辞藻,不注意索赔条款,就很可能发生此类事故。)

商品检验是买卖双方交接货物、结算货款、处理索赔和理赔的重要依据;实践中,为确保国际货物贸易中买卖双方的利益,商品的检验条款必须在合同中明确规定,有法可依。

国际上一般都赋予卖方检验货物的优先权;除非双方另有约定,买方有权对自己所购买的货物进行检验,即买方享有复检权。我国《商检法》规定,应施检验的进口商品未经检验的,不准销售、使用;应施检验的出口商品未经检验合格的,不准出口。

商品检验条款的谈判的主要内容:商品检验条款的内容,检验的时间与地点、检验机构、检验证书、检验依据、检验方法、复验;商品检验条款的表示方法,出口合同中的检验条款与进口合同中的检验条款的规范;商品检验条款谈判应注意的事项,确定合适的检验方式、检验内容、检验机构和适用法律、检验费用由谁承担、检验权的约定应公平合理。

教学一体化训练

习题

(1) 商品检验的定义和作用是什么?
(2) 在国际贸易合同中关于商品检验的时间和地点是怎样规定的?
(3) 商检证书的作用有哪些?
(4) 进出口商品检验条款包括哪些内容?进出口商品有哪些检验依据?
(5) 在买卖合同中如何规定买方复验条款?

检验标准的差异导致巨额损失

我国某进出口公司从美国 A 公司进口一批美国东部黄松,计 6 942 干板英尺(折合 35 404 立方米),价值数百万美元,目的港为上海港。

原合同规定"按美国西部 SCRIBNER 标准检验"。但是在开证之前,A 公司提出另一个标准,即"按美国东部标准 BRERETON 标准检验"也可作为验收标准。

我国该公司在没有仔细对比两标准的区别的情况下便同意修改合同检验条款,将"按美国西部 SCRIBNER 标准检验"改为"按美国东部标准 BRERETON 标准检验",并开具了信用证。

货物运抵上海港后,上海检验检疫局按照我国进口黄松通用的美国西部标准检验,检验结果发现共短少 3 948 干板英尺,短少率达 57%,价值 100 多万美元,我国公司蒙受巨额损失。

【分析】

(1) 结合上述案例,分析在国际货物贸易中商品检验条款的谈判内容有哪些?

(2) 业务员在进行检验条款谈判的同时应注意哪些问题?

9.3 异议、索赔条款的谈判

贸易合同异议;合同索赔条款的表达及规定方法;异议索赔条款的谈判内容。

了解国际货物贸易合同中异议索赔条款的表达方式及规定方法;掌握合同中异议索赔条款等条款的谈判内容;具备运用、独立完成一般条款谈判的能力。

在国际贸易交易过程中,买卖双方往往会由于彼此间的权利义务问题而引起争议;一方违约进而直接或间接给另一方造成损失。为了保障被违约方权益,督促买卖双方都能遵循合同规定,通常都会签订异议、索赔条款以防止其中交易一方违约。

本章节将重点探讨:异议、索赔条款的主要内容;索赔条款的表示方法等。

我国某外贸公司 A 向欧洲一贸易商 B 出口一批促销用礼品,价值 20 万美金,以供该贸易公司的客户 C 能在圣诞前大型活动做赠送礼品用途。

样品确认之后,A 公司和 B 公司于 9 月签订生产合同,交货期为分批交货,10 月底第一批海运,第二批于 11 月上旬空运。

由于生产时间紧急,B 公司在与 A 公司签订国际贸易合同时一时疏忽漏掉异议、索赔条款,只在合同中说明大货质量按照确认样品为准。

10 月下旬,第一批货如期发出,出运后 B 公司如期 T/T 付汇;11 月上旬,第二批空运也备货妥当,B 公司再次如期付汇,货物按时到达 B 公司仓库。

由于空运比海运快捷,B 公司便对货物进行查看,发现品质和样品相比有一定差别,于是向 A 公司索赔,要求 A 公司赔偿损失。但是由于 B 公司的索赔要求很笼统,而且合同中对品质没有具体要求,也没有详细说明发生品质差别时如何赔偿,此案最终以 B 公司放弃索赔为最终结果。

提示:合同无异议、索赔条款,发生质量问题无从索赔。

在国际贸易交易过程中,买卖双方往往会由于彼此间的权利义务问题而引起争议,一方违约进而直接或间接给另一方造成损失。为了保障被违约方权益,督促买卖双方都能遵循合同规定,通常都会签订异议、索赔条款以防止其中交易一方违约。

一、异议、索赔条款的主要内容

(一) 索赔依据

索赔条款规定索赔时必须具备的证明文件以及出证明文件的机构。索赔依据包括两个方面。

1. 法律依据

法律依据是指买卖合同和有关国家的法律规定。

2. 事实依据

事实依据是指违约事实的真相及其书面证明文件,通常在国际贸易中若是产品质量、数量或包装等问题,可以出具图片或请有一定声誉度的国际机构出具证明,以证实对方违约的真实性。

(二) 索赔期限

索赔期限是指索赔方向违约方提出索赔的有效期限,超过规定的期限提出索赔的,违约方可以不予受理。一般分为以下两种。

1. 法定索赔期限

法定索赔期限是指依照有关法律或国际公约规定,受损方有权向违约方要求损害赔偿的期限。

如《联合国国际货物销售合同公约》规定,索赔期限为自买方实际收到货物之日起两年之内;《中华人民共和国合同法》规定,买方自标的物收到之日起两年内,但如果标的物有质量保证期的,适用质量保证期。

2. 约定索赔期限

约定索赔期限是指买卖双方在合同中明确规定的索赔期限。

如双方约定货物运抵目的港后××天起算、货物运抵目的港卸至码头后××天起算、货物运至最终目的后××天起算等,可根据产品的不同特性以及客人的要求做适当调整。

根据《联合国国际货物销售合同公约》规定,若国际贸易买卖合同中双方没有约定具体索赔期限,则以买方实际收到货物之日起算两年内索赔。

(三) 索赔办法和金额

目前针对国际贸易合同中的违约索赔暂时没有一个具体、统一的办法。主要依据实际发生由谈判人员协商、弄清事实、分清责任、有理有据地提出或处理索赔。同时,对于索赔金额因订立合同时难以预料,只能事后本着实事求是的原则酌情处理。

二、索赔条款的表示方法

(一) 买方违约,卖方提出索赔

若买方不按期开具本批交易的信用证,卖方有权不经通知解除本合同,并对因此遭受的损失向买方提出索赔;若买方未接受卖方按本合同装运的货物,卖方有权终止本合同并要求买方赔偿因拒收给卖方造成的损失。

(二) 卖方违约,买方提出索赔

凡属品质异议,需于货到提单指定的目的港之日起××日之内提出;凡属数量、规格异议,需于货到提单指定的目的港之日起××日之内提出;所提出的任何异议应附有相应的有效证明材料,若属于保险公司、承运人、邮电机构的责任,卖方不负任何责任。

三、索赔条款谈判时应注意的问题

按照国际惯例,若在签订国际贸易货物买卖合同时没有明确规定索赔期限,受损方有权在两年内对违约方提出索赔。在实际业务操作中,若真的发生一年多以前的合同出现异议遭到另一方提出索赔,显然对买卖双方都很不利。因此,谈判人员要特别注意对索赔期限的约束。

作为买方,谈判人员需要特别重视索赔期限的约束,以便于卖方发生违约时,能依据签订的国际贸易货物买卖合同尽早在索赔期限内搜集完整的资料向卖方提出索赔。

作为卖方,谈判人员同样需要重视索赔期限的约束,以便在买方提出索赔时确定是否应该予以理赔。为避免纠纷,签订合同时可明确在合同中签订超过约定期限卖方有权不予理赔等条款。

案例链接 9-3

案例1 我国某进出口公司以CIF鹿特丹条件出口食品1 000箱,并向中国人民保险公司投保一切险。货到目的港后,经进口人复验发现下列情况:①该批货物共10个批号,抽查20箱,发现其中1个批号,即100箱内出现玷污现象;②收货人实收998箱,短少2箱;③有15箱货物外表良好,但箱内货物共短少60千克。

思考:根据以上情况,进口人应当分别向谁索赔?

(提示:①属于一般附加险,包含在一切险范围,应向保险公司索赔;②因签发清洁提单属于短量险,应向承运人或保险公司索赔;③由于外表良好,应为出口商所装食品量不足,是交货以前发生的,应向出口商索赔。)

案例2 2003年4月,我某外贸公司与加拿大进口商签订一份茶叶出口合同,并要求采用合适的包装运输,成交术语为CIF渥太华,向中国人民保险公司投保一切险。生产厂家在最后一道工序将茶叶的湿度降低到了合同规定值,并用硬纸筒盒作为容器装入双层纸箱,在装入集装箱后,货物于 2003 年 5 月到渥太华。检验结果表明:茶叶全部变质、湿霉,总共损失价值达 10 万美元。但是当时货物出口地温度与湿度适中,进口地温度与湿度也适中,运输途中并无异常发生,完全为正常运输。

思考: 以上货物的损失该由谁来赔偿,为什么?

(提示:尽管属于一切险赔偿范围,但是应当找到主要责任原因。一方面,由于运输过程正常,因此船方无责任;另一方面,由于茶叶包装并不能满足其一般运输防潮要求,因此货物问题应当是由于包装不能满足基本运输要求所引起的,这是在运输交货前发生的,所以责任应当是在生产厂家,货物损失应当由厂家赔偿。)

案例 3 我公司以 CIF 条件从美国进口一套设备,合同总价款为 800 万美元。合同中规定,如果合同一方违约,另一方有权向违约方索赔,违约方需向对方支付 1 200 万美元的违约金。合同订立后,我公司迟迟收不到货,因而影响到自己的生产、经营。故此,我公司在索赔期内向美方提出索赔,而美方却向当地法院提起诉讼。

思考: 在这种情况下,美国法院将如何判决?

(提示:美国法院有可能判定合同中规定的违约金为罚金,并宣布对合同中规定的 1 200 万美元的违约规定不予承认。原因如下。

(1) 美国属英美法系国家,而英美法系把违约金严格地区分为"罚金"和"预约赔偿金"。认为前者是无效的,不可强制执行;后者是有效的,可以强制执行。至于两者之间怎样区分,要以当事人订立合同时的真实意图而定。如果当事人的意图是要惩戒或预防违约的发生,则违约金就是"罚金";如果当事人是为减少将来计算违约损害的麻烦而规定的,即属于"预约赔偿金"。

(2) 就本案例来讲,由于合同中只简单订明如果一方违约,需向对方支付违约金,易让人理解为这是为了预防违约而制定的。另外,合同中规定的违约金金额较高,超出合同价款的一半,也易让人理解为这笔违约金具有惩戒性质,即为"罚金"。如果我方公司不能提供自己因卖方延迟交货而遭受的损失与这 1 200 万美元的违约金大体一致的充足证明,法院就会因其过高而将此违约金判定为"罚金"从而不予承认。)

案例 4 我国某公司在国外承包一项工程,由于业主修改设计,造成部分工程量增加、部分工程量减少的事实,为此,该公司决定向业主索赔,在索赔内容上出现两种意见:第一种认为增加工程量部分应索赔,而减少工程量部分不应索赔,索赔费用仅低于直接费用部分;第二种认为,增加和减少工程量都应索赔,索赔费用既应包括直接费用,也应包括间接费用。

思考: 案例中哪种意见正确,为什么?

(提示:第二种意见正确。理由如下。

(1) 在工程承包合同签订以后,业主单方面修改设计属于违约行为,必须承担由此引起的一切法律后果。

(2) 本案例中,部分工程量增加、部分工程量减少都属于违约行为,都可能给我方带来损失,因此我方均应索赔。

(3) 索赔的费用包括直接费用和间接费用。)

案例 4 外国某贸易商以 FOB 价格术语向我国某厂订购一批货物,在买卖合同中订明若工厂未能于 7 月底之前交运,则工厂应赔付货款 5% 的违约金。后工厂交运延迟 5 天,以致贸易商被其买方索赔货款的 3%。

思考:在这种情况下,贸易商是否可向工厂索赔,索赔 5% 还是 3%?

(提示:因合同规定,工厂如未能于 7 月底之前交运则应赔付货款 5% 的违约金,并且工厂交运延迟 5 天,造成违约,故该贸易商可向工厂索赔,索赔 5%。)

案例 5 有一美国公司 A 向外国一贸易商 B 购买一批火鸡,供应圣诞节市场。合同规定卖方应在 9 月底以前装船。但是卖方违反合同,推迟到 10 月 7 日才装船。结果圣诞节销售时机已过,火鸡难以销售。因此,买方 A 拒收货,并主张撤销合同。

思考:在这种情况下,买方有无拒收货物和撤销合同的权利?

(提示:根据《联合国国际货物销售合同公约》,贸易商违反合同条件,构成根本性违约,A 公司有权拒收货物和撤销合同。)

重点内容概要

在国际贸易交易过程中,买卖双方往往会由于彼此间的权利义务问题而引起争议;为了保障被违约方权益,督促买卖双方都能遵循合同规定,通常都会签订异议、索赔条款以防止其中交易一方违约。

异议、索赔条款谈判的主要内容:索赔依据、索赔期限、索赔办法和金额;索赔条款的表示方法,买方违约、卖方违约;索赔条款谈判时应注意的问题。

教学一体化训练

习题

1. 国际贸易交易中为什么要签订异议、索赔条款?
2. 怎样规定合同中的异议与索赔条款?
3. 怎么规定合同中索赔条款的表示方法?

FOB 合同下买方未按时派船接货导致的索赔案

1996 年 11 月,中方某粮油出口公司与巴西某公司签订了一份出口油籽的合同;合同采用 FOB 价格术语。根据合同买方在 1997 年 2 月派船到厦门港接货,并规定如果在此期间内不能派船接货,卖方保留 28 天,但仓储、保险、利息等费用由买方负责。

1997 年 2 月 1 日,中方电告巴方尽快派船接货。直至 2 月 28 日巴方仍未派船接货。于是卖方向买方提出警告,声称将撤销合同并保留索赔权。

买方在没有与卖方进行任何联系的情况下,直到 1997 年 5 月 5 日才派船到厦门港。

中方拒绝交货并提出赔偿损失,巴方则以未订到船只为由,拒绝赔偿损失,双方争议不能和解,卖方遂起诉到法院。

法院经取证调查,认为买方确实未按合同规定的时间派船接货,因此判决:卖方有权拒绝交货,并提出赔偿要求。后经双方协商,卖方交货,但是买方赔偿利息、仓储、保险等费用。

【分析】
(1) 结合上述案例,分析在国际货物贸易中异议、索赔条款的谈判内容有哪些?
(2) 业务员在进行异议、索赔条款谈判时应注意哪些问题?

第 10 章
合同各条款间融通与协调

 **知识要点**

国际贸易合同各条款的主要内容;合同各条款间的冲突、交集点;合同各条款的融通与协调。

 **能力目标**

熟悉国际货物贸易合同各条款的主要内容;理解国际货物贸易合同各条款间容易出现冲突的交集点;掌握具体的国际货物贸易谈判中对合同各条款进行融通与协调的能力。

 **内容提要**

国际货物贸易谈判的最终目的是达成双方或多方之间的贸易合同,并使合同得以顺利执行。国际货物贸易合同条款是一个互有联系、相互制约的系统,若在谈判过程中不关注这些条款间互为因果、相互制约的关系,在确定合同的各项交易条件时,顾此失彼、相互矛盾就在所难免,这会给合同的履行留下隐患,从而导致使人无法预料的后果。

事实上,国际贸易实践中,合同履行过程出现纠纷和争议,甚至合同无法执行、双方对簿公堂,很大一部分原因就是在谈判时双方对合同条款的细节关注不够,平衡度把握不好。因此,我们在贸易合同谈判过程中就必须关注各条款之间的融通与协调,以保证合同在签订后能够顺利执行。

本章节将重点探讨:国际货物贸易合同各条款间容易出现冲突的交集点,在此基础上再分析国际货物贸易谈判时如何对合同各条款进行融通与协调,以便对可能发生的争议与纠纷进行有效的规避。

 **案例导入**

合同条款的相关规定(术语)的冲突

某年我国某公司出售一批商品给某英国客户,采用 CFR London 术语,凭即期信用证付款。由于该商品的销售季节性很强,到货的迟早会直接影响货物的价格。因此,买方在合同中对到货时间做了如下规定:"9月份自中国装运港装运,卖方保证载货轮船于11月2日抵达伦敦港。如载货轮船迟于11月2日抵达伦敦,在买方的要求下,卖方必须同意取消合同,如货款已收妥,则须退还买方。"

合同订立后,我方外贸公司于9月中旬将货物装船出口,凭信用证规定的装运单据(发票、提单、保险单)向银行收妥货款。

载货船舶途中发生故障,导致无法继续航行。有关方面将其拖至某一港口修复后,船舶得以继续航行,但是该轮抵达伦敦港的时间已经是11月7日,较合同规定的最后期限晚了数日。恰遇商品市价下跌,买方要求取消合同。卖方坚称CFR为装运合同,能否及时到达与卖方无关,双方就此产生争议。

提示:本案中合同条款规定卖方需保证货物抵达目的港时间与《Incoterms 2010》中CFR价格术语相关规定的冲突。

10.1 品质条款与其他条款的融通与协调

国际货物贸易合同中的品质条款是核心条款。其内容包括:品名、规格、标准、等级、品牌名称、样品描述及其确定方法等。合同中的品质条款影响着合同所涉及的商品价格、商品的包装、运输、保险以及商品检验等诸项内容。同时,还要处理好与其他条款之间的关系。

一、品质与价格

商品品质决定着商品的价格,不同的商品价格对应着不同的商品品质;在确定合同的品质条款时,要谨慎对待,不仅在商品品质的描述方面,同时在品质表达的技巧方面,要求谈判合同能准确地表达商品的品质,并利用品质本身的特性把握好与其对应的合理报价。既不能太高欺诈客户,也不能太低,让己方蒙受不必要的损失。对一些难以人为控制且难以固化的品质标准,采取差价条款去解决质的差异,即当在合同中以指标来表示商品的品质标准时,可以将其中某项关键指标与价格挂钩实行浮动。

如谷物中的水分,每降低1%,则价格升0.5%,反之则同比例降价;如大豆中的含油量,每上升1%,价格升1.5%,反之则同比例降价。

二、品质与包装

商品的种类千差万别,特性也是相差甚远,针对不同的商品品质需采用不同的包装形式和包装材料。不仅如此,一种商品的包装还要结合商品的使用和销售意图设计或采用不同的包装,既能保护商品的品质,还能实现商品价值的最大化。但要注意无论是包装形式还是包装材料都要与商品的档次和价值相一致,不能低质高装,也不能高质低装,更不能过度包装。

三、品质与运输及保险

商品品质的差异也可能反映在货物运输及保险环节上。对于不同品质的商品分别采用不同的运输手段,如质高量少的商品可采取空运或快递的运输方式;鲜活商品则要采用冷藏运输的手段;量大、价格一般的普通商品则采用传统的海洋运输或多式联运的方式进行。否则,不合理的运输方式会影响商品的品质。

要注意不同的运输方式其运输成本会大有不同。如价高量少的货物运输,有时候会采用从价运费;而普遍商品的运输一般则采用从量运费计收。同时,与不同的运输紧密关联的保险安排肯定要随着运输手段的变化而做相应的调整,如一般海洋货物运输基本险别外加保相应的货物运输附加险。

四、品质与检验及索赔

作为合同核心条款之一的合同品质条款,它既决定着商品价格的高低,也影响着购买者的购买意图和使用的效果。

相隔甚远的买卖双方,在完成货物交割时采取货到目的港后,由买方对所收到的货物进行复检是国际货物贸易活动中的惯例。若对合同的品质描述和表达不准确,甚至模糊不清,则可能会给履约过程中的检验环节留下隐患,从而导致索赔的产生。

所以,在确定合同的品质条款时要结合商品本身的特性,准确、完整、科学地表达商品的品质特征,明确规定产品的具体质量指标等要求。另外,还应就产品的质量检验和认定方法及手段、对产品质量提出异议的期限做出明确要求,从而消除技术性限制存在的可能性。

案例链接 10-1

检验方法不同,带来品质争议

我国一家医药进出口公司与德国汉堡一家医药进口商达成合同,向德国出口合肥某制药厂生产的心血管原料药品利福平,数量1 000千克,单价USD150.00/千克 CIF Hamburg Port,质量符合英国药典1990版本标准(BP90),密度0.7 D/P at sight付款方式。

货物顺利备妥并出运,该公司随后通过银行向对方提交了包括药检证书在内的全套货运单据资料,对方见单即履行了付款责任。货到港后,我方接到对方的索赔报告,声称货品检验不合格,密度仅有0.53。

该公司接对方索赔报告后,随即安排公司驻德办事处到对方仓库重新开箱提取新的样品送往汉堡法定检验机构重新安排检验,同时安排合肥某制药厂提供同批号的留存样品送国内检验机构同时进行药检。一周后两份检验报告同时出来,国内检验结果符合规定,达到0.7的密度,而汉堡的检验结果密度仍然为0.53。

后来,在该公司驻德办事处与进口商以及汉堡检验机构的交涉过程中发现,国内的检验机构与德国的检验机构所采用的测量方式不同:国内采用堆量法;而德国则采用的是敦实法,即在测定密度时将测品堆放到量杯后在桌面敦实,从而导致两边的检测结果不同。但令人遗憾的是这种测量方法是英国药典规定允许的做法。最后,双方通过协商,以该公司按合同价格的15%折让的方式解决了这场纠纷,而从此以后,该公司出口到欧洲的利福平,在密度的后面同时注明:使用堆量法。

思考:在进行货物贸易谈判时,要注意品质条款需与哪些条款融通与协调。

10.2 价格条款与其他条款的融通与协调

国际货物贸易合同中的价格条款也是核心条款,其包括:计价货币、计量单位、单位价格和价格术语所组成。同时,与贸易合同中的品质条款、支付条款、运输条款、保险条款、包装条款、商检索赔条款等关系密切。所以,在贸易谈判时不仅要处理好价格条款本身内部的协调与平衡;同时也要关注与其他条款之间相互的制约与影响,处理好与其他条款之间的平衡关系。

一、价格与品质

不同的品质决定不同的价格,不同的价格对应不同的品质。

二、价格与数量

国际货物贸易的特点是批次多、数量大、规模效益显著。在现实的国际货物贸易实践中,数量的多寡对价格的影响是巨大的。合同中的数量与价格的关系,反映在合同价格是随着数量的差异而呈现差别的。因此,国际货物贸易追求通过增加交易数量、摊薄交易成本,从而实现规模效益。所以,在实际谈判过程中要有技巧地把握数量与价格的关系,必要时可以在合同中明确将两者挂钩,实行价格与数量捆绑按比例浮动这种策略。

三、价格与支付

国际货物贸易合同中的支付条款,表现在不同支付方式的选择不仅影响着出口方货款回收的时间,更决定着出口方货款回收风险的高低,从而造成出口成本的高低不同。即不同的支付方式不仅意味着出口方占款时间长短和银行利息支出的不同;还意味着出口方为了规避那些因采用风险极大的支付条件而投保信用保险所支出的那笔不菲的保险费用。这一切费用的支出最终应该是作为成本反映在合同的价格里。

四、价格与包装

国际货物贸易中的包装条件对价格的影响是不可忽视的。按照国际贸易惯例,包装费用一般都包括在货物价格之内,不另作价。如果买方要求使用特制包装,也可以采用包装费用特列的方法,并应在合同中具体规定由谁负担费用以及费用的支付方式;有时虽约定由卖方供应包装,但交货后卖方要将原包装收回,这时在国际货物贸易谈判中约定原包装返回卖方的运费由何方负担时,应在合同的包装条款中明确约定,关于原包装返回费用的支付问题应在价格条款和支付条款中体现。所以,在国际货物贸易谈判时,应将包装的要求在价格条款中作出相应的体现。

五、价格与运输

国际货物贸易合同中价格条款对运输条款的选择所带来的影响是非常大的。传统的三大价格术语 FOB、CFR 和 CIF,以及为适应现代国际多式联运而产生的全能三大价格术语 FCA、CPT 和 CIP,这些价格术语不仅表示着双方在交易过程中应承担的风险和责任,同时也承担与之对应的相关费用,最终表现在合同的价格之中。

当今的国际贸易活动中,运输成本占商品生产成本的比重随着世界能源供应的趋紧而显得越来越大。国际货物贸易谈判时,运输方式的选择、起运地点接货地点的选择、目的地交货地点的选择、种类繁多的相关费用的分摊等,无不对合同价格产生影响。当事人商定运输条款时应尽可能考虑运输合同的要求,做好买卖合同与运输合同相互协调的工作。

六、价格与保险

国际货物贸易中价格术语的选择会影响投保人、保险险别、保险金额、保险公司的责任起讫区间等。如 CIF 条件成交的应当是卖方对货物投保;FOB 或 CFR 条件成交的应当是买方投保。

《Incoterms 2010》(《2010 年国际贸易术语解释通则 2010》)中涉及保险义务的只有两种:CIF 和 CIP,其余的术语保险都是由某一方自行办理,与对方无关。

保险包含两方面的内容:一个是与货物运输有关联的货物运输保险,即选择不同价格术语时出口方是否为进口方的利益购买货运保险并支付相关的保险费用;另一个则是出口方为规避不利于己的支付条款可能带来的货款回收风险而购买的相关保险,这些保险费用的支出最终会以成本的形式反映在合同的价格之中。

知识链接

因价格术语的选择与运输条件不协调而给出口方的履约带来困难

我国某公司以 CFR Manaus 价格条件向巴西出口一批货物,我方在办理托运时才发现玛瑙斯并非海港,而是巴西内陆河港,于是要求修改信用证。

但对方不同意,装运期又逼近,我方只好要求承运人协助,将货物经汉堡转运玛瑙斯,运费损失惨重。

案例中内陆地点作为装货地和卸货地时,不能选择 FOB、CFR 和 CIF 术语成交,而要选用适合各种运输方式的 FCA、CPT 和 CIP 价格术语。

表10-1列出了上海港口口岸的杂费。

表10-1 上海口岸杂费(2011年4月)

费用名称	币种及金额	计费单位	备注说明
整箱			
订舱费	RMB270/360	20GP/40oP（HQ）	COSCO高箱为RMB480
报关费	RMB100	票	每份联单加RMB50，转关RMB100，商检电子转单费RMB90
文件费	RMB200	票	COSCO部分航线为RMB235MIsC/CNC/CMARMB300
电放费	RMB200	票	
THC	RMB610 RMB910	20GP 40GP（HC）	
CIC	RMB600 RMB1 200	20GP 40GP（HC）	船公司代收代付，不同船公司不同航线具体确认
EBS	RMB900 RMB1 800	20GP 40GP（HC）	东南亚，(台湾RMB1 200/2 400)台湾，(日本RMB300/600)
ECRS	RMB600 RMB1 200	20GP 40GP（HC）	
仓库内装费	RMB650/1 000	20GP/40oP（HQ）	如进洋山港另加RMB450/20′、RMB750/40′&40′HC
拼箱			
报关费	RMB100	票	每份联单加30元，转关100元，商检电子转单费50元
文件费	RMB100	票	
电放费	RMB100	票	
变动费			
门到门费用			根据具体地址
散货提货费			根据具体地址

注：以上报价有可能因货物品名、重量、货量以及船公司舱位状况而有变化，订舱前请与口岸销售人员确认电放费、改单费等费用，这些费用根据船公司不同有所不同，需现确认。

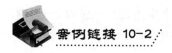
案例链接 10-2

FOB价格条件未与运输条款相融通致损案

2005年3月，我国某出口企业(以下简称"A")与葡萄牙一进口公司(以下简称"B")订立了出口2 000公吨货物的贸易合同，其贸易条件为FOB信用证支付方式。4月5日，A收到

B申请开来的信用证。该证要求海运提单的"托运人"(shipper)一栏内填写B的名称。4月15日,A将该批货物交付给某船公司的D轮承运。货物装船后,船务代理公司根据船公司的授权向A签发了已装船的清洁提单,并在提单"托运人"栏内填写B的名称,"收货人"栏填写"to order"。A取得提单后,在该提单上背书向银行办理结汇,但银行以提单的第一背书人A与"托运人"栏内的记载的B不符为由拒绝接受该提单,不予结汇。因此,A无法取得货款。

此后,A得到消息:载货船舶抵达目的港后,迟迟不见提单持有人前往码头提货,港务当局不允许该批货物进入码头仓库。于是,船公司根据提单"托运人"B的指示,在该批货物无正本提单的情况下,直接交给了收货人。后来,A多次向B要求直接支付货款,终无结果。无奈之下,A持正本提单向船公司和船务代理公司以无权放货为由,要求他们承担损害赔偿责任。船公司和船务代理公司则坚持,A虽然持有正本提单,但该提单为"指示"提单,其托运人为B,而非A;同时,该提单又未经"托运人"B背书,A不能证明其具有该提单合法当事人的地位,因而A与船公司和外代公司不存在权利义务关系。因此,A不能向船公司和外代公司主张权利。

思考: 在进行货物贸易谈判时,价格条款需与哪些条款融通与协调?

10.3 数量条款与其他条款的融通与协调

数量条款是国际货物贸易合同中的六大要件之一。国际货物贸易合同中的数量条款一般包括成交商品的数量和计量单位,按重量成交的商品还需订明计算重量的方法。数量条款对合同中的价格条款产生影响,不仅如此,它还会影响到合同中的包装条款、运输条款和保险条款等。

一、数量与包装

在国际货物贸易中,除散装的大宗商品外,货物的数量与其包装关系密切。数量不仅仅以其自身重量为计量或计价单位,还有很多商品是以其包装单位实行计量,甚至计价的。所以,在确定合同中的数量条款时要关注商品的自身特点和包装状况,平衡并处理好商品和数量之间的关联性,以免给合同的后期履行工作带来麻烦。

二、数量与运输及保险

在国际货物贸易合同中,对确定合同运输条款时,数量因素是其考虑的重要因素。不同的数量决定着双方将采取不同的运输方式。作为运输条款的孪生条款——保险条款,则随着合同运输条款的敲定而确定。最大区别是在于谁来办理保险、承担保险费的问题,但这并不影响它们之间的随附关系。

三、数量条款中的溢短装问题

在国际货物贸易合同的履行过程中,经常由于商品的自身特性、自然条件、生产加工过程中的不可控制因素、包装因素、运输工具等诸多原因，会造成合同履行时所交货物数量与合同规定不符的情况发生，从而影响合同的顺利履行，所以要予以关注。

（1）在实际操作过程中尽量避免这种情况。避免不了的，最好在合同的数量条款中加签合同的"溢短装条款"，即规定出口方在交货时，根据实际情况，所交货物数量与合同规定不符的，在规定范围内而不被视为违反合同。

（2）要注意合同中的"溢短装条款"与合同中的其他相关条款（如价格条款和支付条款）直接能够相互衔接，不能顾此失彼、互相矛盾，给合同的履行带来困难。

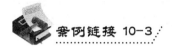
案例链接 10-3

数量与包装不匹配导致的交货不符

某粮油食品进出口公司（A公司）出口一批驴肉到日本。合同规定，该批货物共 25 MT，装 1 500 箱，每箱净重 16.6 kg。如按规定该批货物的总重量应该是 24.9 MT，为了防止交货数量与合同规定不符，在进行货物包装时工人在每箱装了 17 kg。当货物运抵日本港口后，日本海关人员在抽查该批货物时发现每箱净重不是 16.6 kg 而是 17 kg，总共多装了 600 kg，但所有单据上都注明了 24.9 MT。议付货款时也是按 24.9 MT 计算，白送 600 kg。此外，由于货物单据上的净重与实际重量不符。日本海关还认为 A 公司少报重量有帮助客户逃税的嫌疑，向我方提出意见。经我方反复解释才未予深究。

本案例中，合同数量与包装规定的不匹配不仅给出口方带来了损失，还险些被海关追究责任。世界上许多国家的海关一般对货物进口都实行严格的监管，如到货数量超过报关数量，就有走私舞弊之嫌，海关不仅可以扣留或没收货物，还可追究进口商的刑事责任。

思考：在进行货物贸易谈判时，数量条款需与哪些条款融通与协调？

10.4 包装条款与其他条款的融通与协调

国际货物贸易合同中的包装条款一般包括：包装材料、包装方式、包装标志和包装费用的负担；所以，在国际货物贸易合同重点阐述包装条款与运输及保险条款之间的关系，以及包装条款与检验及索赔条款之间的关系。

一、包装与运输及保险

国际货物贸易中的货物包装按功能可分为两大类，即销售包装和运输包装。

1. 销售包装

销售包装除保护商品以外，还要适合销售条件，起到美化商品、宣传和介绍商品的作用。

2. 运输包装

运输包装就是为了服务于运输，方便运输、节约运输成本、最大限度地保护处在运输过程中的货物,降低货物在运输途中的损耗。同时,也随之降低了货物的保险成本。

所以,根据不同的货物包装特征,安排与之相适应的运输方式、选择相应的保险险别,是出口方最大限度地降低贸易成本、实现利益最大化的重要途径。

二、包装与检验及索赔

货物包装不仅是为了保护货物、方便运输、促进销售、提升商品价值,而且在国际贸易中已经被视为货物本身不可分割的组成部分,而不仅仅是附属品。所以,在国际货物贸易中,合同项下的货物包装质量已作为货物质量组成部分,即便是质量上乘的货物,如果包装(包括包装方式、包装材料、包装标识等)在检验中被视为不符合合同及其他相关规定,仍然会导致进口方的索赔,从而造成令人意料不到的损失和麻烦。

特别要注意,有关货物包装的规定和要求并非仅表现在合同条款的字里行间,很多存在于合同条款之外,包括一个国家的法律法规、宗教习俗,需要出口方的了解和关注。

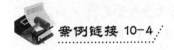
案例链接 10-4

包装不符合进口国规定致损案

我国江苏一家服装企业(以下简称"出口商")承接了为澳大利亚一家服装公司(以下简称"进口商")生产PVC服装的订单,价值10万澳元。由于双方已有多次其他商品的顺利合作,且出口商现在澳大利亚设有办事处,所以这次双方合同定为送货到进口商的仓库,交货后付款,并在合同中规定,交货延误一天罚款(从货款中扣除)1 000澳元。让出口商没有料到的是该项交易在进行到最后交货时出了问题。当出口商按质、按量完成订单,装入纸箱,遵照合同将货物运抵订货公司仓库交货时,遭到进口商仓库工人的拒收。

工人拒收的原因是每个纸箱的装货重量超过了20千克,不适宜徒手搬运。据了解,澳大利亚工会规定工人有权拒绝要求其徒手搬运超过20千克的货物的要求,同时,保险公司对由于搬运超重物品引起的工伤也不予赔偿。为避免可能引起的损害,许多企业都制定了低于20千克的重量标准。例如,澳洲邮政(Australia Post)将可要求个人徒手搬运的货物的最高重量确定为16千克,远远低于工会的标准。由于此次PVC服装在合同条款的谈判中双方没有商定具体的包装要求,根据我国该商品的惯用包装,出口商自行安排出口包装时没有考虑到澳大利亚工会的这一规定,每箱的实际重量超过了20千克。

出口商虽经再三交涉,进口商以无法将该包装送往各地的销售点为由不愿意接收货物。最后,出口商不得不将货拉回到办事处,买来纸箱,并请临时工将货物重新装成低于20千克一箱。隔天后,再送往进口商的仓库交货,但已晚了一天。进口商收货后,付款时不顾出口商的解释仍按合同扣除罚款1 000澳元。这次交易虽最终完成,但出口商却因包装不符合进口国工会的规定遭受了一定的损失。

思考: 在进行货物贸易谈判时,包装条款需与哪些条款融通与协调?

10.5 支付条款与运输条款的融通与协调

作为国际货物贸易合同的核心条款的支付条款,是一个专业性较强、涉及面较广、内容比较复杂、操控性较难的一项条款;货物贸易合同中运输方式的选择与同一合同项下的支付方式的采用有着相当大的关联度;在国际货物贸易的运作过程中,需要谨慎操作、处理。

在海洋运输或类海洋运输的方式下,采用国际贸易中传统的价格术语 FOB、CFR 和 CIF,并使用 D/P 和 L/C 的支付方式时,"卖方凭单交货、买方凭单付款"的特点才能得以充分体现,货运提单 B/L 才能真正作为有效的物权凭证,以银行为媒介,从而达到充分保护双方彼此利益的目的。

在铁路运输和航空运输方式下,收货人在目的地凭"到货通知"提货,铁路运单和航空运单不是物权凭证,客户往往无须赎单后再提货,在这种情况下不宜采用托收方式,谈判中应争取按前 T/T 或 L/C 方式进行支付;如果采用 L/C 方式支付还要约定运单的收货人为卖方或卖方的代理人,不能为买方。

在国际货物贸易谈判中,对于不同的运输方式,需要约定有针对性的支付方式,方可确保自身利益不受损害。

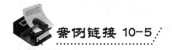

运输方式改变,失去银行付款保证

我国某进出口贸易公司与法国一家服装进口公司达成合同,出口 2 万套童装到法国,交货时间是 L/C 通知日后的 90 天交付,合同总价 28 万美元。由于进口商对出货样迟迟不能确认,同时接单工厂由于货期安排以及备料问题,使得这批货物未能按期完成,直到交货期两周前,为了使这批货赶上圣诞销售季,三方通过协商决定将海运改为空运,费用由出口公司和工厂两家分担。但该公司没有要求法国客户将 L/C 条款做相应修改。

货物全部备妥后,在货物集港过程中,由于暴雪等天气原因,又拖延数日,终于在圣诞节前一周时间将货送达法国巴黎的戴高乐机场,但最终还是对进口商的销售安排造成了很大影响。货物托单出运之前,该公司负责人仔细研究了相关的合同、L/C 条款内容,觉得这笔交易公司面临巨大的收汇风险。因为空运方式下的提单仅仅只是货运收据,而非真正意义上的物权凭证,空运提单必须注明具体的收货人,也即意味着该收货人在没有掌握 B/L 情况下即可处理货物。经过研究,公司决定安排单证部门放弃原信用证条款内容的限制,按 D/P 模式制单,同时将原 L/C 开证行,也是该证的付款行作为这批货物的收货人,在空运提单的收货人一栏打上该银行名称及地址。所以,这批货物达到法国后,客户自己无法提货,只好由作为收货人的银行开具收货单并放行才将货物提出。

果然不出意料,在规定的付款时间到期时,进口商迟迟不付款,对该公司的电讯也一律不予回复。在这种情况下,该公司通过国内的议付银行开始与对方银行进行交涉,要求银行付款,并声称如不付款可将货物全部退还,相关费用由公司全部承担,否则,将对该银行进行法律追索。经过一个多月的反复交涉,该银行顾及其商业信用,终于将全部货款付讫。在该公司收到这笔货款的一周后,收到了进口商索赔金额为18万美元的律师索赔函,经过据理力争,才将这次纠纷化解,为公司避免了巨大经济损失。

思考: 支付条款如何与运输条款融通与协调?

10.6 运输、保险条款与检验、索赔条款的融通与协调

国际货物贸易合同中的运输条款包括:运输方式、装运时间、起运地、目的地、运输单据相关约定等诸项内容。货物运输是国际货物贸易过程中实现合同标的物交易的必要手段。运输条款是合同中一个不可忽视的重要条款,它对保险和商检索赔等条款有关键影响。所以,国际贸易中的货物运输是合同履行的重要环节,而国际货物运输保险则是为了保证货物顺利完成交接,规避这个重要环节中可能产生的风险和损失而采取的一种保护措施。

国际贸易中的保险业务传统地称为国际货物运输保险,即出口方按双方约定的保险金额和保险险别为进口人的利益购买保险,以规避货物在运输途中可能产生的风险。所以,保险与价格、支付、运输条款以及检验索赔条款具有自然的不可分割性。

目前,在国际贸易活动中,除处理传统的货物运输保险外,还有出口信用险、卖方利益险和商品质量险等,但这些均是卖方为保护自身的利益而在合同之外单独为自己购买的,以规避可能给自己带来的风险和损失。所以,与国际货物贸易合同本身无直接关系。但这种单方面保险却和国际货物贸易合同中的支付、价格、运输等条款之间有着关系,我们在国际货物贸易谈判时要予以必要的关注。

国际货物贸易合同所引起的异议索赔,通常来源于:①商品的检验,因检验结果不合格而导致的;②因合同另一方的不作为,如货品及包装明显不合格、没按时交货、数量不符,甚至货物灭失等原因而导致异议与发生索赔,而与此相关联的则是合同的品质、运输、包装、保险等诸项条款。

检验与索赔是为了保护进口方的利益,防止因出口方欺诈或其他原因而造成所收货物与当初合同约定不符,给进口方带来经济损失,所以按照贸易惯例,进口方在进口地有权对所收到的货物进行检验。若检验的结果与合同约定不符,进口方有权凭目的地的检测报告向出口人提出索赔。

在处理进口方提出的货物质量索赔时,要结合国际货物运输与保险注意的问题:

(1) 判别货物在目的地被检定不符合合同规定原因。是货品自身的质量问题,还是在货物运输过程中受外在因素的影响而产生的问题。

若是属于后者,原则上出口方可以不承担相关责任,其责任方应为货物的承运人,或者

承运人也无任何过错,只是货物在运输过程中由于海上风险或外来风险影响而导致质量变异。只要货物在启运地启运之前出口方所交货物质量是符合合同规定的均与出口方无关。

按照国际贸易惯例,在 FOB/FCA、CFR/CPT 和 CIF/CIP 这类象征性交货的价格条件下,货物的一切风险在装运地的运输工具/货交承运人为界,转移到进口方,货物在运输过程中所遭遇的一切风险皆与出口方无关。

(2) 出现货物在运输过程中受损是由于承运人,或自然因素所导致的,就应该由货物运输保险来覆盖,通过保险来规避由此而产生的损失。

FOB 和 CFR 价格条件下,进口方自行凭自己办理的保单向进口地保险机构进行交涉,出口方不需要承担由此而产生的损失,除非出口方有诸如没在规定的时间里向进口方发送装运通知等违约行为在先;CIF 价格条件下,进口方凭出口方提供的保险单据向承保的公司或其港口代理提出索赔要求。

(3) 如果在目的地货损检测中确定货损的原因是由承运人或其他相关方的不当行为所造成的,如在启运地或目的地的不当装卸行为而导致货损,进口方可凭保险单据向保险公司进行索赔;而保险公司通过代位权的转移,对保险单的受益人,也即进口方赔付在先,然后再与相关方面去进行交涉。

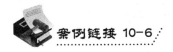
案例链接 10-6

合同忽视细节,无法获得保险赔付

我国 Y 工厂紧急从美国空运进口一批生产用零配件,合同贸易术语为 CIP 南宁机场,起运港美国旧金山,包装条款规定采用适合长途空运的出口木箱,以满足防水、防震、防潮的要求。因交易金额不大,合同采用简式标准格式。保险条款只简单规定"保险由卖方负责"。Y 工厂预付货款后,美方发货。几天后,Y 工厂工作人员多次查询南宁民航货运处,均未查到该批货物的消息,但美方的反馈是确已发货。最后通过南宁民航货运处查询首都机场,得知货物滞留在北京,原因是货物包装尺寸过大,无法运往南宁。首都机场要求工厂派人来北京报关提货。Y 工厂遂派人前往北京办理有关手续,将零件运回。当货物运抵工厂后,发现一配件变形影响其正常使用。Y 工厂即向美方反映情况,要求索赔。美商答复:该批零配件出厂时经严格检验,有质量合格证书,非其责任。后经我国商检部门认定,该配件变形是运输途中遇到震动、挤压造成的。Y 工厂于是向保险公司提出索赔。保险公司则认为此情况属"碰损、破碎"原因所致,但 Y 工厂提供的保险单上只投保了"协会货物条款(C)",没有包括"碰损、破碎险",所以无法赔付。Y 工厂无奈,只好重新购买此部件,既浪费了金钱,又耽误了时间,停产数日,损失惨重。

思考:在进行货物贸易谈判时,一般贸易条款间如何融通与协调?

重点内容概要

国际货物贸易谈判的最终目的是达成双方或多方之间的贸易合同,并使合同得以顺利执行;国际货物贸易合同条款是一个互有联系、相互制约的系统。因此,我们在贸易合向谈判过程中就必须关注各条款之间的融通与协调,以保证合同在签订后能够顺利执行。

保险条款的谈判主要内容:品质条款与其他条款的融通与协调,品质与价格、品质与包装、品质与运输及保险、品质与检验及索赔;价格条款与其他条款的融通与协调,价格与品质、价格与数量、价格与支付、价格与包装、价格与运输、价格与保险;数量条款与其他条款的融通与协调,数量与包装、数量与运输及保险、数量条款中的溢短装问题;包装条款与其他条款的融通与协调,包装与运输及保险、包装与检验及索赔;支付条款与运输条款的融通与协调;运输、保险条款与检验、索赔条款的融通与协调。

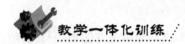

习题

(1) 国际货物贸易合同各条款主要包括哪些内容?
(2) 国际货物贸易合同各条款间容易出现冲突的有哪些交集点?
(3) 结合案例说明国际贸易谈判中对合同各条款的具体融通和协调。

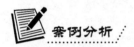

案例1 我国某生产企业(以下简称"A公司")2001年8月向美国某专业贸易公司(以下简称"B公司")以T/T付款方式出口医疗设备用微型轴承,累计金额达21万美元。

合同品质条款对微型轴承规格进行了明确规定,但是就检验方法和标准没有明确,且买方复验的时限只按照合同格式条款中的一般规定:买方有复验权,并应在合理的时间内提出质量异议,否则无权就质量问题向卖方提出索赔。B公司在收到货物后迟迟没有汇付货款,A公司经函询B公司得知该商品的最终用户声称收到的产品存在质量问题。但A公司向B公司交涉并说明产品是根据ISO国际标准进行检验且证明合格,经几次交涉未果,至2002年11月A公司在久未能收到货款的情况下,在美国对B公司提出起诉,要求对方付款。B公司在收到起诉书后随即对A公司提出反诉,理由是经检验发现其中价值7万美元的商品规格与标准的规定相差0.002英寸,不符合标准的规定。

2003年5月,法院作出最终判决:认定A公司提供的价值7万美元的产品质量存在质量问题,因而货款中应扣除该全额,判定B公司应偿还A公司21万美元;但同时支持了B公司的反诉中提出的索赔要求,要求A公司支付因质量问题而导致B公司蒙受的经济损失16万美元。最终判决B公司向A公司支付5万美元。判决书中的事实认定与法律依据为以下四点。

1. 有关产品质量问题

微型轴承主要应用于计算机和医疗设备等高科技产品,对精度有极为严格的要求,细微的差别可能导致产品无法使用,甚至会因其缺陷导致设备使用时对人身伤害的可能。

2. 产品检验的争议

B公司辩称曾去函指示A公司按照ABEC-3标准规定进行生产,并提供了用于检验的锌棒,而B公司提供的证据显示,A公司的质量检验员证明工厂在检验产品时未使用过锌棒,而是使用电子检测手段。另外,公司在检验中使用ISO标准,而用ISO标准进行检测与ABEC-3标准检测的结果十分接近,但不完全一致。根据有关判例,法庭认为A公司对产品质量问题负有举证责任,而A公司未能向法庭提供产品的检验证明。为此,法院认定A公司提供的部分产品存在质量问题。

3. 买方复验的时限问题

根据《联合国国际货物销售合同公约》(以下简称《公约》)的规定,买方有验货的义务,并应在合理的时间内提出质量异议,否则无权因质量问题向卖方提出索赔。为此,法院认定B公司对及时通知的事实负有举证责任。

B公司向法院提供的往来函电显示,B公司在发现A公司的产品存在质量问题后及时与A公司取得了联系,但B公司发现产品存在质量问题的时间距收到货物已15个月。显然,B公司就质量问题进行了通知,但关键在于是否在合理的时间内。《公约》对"合理"的解释是买家知道或应该知道产品存在质量问题时通知卖方。对此,法庭认为"合理"的标准应根据当事人的业务性质、产品的特性和检验的可行性进行综合判断。

本案B公司是经营批发业务的,这一点A公司事先了解。批发商为保证及时为客户供货,总是首先将库存的货物先发运给客户,而不是首先发运最新收到的货物。这样从A公司将货物发运给B公司,到B公司将货物发运给最终买家,可能经历相当长的时间。由于该产品对精度要求高,规格上的细微差别是目测检验所不能发现的,而对产品的技术检验需要在净化间中进行,而在检验后还应在净化间中对产品进行超声清洗,施用昂贵的润滑剂并重新进行密封包装。用于医疗设备的产品还需重新消毒,其检验成本甚至远远高于产品的货值,收货后对产品进行全部检验是不可能的,产品质量问题只有在最终买家应用产品时才能发现。为此,法庭认定B公司应被认为是在合理的时间内向A公司提出了质量异议。

4. 关于对B公司损害赔偿的认定

B公司在反诉中提出由于产品存在质量问题,为履行与最终用户的合同,B公司从美国国内另外购买了部分产品,此外,还支出了检验费用、修理费以及仓储、运输、清关和退货等费用,要求A公司赔偿上述损失。《公约》关于违约赔偿的规定主要见之于第74条、第75条和第77条。根据第74条的规定,违约损失金额一般不高于违约方在订立该合同时所能预期到的损失;第75条则规定如买方为履行与第三方的合同重新购买了产品,则可以就第三方合同与原合同的差价以及其他合理损失要求赔偿。法庭据此对B公司的索赔请求予以支持。

【分析】

(1) 结合案例分析,总结该商务"合同品质条款"中的关键问题及教训。

(2) 谈谈国际货物贸易谈判中如何处理品质条款与其他相关条款的关系。

案例 2 某出口公司签订出口大米合同。规格要求含碎粒最高 5%，杂质最高 0.7%。水分以 14% 为基础，如实际水分低于或高于水分基础时，每高 1% 或低 1% 者，扣价或加价 1%，小数点以下按比例计算。以中国出入境检验检疫局出具品质检验证书作为结算货款的依据，但买方有权在货物到达目的港后进行复验，各项规格含量均以到岸复验结果作为最后依据。其杂质和含碎粒如发现不符合规定者，买方有权提出索赔甚至退货。水分不符者重新找价或补价。

出口公司 2002 年 3 月 15 日装船时，货已经检验合格，含碎粒为 4.5%，杂质 0.5%；水分 13.4%，低于基础标准 0.6%，按规定加价 0.6%。出口公司顺利按时收回货款。但买方于 2004 年 5 月 3 日来函称：该批货物于 2002 年 4 月 1 日到港，经复验不合格，杂质 0.78%，水分 14.3%。杂质超标要求索赔，水分超基础标准，要求重新计价。

出口公司提出，买方提供的复验证明系 A.G. 加工厂出具，认为不符合要求，应由著名的检验机构复验才有效，故不同意理赔。

买方认为合同并未规定任何指定复验机构，卖方无权指定复验机构，故 A.G. 加工厂出具的复验证明应有效。

双方发生纠纷，最后提交仲裁。经审理，作出裁决：买方已无权提出索赔要求，即使货物确实不合格。因根据《联合国国际货物销售合同公约》第 39 条第 2 款规定："无论如何，如果买方不在实际收到货物之日起两年内将货物不符合合同情形通知卖方，他就丧失声称货物不符合的权利，除非这一时限与合同规定的保证期限不符。"实际货物于 2002 年 4 月 1 日到达目的港，买方收到货物后应在合理时间内提出，但买方却在 2004 年 5 月 3 日才提出，时间为两年零一个月。按上述《公约》规定，买方已丧失提出索赔的权利。买方败诉。

【分析】

(1) 本案例由于买方超过两年才提出索赔，符合《联合国国际货物销售合同公约》所规定的买方丧失提出货物不符合合同的权利；若买方在两年内提出索赔，会面临哪些问题？

(2) 请根据上述案情，分析合同规定的缺点以及合同各条款间存在的不协调。

参 考 文 献

1. 周忠兴.商务谈判原理与实务[M].东南大学出版社,2012年.
2. 郭秀闯,孙玉太,于忠荣.商务谈判名家示范[M].山东人民出版社,1995年.
3. 窦然、姚大伟.国际商务谈判与沟通技巧[M].上海:复旦大学出版社,2009年.
4. 陈彤.谈恋爱VS谈判[N].中国青年报,2011-08-08.
5. 刘林.谈判大师荷伯·科恩成功捷径[M].西北大学出版社,2002年.
6. 李晓霞.消费心理学[M].清华大学出版社,2006年.
7. 许玲.人际沟通与交流[M].清华大学出版社,2007年.
8. 王贵奇.如何与客户谈判[M].中国经济出版社,2010年.
9. 马淑英.国际商务谈判[M].对外经济贸易大学出版社,2015年.
10. 王平辉.商务谈判规范与技巧[M].广西人民出版社,2008年.
11. 王林雪、康晓玲.商务谈判与推销技术[M].西安电子科技大学出版社,2010年.
12. 李品媛.商务谈判[M].高等教育出版社,2012年.
13. 佚名.力拓贿赂钢企:机密数据提前泄露给谈判对手[N].齐鲁晚报,2009-07-21.
14. 黄婕.商务谈判:拓展·互动教学资源库[M].教育科学出版社,2013年.
15. 段淑梅.商务谈判[M].机械工业出版社,2010年.
16. 李品媛.国际商务谈判[M].武汉大学出版社,2006年.
17. 宁一.世界商道[M].地震出版社,2006年.
18. 张吉国.国际商务谈判[M].山东人民出版社,2010年.
19. 王宝山.商务谈判[M].武汉理工大学出版社,2007年.
20. 袁其刚.商务谈判学[M].电子工业出版社,2014年.
21. 龚荒.商务谈判——理论·策略·实训[M].清华大学出版社,2010年.
22. 吴金法.现代推销理论与实务[M].东北财经大学出版社,2002年.
23. 王景山,范银萍.商务谈判[M].北京理工大学出版社,2007年.
24. 宿春礼.随机应变的口才艺术[M].中国社会出版社,2005年.
25. 杨群祥.商务谈判[M].高等教育出版社,2015年.
26. 王平辉.商务谈判规范与技巧[M].广西人民出版社,2008年.
27. 吴湘频.商务谈判[M].北京大学出版社,2014年.
28. 聂元昆.商务谈判学[M].高等教育出版社,2016年.
29. 陈文汉.商务谈判实务[M].电子工业出版社,2013年.

30. 洪磊.商务谈判成功之道[M].光明日报出版社,2012年.
31. 彭庆武.商务谈判[M].东北财经大学出版社,2011年.
32. 袁永友,柏望生.新编国际贸易实务案例评析[M].中国商务出版社,2004年.
33. 钱益明,雷荣迪,陈步蟾.进出口业务案例选编.对外经济贸易部人事教育局,1984年.
34. 辛宪章,刘霖.国际贸易案例精选精析[M].中国社会科学出版社,2008年.
35. 张冬梅.市场营销案例精选[M].青岛海洋大学出版社,1994年.
36. 赵晓晨.国际贸易惯例与案例[M].天津科技翻译出版公司,1993年.
37. 郎丽华等.国际贸易案例精选[M].经济日报出版社,2005年.
38. 刘东光.FOB合同下托运人的界定和权利[J].黑龙江对外经贸,2005(2).
39. 首都经济贸易大学经济学院国际贸易在职研究生案例,http://www.cuebeco.com/html/20110725101936.shtml,2011年.
40. 王跃华.一起装箱不当的贸易实例及其启示[J].黑龙江对外经贸,2005(9).
41. 伸鑫.国际贸易实务案例精选[M].机械工业出版社,2008年.
42. 谢娟娟.从一宗案例看合同中品质条款的订立[J].对外经贸实务,2005(2).
43. 梁焕磊.国际货物买卖合同条款解析与应用[M].中国纺织出版社,2008年.
44. 林泽拯.出口业务程序案例和国际惯例[M].中国商务出版社,2005年.
45. 田玉来.国际商务谈判[M].电子工业出版社,2013年.
46. 赵春明等.商务谈判[M].中国财政经济出版社,2014年.
47. 杨遐,黄慧群.商务谈判与商务礼仪[M].科学出版社,2016年.
48. 王海山.在哈佛学谈判[M].北京联合出版公司,2015年.
49. 窦然.国际商务谈判与沟通[M].清华大学出版社,2012年.
50. 汤海滨等.商务谈判[M].清华大学出版社,2015年.
51. 段庆林.商务谈判[M].东北财经大学出版社,2016年.
52. 高琳.国际商务谈判与沟通[M].东北财经大学出版社,2017年.
53. 王万.商务谈判[M].东北财经大学出版社,2017年.
54. 窦争妍.国际商务谈判[M].北京大学出版社,2016年.
55. 傅龙海.国际贸易实务[M].对外经济贸易大学出版社,2017年.
56. 周琼琼,刘丽.国际贸易理论与实务[M].上海财经大学出版社,2016年.

图书在版编目(CIP)数据

国际商务谈判/胡守忠,田丙强主编. —上海:复旦大学出版社,2018.9
(复旦卓越.中高职贯通职业教育系列)
ISBN 978-7-309-13919-8

Ⅰ.①国… Ⅱ.①胡…②田… Ⅲ.①国际商务-商务谈判-高等职业教育-教材
Ⅳ.①F740.41

中国版本图书馆 CIP 数据核字(2018)第 208717 号

国际商务谈判
胡守忠　田丙强　主编
责任编辑/王雅楠

复旦大学出版社有限公司出版发行
上海市国权路 579 号　邮编:200433
网址:fupnet@fudanpress.com　http://www.fudanpress.com
门市零售:86-21-65642857　团体订购:86-21-65118853
外埠邮购:86-21-65109143　出版部电话:86-21-65642845
上海春秋印刷厂

开本 787×1092　1/16　印张 19.5　字数 428 千
2018 年 9 月第 1 版第 1 次印刷

ISBN 978-7-309-13919-8/F·2498
定价:40.00 元

如有印装质量问题,请向复旦大学出版社有限公司出版部调换。
版权所有　　侵权必究